División autonómica de España

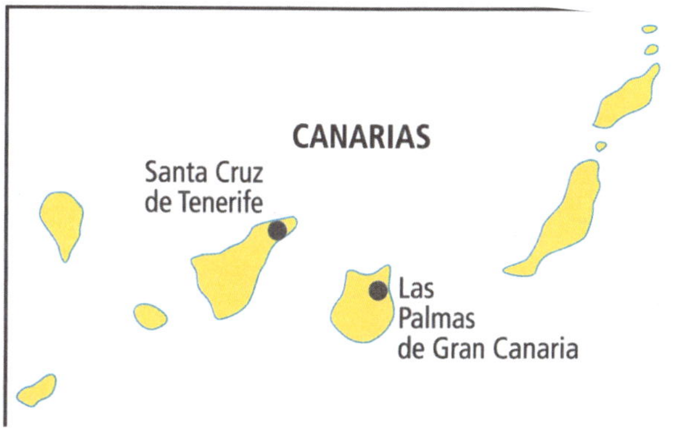

Vorwort

Nuevos enfoques, ein spanisches Lese- und Arbeitsbuch für die Oberstufe, richtet sich vorwiegend an Lernende, die die Lehrbuchphase bereits abgeschlossen haben, und ist in Anspruch und Thematik auf die Erfordernisse des G8 und die Anforderungen der neuen Lehrpläne abgestimmt. In Weiterführung des erfolgreichen „großen Bruders" *Enfoques* bietet der Schülerband fast ausschließlich neue, sorgfältig didaktisierte Texte zu einer breiten Palette von Themen; vielfältiges Begleitmaterial trägt zu einem abwechslungsreichen, motivierenden Unterricht bei.

Der Titel des Lehrwerks *Nuevos enfoques* ist Programm: Er versteht sich als Angebot, aus dem die Lehrerinnen und Lehrer die Dossiers, Themen, Texte und Übungen auswählen, die ihren Unterrichtsabsichten und dem Kenntnisstand ihres Kurses entsprechen. Da die verschiedenen *Áreas* nicht aufeinander aufbauen, können sie in beliebiger Reihenfolge behandelt werden.
Durch das Kombinieren einzelner Texte aus verschiedenen *Áreas* lassen sich weitere Dossiers zusammenstellen: *Mujeres, Niños, Fiestas de España e Hispanoamérica*, etc. Hinweise dazu gibt es im Lehrerhandbuch, in dem auch ergänzende Unterrichtsmaterialien in Form von Kopiervorlagen angeboten werden.

Ein klarer Aufbau der *Áreas* erleichtert die Arbeit mit *Nuevos enfoques*: Jedes Dossier setzt sich aus mehreren Themen zusammen, und diese wiederum aus einer Reihe von aktuellen, **authentischen Texten** und anderen Materialien, an die sich Aufgaben anschließen. Bei der Textauswahl wurde auf einen **unterschiedlichen Schwierigkeitsgrad** sowie auf **Textsortenvielfalt** geachtet: Jedes Modul umfasst fiktionale und nicht fiktionale Textformate wie Zeitungsartikel und Internetdokumente, zum Beispiel Reportagen und Kommentare, sowie Statistiken, Reden, Lieder, Gedichte, Erzählungen und Auszüge aus längeren literarischen Texten. Zitate und abwechslungsreiches Bildmaterial (Karten, Karikaturen, Gemälde, Fotografien, etc.) schaffen vielfältige **Redeanlässe**; weiteres Material kann mithilfe des Foliensatzes ergänzt werden. Zur Arbeit mit weiteren Ganzschriften kann z. B. der Kurzgeschichtenband *Cuentos latinoamericanos* (Irene Stephanus) herangezogen werden.
Alle *Áreas* eignen sich aufgrund ihres übersichtlichen Aufbaus auch zum Selbststudium und können so zur individuellen Vorbereitung auf das Zentralabitur erneut herangezogen werden.

Nuevos enfoques legt besonderen Wert auf die gleichmäßige Schulung der kommunikativen Fertigkeiten des Sprechens, Hörens, Lesens und Schreibens und orientiert sich durchgehend an den Kompetenzstufen

des „Gemeinsamen europäischen Referenzrahmens für das Lernen und Lehren von Sprachen". Dazu wechseln innerhalb jeder der *Áreas* Lese- und Hörtexte einander ab; in den Aufgabenstellungen finden sich neben dem abiturrelevanten Aufgabentyp des *comentario de texto* auch vielfältige, schülerorientierte Schreibwerkstätten zu anderen Textformaten wie Bewerbungsschreiben oder kreative Textproduktion.
Die verschiedenen Blickwinkel der Texte und Materialien vermitteln den Schülerinnen und Schülern vielfältiges soziokulturelles Orientierungswissen, das ihnen im Umgang mit kultureller Differenz zur Seite steht und Begegnungssituationen zu bewältigen hilft. Dazu werden im Aufgabenapparat immer auch Bezüge zum Leben und der eigenen Erfahrungswelt der Lernenden hergestellt. Gruppen- und Partneraufgaben (Debatte, Sprachmittlung, Expertenpuzzle, Rollenspiel, *rueda de prensa*, etc.) schulen neben dem selbstständigen auch das kooperative Lernen.
Zur Festigung der sprachlichen Mittel lassen sich kontextualisierte Grammatik-, Übersetzungs- und Wortschatzerweiterungsübungen mithilfe des **Schülerarbeitshefts** ergänzen.

Die ausführlichen **Vokabelangaben** in der Randspalte der Texte stellen eine Lese- und Verstehenshilfe dar; die Unterscheidung zwischen Lern- und Verstehenswortschatz soll dabei die selbstständige Vokabelarbeit erleichtern. Diese Angaben ersetzen aber nicht das eigenständige Nachschlagen und Arbeiten mit dem zweisprachigen Wörterbuch. Exemplarisch wurde bei einigen Texten auf die Vokabelangaben in der Randspalte ganz verzichtet, um verschiedene Texterschließungstechniken zu schulen.
Zusätzlich zu den Vokabelangaben in den Randspalten der Texte schließt jedes Kapitel mit einem **themenspezifischen Wortschatz**, der zur Textproduktion und zur Prüfungsvorbereitung herangezogen werden kann. Die Anordnung der Vokabeln nach Wortfamilien und semantischen Feldern stellt eine weitere Lernhilfe dar und fördert die Erweiterung des aktiven Vokabulars.

Altersgerechte **Strategieseiten** im Anhang wirken lehrerentlastend und unterstützen die Arbeit mit Texten, Bildern und dem Wörterbuch sowie die selbstständige Textproduktion. Die Strategien sind auf Spanisch verfasst, um den Schülern ein sprachliches Repertoire für die Umsetzung des jeweiligen Verfahrens an die Hand zu geben. Zusätzlich enthalten viele der Strategien eine Auflistung nützlicher Begriffe und Redewendungen. Jede Strategie wird überdies von konkreten Aufgabenstellungen zu einem oder mehreren Texten des Buches begleitet, damit die vorgestellte Herangehensweise bei Bedarf sofort erprobt werden kann.

Im Buch finden sich folgende Symbole:

Comprensión auditiva: Hierbei handelt es sich um ein Lied und / oder eine Hörverstehensübung.

Acércate al texto / al tema: Diese Aufgabe führt an den Text oder an das Thema heran.

¿Lo has comprendido?: Hierbei handelt es sich um eine Verständnisfrage.

Analiza: Dies ist eine Analyseaufgabe.

Comenta: Hier soll ein Kommentar geschrieben werden.

Mediación: Dies ist eine Sprachmittlungs- bzw. Mediationsaufgabe.

Debate: Hier wird in der Gruppe oder im Klassenverband diskutiert.

Taller de creación / de escritura: Hier ist Kreativität gefragt, in Form von Rollenspielen, freier Textproduktion, der Kombination von Wort und Bild, etc.

@ *Investiga y presenta:* Hier soll im Internet recherchiert und eine Präsentation vorbereitet werden.

Índice

6 Hispanoamérica, un recorrido histórico 161

7 Retos para Hispanoamérica 189

8 Países de Hispanoamérica 213

9 Migraciones 247

1 La lengua española

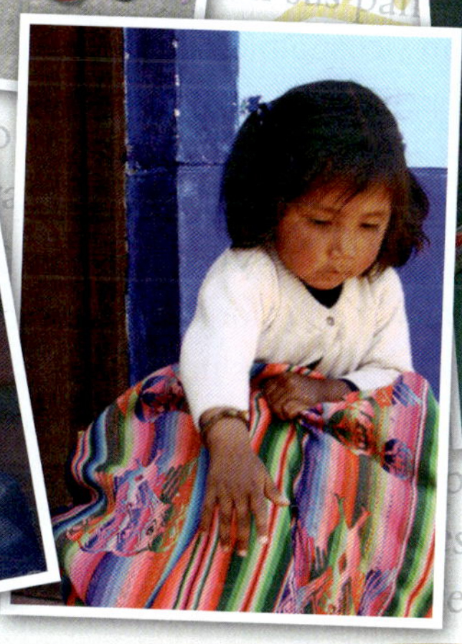

1. Todos estos niños son hispanohablantes. Descríbelos e intenta adivinar de dónde son.
2. En parejas, comparad vuestras ideas y justificadlas.
3. Elegid dos de los niños, imaginad para cada uno de ellos ocho datos biográficos y presentadlos a vuestros compañeros.
4. Entre todos, intentad recordar todos los países hispanohablantes y haced una lista.

1. El español en el mundo

El español está de moda

Se ha puesto de moda hablar del futuro del español y, sobre todo, augurarle un horizonte esperanzador. Me propongo justificar las razones de dicho optimismo [...]. En 2006 sólo España ya tiene más de 44 millones de habitantes gracias a procesos migratorios de personas que o eran hispanohablantes cuando llegaron o han aprendido la lengua. En muchos países americanos los elevados índices de natalidad también nos hablan de un aumento de población. [...]

Todo lo anterior convierte al español en una de las grandes lenguas mundiales, la tercera o la cuarta en el cómputo total y la segunda de las occidentales.

Hay que añadir, naturalmente, los numerosos países en los que se enseña español como segunda o tercera lengua, lo cual está incrementando considerablemente el número de usuarios en todo el mundo, sobre todo en zonas donde hasta ahora su incidencia era escasa o casi nula.

El español está de moda. Los que se han preocupado de indagar las causas de este fenómeno social aducen factores económicos –permite hacer negocios con cuatrocientos millones de personas–, técnicos –es una lengua fácil de aprender– y hasta culturales – hay una irradiación de los patrones lúdicos (música, películas, literatura, gastronomía) del universo latinoamericano hacia los Estados Unidos y de aquí al resto del mundo. [...]

El español, gracias a su presencia creciente en los medios y en la red, permite crear un vasto ámbito de relación entre los hombres; gracias a su creciente importancia económica, ha pasado a ser un instrumento imprescindible para transformar el mundo y actuar en la vida social.

Ángel López García: *El boom de la lengua española. Análisis ideológico de un proceso expansivo.* Biblioteca Nueva, 2007 (abreviado)

1 augurar voraussagen
2 esperanzador ← *la esperanza*
justificar rechtfertigen
3 dicho/-a *aquí: ese/-a*
6 elevado/-a *muy alto/-a*
el índice Rate
9 el cómputo Berechnung
occidental ↔ *oriental*
12 incrementar *aumentar*
considerablemente deutlich
14 la incidencia Vorkommen
escaso/-a *poco/-a*
nulo/-a *aquí: inexistente*
15 preocuparse de s. kümmern um
indagar untersuchen
16 aducir anführen
18 la irradiación hier: Export
el patrón Muster
19 lúdico/-a hier: Freizeit-
22 vasto/-a *muy grande*
23 imprescindible *muy necesario/-a*

1. Indica las razones por las que el autor del texto justifica un futuro positivo para la lengua española.
2. Enumera las causas por las que, según el autor, "el español está de moda".
3. Resume con tus palabras el último párrafo del texto.
4. Analiza el estilo narrativo de este extracto del libro y reflexiona sobre la intención del autor al escribirlo.
5. Comenta cuáles de las causas que nombra el texto te movieron a ti a aprender español. ¿Cuál fue la más importante? ¿Hubo otras que no nombra el texto?
6. Un amigo tuyo quiere aprender una nueva lengua y no se decide. Escríbele una carta en alemán intentando convencerle de que estudie español. Básate en la información del texto.

2. El pasado del español

El origen del castellano

El castellano es una de las lenguas que se formaron en la Península [Ibérica] al evolucionar el latín implantado en ella por los romanos. Las otras fueron el mozárabe, hablado por los cristianos del territorio ocupado por los árabes, el gallego, el leonés, el navarro-aragonés y el catalán. Tuvo su cuna en Cantabria, en un conjunto de condados que dependían del reino leonés, y en contacto con el euskera hablado en el territorio vasco. La diferencia entre la nueva lengua y la latina de que procedía era ya perceptible en el siglo VIII.

Las primeras palabras escritas en castellano que se conservan aparecen en unos documentos latinos de los monasterios de Silos y de San Millán, del siglo X. Algún monje, para facilitar la lectura a quienes ya no entendían ciertos vocablos latinos, escribía encima de ellos su traducción al romance. Tales anotaciones se denominan glosas. Hay, pues, glosas silenses (de Silos) y glosas emilianenses (de San Millán). He aquí, por ejemplo, algunas palabras con su glosa castellana, en tales documentos: incolumes (en romance: sanos et salvos), prius (antes), subuertere (transtornare).

Fernando Lázaro Carreter: *Literatura española 2° BUP*. Anaya, 1989 (abreviado)

2 implantar *einführen*
5 la cuna *aquí: el nacimiento*
el condado *Grafschaft*
6 el euskera *el vasco*
8 perceptible *wahrnehmbar*
11 el monje *Mönch*
13 el romance *lengua románica*
la anotación ← *la nota*
15 he *aquí: tengo*

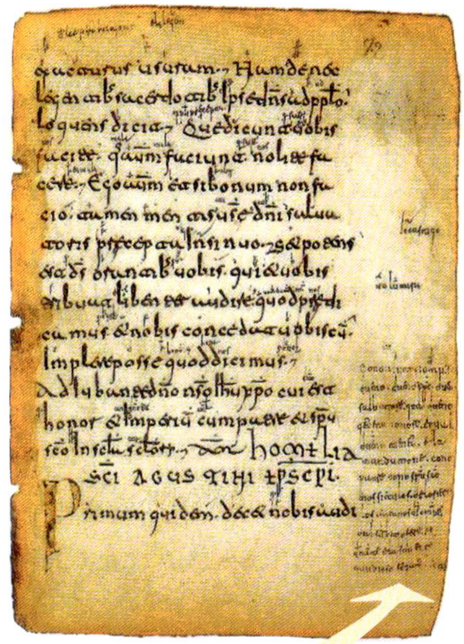

Una glosa encontrada en el Monasterio de San Millán de la Cogolla

Dice el texto romance: *Cono aiutorio de nuestro dueno dueno Christo, dueno salbatore, qual dueno get ena honore et qual duenno tienet ela mandatione cono patre cono spiritu sancto enos sieculos delo sieculos. Facanos Deus Omnipotes tal serbitio fere ke denante ela sua face gaudioso segamus. Amen.*

Y en español actual: *Con la ayuda de nuestro Señor Cristo, Dueño Salvador, Señor que está en el honor y que tiene el mandato con el Padre y con el Espíritu Santo por los siglos de los siglos, permítanos Dios omnipotente hacer tal servicio que delante de su faz seamos gozosos. Amén.*

1. Resume el contenido del texto.
2. Enumera qué lenguas se hablaban en la Península Ibérica en el siglo VIII.
3. Explica con tus palabras qué son las glosas y por qué son tan importantes.
4. Explica la relación que tienen las siguientes palabras con la lengua castellana: latín, Cantabria, euskera.
5. Analiza la foto de la glosa. ¿Se te ocurre otra alternativa para explicar en castellano las palabras latinas que no se entendían?
6. Observa el texto romance y compáralo con el castellano actual. Fíjate sobre todo en el vocabulario y la estructura de la frase.
7. Discutid en clase las posibles razones por las que el latín evolucionó, y por qué se desarrolló de forma diferente en las distintas regiones del Imperio Romano.
8. Trabajad en parejas. Averiguad cuándo estuvieron los árabes en la Península Ibérica y buscad palabras de origen árabe que posee el castellano actual.

El camino de la lengua castellana

El denominado Camino de la Lengua Castellana tiene parada en seis privilegiados enclaves españoles que poseen un doble atractivo: el encanto de la historia y la belleza del arte. El Camino comienza en el Monasterio de San Millán de la Cogolla, en la provincia de La Rioja, y termina en Alcalá de Henares, en la provincia de Madrid.

1 denominado/-a *llamado/-a*
2 el enclave Enklave

@ Formad seis grupos. Buscad en Internet información sobre el Camino de la Lengua. Cada grupo se ocupa de una de las paradas del Camino señaladas en el mapa y anota aspectos interesantes para exponer en clase, como, por ejemplo, el significado de ese lugar para la lengua castellana, los monumentos y lugares dignos de visitar, así como otros datos de interés.

3. Don Quijote de la Mancha

1. ¿Qué sabes de Don Quijote? ¿Has leído la obra o has visto alguna película?
2. ¿Por qué crees que es una obra tan importante en toda la historia de la literatura?

El ingenioso hidalgo Don Quijote de la Mancha

El ingenioso hidalgo Don Quijote de la Mancha, de Don Miguel de Cervantes Saavedra, es la obra cumbre de la literatura española, editada cientos de veces y traducida a todas las lenguas cultas del mundo. Consta de dos partes, publicadas en 1605 y 1615 respectivamente, que presentan bastantes diferencias entre sí. El objetivo de esta obra para el autor en principio estaba claro: burlarse de los libros de caballerías, que tenían enorme éxito entre los ciudadanos de la época de todo tipo de nivel cultural, y que eran rechazados por muchos humanistas y moralistas porque los consideraban absurdos y mal escritos. Sabemos que Cervantes era de esa opinión porque afirmó: “No ha sido otro mi deseo que poner en aborrecimiento de los hombres las fingidas y disparatadas historias”. No obstante, Cervantes demuestra a lo largo de la obra una simpatía especial hacia su personaje que se percibe a través de las grandes virtudes con las que lo dota. Seguramente si la intención del autor hubiera sido sólo una mera crítica, la obra no habría tenido el éxito que tuvo.

Nuria Alcalde Mato

1 el hidalgo Edelmann
2 la obra cumbre *aquí: la obra más importante*
editar herausgeben
3 culto/-a kultiviert
constar de bestehen aus
4 respectivamente jeweils
6 burlarse de verspotten
8 rechazar ablehnen
11 el aborrecimiento Abscheu
fingido/-a *falso/-a*
disparatado/-a *absurdo/-a*

¿? 1. Explica cuál era la intención de Cervantes al escribir su obra más famosa.

2. Repite con tus palabras lo que afirmó Cervantes acerca de los libros de caballerías.

3. Observa la famosa portada de la primera edición del Quijote. Está escrita en el castellano antiguo del siglo XVII. Busca diferencias entre ésta y las portadas de libros en la actualidad, fijándote en la lengua, el estilo, el diseño, las ilustraciones, etc.

Los libros de caballerías eran un género literario en prosa que tuvo gran éxito y popularidad en España y Portugal en el siglo XVI. En estas novelas se celebran las hazañas de los 'caballeros andantes', como Amadís de Gaula, un héroe que vive historias maravillosas. Un componente clave es el denominado 'amor cortés' del caballero hacia una dama inalcanzable.

1 el género Gattung
3 la hazaña Heldentat
andante ← *andar*
5 cortés hier: höfisch
inalcanzable unerreichbar

Argumento y significado

EL INGENIOSO HIDALGO DON QVIXOTE DE LA MANCHA,
Compuesto por Miguel de Ceruantes Saauedra.
DIRIGIDO AL DVQVE DE BEIAR, Marques de Gibraleon, Conde de Benalcaçar, y Bañares, Vizconde de la Puebla de Alcozer, Señor de las villas de Capilla, Curiel, y Burguillos.
Año, 1605.
CON PRIVILEGIO, EN MADRID, Por Iuan de la Cuesta.
Vendese en casa de Francisco de Robles, librero del Rey nro señor.

Portada de la primera edición del Don Quijote (1605)

El manchego don Alonso Quijano, llamado por sus vecinos El Bueno, enloquece leyendo libros de caballerías hasta el punto de que cree ser un caballero con nobles ideales. Se propone, como buen caballero, salir de la Mancha e ir por el mundo para hacer el bien y proteger a los débiles simplemente con unas armas absurdas y un viejo caballo, Rocinante. En uno de sus viajes conoce a Aldonza, una mujer idealizada por él a la que llamará Dulcinea y de la que estará enamorado el resto de su vida. También se encuentra por el camino a Sancho Panza, un rudo labrador, al que le ofrece riquezas y poder para que lo acompañe en sus aventuras. Ambos viven situaciones absurdas en las que don Quijote da prueba de su locura porque mezcla la realidad y la ficción. Al final de la segunda parte, don Quijote regresa a su pueblo curado de su locura pero física y moralmente derrotado, y allí muere.

Nuria Alcalde Mato

0 el argumento Handlung
2 enloquecer ← *loco/-a*
4 noble großherzig
proponerse s. vornehmen
7 el arma (f.) Waffe
12 rudo/-a ungebildet
el labrador *el campesino*
la riqueza ← *rico/-a*
el poder Macht
14 dar prueba de *mostrar*
16 derrotado/-a *aquí: muy deprimido/-a*

La trascendencia del Quijote

El Quijote tuvo un éxito fulminante, pero, en el siglo XVII, se leyó simplemente como un libro humorístico que se burlaba de los libros de caballerías. En el XVIII se considera ya como obra clásica y como modelo de lenguaje. Los españoles empiezan a sentirse orgullosos de la novela, que varios autores europeos –ingleses, sobre todo– imitan, y que la crítica

0 la trascendencia Bedeutung
1 fulminante *muy rápido/-a*
2 burlarse de verspotten
5 imitar nachahmen

extranjera sitúa entre las grandes creaciones del ingenio humano. Con el Romanticismo del siglo XIX, aumenta aún la fama internacional del libro. El caballero manchego es convertido en símbolo del hombre que lucha por su verdad contra el mundo. Desde entonces, las interpretaciones del Quijote se suceden: filósofos, historiadores de las ideas, críticos y políticos intentan desentrañar sus complejos mensajes.
El hidalgo encarna el impulso ideal que, en el corazón del hombre, convive con el tosco sentido común representado en la novela por Sancho Panza. A don Quijote lo mueven la fe en la justicia, el ansia de libertad, el valor y el amor. Sancho, rústico y glotón, no entiende tales idealidades; pero, poco a poco, la fidelidad a su señor le hace participar de aquella bondad de espíritu y anhelo de bien. Así, se ha podido hablar de la progresiva quijotización de Sancho.

Fernando Lázaro y Vicente Tusón: *Literatura española 2° bachillerato.* Anaya, 1989 (abreviado)

6 situar verorten
el ingenio kreativer Geist
7 la fama ← *famoso/-a*
10 sucederse folgen
11 desentrañar entschlüsseln
12 el hidalgo Edelmann
encarnar verkörpern
el impulso Antrieb
13 tosco/-a grob
14 la fe *la creencia*
el ansia (f.) *el gran deseo*
15 glotón/-ona gefräßig
16 la fidelidad Treue
17 la bondad ← *bueno/-a*
el anhelo *el gran deseo*

1. Siguiendo la información de los textos, contesta si estas afirmaciones son verdaderas o falsas y justifica tu respuesta:
   a. La obra del Quijote no tuvo éxito en el siglo XVII.
   b. Al principio se consideraba como un libro cómico y burlesco.
   c. En el siglo XVIII es reconocida por expertos extranjeros como una de las mayores obras literarias.
   d. En el siglo XIX el libro no tiene tanta popularidad fuera de España.
   e. En toda la obra aparece mucha simbología.
   f. Los dos protagonistas de la obra representan dos ideologías y personalidades opuestas.
   g. A lo largo de la obra Sancho Panza evoluciona, influido por don Quijote.
2. Enumera las diferentes formas que utilizan los textos para referirse a don Quijote.
3. Analiza cuál es la función de Sancho Panza en la obra.
4. "El caballero manchego es convertido en símbolo del hombre que lucha por su verdad contra el mundo". Aclara a qué se refiere el autor.
5. Interpreta este famoso grabado de Doré. Explica qué te sugiere y qué piensas que se ve representado.
6. La importancia de la figura de don Quijote, en la literatura española, se puede comparar con las figuras de Faust y Hamlet, en las literaturas alemana e inglesa, respectivamente. Compara brevemente los tres personajes. ¿Qué tienen en común y en qué se diferencia don Quijote de los otros dos?
7. La imagen más famosa del protagonista es el momento en el que lucha contra los molinos de viento como si fueran gigantes. Esta escena ha dado lugar a un dicho: "Luchar contra molinos de viento." ¿Existe también en alemán? ¿Qué significa? ¿Qué tipo de metáfora es?
8. Comentad en clase cuáles son los molinos de viento en la vida de cada uno de vosotros.

Gustave Doré: *Grabado de Don Quijote* (1863)

En un lugar de la Mancha …

Don Quijote, acompañado de su intrépido corazón, saltó sobre Rocinante y, embrazando su rodela, terció su lanzón y dijo:

–Sancho amigo, has de saber que yo nací, por querer del cielo, en esta nuestra edad de hierro para resucitar en ella la de oro, o la dorada como suele llamarse. Yo soy aquel para quien están guardados los peligros, las grandes hazañas, los valerosos hechos […]. Bien notas, escudero fiel y legal, las tinieblas de esta noche, su extraño silencio, el sordo y confuso estruendo de estos árboles, el temeroso ruido de aquella agua, que parece que se despeña y derrumba desde los altos montes de la Luna, y aquel incesable golpear que nos hiere y lastima los oídos; las cuales cosas, todas juntas y cada una de por sí, son bastantes a infundir miedo, terror y espanto en el pecho del mesmo Marte […]. Pues todo esto que yo te pinto son incentivos y despertadores de ánimo, que ya hace que el corazón me reviente en el pecho, con el deseo que tiene de acometer esta aventura. Así que aprieta un poco las cinchas a Rocinante, y quédate a Dios, y espérame aquí hasta tres días no más, en los cuales, si no volviere, puedes tú volverte a nuestra aldea, y desde allí, por hacerme merced y buena obra, irás al Toboso, donde dirás a la incomparable señora mía Dulcinea que su cautivo caballero murió por acometer cosas que le hiciesen digno de poder llamarse suyo.

Miguel de Cervantes Saavedra: *El ingenioso hidalgo Don Quijote de la Mancha.* Capítulo 20: La Aventura de los Batanes I, 1605

Don Quijote, im alleinigen Geleite seines unverzagten Herzens, sprang auf Rosinante, und seinen Schild an den Arm nehmend, schwang er seinen Spieß und sprach: „Sancho, mein Freund, du mußt wissen, daß ich durch des Himmels Fügung in diesem eisernen Zeitalter zur Welt kam, um in ihm das Goldene zur Auferstehung zu wecken. Ich bin der, für den die Gefahren, die Großtaten, die Werke des Heldentums aufgespart sind; […]. Du bemerkst wohl, biederer, pflichtgetreuer Knappe, die Finsternisse dieser Nacht und ihre seltsam tiefe Stille, das dumpfe verworrene Rauschen von diesen Bäumen herab, das erschreckliche Brausen dieses Wassers, das wir aufzusuchen kamen und das so gewaltig toset, als ob es von dem hohen Mondgebirge stürzte und herniederströmte; und endlich jenes unaufhörliche Stampfen und Hämmern, das uns an die Ohren pocht und sie zerquält. All dies zusammen wie jedes einzelne für sich wäre hinreichend, um Furcht, Schrecken und Entsetzen in die Brust des Gottes Mars selbst einzugießen […]. Wohlan, alles dies, was ich dir male, sind nur Reizmittel und Auferwecker meines Mutes, der bereits mich so erfüllt, daß das Herz mir schier den Busen sprengt vor Gier, mich in dieses Abenteuer zu stürzen, ob es sich auch noch so schwierig zeige. Mithin zieh dem Rosinante den Gurt etwas fester an und bleibe hier mit Gott und erwarte mich an dieser Stelle, bis drei Tage vorüber sind, und nicht länger. Kehre ich binnen dieser Frist nicht zurück, so kannst du dich nach unserm Dorfe heimwenden, und von da, um einen großen Dienst und ein gutes Werk an mir zu tun, gehst du nach Toboso, wo du meiner unvergleichlichen Herrin Dulcinea sagst, daß der Ritter, den sie in Banden hielt, gestorben, weil er sich an Taten wagte, die ihn würdig machen sollten, sich den ihrigen zu nennen."

Traducción por Ludwig Braunfels, 1884

1. Indica qué tareas piensa don Quijote que debe hacer él en la vida.
2. Resume en pocas palabras lo que don Quijote le pide a Sancho Panza.
3. Escribe una lista de adjetivos que caracterizan, según tu imaginación, a don Quijote, Sancho Panza, Rocinante y Dulcinea.
4. Discutid en clase en qué consiste el verdadero heroísmo y si la actitud de don Quijote puede ser considerada heroica.
5. En su discurso, don Quijote nombra la 'edad de oro' y la 'edad de hierro'. Averigua en Internet de dónde provienen esas expresiones y qué significan exactamente, e interpreta la frase de don Quijote (líneas 4 a 7).

Ancha es Castilla

"El ingenioso hidalgo Don Quijote de la Mancha es una obra atemporal y si no has sacado conclusiones y no has aprendido nada, es que estás muerto". Ésta es la introducción de la canción "Ancha es Castilla" del grupo Mägo de Oz.

1. Después de escuchar la canción dos veces, ¿qué palabras se te han grabado en la memoria?
2. Explica por qué dice el autor que es "una obra atemporal", basándote también en los textos anteriores.
3. ¿Qué quiere decir el autor con "si no has aprendido nada es que estás muerto"?
4. Ideales / sueños / propuestas / intenciones / propósitos / actitudes. Comenta qué términos te parecen adecuados para denominar las ideas principales de la canción.
5. A tu amigo/-a le encanta la música metal y te pregunta por el tema de la canción "Ancha es Castilla". Él / ella no entiende español, por eso tienes que resumir la información más importante sobre la obra *Don Quijote* y la canción de Mägo de Oz en alemán.

4. ¿Una o varias lenguas españolas?

4.1 Variedades lingüísticas en España

"El castellano es la lengua española oficial del Estado. Todos los españoles tienen el deber de conocerla y el derecho a usarla."

Constitución Española de 1978, Artículo 3.1.

@ Infórmate acerca de la normativa constitucional que hay en Alemania respecto al uso de la lengua.

El léxico en las 4 lenguas

El poema *Madrigal á cibdá de Santiago* es el primero de los *Seis poemas galegos*, libro de Federico García Lorca que fue publicado en lengua gallega en 1935. Otros poetas lo tradujeron al castellano (Anxel Fole), al catalán (Ricard Salvat) y al vasco (Gabriel Aresti).

Gallego	Castellano	Catalán	Vasco
Madrigal á cibdá de Santiago	**Madrigal a la ___ de Santiago**	**Madrigal a la ciutat de Santiago**	**Jaundone Jacueco Hiriari Madrigala**
Chove en Santiago,	___ en Santiago,	Plou a Santiago,	Jondone Jacuen euria,
meu doce amor.	___ ___ amor.	dolç amor meu.	Ene maite eztia.
Camelia branca do ar	Camelia blanca ___ ___,	Camèlia blanca de l'aire	Airearen camelia çuria
brila entebrecida ó sol.	brilla su tristeza al sol.	brilla entenebrida al sol.	lanho-artean dirdiratzen da eguzquitara.

Chove en Santiago	▬ en Santiago	Plou a Santiago	Jondone Jacuen euria
na noite escura.	la ▬ es oscura.	en la nit fosca.	gau ilhunean.
Herbas de prata e de sono	▬ de plata y de ▬	Herbes de plata i de somni	Cilharrezco eta ametsezco belarrec
cobren a valeira lúa.	están cubriendo la ▬ .	cobreixen la buida lluna.	Ilhargui hutsa estaltzen dute.
Olla a choiva pola rúa,	Mira la ▬ en la ▬ ,	Mira la pluja al carrer,	Carrican ilharguiari beha ieçoc,
laio de pedra e cristal.	son de ▬ y de cristal.	lament de pedra i cristall.	harrizco eta crystalezco auhena.
Olla no vento esvaído	Mira en el ▬ desvaído	Mira en el vent esvaït	Haice galduan beha ieçoc,
soma e cinza do teu mar.	▬ y ceniza del mar.	ombra i cendra del teu mar.	heure itsasoaren itzala eta hautsa.
Soma e cinza do teu mar,	▬ y ceniza del mar,	Ombra i cendra del teu mar,	Heure itsasoaren itzala eta hautsa,
Santiago, lonxe do sol;	Santiago, lejos del sol;	Santiago, tan lluny del sol;	Jondone Jacue, eguzquitic urrun;
Ágoa da mañán anterga	▬ de mañana antigua	Aigua d'antigues albades	Goiçaren ur çaharra
trema no meu corazón.	estremece ▬ corazón.	tremolen dintre el meu cor.	ene bihotzean ikaratzen da.
Gallego	Castellano	Catalán	Vasco

1. Resume en pocas frases el contenido del poema.
2. Escribe en tu cuaderno las palabras que faltan en la versión castellana del poema.
3. Analiza las semejanzas y diferencias que ves entre estas palabras en las cuatro lenguas de España.
4. Piensa si te recuerdan a otras lenguas que conoces.
5. Escribe un comentario sobre el ambiente que evoca el poema, basándote en citas.
6. Discutid en clase sobre las ventajas y los inconvenientes que podría conllevar el hecho de tener cuatro lenguas oficiales para España y los españoles.

Hablantes de las lenguas de España

Lengua	Comunidad Autónoma	Habitantes	% de España	Lengua propia materna (%)	La habla (%)	La entiende (%)
catalán	Cataluña	6.147.610	15,42	50	65	92
	Comunidad Valenciana	4.023.441	10,09	40	48	75
	Islas Baleares	796.483	2,00	64	67	85
gallego	Galicia	2.724.544	6,84	55	90	94
vasco	País Vasco	2.098.628	5,26	20	23	38
	Navarra	530.819	1,33	9	12	15
las tres	**Comunidades bilingües**	**16.322.525**	**40,94**	**43**	**58**	**78**

Regiones de distribución de los idiomas autonómicos de España

1. Comenta las cifras de la tabla y destaca qué te llama la atención.
2. Di cuál de las tres lenguas tiene más hablantes. ¿Cómo es porcentualmente, respecto a la población de la región?
3. Observa el mapa y vuelve a responder a la pregunta 4 del texto anterior. Formula una explicación para las semejanzas con otras lenguas que has encontrado.
4. Compara la información que da el mapa con la de la tabla.

La política lingüística de Cataluña

1. Busca información sobre la política lingüística de Franco en el capítulo 5 y averigua qué pasaba con el catalán, el vasco y el gallego en la época franquista.
2. Analiza la foto "Ensenya la llengua" (Enseña la lengua). ¿Con qué recursos visuales se transmite el mensaje del cartel?
3. ¿Qué puedes deducir sobre la política lingüística en Cataluña?
4. Lee los textos siguientes e identifica de qué tema tratan.

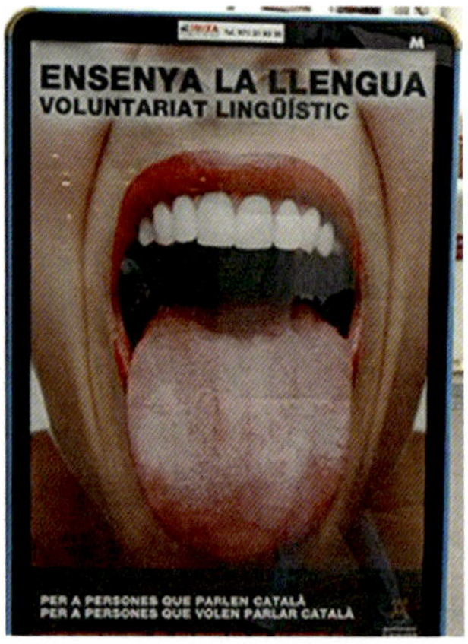

Cartel publicitario en las calles catalanas

“Soy el primero que quiero que mi hijo aprenda el catalán para que tenga más oportunidades, aunque no a costa del castellano.”

Negar que hay un conflicto lingüístico cuando nos pasamos todo el día hablando de ello es ridículo y absurdo, y tenemos un conflicto porque hay castellanoparlantes que encuentran conflictivo que no se pueda escolarizar en castellano a sus hijos y hay gente catalanoparlante que encontramos conflictivo ir a un bar, pedir ‘un tallat’ (un cortado) y que no nos entiendan.

La discriminación del castellano existe por la sencilla razón de que hay una política a favor del catalán, una política que han decidido los sucesivos gobiernos de la Generalitat.

Toni Soler, presentador y director de un programa de TV3 (la televisión catalana), 21.11.2008

a costa de auf Kosten von
ridículo/-a lächerlich
conflictivo/-a problematisch
escolarizar einschulen
sucesivo/-a aufeinanderfolgend
impartir erteilen
incapaz de unfähig
Tripartito *aquí: gobierno formado por tres partidos (el PSC, el ERC y el ICV, desde el 11.05.2006)*
el refuerzo Vertiefung
dedicar a widmen
el enriquecimiento ← *rico/-a*

Cartel en una manifestación en Barcelona, septiembre de 2008

“Todas las asignaturas las imparten en catalán. Por eso, entre la familia siempre nos expresamos en castellano. El problema lo tengo yo porque muchas veces soy incapaz de entender a mi hijo cuando habla catalán con sus amigos.”

“Dictadura: una sola lengua.
Tripartito: una sola lengua.
Bilingüismo es libertad.”

“Me parece bien que se den las clases en catalán, aunque las horas de refuerzo de las estructuras lingüísticas comunes, que también se hacen en catalán, podrían dedicarse a reforzar otras asignaturas como el inglés, que los niños tanto necesitan.”

Manifestación en Barcelona, septiembre de 2008

El español no está en peligro, no hay ninguna desunión, no hay absolutamente ningún problema. Te lo dice una persona que es bilingüe. Para mí es un gran enriquecimiento hablar catalán y español. Ojalá hablara los cuatro idiomas cooficiales que se hablan en España.

Carmen Caffarel, directora del Instituto Cervantes, 11.01.2009

1. Clasifica los argumentos según el ámbito al que se refieren (económico, político, cultural ...).
2. Enumera las reclamaciones que se hacen al gobierno catalán.
3. Determina para cada uno de los hablantes su grado de conformidad o disconformidad con la política lingüística en Cataluña.
4. Observa el cartel de la foto y analiza su mensaje.
5. Mirando las opiniones del *collage* con respecto a la política lingüística en España, extrae algunos aspectos importantes de la situación actual. ¿Qué está pasando en España con la lengua? Compara esta situación con la que sufrió Cataluña durante la época franquista.
6. Comenta la frase de Toni Soler "la discriminación del castellano existe" y compárala con la opinión de Carmen Caffarel.
7. Compara con la situación en Alemania. ¿Qué sucede con las minorías lingüísticas?

Manifiesto por una lengua común

El 23 de junio de 2008 el filósofo vasco Fernando Savater presentó un texto titulado *Manifiesto por una lengua común*, firmado también por otras importantes personalidades de la cultura del mundo hispanohablante.

Desde hace algunos años hay crecientes razones para preocuparse en nuestro país por la situación institucional de la lengua castellana, la única lengua juntamente oficial y común de todos los ciudadanos españoles. [Me refiero] a su papel como lengua principal de comunicación democrática en este país, así como de los derechos educativos y cívicos de quienes la tienen como lengua materna o la eligen con todo derecho como vehículo preferente de expresión, comprensión y comunicación. [...]
Ciertamente, el artículo tercero, apartado 3, de la Constitución establece que "las distintas modalidades lingüísticas de España son un patrimonio cultural que será objeto de especial respeto y protección". Nada cabe objetar a esta disposición tan generosa como justa, proclamada para acabar con las prohibiciones y restricciones que padecían esas lenguas. Cumplido sobradamente hoy tal objetivo, sería un fraude constitucional [...] utilizar tal artículo para justificar la discriminación, marginación o minusvaloración de los ciudadanos monolingües en castellano en alguna de las formas antes indicadas.
Por consiguiente solicitamos del Parlamento español [...] fijar inequívocamente los siguientes puntos:

1. La lengua castellana es común y oficial a todo el territorio nacional, siendo la única cuya comprensión puede serles supuesta a cualquier efecto a todos los ciudadanos españoles.

2. Todos los ciudadanos que lo deseen tienen derecho a ser educados en lengua castellana, sea cual fuere su lengua materna. Las lenguas cooficiales autonómicas deben figurar en los planes de estudio de sus respectivas comunidades en diversos grados de oferta, pero nunca como lengua [exclusiva.]

0 el manifiesto Manifest
4 creciente ← *crecer*
8 cívico/-a Bürger-
9 el vehículo hier: Mittel
10 preferente ← *preferir*
12 el patrimonio Erbe
13 nada cabe objetar es ist nichts einzuwenden
14 la disposición Verfügung
generoso/-a großzügig
15 la restricción Einschränkung
padecer erleiden
16 sobradamente zur Genüge
el fraude Betrug
17 la marginación Marginalisierung
18 la minusvaloración Herabwürdigung
monolingüe einsprachig
20 solicitar fordern
inequívoco/-a eindeutig
23 suponer voraussetzen
26 sea cual fuere unabhängig von
27 figurar *aparecer*
28 la oferta ← *ofrecer*

3. En las autonomías bilingües, cualquier ciudadano español tiene derecho a ser atendido institucionalmente en las dos lenguas oficiales. [...]

4. La rotulación de los edificios oficiales y de las vías públicas, las comunicaciones administrativas, la información a la ciudadanía, etc. en dichas comunidades (o en sus zonas calificadas de bilingües) es recomendable que sean bilingües pero en todo caso nunca podrán expresarse únicamente en la lengua autonómica.

5. Los representantes políticos, tanto de la administración central como de las autonómicas, utilizarán habitualmente en sus funciones institucionales de alcance estatal la lengua castellana lo mismo dentro de España que en el extranjero [...].

Manifiesto por una lengua común. En: *El País*, 23.06.2008

31 **atender** hier: betreuen
32 **la rotulación** Beschriftung
la vía *aquí: la calle*
33 **la ciudadanía** *los ciudadanos*
dicho/-a genannt
34 **calificar** hier: einstufen
37 **el representante** Vertreter
38 **habitual** *aquí: normal*
39 **de alcance estatal** auf Staatsebene

1. Explica cuál es la intención de Savater.
2. Aclara lo que quiere decir el autor con "Cumplido sobradamente hoy tal objetivo" (l. 16).
3. Analiza su postura con respecto al bilingüismo en España.
4. Indica qué problemas parece haber en la vida diaria en algunas regiones de España, para dar lugar a semejantes reclamaciones.
5. Analiza el estilo narrativo y la estructura del texto. ¿Qué partes se pueden diferenciar?
6. Fernando Savater es un filósofo vasco. Comenta el hecho de que haya firmado el manifiesto.
7. Vuelve a mirar la foto "Enseña la lengua". Elabora una campaña publicitaria en defensa de la lengua castellana.

1. La lengua propia de Cataluña es el catalán. Como tal, el catalán es la lengua de uso normal y preferente de las administraciones públicas de Cataluña, y es también la lengua normalmente empleada como lengua vehicular y de aprendizaje en la enseñanza.
2. El catalán es la lengua oficial de Cataluña. También lo es el castellano, que es la lengua oficial del Estado español. Todas las personas tienen el derecho de utilizar las dos lenguas oficiales y los ciudadanos de Cataluña tienen el derecho y el deber de conocerlas.

Nuevo Estatuto de Cataluña, aprobado el 18 de junio de 2006 en referéndum. Artículo 6

2 **preferente** ← *preferir*
4 **vehicular** *de comunicación*
8 **el deber** Pflicht

1. Resume con tus propias palabras el contenido de este artículo del Nuevo Estatuto de Cataluña.
2. Relaciona el "Manifiesto por una lengua común" con este artículo e indica las coincidencias y diferencias entre ambos.

4.2 El español de Hispanoamérica

Palabras indígenas en el español actual

Náhuatl: chocolate, tequila, aguacate, cacahuete, cacao, chicle, coyote, tiza
Maya: palangana, mentecato
Mapudungun: pololo, poncho, choclo, che
Quechua: canoa, hamaca, mama, guagua
Guaraní: jaguar, maraca, ananá

1. Busca el significado de estas palabras de origen indígena.
2. Analiza qué tienen estas palabras en común y piensa en posibles razones por las que pasaron al español actual.
3. Averigua para cada una de las cinco lenguas en qué países se hablan y cómo se llaman los pueblos que las utilizan.

Escribir en castellano

© Joaquín Salvador Lavado (QUINO), Todo Mafalda. Editorial Lumen, 1992

1. Indica cuál es la palabra que no entiende Mafalda, y por qué no la comprende.
2. Explica por qué se enfada Mafalda.
3. Analiza qué sugiere el autor con la historieta.

... y sin embargo nos entendemos

1. Escucha esta conversación entre un hombre y una mujer. Di quién de ellos es argentino/-a y quién español/-a y justifica tu respuesta.
2. Explica qué le ha pasado a Mariela esta mañana y qué le propone Luis hacer por la noche.
3. Relaciona las palabras de la primera columna con sus sinónimos de la segunda:

Argentina

el auto – estacionar – estar con bronca – los viejos – la remera – el bife – la papa – el celular – estar metido/-a – ser un opio – vos – la frutilla – manejar – la pollera – la vereda – podés – la bocina – la pileta – estar descompuesto/-a – cansador/-a – el almuerzo – el mozo – la crema

España

la piscina – el filete – la camiseta – conducir – tú – aparcar – la fresa – el camarero – puedes – la falda – agotador/-a – el coche – el claxon – la acera – la patata – la nata – los padres – ser muy aburrido/-a – el móvil – estar enamorado/-a – estar estropeado/-a – estar enfadado/-a – la comida

4. Si la conversación hubiera sido con un/-a mexicano/-a, la lista de palabras 'latinoamericanas' hubiera sido muy diferente. Sin embargo, los campos léxicos en los que aparecen normalmente diferencias entre el castellano de España y el de Latinoamérica suelen ser los mismos para la mayoría de los países latinoamericanos. Comenta cuáles pueden ser esos campos léxicos.

El mejor español

¿Dónde se habla el mejor español? La pregunta no tiene sentido alguno: el habla de un hablante cuidadoso es tan buena en Caracas como en Salamanca. No es que una variante sea el castellano auténtico y otra no. Por fortuna, en nuestra lengua hay una norma culta general, que hace que los hablantes cuidadosos de Jalisco, Bogotá o Zaragoza se puedan entender a la perfección. Esa norma es responsable de que la industria editorial actúe en todo el ámbito de la lengua, porque no hay grandes diferencias de vocabulario, ni de sintaxis, y porque compartimos una misma ortografía (a diferencia de lo que ocurre, por ejemplo, entre Portugal y Brasil).

José Antonio Millán: La fuerza del español. En: *El País Semanal*, 28.01.2001 (abreviado)

2 **cuidadoso/-a** sorgfältig
4 **la fortuna** *la suerte*

Compara el texto con el cómic de Mafalda y con la conversación de la comprensión auditiva e indica si hay una contradicción. Justifica tu respuesta.

La Real Academia Española: La norma culta del español está representada por la Real Academia y las academias de América (aunque hay muchas lenguas que funcionan sin una, como el inglés). La Academia dicta la postura oficial en ortografía, y selecciona un conjunto de palabras a las que reconoce un uso extendido en nuestra lengua, y que incluye en su diccionario. Mucha gente piensa que las palabras no incluidas en el diccionario académico no existen, o no son palabras españolas. Pero cualquier palabra que use un grupo de hablantes de español es una palabra española, y en el diccionario académico hay muchas palabras que ya nadie usa.

José Antonio Millán: La fuerza del español. En: *El País Semanal*, 28.01.2001 (abreviado)

3 **dictar** bestimmen
la postura hier: Haltung

1. Indica para qué sirve la Real Academia Española (RAE).
2. Discute si deberían quitarse del diccionario de la RAE las palabras que ya no se usan.
3. Pensad entre todos cómo es en Alemania. Discutid si hace falta una institución como la RAE.
4. Busca en el diccionario en línea de la página web de la RAE (www.rae.es) el significado o significados de las siguientes palabras y compara las explicaciones con las que te ofrece otro diccionario monolingüe que conozcas: 'el pelo', 'la cara', 'listo', 'bravo'.

Hermanos

Hermanos, los que estáis en lejanía
tras las aguas inmensas, los cercanos
de mi España natal, todos hermanos
porque habláis esta lengua que es la mía:

Yo digo "amor", yo digo "madre mía",
y atravesando mares, sierras, llanos,
–oh gozo– con sonidos castellanos,
os llega un dulce efluvio de poesía.

Yo exclamo "amigo", y en el Nuevo Mundo,
"amigo" dice el eco, desde donde
cruza todo el Pacífico, y aún suena.

Yo digo "Dios", y hay un clamor profundo;
y "Dios", en español, todo responde,
y "Dios", sólo "Dios", "Dios", el mundo llena.

Dámaso Alonso: Hermanos, En: *Tres sonetos sobre la lengua castellana*. Gredos, 1958.

1 **la lejanía** ← *lejos*
3 **natal** *de nacimiento*
6 **atravesar** durchqueren
la sierra Gebirgskette
el llano Flachland
7 **el gozo** Jubel
8 **el efluvio** hier: Hauch
12 **el clamor** *el grito*

¿? **1.** Deduce a quién dedica el poeta estos versos.

2. Explica la significativa repetición de la palabra "Dios" en el poema.

3. Compara la posición del 'yo lírico' de este poema con la de Mafalda.

5. Presente y futuro del español

5.1 La enseñanza del español

"El poder del español es una realidad que salta a la vista, que nadie, a no ser ciego o tonto, podría ignorar [...]. El peligro que en algún momento se mencionó mucho de una fragmentación del español creo que está conjurado gracias a los medios de comunicación y de hecho es una lengua robusta, sana y un gran vehículo de comunicación y de cultura."

Mario Vargas Llosa, escritor peruano, 15.11.2008

2 **ciego/-a** blind
3 **la fragmentación** Zersplitterung
4 **conjurar** bannen
5 **robusto/-a** *fuerte*
sano/-a *con salud*
6 **el vehículo** hier: Mittel

En 2050, seiscientos millones hablarán español

La directora del Instituto Cervantes, Carmen Caffarel, presentó hoy datos que prevén que en 2050 cerca de 600 millones de personas hablarán español en el mundo, frente a los actuales 450 millones. [...] Caffarel declaró que la lengua española es "un producto de exportación en alza" y también "un idioma de influencia económica global". "Creemos que en el futuro, al lado del inglés y del chino, estará entre las lenguas con mayor influencia en el mundo", añadió, recordando que el instituto tiene más de 70 unidades en diversos países. [...]
Durante 2007, España contó con 237.600 turistas idiomáticos, de los que más de 40.000 lo hacen en Castilla y León, la segunda región por número de alumnos, seguida de Andalucía. "Inglaterra recibió cerca de un millón y medio de estudiantes de inglés", comparó Alberto Gutiérrez, viceconsejero de Cultura de la Junta de Castilla y León y comisionado del presidente para el Plan del Español para Extranjeros.
Gutiérrez añadió que el turismo idiomático aumentó un 50% desde 2001. "En todo el mundo hay más de 17 millones de estudiantes de español, así que tenemos un gran potencial", subrayó. "El 70% de los estudiantes del idioma eligen España para perfeccionarse y conocer nuestra cultura", detalló Caffarel. "El español está de moda, pero aún tenemos que luchar por el reconocimiento que él merece", añadió Victoria Marcos, subdirectora general de TURESPAÑA.

Elcastellano.org, 04.10.2008 (abreviado)

2 **prever** voraussagen
4 **declarar** erklären
en alza *en aumento*
9 **idiomático/-a** ← *el idioma*
17 **subrayar** unterstreichen
19 **detallar** ausführen
20 **el reconocimiento** Anerkennung
merecer verdienen

¿? 1. Explica con tus palabras qué quiere decir Caffarel al afirmar que el español "es un producto de exportación en alza", "un idioma de influencia económica global" y que tiene "un gran potencial".

2. Contrasta la opinión de Vargas Llosa con la de Victoria Marcos. Discutid en clase.

El Instituto Cervantes es una institución cultural creada en 1991 por el Estado español para promover la enseñanza de la lengua española en el mundo, así como difundir la cultura de España e Hispanoamérica. Su sede central se encuentra en Madrid y en 2009 cuenta con 73 centros distribuidos por cuatro continentes, número que está aumentando cada año, en los que se ofrecen numerosos cursos y la posibilidad de obtener los Diplomas de Español como Lengua Extranjera. Esta institución, además, dispone de un portal en Internet, el Centro Virtual Cervantes: www.cvc.cervantes.es

2 **promover** fördern
3 **difundir** verbreiten
la sede (Firmen-)Sitz

@ 1. Averigua en qué ciudades alemanas hay un Instituto Cervantes y cuál de ellos es el más cercano a tu ciudad.

2. Investiga cuáles son los servicios que ofrece la página web del Instituto Cervantes y preséntalos en clase.

Con Erasmus en España

En la universidad

"Ya no creo que el profe venga", dice Nina, estudiante de Erasmus de Berlín y mi futura compañera de asiento de la Universidad Autónoma de Madrid. Esperamos a nuestro profesor del curso de literatura muy motivadas, pero no hay casi nadie en la uni. El profesor ni se presenta. Al día siguiente tampoco se presenta. Algunos estudiantes españoles "de verdad" se acercan y nos explican el sistema universitario madrileño: "Durante la primera semana muchos profesores no vienen. Así los estudiantes pueden ir conociéndose mejor", nos aclara, sonriendo, una estudiante española. Dicho y hecho. A partir de ese momento Nina y yo conquistamos no sólo el campus, sino también la vida nocturna. Y Madrid tiene mucha fiesta que ofrecer: durante las primeras semanas, los aproximadamente 1.000 estudiantes Erasmus de la Universidad Autónoma irrumpen en las fiestas madrileñas.

Buscando piso

Entre sabrosas tapas y un español de andar por casa, Marie, de Estrasburgo, conoce a Fabio, de Italia, y a Katalina, de Polonia. Mientras Marie, bastante tímida, ya ha encontrado un piso en Gran Vía, Katalina busca piso como loca. Marie tampoco es que esté muy satisfecha: "Mi casera y su hija viven en el piso y están todo el día peleándose", les explica. Sin embargo, Katalina la envidia. Ella vive casi a dos horas de la universidad y daría lo que fuera por tener un piso un poco más céntrico. Quiere mudarse en cuatro semanas como máximo y antes tiene que haber encontrado un nuevo piso. Aunque encontrar un *Auberge espagnole* (como el famoso título de la película francesa inspirada en la vida Erasmus en Barcelona, cuya versión española se llama *Una casa de locos*) en Madrid no siempre es fácil. Sus pretensiones han disminuido drásticamente: se conforma con una habitación con ventana e Internet. También ha desistido en su búsqueda de un alquiler razonable. Pero esta noche no quiere darle más vueltas. El trío europeo no está dispuesto a dejarse llevar por las preocupaciones, así que se van al próximo bar.

Anne Piez: De Erasmus en Madrid mientras esperamos al profesor.
En: *www.cafebabel.com*. Traducción: Alba Mateos, 21.11.08 (abreviado)

3 el asiento Sitz
5 presentarse *aquí: aparecer*
9 aclarar ← *claro/-a*
11 conquistar erobern
nocturno/-a ← *la noche*
14 irrumpir hereinstürmen
16 sabroso/-a lecker
de andar por casa *aquí: familiar*
19 satisfecho/-a *contento/-a*
el / la casero/-a Vermieter/-in
20 pelearse sich streiten
21 envidiar beneiden
27 la pretensión Anspruch
disminuir ↔ *aumentar*
conformarse s. begnügen
28 desistir Abstand nehmen
29 el alquiler Miete
razonable vernünftig
darle más vueltas *pensar más en eso*
30 el trío *tres personas*
estar dispuesto a bereit sein

Estudiantes de Erasmus en Madrid

1. Explica por qué no se presenta el profesor de Nina.
2. ¿Conoces el programa Erasmus? ¿En qué consiste? ¿Qué te parece?
3. Comenta qué ventajas e inconvenientes tendría para ti la estancia de un año en un país extranjero.
4. Estás buscando piso. Discutid en clase cuáles son las tres cosas de las que no prescindiríais.
5. Redacta un anuncio para un periódico en el que buscas un piso.
6. Unos estudiantes contestan a tu anuncio y te invitan a ver el piso y presentarte. En parejas, cread un diálogo y representadlo en clase.

5.2 El español, ¿un lenguaje sexista?

¿Tienen sexo las palabras o, simplemente, género?

Hoy quiero escribir de esa moda ñoña que obliga a cualquiera que se manifiesta en público a decir "los niños y las niñas", o "los ciudadanos y las ciudadanas", olvidando que en castellano, como en francés o italiano, el plural masculino no es siempre literalmente masculino, sino que, según el contexto, es extensivo y engloba a la totalidad, sin hacer hincapié en el sexo. Pienso sinceramente que, además de un empobrecimiento y un enrevesamiento, es algo que atenta contra la economía del lenguaje. He comentado en alguna ocasión que a este paso nuestras frases se harán insoportables e interminables: "Los sufridos ciudadanos y las sufridas ciudadanas son mal gobernados y gobernadas por sus políticos y sus políticas y administradores públicos y administradoras públicas, que no siempre están preparados y preparadas como verdaderos y verdaderas profesionales y profesionales". En fin.

Javier Marías, escritor y periodista

1 **ñoño/-a** dumm
2 **manifestarse** s. äußern
4 **literalmente** wörtlich
5 **englobar** umfassen
hacer hincapié betonen
6 **el empobrecimiento** ← *pobre*
7 **el enrevesamiento** *la complicación*
atentar contra verstoßen gegen
8 **a este paso** wenn das so weitergeht
9 **insoportable** unerträglich
sufrido/-a leidgeprüft
11 **el / la administrador/-a** Verwaltungsträger/-in
13 **en fin** nun ja

1. Explica la posición de Javier Marías. ¿Está a favor o en contra de utilizar siempre el masculino y el femenino de los sustantivos?
2. Analiza a qué alude la expresión "la economía del lenguaje".
3. Opina sobre el desdoblamiento al que se refiere Marías y justifica tu posición.

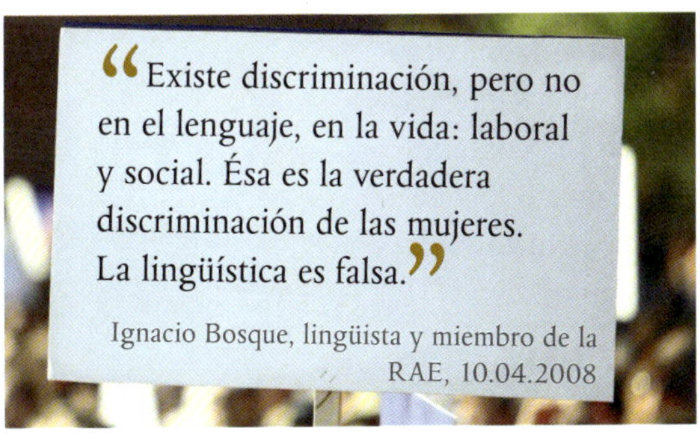

2 **laboral** *del trabajo*

1. Mira estas parejas de palabras y averigua si significa lo mismo el masculino que el femenino: un señorito / una señorita, un asistente / una asistenta, un modisto / una modista, un zorro / una zorra, un cualquiera / una cualquiera, un fulano / una fulana, un hombre público / una mujer pública.
2. El masculino de 'azafata' no es azafato, sino 'auxiliar de vuelo' y para el masculino de 'enfermera' se prefiere 'ATS' (= auxiliar técnico sanitario). ¿Y qué pasa con estas otras profesiones? Averigua si están aceptadas por la RAE estas formas femeninas y si hay polémica: cancillera, presidenta, arquitecta, médica, jueza, miembra del Congreso.
3. ¿Cómo piensas que se podría evitar el sexismo en los siguientes ejemplos?
   a. "Los padres de mi amiga son italianos."
   b. "Tengo 3 hermanos: 2 chicas y 1 chico."
   c. "Este veneno es perjudicial para el hombre."
   d. "Los españoles y los franceses se llevan muy bien."
   e. "UNICEF lucha por los derechos del niño."
   f. "Me preguntó una señorita si necesitaba algo."
   g. "Allí trabajan muchas mujeres de la limpieza."
   h. "Conmigo viajaban dos alemanes y sus mujeres."

4. Buscad ejemplos de discriminación sexual en la lengua alemana e indicad alternativas para evitar esa discriminación en la lengua.
5. Comenta la opinión de Ignacio Bosque.
6. Relaciona la cita de Bosque con el texto de Marías y compara sus opiniones.
7. Comenta la situación de la mujer en Alemania. ¿Piensas que se discrimina a las mujeres en la vida laboral y social?
8. Infórmate en el capítulo 2 de este libro acerca de la situación actual de la mujer en la sociedad española y averigua si existe discriminación.

5.3 Nuevas palabras

Cóctel español

En todas las lenguas del mundo se da un fenómeno según el cual los hablantes toman de otras lenguas palabras o expresiones que no tienen en la suya para designar objetos y acciones que han incorporado a su forma de vida y a su concepción del mundo. Esto se conoce como extranjerismo o, más técnicamente, como préstamo léxico. Existen, al menos, dos formas de integrar en la lengua los préstamos: a) sin alteración de ningún tipo, y b) adaptándolos en mayor o menor grado a la estructura de la lengua receptora. [Además de este tipo de préstamos, también existen otros como los llamados 'calcos semánticos', que son traducciones literales de palabras extranjeras, como, por ejemplo, 'luna de miel' (del inglés 'honeymoon'), 'jardín de infancia' (del alemán 'Kindergarten'), 'hora feliz' (del inglés 'happy hour') o 'asesino en serie' (del inglés 'serial killer').]
Los procesos de adopción y posterior adaptación de los vocablos procedentes de otras lenguas son en realidad muestras de la creatividad léxica que poseen los hablantes. A quienes muestran reticencia o cautela ante los préstamos, puede que les tranquilice saber que palabras tan [...] comunes hoy en nuestra lengua como cacahuete, alpaca, chocolate, patata o tomate, se incorporaron en el siglo XVI al español. Lo cierto es que la historia de las lenguas muestra que ninguna se ha visto libre de préstamos.

María Ángeles Sastre: *El Norte de Castilla*, 05.01.08 (abreviado)

3 designar bezeichnen
incorporar aufnehmen
5 el préstamo (léxico) Lehnwort
6 la alteración *el cambio*
8 receptor/-a ← *recibir*
13 la adopción Annahme
procedente de *de*
14 la muestra ← *mostrar*
15 la reticencia Widerwille
la cautela *el cuidado*
16 tranquilizar ← *tranquilo/-a*
17 el cacahuete Erdnuss

1. Explica el significado de "préstamo" y de "calco semántico" en el texto.
2. Todas estas palabras españolas son préstamos léxicos. En parejas, averiguad qué significan y de qué palabras provienen:
sándwich, carrusel, rock, restaurante, fútbol, pizza, blues, zapear, sandwichería, cruasán, bombón, chalé, airbag, champán, braille, club, chatear, zapping, escáner, dama, catering, ballet, escanear, beige, pizzería, baguette, mánager, eau de toilette, dominó, bisturí, aparcar, billar, yogur, gol, bechamel, strip-tease, beicon, espaguetis, salón, marioneta, gourmet, cóctel, pingüino, casting, hotel, after-shave, foie-gras, parking, reality-show, canapé
3. Intenta ordenar estas palabras españolas según estos cinco grupos: préstamos del inglés (con o sin alteración), del francés (con o sin alteración) y de otras lenguas.
4. Comenta qué crees que ocurre en la lengua alemana. ¿También hay préstamos y calcos?

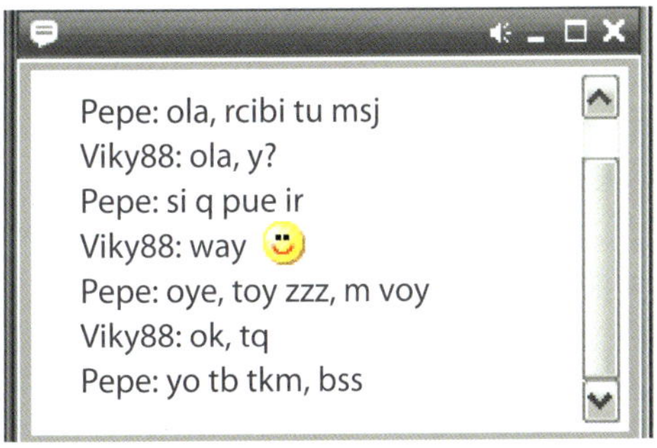

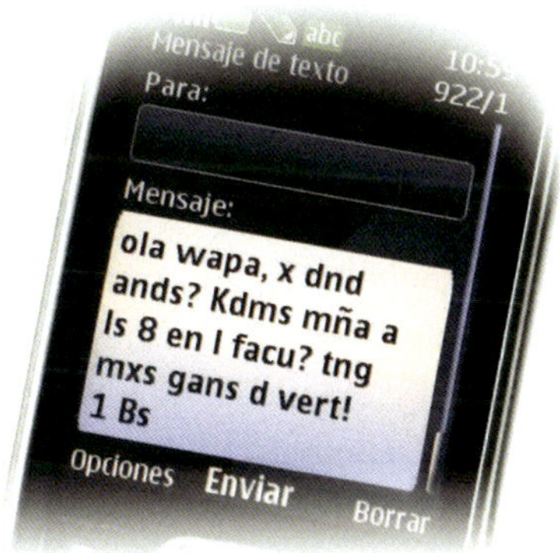

1. Transcribe los mensajes al español estándar.
2. Discutid en clase por qué no se escribe toda la palabra.
3. ¿Vosotros también os comunicáis con vuestros amigos de esta forma?
4. Comentad en clase si existe en alemán un lenguaje generalizado para acortar los mensajes, usado y comprendido por (casi) todos los usuarios.

'Smshablantes'

¿En cuánto espacio cabe una declaración de amor? Para decenas de miles de adolescentes son suficientes dos letras: Tq. Ésa, al menos, es la manera más frecuente de decir 'Te quiero' cuando se escribe un SMS, el *short message service* nacido hace 15 años de la mano del ingeniero estadounidense Neil Papworth. Y es que los 25.000 millones de mensajes cortos de teléfonos móviles que se envían anualmente en España podrían convertirse en una especie de barómetro sobre el estado de salud del castellano. Porque expresiones como Kdms? (¿quedamos?), Toy zzz (estoy dormido), Nt1d (no tengo un duro), Toy :) (estoy feliz) o Bs (besos) se han convertido en palabras y frases habituales para la mayoría de los estudiantes, que, además, suelen entablar sus primeras relaciones interpersonales en ese terreno comunicativo. ¿Está condenado el español a un inexorable empobrecimiento? ¿O asistimos al nacimiento de un nuevo lenguaje?

Francesco Manetto: Smshablantes – la lengua abreviada de los mensajes de móvil se convierte en el esperanto de los adolescentes. En: *El País,* 16.12.2007 (abreviado)

1 caber *hineinpassen*
la declaración de amor *Liebeserklärung*
la decena *diez*
7 convertirse en *s. verwandeln*
9 no tener un duro *no tener dinero*
10 habitual *normal*
11 entablar *comenzar*
12 el terreno *Gebiet*
condenar *verurteilen*
13 inexorable *unerbittlich*
el empobrecimiento *← pobre*

1. Explica a qué se refiere la expresión "el estado de salud del castellano".
2. Comenta si los mensajes de texto son un enriquecimiento o un empobrecimiento de la lengua española.
3. Los sms se extienden a cada vez más ámbitos de la vida. Discutid si hay temas que no se pueden tratar por sms.

El lenguaje del 'chat'

"Lo que está ocurriendo, de forma paradójica y algo invisible para la propia sociedad, es que la escritura se está oralizando. Está adoptando los rasgos de la oralidad: inmediatez, aceptación del error [...], predominio de la síntesis y de la simplificación, e inclusión de los aspectos afectivos (entonación en la oralidad, emoticones en la escritura).
El lenguaje siempre está en revolución. Cada generación revoluciona a las anteriores. Pero en este caso concreto lo que se revoluciona, sobre todo, son los géneros de escritura y literarios. Es cierto que el género epistolar desaparece. Es cierto que la comunicación escrita interpersonal cambia su código; pero este cambio es un pequeño reflejo de algo mucho mayor: el cambio del ser humano."

José Pazo Espinosa, profesor de Hispánicas de la Universidad Autónoma de Madrid, 08.01.2009

"Las nuevas tecnologías han conquistado un espacio nuevo que antes la escritura no tenía: el de la informalidad. Se trata de una escritura contextual, una extensión de nuestra competencia lingüística, que entra mucho más en la cotidianidad y que, como la lengua hablada, se convierte en algo de usar y tirar."

Paolo Leonardi, profesor de Filosofía del Lenguaje de la Universidad de Bolonia, 08.01.2009

"No hay una evolución en la lengua, sino una ortografía distinta que, además, pretende ser no académica. [...] Nadie habla ni hablará como escribe un mensaje. No se habla con abreviaturas. Prueben ustedes a decir: "¿A q hr qdmos?". Puede, eso sí, que alguna palabra o frase que se utilice mucho en los mensajes pase al habla diaria, pero eso es normal."

José Portolés Lázaro, profesor de Hispánicas de la Universidad Autónoma de Madrid, 08.01.2009

"No creo que este lenguaje sea por sí mismo una aberración o un mal a perseguir, puesto que no implica necesariamente el desconocimiento de las normas. [...] Lo que habría que aprender es en qué contextos usar uno, el virtual, u otro, el normalizado y potenciar la formación de los más jóvenes."

Salvador López Quero, profesor de Hispánicas de la Universidad de Córdoba, 10.04.2008

1 invisible ← *ver*
2 oralizar ← *oral*
3 la inmediatez Unmittelbarkeit
la aceptación ← *aceptar*
el predominio Vorherrschaft
4 la síntesis *el resumen*
la simplificación ← *simple*
la inclusión Einschließung
afectivo/-a *emocional*
8 el género Gattung
epistolar Brief-
12 conquistar erobern
15 la cotidianidad Alltag
convertirse en werden zu
18 pretender beanspruchen
19 la abreviatura Abkürzung
22 la aberración Verirrung
23 perseguir verfolgen
implicar *aquí: significar*
25 potenciar fördern
la formación Ausbildung

1. Busca todos los rasgos característicos que los científicos le atribuyen al lenguaje del chat.
2. ¿Los autores de estas opiniones están a favor o en contra del "nuevo lenguaje"? Explica en cada caso por qué lo piensas.
3. Expón los argumentos de los que se quejan de este lenguaje.
4. Comenta la frase: la lengua "se convierte en algo de usar y tirar".
5. Discutid si es cierto que el género epistolar desaparece. ¿Escribís cartas? ¿En qué situaciones?
6. Comentad si de verdad cambia el ser humano y en qué sentido lo hace.
7. Formad dos grupos en la clase. Unos están a favor y otros en contra del uso del lenguaje de las nuevas tecnologías. Argumentad los pros y los contras que pensáis que puede tener en la sociedad.

El español de los chavales mola mogollón

Me jode ir al Kronen los sábados por la tarde porque está siempre hasta el culo de gente. No hay ni una puta mesa libre y hace un calor insoportable. Manolo, que está currando en la barra, suda como un cerdo. Tiene las pupilas dilatadas y nos da la mano, al vernos.

–Qué pasa, chavales. ¿Habéis visto el partido, troncos?– pregunta.

–Una puta mierda de equipo. Del uno al once, son todos una mierda– dice Roberto.

–Me han jodido el baño en Cibeles, tronco. Si esto sigue así, acabaré haciéndome del Atleti. A ver, ¿qué queréis?

Pillamos un mini y unas bravas.

Roberto echa una ojeada a nuestro alrededor para ver si Pedro ha llegado. Luego, mira su reloj y dice: –Joder con el Pedro, desde que tiene novia pasa de todo el mundo.

–¿Hemos quedado con alguien más?– pregunto.

–Sí. Con Fierro, Raúl y con Yoni.

–¿Quién es Yoni?

–Un amigo de Raúl. Un tío guay, nada que ver con el pesado de Raúl. Allí en Marbella, en Semana Santa, nos lo pasamos de puta madre con él.

Hay una mesa que se ha quedado libre y le digo a Roberto que la pille, rápido, antes de que nos la quiten.

–Joder. Ten cuidado, que casi me tiras el litro.

Nos sentamos. Pedro llega un poco después.

–Bueno, ¿dónde está tu novia?– pregunto.

–Nada. Silvia hoy no sale.

A Pedro no le mola nada hablar conmigo de su cerda. Está muy enamorado y no le gusta que me ría de él. Por eso cambia de tema en seguida.

–¿Habéis visto al mariconazo de Míchel cómo ha fallado el penalti? Si es que estaba tan acojonado que ni ha levantado la vista. Qué malo es el hijoputa– dice.

José Ángel Mañas: *Historias del Kronen.* Barcelona: Ediciones Destino, 1994

0 el chaval *el chico*
molar (col.) *gustar*
mogollón (col.) *mucho*
1 hasta el culo (vul.) *muy lleno/-a*
2 puto/-a (vul.) hier: verdammt
insoportable unerträglich
3 currar *trabajar*
la barra Theke
sudar schwitzen
4 dilatado/-a geweitet
5 el tronco (col.) *el amigo*
11 la ojeada Blick
13 pasar de sich nicht interessieren für
17 guay (col.) *genial*
pesado/-a lästig
18 de puta madre (vul.) *muy bien*
27 el mariconazo (vul.) Tunte
fallar ← *el fallo*
el penalti Elfmeter
28 acojonado/-a (vul.) *con mucho miedo*
29 el hijoputa (vul.) Arschloch

1. Describe esta escena de la novela, los personajes y la situación.
2. Haz una lista de las palabras malsonantes e insultos que contiene el texto y busca en el diccionario su significado y su uso. ¿Hay palabras similares en alemán para expresar lo mismo?
3. Con ayuda del diccionario, analiza los diferentes usos de las palabras "joder" y "pillar". Averigua qué pueden significar las palabras en estos contextos: "me jode ir al Kronen", "me han jodido el baño en Cibeles", "joder con el Pedro", "pillamos un mini", "le digo a Roberto que pille la mesa".
4. Describe el estilo narrativo y el aspecto formal de la novela.
5. Cambia el estilo del texto sustituyendo las expresiones coloquiales juveniles por otras más formales.
6. ¿Qué pueden ser "un mini y unas bravas"? ¿Por qué los chicos hablan de darse un "baño en Cibeles"? ¿Qué es el "Atleti", y quién podría ser "Míchel"? Haced suposiciones.
7. Busca en Internet el argumento de esta novela y trata de explicar la intención del autor al escribirla.
8. Imagina que perteneces al grupo de amigos y estás viviendo en directo la escena. Contigo está un amigo alemán que no está entendiendo nada y tú le tienes que ayudar. Interpreta el diálogo en el Kronen.

5.4 El Spanglish

“Los hablantes de spanglish [...] podemos divertir a la gente con ciertas expresiones, como *between, between and drink a chair* (entre, entre y tome asiento). Pero el spanglish de la vida diaria no es para sonreír: sirve para comunicarte e ingeniártelas, como en inglés o español, para decir lo que quieres como puedes.”

Ilan Stavans, titular de la primera cátedra de Spanglish en la Universidad de Massachusetts, 15.05.2002

4 servir para hier: nützen
ingeniárselas es schaffen etwas zu tun

Intenta encontrar una razón por la que surgió el spanglish en los EE. UU. Inspírate en la cita de Ilan Stavans.

“El spanglish is my face; mi corazón, mi identidad”

Ilan Stavans (México, 1961) trabaja ahora en la literatura judía de la diáspora, pero también es escritor, crítico cultural, lingüista [...] y especialista en spanglish, que es la faceta que más impresiona aquí y la que mayor desprecio le ha reportado. La traducción al spanglish de Don Quijote de la Mancha, “of which nombre no quiero remembrearme”, es para muchos puristas un sacrilegio o, peor todavía, una auténtica chorrada. “To come to España y hablar de spanglish es ser Quixote”, confiesa. “People in la Península just don't get it, no les entra en la head que en los Unaited Estados la civilización latina is a new way de ser hispano. Ser atacado is an inspiration”.

4 el desprecio Verachtung
reportar einbringen
6 el / la purista ← *puro/-a*
la chorrada Blödsinn
9 atacar angreifen

Está acostumbrado al desdén. Pero su trabajo y los datos, dice, hablan por sí solos: 45 millones de personas en Estados Unidos hablan algún tipo de spanglish. Hace años empezó siendo una necesidad por el desconocimiento del inglés por parte de los hispanos que emigraban al norte, pero hoy es una alternativa. Afirma que en Estados Unidos se está perdiendo el español –una lástima; él es un apasionado del castellano– y que graduarse en Spanglish ya es allí una herramienta que facilita encontrar empleos de calidad.

El gran motor del spanglish es el electoralismo y el interés mercantil. Obama y McCain lo están usando en su carrera electoral. Saca de su bolsa de viaje tarjetas Hallmark de las que se usan para felicitar el cumpleaños o la Navidad. Todas están en spanglish. ¿De qué nos asustamos los españoles?

Gabriela Canás: El spanglish is my face; mi corazón, mi identidad. En: *El País*, 16.06.2008 (abreviado)

11 el desdén *el desprecio*
16 el / la apasionado/-a Anhänger/-in
graduarse en einen Abschluss machen
17 la herramienta Werkzeug
19 mercantil ⟵ *el mercado*

1. Explica qué es el "spanglish" y qué relación tiene con Ilan Stavans.
2. Explica qué quiere decir la periodista al escribir que "[el estudio del spanglish] es la faceta que más impresiona aquí y la que mayor desprecio le ha reportado [a Ilan Stavans]".
3. Describe cuál es, para Stavans, la situación del español en los EE. UU.
4. Discutid cómo es posible que graduarse en Spanglish facilite "encontrar empleos de calidad".
5. Da tu opinión sobre el spanglish. ¿Te parece una buena alternativa para comunicarse? ¿Conoces una situación de mezcla de lenguas similar?

Nuestro particular Quijote de hoy

Escucha esta entrevista a Ilan Stavans sobre su traducción del Quijote al spanglish.

Cadenaser.com, 31.12.2005

1. Explica si, según Stavans, el spanglish es un peligro para el inglés y el español.
2. Describe quién crea las palabras en spanglish.
3. Cuenta por qué tradujo Ilan Stavans el Don Quijote al spanglish.
4. Di cuándo piensa hacer Stavans la traducción de la segunda parte del Don Quijote.
5. Explica qué opinión tiene la Real Academia de la lengua Española acerca del spanglish.
6. Analiza qué espera o desea Stavans de la Real Academia.
7. ¿Qué piensa el periodista que será el futuro del spanglish?
8. Dice el perodista: "Lo que acabará pasando es que la academia inglesa, o lo que sea, acabará asimilando el spanglish como dialecto del inglés". Comenta esta afirmación.
9. Opina sobre el spanglish y acerca de la traducción de una obra como el Don Quijote. ¿Te parece "una broma", como al periodista, o "un sacrilegio o una auténtica chorrada" como a los puristas académicos, o, por el contrario, ves algo positivo y normal en ello? Justifica tu respuesta.
10. Trabajad en grupos de cuatro. Escribid un poema o un cuento en spanglish.
11. Busca en Internet ejemplos de creaciones en spanglish: canciones, poesías, textos, novelas, etc. y preséntalas en clase.

Vocabulario

Lengua

el idioma, idiomático/-a
la lengua, el lenguaje (periodístico, del chat, ...)
la lingüística, el / la lingüista, lingüístico/-a
el dialecto, dialectal

el / la hablante, el habla (f.), hablar, hablador/-a
el español, el / la hispanohablante, el país hispanohablante
el castellano, el / la castellanoparlante

el monolingüismo, monolingüe
el bilingüismo, bilingüe (zweisprachig)
el trilingüismo, trilingüe
el plurilingüismo, plurilingüe

el vocabulario, el vocablo, la palabra
el campo léxico (Wortfeld)
el campo semántico
el préstamo léxico (Lehnwort)

Literatura

la literatura, literario/-a, el significado literal

la realidad, el realismo, real
la ficción, ficticio/-a

la edición, editar (herausgeben)
la publicación, publicar (veröffentlichen)
la traducción, traducir, traducido/-a, el / la traductor/-a

el género (Gattung), el término genérico (Oberbegriff)
la poesía, el poema, el poeta, poético/-a, lírico/-a
la prosa
la novela, novelar, el novelista
el cuento, contar
el relato, relatar

Estadísticas

la tasa (Rate), tasar (abschätzen)
el índice (Rate), indicar, indicador/-a
el porcentaje (Prozentsatz), porcentualmente
la mayoría, mayoritario/-a
la minoría, minoritario/-a

la incidencia (Vorkommen), incidir
la indagación, indagar (untersuchen), examinar

el aumento, aumentar, ir en aumento
el incremento, incrementar (zunehmen)
elevado/-a

el descenso, descender (absinken)
disminuir (abnehmen)

Política y leyes

la política lingüística
la constitución, la normativa constitucional

la justicia, justificar, justo/-a, el juicio, el / la juez/-a, juzgar
el derecho (Recht), tener el derecho de, tener derecho a
la libertad, libre

la restricción (Einschränkung), restringir
la imposición, imponer (auferlegen)
la obligación, obligar (zwingen)
el deber (Pflicht), deber, debido/-a

la reclamación, reclamar (fordern)
la exigencia, exigir, exigente (fordernd)

2 La sociedad española

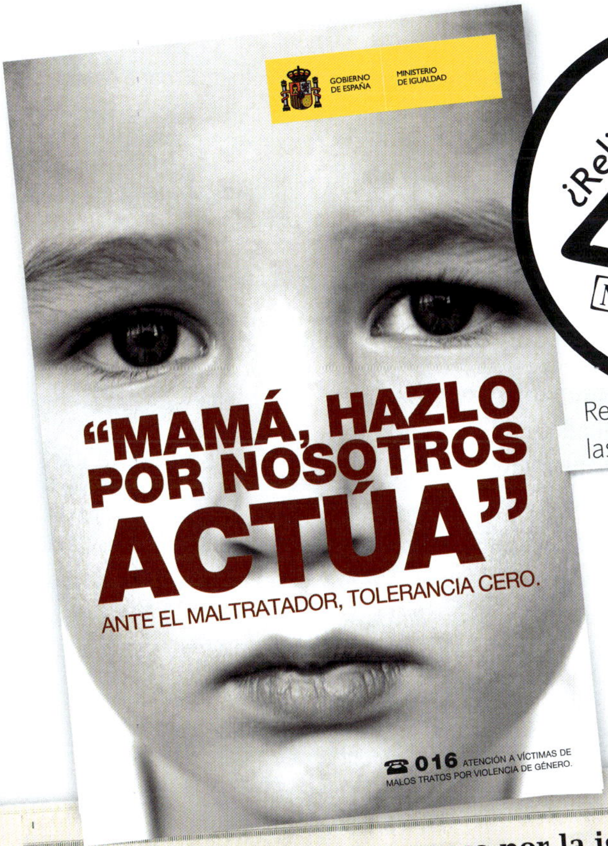

Recogen más de 180.000 firmas para prohibir las corridas de toros en Cataluña

España: de país de emigrantes en los años 60 a país de inmigrantes en la actualidad

Más de la mitad de los jóvenes que trabajan en España tienen un contrato temporal

España en lucha más que nunca por la igualdad de sexo

La familia tradicional retrocede ante otras uniones y la soltería

España será en 2040 "el país más viejo del mundo"

200 alumnos de 33 nacionalidades

Las lluvias son insuficientes para acabar con la sequía

1. Estos textos resumen algunos aspectos característicos de la sociedad española actual. ¿Son también temas significativos en tu país? ¿Qué diferencias o semejanzas encuentras entre España y Alemania?
2. Cuando piensas en España y los españoles, ¿en qué piensas? ¿Qué relacionas con la sociedad española?
3. Da tu opinión sobre los clichés y los prejuicios que se asocian con los españoles o con 'lo español'. ¿Están justificados o son exagerados?

titulares extraídos de los diarios: El País, El Mundo, La Vanguardia, 20Minutos y la revista Consumer, entre los años 2008 y 2009.

1. La imagen de España

1.1 Las corridas de toros

¿Qué es una corrida de toros?
¿Has visto una corrida alguna vez? ¿Te gustaría verla?
¿Sabes si existen las corridas sólo en España o también en otros países?

La historia de las corridas de toros

Torero lidiando en la plaza

La corrida de toros es un espectáculo que consiste en lidiar varios toros bravos, a pie o a caballo, en un recinto cerrado para tal fin, la plaza de toros.
En la lidia participan varias personas, entre ellas los toreros, que siguen un estricto protocolo tradicional, reglamentado, regido por la intención estética; sólo puede participar como matador el torero que ha 'tomado' la alternativa. Es el espectáculo de masas más antiguo de España y uno de los más antiguos del mundo.
Como espectáculo moderno realizado a pie, fija sus normas y adopta su orden actual a finales del siglo XVIII en España, donde la corrida finaliza con la muerte del toro. Las corridas de toros son consideradas una de las expresiones de la cultura hispánica. Se practican también en Portugal (donde no se le da muerte al toro en la plaza), en el sur de Francia y en diversos países de Hispanoamérica como México, Colombia, Perú, Venezuela, Ecuador, Costa Rica, Panamá y Bolivia.

Corrida de toros. En: *es.wikipedia.org*

1 consistir en bestehen aus
lidiar *torear*
2 bravo/-a wild
el recinto *el lugar*
4 la lidia ← *lidiar*
5 regir hier: bestimmen
7 tomar la alternativa *aquí: torear*
11 considerar halten für

¿? **1.** Ahora, con la información del texto, describe con tus palabras qué es una corrida de toros.

2. Explica qué significa que los toreros "siguen un estricto protocolo regido por la intención estética".

3. Di cómo cambian las corridas a partir de finales del siglo XVIII.

4. Reflexiona qué grupos de la sociedad crees que están a favor y cuáles en contra de las corridas de toros.

5. Indica cuáles pueden ser los argumentos de cada grupo.

@ **6.** El toreo inspiró muchas obras de arte. Averigua en Internet qué pintores se inspiraron en el toreo y qué novelas famosas tratan del mundo de la tauromaquia, y presenta los resultados a la clase.

Foro: ¿Qué opinas sobre las corridas de toros?

Autor: Marisol

Las corridas de toros son un acto de crueldad. ¿Cómo es posible que disfruten de un acto tan [...] inhumano? ¿Acaso la educación no es para aprender a ser mejores personas? ¿Dónde está el respeto a la vida?

2 la crueldad ← *cruel*
3 disfrutar de *divertirse con*
acaso hier: etwa

Autor: Tuti

Hay un riesgo real de que el toro coja al torero y eso es lo emocionante de esta fiesta. A todos los animales se les cría con un fin, [y] a los toros se les cría para morir y ser comidos por los humanos [...]. Esta muerte se prepara para disfrute de unos cuantos de ver al animal morir como debe morir un animal bravo y que se ha criado para eso [...].

Autor: Lorenzo

Nos encontramos atrapados en una gran red que sólo se abre y nos libera si hay dinero de por medio: La tauromaquia es un negocio, y ¡vaya negocio tan rentable! [...]

Autor: Manuel

Miren, me parece absurdo que la gente pierda el tiempo con este tema porque si se interesaran por los animales se dedicarían a proteger a las ballenas por ejemplo, ya que sufren igual que los toros [...] y, a diferencia del toro, si desaparecen causan unos cambios importantes e irreversibles en el ecosistema. [...]

Autor: Luisa

Es absurdo que en esta época, donde se supone que debería haber más conciencia, se realicen estos actos ridículos, cobardes y sanguinarios. [...] ¿El torero es un macho por exponerse a tan grave peligro? Es simplemente ridículo.

¿Qué opinas sobre las corridas de toros? En: *Foroswebgratis.com*

6 el riesgo Risiko
emocionante spannend
7 criar hier: züchten
9 el disfrute *la diversión*
10 bravo/-a wild
12 atrapar fangen
13 de por medio hier: im Spiel
17 dedicarse a s. beschäftigen mit
18 la ballena Wal
19 irreversible unumkehrbar
23 ridículo/-a lächerlich
cobarde feige
sanguinario/-a ← *la sangre*
24 el macho *el valiente, el fuerte*
exponerse a sich aussetzen

1. Clasifica estos argumentos sobre las corridas en diferentes grupos (económicos, éticos, políticos, culturales, medioambientales, etc.).
2. Resume en una frase la posición de cada persona y analízala. Piensa quiénes dicen algo a favor y quiénes en contra de las corridas.
3. "A los toros se les cría para morir y ser comidos por los humanos." Comenta: ¿se justifica la muerte del toro diciendo que ese toro existe porque existe el toreo?
4. Discutid sobre las corridas de toros: ¿estáis a favor o en contra? Justificad vuestras posiciones.

Las corridas de toros van a menos

En los ambientes taurinos andaluces se han encendido las luces de alarma ante el dato de que el número de corridas y novilladas organizadas en los seis primeros meses de este año ha caído en Sevilla, tierra taurina por antonomasia, un 44%. [...]

Manifestación contra las corridas de toros en Madrid, 2007

1 taurino/-a ← *el toro*
3 la novillada *la corrida con toros jóvenes*
6 por antonomasia schlechthin

Para los taurinos, la causa es la crisis [...]. Para los antitaurinos –es difícil dar con alguien a quien los toros deje indiferente–, lo que ocurre es que la afición escasea y, salvo las grandes ferias –Abril en Sevilla, San Isidro en Madrid, San Fermín en Pamplona, Fallas en Valencia ...–, muchos festejos se organizan no porque exista una demanda real, sino porque la crean los ayuntamientos con su oferta. [...]

La tragedia del mundo taurino es que los jóvenes le están dando la espalda. [...] A la Junta no le gusta que descienda [el número de] corridas, porque aportan beneficios económicos por el turismo. La directora general de Espectáculos asegura que trata de impedir otro tipo de festejos (encierros, toros embolados ...) en los que el animal se ve sometido a 'sufrimientos innecesarios'. Su departamento destina este año 1,3 millones de euros a subvencionar las 21 escuelas taurinas que existen en Andalucía y a rehabilitar plazas. [...]

Francisco Garrido, portavoz de Los Verdes, sostiene que, "desde los años 40, el fútbol se ha comido a los toros".

José Bejarano: Las corridas de toros van a menos. En: *La Vanguardia,* 23.09.2008

9 la afición *la pasión*
escasear knapp werden
salvo außer
11 la demanda Nachfrage
14 descender *bajar*
15 aportar *traer*
el beneficio Gewinn
16 impedir vermeiden
19 subvencionar subventionieren
20 rehabilitar restaurieren
21 el portavoz Sprecher
sostener behaupten

¿? 1. Según el texto, di qué razones se dan entre los ciudadanos para explicar el descenso de las corridas de toros.

2. Explica con tus palabras el significado de las siguientes afirmaciones del texto:
   a. Se han encendido las luces de alarma.
   b. Sevilla, tierra taurina por antonomasia.
   c. Es difícil dar con alguien a quien los toros deje indiferente.
   d. La afición escasea.
   e. Los jóvenes le están dando la espalda.
   f. Las corridas aportan beneficios económicos.

3. Interpreta la última frase: "desde los años 40, el fútbol se ha comido a los toros".

@ 4. En el texto se mencionan el "encierro de toros" y los "toros embolados". Averigua en Internet de qué se trata y comenta: ¿Cómo se diferencian esos festejos de las corridas de toros? ¿Crees que el toro sufre más o menos? Relaciona tus resultados con la opinión de la directora general de Espectáculos que cita el texto.

5. En una ciudad española, últimamente ha habido muchas protestas antitaurinas y las autoridades se ven obligadas a reaccionar. Se organiza una discusión entre representantes de las diferentes opiniones para llegar a un acuerdo. Interpretad esta charla entre un político local, el dueño de la plaza de toros, un miembro de la organización PETA y un miembro de una organización antitaurina.

1.2 La Semana Santa

¿Sabes qué es la Semana Santa en España y cómo se celebra? ¿Qué diferencias hay con las celebraciones en tu país?

El Palio de la Virgen de 'La Paz' en Sevilla, 2009

La Semana Santa en España

Con la entrada de la primavera, llega la Semana Santa, una de las festividades más auténticas, emotivas y con más siglos de historia que se celebran en España. Las calles de la gran mayoría de ciudades y pueblos se convierten en escenarios de fervor y devoción religiosa, en los que se entremezclan el duelo y el recogimiento al recordar la muerte de Cristo, con la música, el arte, el colorido y la magia de las procesiones, desfiles solemnes en los que numerosas personas acompañan a las imágenes religiosas.

Toda España conmemora la Semana Santa, una celebración que en cada zona y rincón de nuestro país tiene sus propias características. Esta festividad, además de estar enraizada en el imaginario popular desde hace siglos, también está muy vinculada con el arte. Lo demuestran, por ejemplo, las numerosas imágenes religiosas de Jesucristo y la Virgen, iconos tallados con realismo y maestría por escultores como Juan de Juni, Pedro Berruguete o Gil de Siloé. Estas obras excepcionales del arte religioso español, muchas de ellas con más de cinco siglos de antigüedad, salen a la calle para ser contempladas por miles de personas, que las admiran con devoción y respeto.

La Semana Santa en España. En: *Spain.info,* 2009

2 emotivo/-a ← *la emoción*
4 convertirse en sich verwandeln in
el fervor Hingabe
la devoción Verehrung
5 entremezclar vermischen
el duelo Trauer
el recogimiento Andacht
6 el desfile *la procesión*
7 solemne festlich
9 conmemorar gedenken
la celebración ← *celebrar*
10 el rincón Ecke
11 enraizado/-a verwurzelt
el imaginario Gedankenwelt
12 vinculado/-a *relacionado/-a*
13 el icono *la imagen*
14 tallar schnitzen
la maestría hier: Geschick
17 contemplar *mirar*

1. Indica si estas afirmaciones son verdaderas o falsas y justifica tu respuesta:
   a. La Semana Santa tiene lugar antes del verano.
   b. Esta festividad tiene un carácter espontáneo y divertido.
   c. Existe desde hace poco tiempo.
   d. En España se conmemora la muerte de Cristo mediante procesiones con imágenes religiosas.
   e. En toda España se celebra de forma igual.
   f. Las figuras de madera fueron talladas por escultores muy importantes del siglo pasado.
2. Analiza las diferencias y semejanzas entre España y Alemania con respecto a la Semana Santa.

Semana Santa en Sevilla, una pasión

La multitud, con esa impresionabilidad fácil de los pueblos meridionales, contemplaba absorta el paso de los encapuchados, a los que llamaba “nazarenos”, máscaras misteriosas que eran tal vez grandes señores, llevados por la devoción tradicional a figurar en este desfile nocturno que acababa luego de salido el sol.

1 la impresionabilidad Empfänglichkeit
2 meridional *del sur*
3 absorto/-a vertieft
encapuchado/-a mit Kapuze
5 la máscara Maske
6 la devoción Frömmigkeit

El Paso de misterio de ‘Jesús despojado’ en Sevilla, 2009

Era una cofradía de silencio. Los "nazarenos" no podían hablar, y marchaban escoltados por guardias municipales, cuidadosos de que los importunos no se llegasen a ellos para molestarles. Abundaban los borrachos en la multitud. Vagaban por las calles devotos incansables que, en memoria de la Pasión del Señor, comenzaban a pasear su religiosidad de taberna en taberna el Miércoles Santo, y no terminaban sus estaciones hasta el sábado [...].

En el curso de la procesión, cuando los portadores de los "pasos" necesitaban descanso y quedaban inmóviles las pesadas plataformas de las imágenes cargadas de faroles, bastaba un leve siseo para que los encapuchados se detuviesen, permaneciendo las parejas frente a frente, con el blandón apoyado en un pie, mirando al gentío con sus ojos misteriosos al través del antifaz. [...]

Avanzaba el "paso" de Nuestro Padre Jesús del Gran Poder, una pesada plataforma de labrado metal, con faldas de terciopelo negro que rozaban el suelo, ocultando los pies de los veinte hombres sudorosos y casi desnudos que marchaban debajo sosteniéndola. [...]

La presencia del Señor del Gran Poder provocaba un suspiro de centenares de pechos.

–¡Pare José! –murmuraban las viejas, fijos los ojos en la imagen con hipnótica inmovilidad– ¡Señó der Gran Poer! ¡Acuérdate de nosotros!

Deteníase el "paso" en mitad de la plaza, con su escolta de inquisitoriales encapuchados, y la devoción del pueblo andaluz, que confía al canto todos los estados de su alma, saludaba a la imagen con trinos de pájaro y lamentos interminables.

Una voz infantil de temblona dulzura cortaba el silencio. Era una mozuela que, avanzando entre la muchedumbre hasta colocarse en primera fila, lanzaba una "saeta" a Jesús. [...]

Después venía la Virgen, Nuestra Señora del Mayor Dolor, pues todas las parroquias sacaban dos "pasos", uno del Hijo de Dios y otro de su Señora Madre. Bajo un palio de terciopelo temblaba la corona de oro de la Señora del Mayor Dolor, rodeada de luces. [...]

Vicente Blasco Ibáñez: *Sangre y Arena,* 1908

10 **la cofradía** Laienbruderschaft
11 **escoltado/-a** eskortiert
importuno/-a aufdringlich
12 **abundar** reichlich vorhanden sein
13 **vagar** herumstreunen
incansable ← *el cansancio*
14 **la taberna** *el bar*
17 **en el curso de** *durante*
el portador *el que lleva*
19 **el farol** Laterne
leve leicht
el siseo Zischen, Tuscheln
21 **el blandón** Kerze
el gentío *la gente*
22 **el antifaz** Augenmaske
24 **labrado/-a** geschliffen
el terciopelo Samt
rozar *aquí: tocar*
25 **sudoroso/-a** schweißbedeckt
27 **provocar** hervorrufen
el suspiro Seufzer
29 **hipnótico/-a** ← *la hipnosis*
31 **inquisitorial** inquisitorisch
32 **confiar** anvertrauen
33 **el trino** Trillern
35 **temblón/-a** zitternd
la mozuela *la chica*
36 **la muchedumbre** *mucha gente*
39 **la parroquia** Pfarrgemeinde
40 **el palio** Pallium

1. Describe a los participantes de la procesión y sus funciones.
2. El texto cita lo que murmuran las señoras mayores al ver el paso. Describe lo que te llama la atención.
3. Determina la posición del autor frente a lo que describe: ¿Comparte los sentimientos de la multitud o se distancia de ella? ¿Entiende lo que ve?
4. Analiza las figuras retóricas que aparecen en el fragmento. Para ayudarte, echa un vistazo a la estrategia correspondiente (pp. 297-298).
5. Comenta el ambiente que evoca el texto.
6. Imagina que estás en Sevilla en Semana Santa y acabas de presenciar la escena que describe Blasco Ibáñez. Redacta una carta para tu mejor amigo/-a en Alemania y cuéntale sobre la procesión y sobre tus sentimientos.
7. Elabora un mapa conceptual sobre el significado de la Semana Santa para Sevilla y otras ciudades españolas en aspectos religiosos, económicos, políticos, turísticos, de seguridad, etc.

La saeta

En la Semana Santa de varias ciudades andaluzas, fundamentalmente de Sevilla y Jerez de la Frontera, a veces desde balcones diversas personas, famosas o no, cantan espontáneamente a la Virgen o a Jesucristo cuando el paso se acerca. Estos cantos se llaman saetas y están llenos de pasión y dolor. Ésta es una de las saetas más conocidas.

7 prestar leihen
el madero Holzbalken
8 el clavo Nagel
10 desenclavar <-> *clavar*
14 la agonía Agonie
la fe Glaube

Dijo una voz popular:
¿Quién me presta una escalera para subir al madero,
para quitarle los clavos a Jesús, el Nazareno?

Oh, la saeta, el cantar al Cristo de los gitanos,
siempre con sangre en las manos, siempre por desenclavar.
Cantar del pueblo andaluz,
que todas las primaveras anda pidiendo escaleras para subir a la cruz.
Cantar de la tierra mía, que echa flores
al Jesús de la agonía y es la fe de mis mayores.

Oh, no eres tú mi cantar,
no puedo cantar ni quiero
a ese Jesús del madero, sino al que anduvo en la mar.

Joan Manuel Serrat: La saeta (texto: adaptado de Antonio Machado, Campos de Castilla 1907-17). *En Directo.* Ariola, 1984

'Cantaor' dedicándole una saeta al Paso de 'La Borriquita'

1. Explica qué representa este poema.
2. Describe las dos imágenes de Cristo de las que trata la saeta.
3. La canción le da dos nombres a una de estas imágenes: identifícalos y piensa en un nombre para la otra imagen. Justifica tu propuesta.
4. Explica con cuál de las dos imágenes se identifica el 'yo lírico' y qué nos indica este hecho sobre su autor, Antonio Machado.
5. Trabajad en grupos. Elaborad un cartel sobre la Semana Santa en una ciudad española de vuestra elección. Buscad información en Internet, en folletos de agencias de viajes, etc. Ilustradlo con fotos, frases representativas o palabras clave y aspectos que describan la festividad en ese lugar.

2. La composición de la población española

1. Piensa en la población de Alemania en la actualidad y descríbela refiriéndote, sobre todo, a los grupos de población representados por los niños, los ancianos y los inmigrantes.
2. ¿Crees que ha cambiado la población en los últimos diez años? ¿En qué sentido?

Los españoles, ¿cada vez menos?

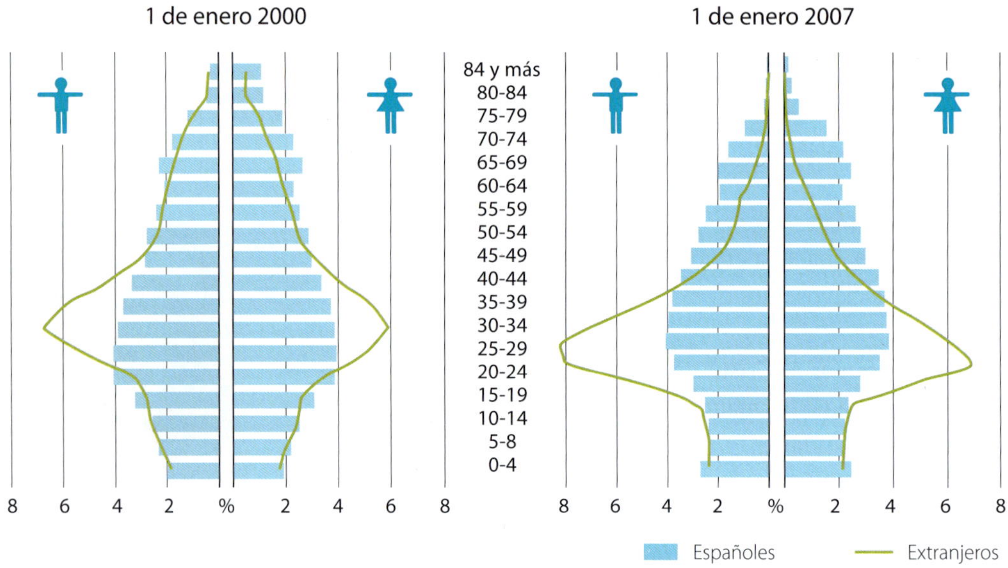

Pirámide de población española y extranjera en España, en 2000 y 2007, a partir de datos del INE

Evolución de nacimientos en España, de 1975 a 2006, a partir de datos del INE

1. Observa estos dos gráficos sobre la demografía en España y analiza qué está pasando con la población española.

2. Intenta explicar las razones de los cambios que encuentras.

Los españoles, ¿cada vez más mayores?

España ya supera[1] los 46 millones de habitantes. La proyección de la ONU es que haya alcanzado los 48 antes de 2020, los 49 en 2025 y los 51 millones de personas para 2050. Como en muchos otros países occidentales,

1 superar übersteigen
la proyección Hochrechnung

se trata de un crecimiento muy moderado y que, de hecho, sería negativo de no ser por la inmigración prevista.
La ONU prevé que la tasa neta de migración hacia España se reduzca a menos de la mitad (de 350.000 personas anuales a 147.000 en el año 2050). Pese a ello, esas tasas siguen siendo el principal componente del crecimiento poblacional. Por lo demás, la principal tendencia española también es universal y conocida: el envejecimiento de la población.
Las personas cumplen años de forma lineal, pero las poblaciones no. Cuando una población envejece, crece mucho más por las partes más viejas. Por ejemplo, la ONU prevé que el número de mayores de 60 años se triplique en el mundo de aquí a 2050. Y si los mayores de 60 se triplican, los mayores de 80 se cuadruplican. En 2050 habrá 395 millones de octogenarios, por primera vez en la historia del planeta. Y el 70% de ellos vivirá en países en desarrollo. Entretanto, la población de 31 de los países más pobres del mundo seguirá creciendo, en algunos casos (Afganistán, Níger, Somalia, Uganda) por encima del 150%.

J. S.: Un ritmo lento hacia los 50 millones para España. En: *El País,* 13.3.2009 (abreviado)

4 moderado/-a gemäßigt
5 de no ser por *si no existiera*
prever vorhersagen
6 la tasa neta Nettorate
10 el envejecimiento ← *viejo/-a*
14 triplicarse ← *tres*
15 cuadruplicarse ← *cuatro*
16 el / la octogenario/-a *persona de 80 años*
18 entretanto unterdessen

La población española envejece

¿? **1.** Indica si estas afirmaciones son verdaderas o falsas y justifica las respuestas con tus palabras:
- **a.** La población española está aumentando gracias a los inmigrantes.
- **b.** Según la ONU, España tendrá cada vez más inmigrantes.
- **c.** La tendencia al envejecimiento del país existe únicamente en España.
- **d.** Mientras la población envejece en los países desarrollados, crece rápidamente en los subdesarrollados.

2. Discutid qué necesidades tiene una población con personas cada vez más mayores, y en qué sentido la vida en España dentro de 50 años va a ser diferente de la de hoy.

3. En parejas, haced propuestas para afrontar el envejecimiento de la población.

España y sus inmigrantes

La población extranjera empadronada en España siguió aumentando en 2008 aunque mucho más lentamente que el año anterior. Según el avance del padrón municipal elaborado por el Instituto Nacional de Estadística, el año pasado se empadronaron un 56% menos de inmigrantes que en 2007: 329.929 frente a 701.023. El número de españoles empadronados aumentó en casi 180.000 personas.
El total de residentes en España asciende a más de 46,6 millones de habitantes, de los cuales casi 5,6 millones (un 12%) son extranjeros. De éstos,

1 empadronado/-a gemeldet
3 el padrón Einwohnerverzeichnis
municipal städtisch
7 el residente *el habitante*
ascender a sich belaufen auf

los rumanos (796.576) representan el grupo más numeroso, seguido por los marroquíes (710.401), los ecuatorianos (413.715), los británicos (374.600) y los colombianos (292.971).
Los chinos (145.425) han desbancado en este padrón a los argentinos en la décima posición, al subir los empadronamientos un 15% más que el año anterior. También aumentaron los de ciudadanos paraguayos, peruanos y dominicanos. Y bajaron los de ecuatorianos, bolivianos y argentinos.

N. J.: España tiene ya cerca de 47 millones de habitantes. En: *El País,* 04.06.2009 (abreviado)

12 **desbancar** verdrängen
14 **aumentar** <-> *disminuir*

1. Resume el contenido del primer párrafo.
2. Enumera los países de los que proceden los inmigrantes en España, según el texto.
3. Imagina cuáles serán las condiciones de vida de los inmigrantes en España, teniendo en cuenta las diferencias económicas, culturales, ideológicas, etc.
4. Intenta presentar parte de la información estadística del texto mediante gráficos y compáralos con los de tus compañeros.
5. Infórmate en Internet sobre la situación actual en Alemania respecto al número de habitantes alemanes e inmigrantes y a la distribución de la población, así como la situación demográfica del país hace algunos años. Compáralas y presenta los resultados en clase.

La familia española en evolución

El modelo tradicional de familia, compuesta por el padre, la madre y los hijos, está perdiendo peso [...] frente a las familias unipersonales y las parejas sin hijos. Por primera vez, la suma de ambas ha superado a las primeras [...]. La baja tasa de la fecundidad y el incremento de la esperanza de vida son las causas de que desde 1986 las familias de personas solas se hayan multiplicado por tres y las parejas sin hijos por dos. [...] El descenso de las familias tradicionales con hijos hubiese sido aún mayor si no hubieran aumentado los años que éstos viven con sus padres. Los jóvenes se independizan ahora a los 29 años por término medio, mientras que hace dos décadas abandonaban el hogar paterno con 24,6.
La evolución de la estructura familiar ha supuesto también el incremento de las personas que se quedan solteras, que suponen el 40%, cuando hace 30 años se casaba prácticamente el 100% de la población. Del mismo modo, la edad media del primer matrimonio ha llegado a edades muy avanzadas: 33,8 en los hombres y 30,8 años en las mujeres, prácticamente siete años más en ambos casos.

La familia tradicional retrocede ante otras uniones y la soltería. En: *El País,* 28.11.2008

1 **compuesto/-a por** bestehend aus
2 **el peso** Gewicht
3 **superar** übersteigen
4 **la tasa** Rate
la fecundidad Fruchtbarkeit
el incremento *el aumento*
7 **el descenso** <-> *el aumento*
8 **aumentar** <-> *disminuir*
9 **independizarse** <- *la independencia*
10 **la década** *diez años*
11 **suponer** beinhalten
15 **avanzado/-a** fortgeschritten

1. Resume los cambios que ha experimentado la familia española en los últimos 30 años.
2. Enumera y explica las razones que da el texto de esos cambios.

3. Añade otras razones del ámbito personal, laboral, social y cultural para explicar el aumento de la cantidad de personas que se quedan solteras y el aumento de la edad media del primer matrimonio.
4. Desde 2005, con el gobierno socialista de J. L. Rodríguez Zapatero, las parejas homosexuales se pueden casar por lo civil y tienen los mismos derechos que las heterosexuales. Averigua cómo es en Alemania.
5. Discutid en clase: ¿qué pensáis del matrimonio homosexual?

¿Cuáles son los problemas de los españoles actualmente?

1. Trabajad en parejas. Pensad en los problemas que afectan a los alemanes actualmente. ¿Cuáles creéis que son los cinco más importantes?
2. Y ahora, con lo que sabéis de España, intentad ordenar por orden de importancia los problemas que más pueden preocupar a los españoles en la actualidad y explicad las razones en las que os basáis para darles ese orden:

la delincuencia / la inseguridad ciudadana – la corrupción – la sanidad – los problemas políticos – los problemas económicos – la vivienda – la violencia contra la mujer – el gobierno – la droga / el alcoholismo – la calidad del empleo – el sistema educativo – las pensiones – la inmigración – el paro – ETA

3. Religión y valores

1. Di cuántas religiones conoces que se practican en tu país y si crees que conviven sin problemas en la actualidad. Da ejemplos que justifiquen tu respuesta.
2. Analiza el papel de la religión en Alemania actualmente. ¿Piensas que la práctica religiosa es algo muy importante para la sociedad alemana? ¿Crees que está cambiando su importancia?
3. Opina sobre la postura general de la gente joven alemana con respecto al tema religioso.

“*1.* Se garantiza la libertad ideológica, religiosa y de culto de los individuos y las comunidades sin más limitación, en sus manifestaciones, que la necesaria para el mantenimiento del orden público protegido por la Ley.
2. Nadie podrá ser obligado a declarar sobre su ideología, religión o creencias.
3. Ninguna confesión tendrá carácter estatal. Los poderes públicos tendrán en cuenta las creencias religiosas de la sociedad española y mantendrán las consiguientes relaciones de cooperación con la Iglesia Católica y las demás confesiones.”

Constitución Española de 1978, Artículo 16

1 el culto *la práctica religiosa*
2 la comunidad Gemeinschaft
la manifestación hier: Äußerung
4 la ley Gesetz
5 declarar aussagen
7 la confesión *la creencia religiosa*
9 mantener hier: unterhalten
consiguiente entsprechend
10 demás übrige

Busca en Internet lo que dice la Constitución alemana acerca de la religión y la libertad de culto y compara la ley en ambos países.

Creyentes en España

	porcentaje	personas
Católico practicante	27.7	(492)
Católico no practicante	45.8	(812)
No creyente	14.5	(258)
Indiferente	9.6	(171)
Otra religión	1.6	(28)
No contesta	0.7	(13)
TOTAL	**100.0**	**(1774)**

¿Cómo se define Ud. en materia religiosa? *CIS,* abril 2009

1. Comenta los datos del gráfico indicando si coinciden con la imagen que tenías de la religiosidad de los españoles.
2. Busca en Internet los respectivos porcentajes en Alemania y compáralos con los resultados españoles.

La evolución del catolicismo

La Iglesia católica pierde cada año en España 20.000 fieles, que buscan su camino religioso en otras confesiones. También cae el número de practicantes católicos, con un retroceso en dos décadas de algo más de 20 puntos porcentuales (el 53% en 1980; un 31,6% en 2002). Son 200.000 personas menos cada año en las misas dominicales, según estudios sociorreligiosos recientes.

Juan G. Bedoya: La crisis aprieta al cardenal Rouco. En: *El País,* 23.11.2008 (abreviado)

1 el fiel Gläubiger
2 la confesión *la creencia religiosa*
3 el retroceso Rückgang
la década *diez años*
4 porcentual ← *el porcentaje*
5 la misa Messe
dominical ← *el domingo*
6 reciente *aquí: actual*

1. Relaciona la información estadística del texto con la del gráfico anterior.
2. Describe la información del anuncio.
3. Explica con tus palabras lo que significa la frase "Un gesto multiplica la ayuda".
4. Analiza la información sobre la apostasía en la página 49 y explica el término.
5. Explica la relación en Alemania entre la declaración de la Renta y la Iglesia, y compara con la situación en España. ¿Qué es lo que es posible en Alemania, pero hasta hace poco no lo era en España?
6. ¿Conoces la organización Cáritas? Busca en Internet información sobre ella en España: origen, principales actividades, financiación, etc.
7. Averigua qué otras organizaciones de beneficencia existen en Alemania y en España.

La apostasía: A partir de la Reforma de la Ley de Libertad Religiosa, en vigor desde 2008, ateos y agnósticos españoles exigen que se les reconozca oficialmente la llamada 'apostasía', es decir, la renuncia a o el abandono de las creencias religiosas (más información: www.apostasia.es). Quienes quieren que se reconozca la apostasía no tienen motivos financieros. De todas formas, en España no es obligatorio para los católicos el pago de un impuesto para la Iglesia, como ocurre en Alemania. Si se desea, desde 2008 se puede optar en la declaración de la Renta por destinar un 0,7% a la Iglesia Católica y otro 0,7% a organizaciones benéficas.

1 **(poner) en vigor** in Kraft (setzen)
2 **el / la agnóstico/-a** Agnostiker/-in
7 **el impuesto** Steuer
8 **optar por** *elegir*
la declaración de la Renta Einkommenssteuererklärung
destinar zuweisen
9 **benéfico/-a** wohltätig

"Yo sacrificaría la vida por ..."

Hay datos significativos. En una encuesta del CIS de enero de 2002, los españoles entrevistados se declaraban dispuestos "a sacrificarlo todo, incluso su propia vida", por la "propia familia" (92,9%), con una capacidad de entrega que resultaba mucho menos unánime ante la opción de "salvar la vida de otras personas" (54,3%), defender la paz (47%) o la libertad (42,7%). Pero las cosas se ponían mucho más negras si de lo que se trataba era de dar la vida por la democracia (27,4%), la justicia (22,8%), las creencias religiosas o Dios (20,3%) y la patria (15,8%). Todo un ideario, quizá, de la nueva sociedad española, que emerge de una breve e intensa transición política y social totalmente transformada. En un país que ha combatido en numerosas guerras de religión, Dios y las creencias religiosas no salían muy bien parados en el sondeo, ni con ellos el apego a la que durante siglos ha sido la única religión nacional, el catolicismo.

Lola Galán: España deja de ser (tan) católica. En: *El País,* 05.09.2004 (abreviado)

0 **sacrificar** opfern
1 **significativo/-a** *importante*
el CIS *Centro de Investigaciones Sociológicas*
2 **dispuesto/-a a** bereit
4 **la entrega** hier: Aufopferung
unánime einstimmig
8 **el ideario** Gedankengut
9 **emerger** *nacer*
11 **combatir** kämpfen
12 **salir bien parado/-a** gut wegkommen
el sondeo *la investigación*
el apego Zuneigung

¿? 1. Resume brevemente el contenido del texto.
2. Resalta el papel de la religión en los resultados del sondeo.

3. Piensa si hay algo por lo que sacrificarías tu vida. ¿Qué es lo más importante para ti?

"La laicidad, ni de derecha ni de izquierda"

La decisión de un juez de ordenar la retirada de los crucifijos en las aulas de un colegio público de Valladolid vuelve a plantear el debate de la laicidad, que tanto encono suscita entre una izquierda anticlerical y una derecha [unida a] las tesis de la Iglesia católica.
El concepto de laicidad –es decir, la separación del ámbito de las creencias religiosas de la organización política del Estado– se ha convertido en un

1 **el juez** Richter
la retirada ← *retirar*
el crucifijo Kreuz
2 **plantear** aufwerfen
3 **el encono** Groll
suscitar auslösen

espacio de confrontación entre los partidos en España. [...] De un lado, la izquierda mantiene los viejos prejuicios de la Ilustración dogmática de que cualquier presencia de lo religioso en lo público supone una discriminación para los no creyentes. [...] De otro lado, la derecha niega la legitimidad a gobiernos democráticos, elegidos libremente por los ciudadanos, a legislar contra la doctrina de la Iglesia en asuntos como el aborto, el matrimonio homosexual, la eutanasia y las tecnologías genéticas. [...]

La derecha y la Iglesia deberían aceptar la autonomía del Gobierno para legislar, como la izquierda debería aceptar que los símbolos religiosos no ofenden a nadie. España es un país de tradición y cultura católicas desde la noche de los tiempos, por lo que resulta difícil de entender que se quieran suprimir símbolos que forman parte de nuestra identidad histórica.

La laicidad no es de la derecha ni de la izquierda, ni de los creyentes o los agnósticos, ni de los cristianos o los musulmanes. Es una actitud de respeto hacia el otro que todos debemos asumir, lo cual es fácil de predicar pero difícil de llevar a la práctica en un país tan cainita como éste.

Pedro G. Cuartango: La laicidad, ni de derecha ni de izquierda.
En: *El Mundo,* 1.12.2008 (abreviado)

8 **la Ilustración** Aufklärung
10 **el / la creyente** ← *creer*
12 **legislar** Gesetze erlassen
el aborto Abtreibung
16 **ofender** beleidigen
18 **suprimir** unterdrücken
20 **el / la agnóstico/-a** Agnostiker/-in
21 **asumir** einnehmen
predicar predigen
22 **cainita** hier: uneins

1. Resume el texto con tus palabras.
2. Explica qué se entiende por "laicidad".
3. Analiza la postura del autor resaltando a quiénes critica y qué es lo que critica de cada uno.
4. Indica qué propone el autor del texto para evitar el conflicto político acerca de la religión.
5. En Alemania hubo una polémica similar. Averigua en la Red los detalles del caso.

"La Iglesia debe asumir la laicidad como positiva"

En mi opinión, la Iglesia tiene que asumir la democracia y la laicidad como algo positivo. Tiene que proponer su visión de la vida y los valores evangélicos con convicción y sin ocultarlos, pero lo que no puede hacer es intentar imponer sus creencias al conjunto de la sociedad.

La laicidad es buena, porque permite una convivencia plural con una plataforma basada en los Derechos Humanos. También es admitir que una sociedad democrática tiene que regularse democráticamente, aceptando la voluntad mayoritaria de los ciudadanos.

En España [...] ahora tenemos una sociedad homogéneamente católica en donde también existe lo contrario, pues hay una generación que reacciona, por razones muy explicables, contra el nacionalcatolicismo en el que fue educada. En España, en donde existen dos polos y una confrontación, se da un contencioso religioso que no se da en otros países europeos.

Rafael Aguirre (Ex-Decano de la Facultad de Teología de la Universidad de Deusto, Bilbao). En: *El País,* 10.04.2009 (abreviado)

0 **asumir** hier: annehmen
3 **la convicción** ← *convencer*
ocultar *esconder*
4 **imponer** aufzwingen
el conjunto *la totalidad*
6 **admitir** zugeben
8 **la voluntad mayoritaria** Mehrheitswille
el ciudadano Bürger
13 **el contencioso** Konflikt

¿? 1. Resume el texto con tus palabras.
2. Según el autor del texto, explica cuál debería ser el comportamiento de la Iglesia en la sociedad española actual.
3. Compara las posturas de Pedro Cuartango y Rafael Aguirre en relación con la laicidad, la Iglesia y los políticos en España y di tu opinión al respecto.
4. Comenta la afirmación "hay una generación que reacciona, por razones muy explicables, contra el nacionalcatolicismo en el que fue educada". ¿A qué "razones muy explicables" piensas que se refiere Aguirre? La información sobre el Franquismo en España que tienes en el capítulo 5 te puede ayudar a contestar.

4. La convivencia multicultural: los gitanos en España

1. Explica qué te sugiere el concepto "convivencia multicultural".
2. Reflexiona si en tu país existe y descríbela.
3. Ahora piensa en España. Con lo que ya sabes de este país, piensa si se puede hablar de "convivencia multicultural" entre los españoles.

"Somos gitanos, ciudadanos del mundo. Nuestro techo es el cielo y la tierra toda, nuestra patria. Las fronteras siempre fueron divisiones artificiales para separar a los seres humanos."

Juan de Dios Ramírez Heredia, presidente de la Unión Romaní Española, 2008

"Quizás no haya un país en el mundo en el que se hayan hecho más leyes con miras de suprimir y extinguir el nombre, la raza y el modo de vivir de los gitanos como en España."

George Borrow, historiador y gran estudioso del pueblo gitano español (1803-1881)

"El gitano es lo más elemental, lo más profundo, lo más aristocrático de mi país, lo más representativo de su modo y el que guarda el ascua, la sangre y el alfabeto de la verdad andaluza universal."

Federico García Lorca, poeta granadino (1898-1936)

1 el techo Dach
3 artificial künstlich
5 las miras *la intención*
suprimir unterdrücken
extinguir auslöschen
9 el ascua Glut

¿? 1. Fíjate en las tres citas y anota todo lo que dicen o dejan insinuar sobre la forma de vida de los gitanos y su situación en España.
2. Juntad ideas en clase: ¿qué conocéis del pueblo gitano? ¿Hay gitanos en Alemania? ¿Qué y cuánto sabéis de ellos? ¿Hay discriminación contra ellos o convivencia pacífica entre gitanos y no gitanos?
@ 3. Busca en Internet información acerca de los gitanos en Alemania: origen, cifras, lugares de asentamiento, modo de vida, costumbres, derechos, etc. y preséntala en clase.

Lengua y cultura de los gitanos

Los gitanos han tenido desde antiguo un estilo de vida parcialmente nómada que les ha influido notablemente, y desde un principio han destacado por una importante aportación característica en el arte y cultura populares, especialmente la música. Siguen celosamente sus costumbres, pero también se han adaptado y evolucionado en los distintos países donde se han asentado. Esto es especialmente evidente en Andalucía, donde los gitanos hicieron suyos el canto y el baile flamencos, enriqueciéndolos y aportando infinidad de 'cantaores' o 'bailaores' a la cultura andaluza y española.
[Su lengua, el caló, es una variante de la lengua romaní. Se estima que lo habla una población de entre 65.000 y 170.000 personas en España, Francia, Portugal y Brasil. Está influenciada por las lenguas romances con las que convive, sobre todo por el castellano, pero, a su vez, también ha influido en el castellano actual.]

Pueblo gitano. En: *es.wikipedia.org*

1 **parcialmente** *en parte*
2 **notablemente** merklich
destacar hervorstechen
3 **la aportación** Beitrag
4 **celoso/-a** hier: eifrig
6 **asentarse** s. niederlassen
7 **enriquecer** ← *rico/-a*
8 **aportar** einbringen
la infinidad de *muchísimos/-as*
10 **estimar** schätzen
12 **influenciar** beeinflussen

En el español coloquial actual se utilizan varias palabras de origen caló. A continuación te presentamos unos ejemplos. Algunas palabras, como "gachó" / "gachí" o "parné", se escuchan principalmente en Andalucía, pero el resto lo puedes oír por toda España:

camelar	=	querer, engañar	el gachó / la gachí	=	el hombre / la mujer
currelar o currar	=	trabajar	el parné	=	el dinero
jamar, jamelar o jalar	=	comer	el piño	=	el diente
mangar	=	robar	el pinrel	=	el pie
pirarse	=	irse	jili	=	tonto
sobar	=	dormir	dabuten	=	de maravilla
el churumbel	=	el hijo, el niño, el bebé	nanai	=	no
el chaval	=	el chico	menda	=	yo

¿? 1. Resume lo que cuenta el texto sobre la forma de vida de los gitanos en España.
2. Cuenta en qué ámbito destacan muchos gitanos españoles.
3. Describe el sello y establece una relación entre su mensaje y la información del texto.
4. Explica las influencias entre el caló y otras lenguas.

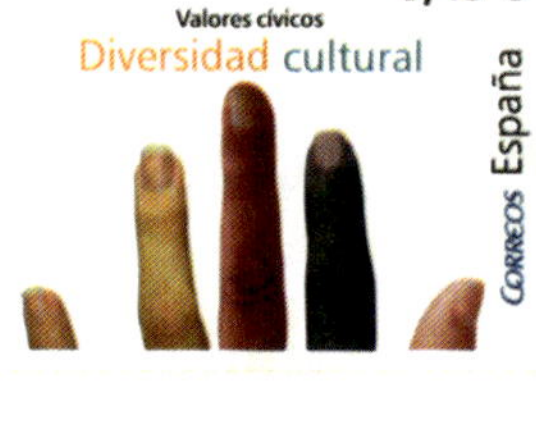

5. Observa los ejemplos de la lengua caló. ¿Conoces alguna de las expresiones? En clase, hablad del contexto en el que os parece que se utilizan.

Tú me camelas

Niña Pastori: Tú me camelas. *Entre dos puertos.* Ariola, 1996

1. Escucha este ejemplo de música folclórica gitana y describe la situación de la canción prestando atención a los sentimientos de la protagonista.
2. Describe el ambiente basándote en la música y el contenido de la canción, y en la voz y la expresión de la cantante.
3. Analiza cuáles son los elementos típicos del pueblo y de la cultura gitanos que contiene la canción enumerando adjetivos que los caractericen.
4. Los principales estereotipos españoles están relacionados con el pueblo gitano. Comenta con tus compañeros cuáles son.
5. Busca en Internet gitanos españoles famosos, por ejemplo consultando "Personajes de origen gitano" en wikipedia. Infórmate acerca de la vida y carrera profesional de uno de ellos y preséntala en clase.

Preciosa y el aire

Su luna de pergamino
Preciosa tocando viene,
por un anfibio sendero
de cristales y laureles.
El silencio sin estrellas,
huyendo del sonsonete,
cae donde el mar bate y canta
su noche llena de peces.
En los picos de la sierra
los carabineros duermen
guardando las blancas torres
donde viven los ingleses.
Y los gitanos del agua
levantan, por distraerse,
glorietas de caracolas
y ramas de pino verde. [...]

Federico García Lorca: Preciosa y el aire.
En: *Romancero gitano,* 1924-1927

1 el pergamino Pergament
3 el anfibio sendero
el camino por mar y tierra
4 el laurel Lorbeer
6 el sonsonete Rasseln
7 batir schlagen
9 el pico de la sierra Berggipfel
11 guardar bewachen
14 distraerse sich ablenken
15 la glorieta Laube
la caracola Meeresschnecke
16 la rama Zweig

1. Describe el ambiente reflejado en el poema.
2. Explica quién es Preciosa y quiénes son los carabineros.
3. La luna y las estrellas forman parte de la simbología relacionada con los gitanos. ¿Podrías explicar por qué?
4. Imagínate que eres gitano y te sientes diferente del resto de la sociedad. Busca metáforas para describir tu vida.
5. Busca en la Red información acerca de vida y obra de Federico García Lorca. Preséntala a la clase.

Foro: ¿Qué piensas de los gitanos?

Autor: Pérez

Este tema es tan peligroso de tratar como el de los 'inmigrantes', enseguida van a salir los generosos bienhechores (no sé cómo llamarlos), que [...] te van a poner verde, no obstante te diré que en general no tengo nada contra nadie siempre que venga y se comporte decentemente, acate las

3 el bienhechor Wohltäter
4 poner verde beschimpfen
no obstante *sin embargo*
5 decente anständig
acatar achten

leyes y tenga buena educación, respetando a sus semejantes y trabajando honradamente, pero esto es una utopía, es imposible, por lo que salvo la excepción a toda regla, echaría a tanto sinvergüenza, ladrón, vago y maleante que ha invadido nuestra querida España, incluyendo a los gitanos.

Autor: Mihail

Llegaron a Andalucía en el siglo XVI, es decir, antes que muchos castellanos.
Tienen sus leyes, que en general respetan. Están y son orgullosos de su etnia. Respetan la familia y rinden culto a los ancianos. Su modo de vivir y trabajar es distinto y aceptan su pobreza a cambio de ser libres. Generalmente nunca mendigan, siempre dan algo a cambio –una flor, romero, un cante ...–. Me honra cuando alguno de ellos me permite ser su amigo. Naturalmente no todo es oro, hay gitanos ladrones, camellos, homicidas, vagos, etc., pero pocos atracadores, violadores, asesinos, etc. etc. Es mi opinión.

Autor: Gustavo

Hombre, como todo, los hay buenos, los hay malos y los hay que mejor ni mirarlos.
El curso pasado hubo en el centro en el que estudio una charla para dar a conocer la cultura Romaní, es decir, el origen de los gitanos de aquí.
El problema no radica en los gitanos 'clásicos', el problema viene, creo yo, de la 'desvirtuación' de la cultura original, la liberación al vivir en un país con distintas costumbres. Han tomado su forma de vida y la han mezclado con la cultura del consumismo y el destacar, un poco 'el sueño americano'; y como lo de trabajar pocas ganas, pues a destacar trapicheando, y si sale mal, se lía.
Si a esto le sumas la falta de respeto generalizada no sólo en los gitanos, sino en todo el mundo, pues ya 'la hemos cagao'. [...]

Autor: becquer99

Me dirijo a la primera persona que ha abierto este hilo. Mi opinión sobre los gitanos hace dos años no era muy diferente a la que usted sostiene. Sin embargo tuve la suerte de poder trabajar durante 9 meses en la barriada de La Palma. Y digo suerte porque considero suerte haber conocido personas de raza gitana con un corazón inmenso, independientemente de sus costumbres, que como bien ha dicho Mihail, respetan al máximo. También le puedo decir que había gentuza y que más de un día y más de dos durante el tiempo que estuve allí nos rompieron los cristales a botellazos. Y sí, eran gitanos. Pero hay payos que son iguales o peores.

En: *http://foros.diariosur.es/raza-gitana-t32523.html,* septiembre del 2003

6 el semejante Mitmensch
7 salvo außer
8 el/lasinvergüenza Lump
el ladrón Dieb
el vago Faulenzer
el maleante Gauner
9 invadir ← *la invasión*
14 rendir culto a achten
16 mendigar betteln
el romero Rosmarin
17 honrar ehren
18 el camello hier: Dealer
el homicida Totschläger
19 el atracador Räuber
el violador Vergewaltiger
24 la charla Vortrag
26 radicar *estar*
27 la desvirtuación Entartung
29 destacar hervorstechen
30 trapichear intrigieren
31 liarse etw. vermasseln
33 la hemos cagao (col.) *se acabó*
35 dirigirse a s. wenden
el hilo hier: Diskussion
36 sostener *tener*
37 la barriada Slum
38 considerar halten für
39 inmenso/-a *muy grande*
41 la gentuza *mala gente*
42 el botellazo ← *la botella*
43 el payo *el no gitano*

1. Resume las diferentes posturas de los participantes del foro con respecto a los gitanos diciendo si tienen una imagen positiva o negativa de ellos y por qué.
2. Enumera los adjetivos calificativos utilizados para designar a los gitanos y clasifícalos según sus significados.
3. Explica el contexto en el que Gustavo menciona "la cultura del consumismo" y el "sueño americano".
4. Analiza la argumentación de Gustavo y di si estás de acuerdo con su opinión.
5. ¿Conoces el refrán de que "pagan justos por pecadores"? Busca en Internet su significado y piensa si se podría utilizar para la situación de los gitanos en la sociedad española.

Muestras de racismo

Excepto algunas personas que lo tienen muy claro y que se consideran –nadie sabe por qué– superiores a otras con otras características físicas, como el color de la piel, del pelo, la forma de los ojos, la altura, etcétera, son pocos los que reconocen abiertamente que son racistas. Pero incluso los que no se consideran racistas admiten de un modo u otro que lo que un individuo de otras comunidades hace es atribuible a todos los demás.
Si hay un delincuente sudamericano, asiático, árabe o africano, toda su comunidad lo es y en cuanto aparece en el horizonte uno de ellos les entra el terror porque temen que van a ser asaltados, violados, robados o linchados. El racista encubierto, que esto es el que así piensa, no cree en cambio que porque un español sea delincuente, drogadicto o asesino lo tenga que ser él.
Lo mismo le ocurre al norteamericano blanco racista con respecto a los negros, o a los dominicanos con los haitianos, y en general a todas las comunidades que conviven con otras más pobres y a las que consideran extranjeros.
El racista, sea encubierto o declarado, es un ser que en general ha viajado poco y no ha tenido ocasión de ver hasta qué punto su actitud es retrógrada e injusta, tal vez porque se pasa la vida rodeado de personas que piensan como él y esto le hace sentirse superior. Otra de sus características es que carece de memoria y no recuerda que también él, o su padre o su madre fueron inmigrantes en otros países.
Los españoles, por ejemplo, hemos sido emigrantes masivos durante todo el siglo XX en América Latina y en Alemania, Suiza y otros países de Europa durante los años de la dictadura franquista. El racista, sin embargo, deja de serlo cuando el inmigrante es rico. Veamos, si no, la fascinación y aceptación con que se recibe a los jeques árabes cuyas fortunas exhiben en la costa del Mediterráneo.
El germen del racismo es tan antiguo que nuestro lenguaje lo certifica con expresiones como 'trabajar como un negro', 'alma y corazón negros', 'merienda de negros', 'judiada', 'no hagas el indio' y muchas otras que ponen de manifiesto el horror que nos produce lo que es distinto, lo

2 superior überlegen
6 **atribuible** übertragbar
7 el delincuente Verbrecher
10 **linchar** lynchen
encubierto/-a verborgen
11 **el drogadicto** Drogensüchtiger
17 **declarado/-a** erklärt
18 **retrógrado/-a** rückständig
21 carecer de *no tener*
27 **el jeque** Scheich
exhibir zur Schau stellen
29 **el germen** Keim, Ursprung
certificar bezeugen
32 **poner de manifiesto** *certificar*

extranjero. El lenguaje no es inocente en este asunto ni en ningún otro e incluye las desigualdades de razas, de género, de comunidades que, queriendo o no, contemplamos y aceptamos.
Así comienza la Declaración de los Derechos Humanos: "Todos los seres humanos nacen libres e iguales en dignidad y derechos". Haríamos bien en recordarlo y enseñarlo a nuestros hijos.

Rosa Regás: Racismo. En: *El Correo,* 11.12.2004

37 la dignidad Würde

1. Resume con pocas frases el contenido del ensayo e inventa un nuevo título.
2. Explica qué son para Regás un "racista encubierto" y un "racista declarado".
3. Aclara cómo explica Regás que existan personas racistas.
4. Fíjate en la estructura del ensayo: analiza qué función cumple cada párrafo y cómo ordena y enlaza la autora sus argumentos.
5. "El lenguaje no es inocente." Comenta esta afirmación.
6. ¿Qué significan las expresiones mencionadas en las líneas 30 y 31? Busca sinónimos.
7. Hablando de un compañero cuyos padres no son alemanes, un amigo tuyo hace una afirmación bastante general e intolerante. Con la información del ensayo de fondo, formula una respuesta para convencerle de meditar más lo que dice.

"Sería bueno que los payos se hicieran un poco gitanos"

Escucha esta entrevista a Juan de Dios Ramírez-Heredia, el presidente de la Unión Romaní Española, sobre la situación de los gitanos en España.

Sería bueno que los payos se hicieran un poco gitanos.
La Vanguardia.es, 24.09.2008

1. Cita el ejemplo de racismo en la vida diaria que nombra Ramírez-Heredia.
2. Cuenta cómo explica Ramírez-Heredia el hecho de que a los gitanos comúnmente se les diga que son ellos los racistas por no querer integrarse.
3. Enumera los elementos que unen, según el entrevistado, a todos los gitanos.
4. Nombra los problemas del pueblo gitano en la actualidad.
5. Describe lo que pasa actualmente con algunas costumbres gitanas.
6. Indica cuáles son, según Ramírez-Heredia, los elementos de la tradición gitana que sería bueno preservar.
7. Analiza el concepto de "la discriminación de la indiferencia" que introduce Ramírez-Heredia.
8. En las entradas en el foro se ven muchos prejuicios y hasta acusaciones hacia los gitanos. Con la información de la entrevista de fondo, elige una de las dos entradas más críticas y escribe una respuesta desde la perspectiva de Ramírez-Heredia.

Contra la discriminación de los gitanos en el mundo laboral

En este país, medio millón de personas no quieren más oportunidades que tú. Simplemente, quieren tener las mismas. No les encasillemos. Los estereotipos y los prejuicios nunca pueden ser un obstáculo para la integración. Lograr la inclusión social de la comunidad gitana es un objetivo posible a través del empleo. Eliminar el encasillamiento es una tarea que implica a todos los sectores de la sociedad.

http://www.gitanos.org/iguales/campana/

2 **encasillar** in eine Schublade stecken
3 **el obstáculo** Hindernis
4 **lograr** *conseguir*
la inclusión *la integración*
6 **implicar** verwickeln

¿? 1. Observa el cartel y explica la metáfora del "encasillamiento" en esta campaña publicitaria.

2. Discutid si también en Alemania hay personas "encasilladas".

3. Trabajad en grupos. Proponed una campaña publicitaria (una cuña de radio, un mural o cartel, un vídeo ...) para concienciar a la gente sobre la igualdad de derechos de los inmigrantes.

5. El nuevo papel de la mujer

5.1 ¿Verdadera igualdad?

Luchando por la igualdad entre hombres y mujeres

Las mujeres españolas consiguieron su igualdad legal con los hombres a partir de la firma de la Constitución, en el año 1978. Pero esa igualdad legal no se tradujo inmediatamente en una igualdad real en la mente colectiva de los españoles; hubo que pasar por un largo proceso que todavía no ha tocado su fin.

La época de la Transición vio surgir un movimiento feminista bastante activo, que reclamaba reformas sociales y legales que beneficiaran a la mujer, como la ley del aborto o del divorcio. A partir de la entrada de España en la entonces CEE, la situación de la mujer mejoró, ya que el país se vio obligado a adaptar su legislación para acercarla a la normativa europea en materia de igualdad entre los sexos.

En la actualidad existen una multitud de organizaciones que velan por los intereses de la mujer española; desde pequeñas asociaciones locales hasta organizaciones nacionales e incluso internacionales, como las secciones de igualdad entre mujer y hombre de la UE. Uno de los organismos más

2 **la firma** Unterschrift
3 **la mente** Bewusstsein
5 **tocar** *aquí: llegar a*
6 **surgir** *nacer*
7 **reclamar** fordern
beneficiar begünstigen
8 **el aborto** Abtreibung
el divorcio Scheidung
10 **la legislación** Gesetzgebung
12 **la multitud de** *muchos/-as*
velar por vertreten

importantes es el Instituto de la Mujer, fundado en 1983, que en la actualidad es el organismo de defensa de la mujer más importante e influyente del país. Sus tareas se encaminan a asegurar la presencia de las mujeres en todos los ámbitos sociales y laborales, y a concienciar a la población sobre la igualdad entre los sexos a través de estudios y campañas educativas. Aunque el Instituto de la Mujer es un organismo del Estado (forma parte del Ministerio de Trabajo y Asuntos Sociales), tiene un carácter relativamente independiente. Como tal, puede dirigir operaciones de información a la mujer sobre sus derechos y financiar proyectos de investigación.

Cristina López Moreno: *España Contemporánea.* SGEL, 2005 (abreviado)

18 encaminarse a ← *el camino*
19 laboral *de trabajo*
concienciar bewusst machen

1. Resume la evolución del papel de la mujer en la sociedad española hasta hoy en día.
2. Describe los objetivos del Instituto de la Mujer.
3. En el texto se mencionan la ley del aborto y la ley del divorcio. Averigua en Internet de qué año datan las respectivas leyes alemanas, y cuándo consiguieron las mujeres de las dos partes de Alemania su igualdad legal con los hombres.
4. Busca en Internet organizaciones alemanas encargadas de defender los derechos de la mujer y compáralas con el Instituto de la Mujer español.
5. Desde 2008, con el gobierno de Zapatero, existe en España un Ministerio de Igualdad. Averigua en www.migualdad.es sus ámbitos de actuación. ¿Existe en Alemania una institución similar?
6. Analiza cómo ha evolucionado el papel de la mujer en Alemania y compara esta evolución con la del papel de la mujer en España.

La Ley de Sucesión

[El gobierno de Zapatero ha propuesto modificar el artículo 57.1 de la Constitución española, que daba preferencia al sexo masculino en la sucesión al trono de la Monarquía, de forma que se evite la discriminación sexual.]
El texto suprimiría al final: "... en el mismo grado, el varón a la mujer, y en el mismo sexo, la persona de más edad a la de menos" y quedaría:
"La Corona de España es hereditaria en los sucesores de don Juan Carlos I de Borbón, legítimo heredero de la dinastía histórica. La sucesión en el trono corresponde a su hijo, el Príncipe heredero don Felipe de Borbón, y después a los sucesores de éste según el orden regular de primogenitura y representación, siendo preferida siempre la línea anterior a las posteriores; en la misma línea, el grado más próximo al más remoto; y en el mismo grado, la persona de más edad a la de menos".
Así se aseguraría la sucesión a favor de don Felipe de Borbón y, a partir de él, se eliminaría la actual discriminación. El propio Consejo advertía que esa reforma "no tendrá aplicación alguna" hasta que llegue la "segunda sucesión en el trono", es decir, hasta que don Felipe sea Rey.

Camilo Valdecantos: El nuevo vástago reabre la cuestión sobre la reforma de la Constitución. En: *El País,* 26.09.2006 (abreviado)

0 la sucesión Nachfolge
1 modificar *cambiar*
3 evitar vermeiden
4 suprimir streichen
6 hereditario/-a vererbbar
el / la sucesor/-a Nachfolger/-in
9 la primogenitura Erstgeburt
11 remoto/-a *lejano/-a*
13 asegurar ← *seguro/-a*
15 la aplicación Anwendung

1. Explica qué ha propuesto el gobierno socialista de Zapatero con respecto a la Ley de Sucesión.
2. ¿Afectaría esta propuesta al futuro reinado de Felipe de Borbón?
3. Analiza la Ley de Sucesión todavía vigente y opina al respecto. ¿Tú también cambiarías la ley?

5.2 La mujer en el mundo del trabajo

¿Piensas que hoy en día en Alemania la mujer tiene los mismos derechos y las mismas posibilidades que el hombre en el ámbito laboral? Justifica tu respuesta.

Ocupación e ingresos

	1996		2006	
	Varones	Mujeres	Varones	Mujeres
Población 16-64 años	13.157,60	13.132,70	15.169,80	14.832,60
Activos/-as	10.243,80	6.419,60	12.595,10	9.217,30
Ocupados/-as	8.508,00	4.556,40	11.831,30	8.170,50
Parados/-as	1.735,80	1.863,20	763,80	1.046,80
Inactivos/-as	5.329,80	10.237,00	5.659,90	9.763,20

Evolución de la población en relación con la actividad económica según sexo, 1996-2006, a partir de datos de INE y EPA. Nota: Los valores absolutos son miles de personas.

[...] La igualdad salarial es aún un reto en los países de la OCDE. Las mujeres siguen cobrando, en general, sueldos más bajos. En España, la diferencia es algo superior a la de la media de la organización, pero inferior a la de países como Alemania y Austria, con cierta fama de igualitarios.

Ignacio Cembrero y Cristina Castro Carbón: Ellas se divierten menos. En: *El País,* 28.05.2009 (abreviado)

1 salarial ← *el salario*
el reto Herausforderung
la OCDE OECD
2 cobrar *ganar*
4 igualitario/-a gleichbehandelnd

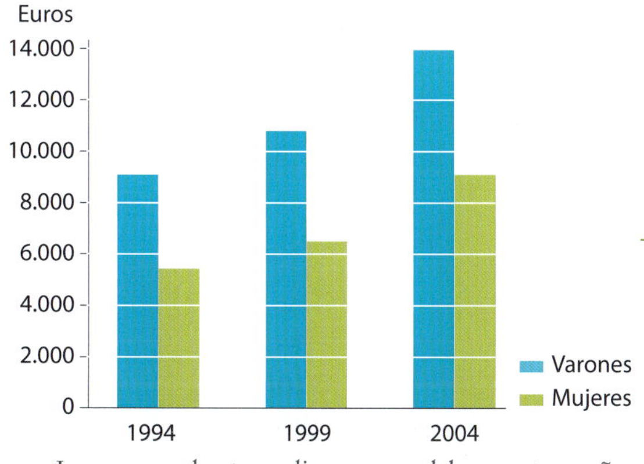

Ingreso anual neto medio por sexo del perceptor y año, a partir de datos del INE

1. Describe qué se compara exactamente en la tabla de arriba.
2. Comenta los datos de los dos gráficos, destacando lo que te llama la atención.
3. Comenta los datos acerca de las diferencias salariales. Toma en consideración también la información que se te da sobre Alemania.
4. Discutid en clase en qué creéis que se basa la "fama de igualitarios" de países como Alemania y Austria.

¿Igualdad de oportunidades?

¿Crees que actualmente la situación de las mujeres en España es mejor, igual o peor que la de los hombres, en los siguientes aspectos?

	Mejor	Igual	Peor	No sabe	No contesta
Los salarios	1.4	24.1	70.1	4.1	0.2
La promoción profesional	3.4	33.7	55.5	7.0	0.4
Las oportunidades para encontrar un empleo	6.3	38.1	51.0	4.0	0.6
La estabilidad en el puesto de trabajo	2.9	38.8	52.6	5.5	0.3
El acceso a la educación	4.7	84.6	7.7	2.3	0.7
El reparto de tareas en el hogar	2.1	22.8	71.7	2.8	0.6
La presencia en puestos de responsabilidad política	5.4	43.2	43.6	6.9	0.9

Encuesta del CIS de diciembre 2008 a 2487 personas

1. Interpreta los datos de la encuesta.
2. En parejas, haced la encuesta con vuestras propias opiniones.
3. Discutid en clase los resultados de vuestras encuestas.
4. Entre todos, observad la viñeta y comentad: ¿a qué otra desventaja de las mujeres frente a los hombres alude?
5. Definid el mensaje de la viñeta, luego discutid si estáis de acuerdo y si sirve también para la situación de la mujer en Alemania.

Helena López Martín 2009

5.3 La violencia de género

El País, 17.06.2009

La última muerta por violencia de género estaba separándose

No lo había denunciado jamás, pero se estaba separando de él. No le dio tiempo. La víctima número 26 de la violencia machista en España en lo que va de año murió apuñalada la noche del lunes, en unos aparcamientos de un centro comercial de Las Palmas de Gran Canaria. Tenía 55 años.

El País, 11.06.2009

Un hombre tirotea a una madre y su hija en Sabadell

La madre está gravemente herida y el hombre, huido. La policía investiga si se trata de un caso de violencia de género.

La Vanguardia, 27.09.2008

De nuevo un caso de violencia de género

Aparece muerta una mujer apuñalada por su esposo. Ya son 47 las mujeres fallecidas víctimas de la violencia de género en lo que va de año.

3 denunciar anzeigen
5 apuñalar erstechen
8 tirotear schießen auf
9 investigar ermitteln
15 fallecer *morir*

En lucha contra la violencia de género

En la Ley contra la violencia doméstica –Medidas de Protección Integral contra la Violencia de Género–, vigente desde 2007, se menciona la puesta en marcha de un Plan Nacional de Sensibilización y Prevención de la Violencia de Género, con el cual, entre otras cosas, se fomenta la concienciación de la sociedad española a través de los medios de comunicación y las campañas publicitarias.

1 doméstico/-a häuslich
3 la puesta en marcha Ingangsetzung
la prevención Prävention
4 fomentar fördern

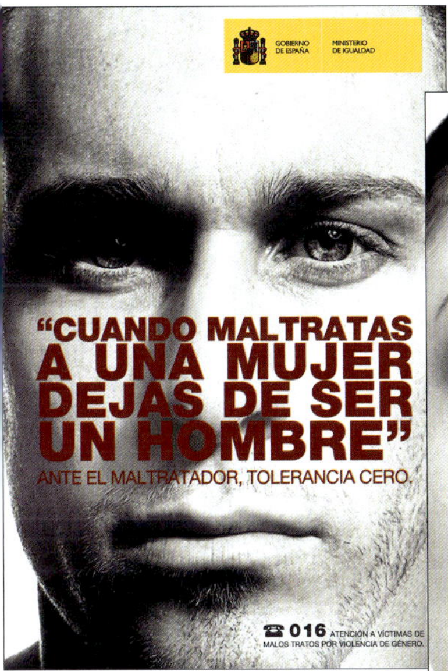

1. Describe estas campañas publicitarias y analiza lo que tienen en común.
2. Razona cuál te parece más impactante.
3. Trabajad en parejas o pequeños grupos. Elaborad una campaña publicitaria como éstas para luchar contra la violencia de género.
4. Busca en Internet cómo es la situación en Alemania con respecto a la violencia de género: leyes, organizaciones de ayuda, cifras de personas maltratadas o asesinadas, concienciación de la sociedad, etc.

"No soy nada sin él": un testimonio real

Raquel Quílez: Amores que matan. En: *Elmundo.es*, septiembre de 2004

1. Escucha el texto y resume con tus palabras la situación de la protagonista.
2. Enumera todas las cosas negativas que le hacía y decía Luis a Alejandra cuando estaban juntos.
3. Describe los sentimientos de Alejandra antes y después de abandonar a Luis.
4. Explica con tus palabras en qué consiste el "Síndrome de dependencia afectiva". Comenta también cuáles son las razones por las que surge.
5. ¿Pensáis que la sociedad toma suficientes medidas para evitar casos como el de Alejandra? ¿Qué más cosas se podrían o deberían hacer para mejorar la situación?

Malo

Bebe: Malo. *Pafuera Telarañas.* Emi Spain, 2004

1. Escucha la canción y determina el tema general.
2. Describe la situación de vida de la protagonista teniendo en cuenta también sus sentimientos.
3. Explica si quiere o no quiere cambiar su situación. Justifica tu respuesta.
4. Analiza qué es ser "malo" para la protagonista de la canción. ¿Y para ti?
5. En parejas, imaginad una conversación entre la protagonista y su mejor amiga, en la que planean cómo actuará la protagonista en el futuro. Tomad notas y representad la conversación en clase.

6. Consumismo

Vivimos en una sociedad de consumo

Vivimos en una sociedad de consumo, y se nota. Un simple paseo por tu ciudad te enfrentará con múltiples anuncios de productos y servicios en vallas publicitarias, carteles, paneles electrónicos y escaparates.
Además, puede que alguna persona te entregue en plena calle una invitación para asistir a la fiesta de inauguración de una tienda, cafetería o pub, probar un producto a precio de ganga o comer un menú baratísimo. Pero la avalancha de ofertas no termina aquí: aparecen en periódicos y revistas, radio, TV, móviles, Internet e, incluso, se cuelan en casa por el buzón de correo.
Con estas características sociales no resulta extraño que la publicidad y el marketing tengan una presencia tan importante: es necesario ofrecer a consumidores que tienen satisfechas sus necesidades vitales básicas (es decir, comida, bebida, higiene, medicinas, vestido ...) multitud de productos casi idénticos en un mercado altamente competitivo. [...]
En esta sociedad, donde la mayoría de las personas tienen más de lo necesario para vivir con holgura, son los dictados de las modas los que parecen guiar, de modo más o menos consciente, muchas de las decisiones de compra. Así, es 'necesario' tener el último CD del grupo 'X', el DVD de la película 'Y', la nueva videoconsola de la marca 'Z', conexión a internet, el mp3 más actual, la ropa 'que se lleva', el móvil con más funciones, etc. [...]
El consumismo también puede ser un problema importante a nivel individual. En concreto, algunas personas realizan, una y otra vez, compras superfluas y desarrollan un estilo de compra excesivo –e incluso una auténtica adicción a la compra– que les crea un fuerte malestar consigo mismas (ansiedad por comprar, depresión y culpabilidad por lo gastado, temor a las críticas, etc.) y con los demás (enfados con padres, amigos y amigas, deudas, etc.).

Rafael Rodríguez Villarino: *Consumismo.* Nova Galicia Edicións, 2006

2 enfrentar con konfrontieren
múltiples *muchos*
3 la valla *aquí: el cartel*
el escaparate Schaufenster
5 la inauguración Eröffnung
6 a precio de ganga *muy barato/-a*
7 la avalancha Lawine
8 colarse sich einschleichen
9 el buzón Briefkasten
14 competitivo/-a konkurrierend
16 la holgura *aquí: el bienestar*
17 guiar führen
consciente bewusst
22 superfluo/-a überflüssig
23 la adicción Sucht
24 el malestar <=> *el bienestar*
la ansiedad Drang
25 gastar ausgeben
26 el enfado Ärger
la deuda Schuld

¿? 1. Resume el contenido del texto con tus palabras.
2. Basándote en la información del texto, explica la interrelación entre publicidad y consumismo.
3. Explica qué es para ti una sociedad de consumo.
4. ¿Estáis de acuerdo con las afirmaciones de Rafael Rodríguez? ¿Os sentís identificados? Discutid en clase justificando vuestras opiniones con ejemplos y citas del texto.

La compra, mi eterna salvación

"Desengáñate: la libertad sólo sirve para ir de compras; la democracia para elegir entre artículos idénticos; y la felicidad no es más que entrar en un local atiborrado de ofertas y quedarte con lo que más te apetece. Nada realiza tanto y distrae tanto de los problemas". "Luego viene el problema de pagar ..." "Ah, eso es otra historia. Tú observa las rebajas. ¿Por qué tienen éxito?: ¿porque disminuyen los precios?, ¿porque se discute que también bajan las calidades?, ¿porque satisfacen necesidades aplazadas? No señor: porque sentimos una compulsión, una llamada periódica e irrefrenable que nos mueve a pelear unos con otros por comprar lo mismo. Nos sea preciso o no: lo que nos es preciso es la compra en sí."

Antonio Gala: *A quien conmigo va.* Espasa Calpe, 2001, pp. 120-121

0 la eterna salvación Seelenheil
1 desengañarse sich nichts vormachen
3 atiborrado/-a *lleno/-a*
la oferta ← *ofrecer*
5 la rebaja Sonderangebot
6 disminuir ↔ *aumentar*
7 aplazar zurückstellen
8 la compulsión Zwang
periódico/-a wiederkehrend
irrefrenable unaufhaltsam
10 preciso/-a *necesario/-a*

© Joaquín Salvador Lavado (QUINO) *Bien Gracias. ¿Y Ud?* - Editorial Lumen, 1976

¿? 1. Resume el texto con tus palabras.
2. Caracteriza a la persona que habla en ese fragmento.
3. Observa la historieta y comenta el mensaje del dibujante. ¿Cuál es la ecuación que hace?
4. Compara el mensaje de las viñetas con el del texto.
5. En clase, discutid si se trata de un texto satírico y justificad vuestras posiciones. Tened en cuenta también la infomación del texto anterior.
6. Lee el chiste de abajo y comenta en qué consiste la broma. ¿A qué se refiere?

Según expertos en economía, el año que viene será el año del consumismo:
Tendrá que quedarse
con su mismo coche,
con su mismo sueldo,
con su mismo piso,
con su mismo vestuario ...
...y con suerte, quizás, con su mismo trabajo.

Vocabulario

Demografía

la población
el / la habitante, habitar
el / la residente (Einwohner), residir
el / la ciudadano/-a (Bürger), la ciudadanía

el / la anciano/-a, las personas mayores
el / la adulto/-a, el / la mayor de edad
el / la joven, la juventud, el / la menor de edad
el / la adolescente, la adolescencia
el / la niño/-a, la niñez, infantil

el envejecimiento de la población, envejecer, viejo/-a
el descenso demográfico, descender, descendente (abfallend)

el padrón (Einwohnerverzeichnis), empadronarse, empadronado/-a

Problemas de la sociedad

los problemas políticos, económicos, sociales, ...

el paro (Arbeitslosigkeit), estar parado/-a
el desempleo, estar desempleado/-a
la calidad del empleo

la inmigración ilegal, el / la inmigrante, inmigrar
la discriminación, discriminar

la droga, el / la drogadicto/-a, drogarse
el alcoholismo, el alcohol, el / la alcohólico/-a

el terrorismo, la banda terrorista ETA
la inseguridad ciudadana, inseguro/-a
la delincuencia (Kriminalität), el / la delincuente
la corrupción, corrupto/-a

Consumo

el consumo, el consumismo, el / la consumidor/-a, consumir
el gasto, gastar dinero
la deuda (Schulden), endeudarse

la oferta (Angebot), ofrecer
la demanda (Nachfrage), demandar
la rebaja, estar rebajado/-a (im Angebot sein)
el mercado, el intercambio mercantil

Posición de la mujer

la emancipación, emanciparse, emancipado/-a
la independencia, independizarse, independiente
la autonomía, autónomo/-a

la igualdad de derechos / de oportunidades, igual, igualitario/-a, el Ministerio de Igualdad

la violencia de género, la violencia doméstica (häuslich), violento/-a
el maltrato (Misshandlung), el maltratador, maltratar
la denuncia (Anzeige), denunciar
la prevención (Prävention), prevenir, preventivo/-a

Religión

la religión católica, judía, musulmana, ...
la creencia religiosa, el / la creyente, creer
la fe, el / la fiel (Gläubiger)
la confesión, confesarse (beichten)

la libertad de culto (Religionsfreiheit)
la laicidad, laico/-a (weltlich)
la apostasía (Apostasie)
el / la agnóstico/-a (Agnostiker)
el / la ateo/-a (Atheist), el ateísmo

la emoción, emocionarse, emotivo/-a (gefühlsbetont)
la devoción (Verehrung), devoto/-a
el fervor (Hingabe)
el recogimiento (Andacht)

la misa (Gottesdienst)
la conmemoración, conmemorar (gedenken)
la celebración (Feierlichkeit), celebrar
la procesión, el desfile

3 Ser joven en España

1. Elige una de las imágenes y descríbela detalladamente. Incluye en tu descripción la biografía y las circunstancias de la vida de una de las personas representadas. Imagina también la situación en la que ha sido sacada la foto.
2. ¿Qué aspectos piensas que se tratarán a lo largo de esta unidad? ¿Qué aspectos te parecen interesantes y por qué? Elige uno de los temas propuestos y explica por qué te gustaría tratarlo en clase o por qué tiene una importancia especial para ti.

1. ¿Qué caracteriza a los jóvenes de hoy?

Decide si las afirmaciones siguientes son verdaderas o no. Discutid en clase; después preguntad a vuestro profesor. Luego, corrige las afirmaciones falsas.

1. *Uno de cada cuatro* españoles es joven.
2. Sólo el 25 % de los jóvenes entre 15 y 29 años tiene confianza en el futuro de la sociedad española.
3. *Un cuarto* de los jóvenes opina que en la actualidad los españoles son bastante racistas y que no se respetan las costumbres de los extranjeros o de otros grupos étnicos.
4. Las causas por las que los jóvenes españoles estarían dispuestos a comprometerse más son: la paz, la Iglesia y la lucha contra el hambre.
5. Están dispuestos a asumir responsabilidades en la vida de su barrio o municipio (59 %) o participar en asociaciones u ONGs (50 %).
6. *Uno de cada tres* jóvenes piensa que no se tienen en cuenta las opiniones de los jóvenes en la política.
7. *65 de cada 100* jóvenes ente 15 y 29 años casi nunca practican deporte.
8. Dos tercios de los jóvenes se muestran satisfechos con la oferta de deportes y de actividades culturales en su centro educativo o universitario.
9. Entre los problemas sociales que más les preocupan a los jóvenes se encuentran: el trabajo (al 49 %), la vivienda (al 27 %), la economía, la precariedad en el empleo (al 16 %) y la educación (al 15 %).
10. Si los jóvenes pudieran pedirle al gobierno algunas acciones para mejorar sus condiciones de vida, casi la mitad pediría la creación de empleos, *el 40 %* aumentar la inversión en viviendas y *el 16 %* más inversión en la educación.
11. *El 5 %* de los adolescentes y jóvenes dispone de información inadecuada sobre cómo prevenir embarazos no deseados, enfermedades de transmisión sexual y SIDA.
12. La mayor tasa de riesgo de pobreza la presentan los adultos de más de 65 años y la menor, los niños de menos de 16 años.
13. La tasa de paro de la población joven (16-29 años) varía entre el 7,9 % en Navarra y el 24,4 % en Ceuta según las comunidades autónomas. La tasa de paro entre las chicas es menos *alta* que entre los chicos.

2 **la confianza** Vertrauen
7 **dispuesto/-a a** bereit
8 **comprometerse por** s. für etw. engagieren
10 **asumir** *aceptar, tomar*
11 **la ONG** *Organización no-gubernamental*
23 **la inversión** Investition
la vivienda *aquí: la construcción de casas / pisos*
26 **prevenir** *evitar*
el embarazo Schwangerschaft
28 **la tasa** Rate

1. Reformula las frases utilizando expresiones sinónimas para las partes en cursiva.
2. ¿Qué opinas?: ¿Cuáles de estas afirmaciones te han llamado más la atención? Explica por qué. Compáralas con tu propia situación, tus experiencias y sentimientos y la situación en Alemania y entre tus amigos.

La culpa de todo es de los jóvenes

Fíjate en la imagen que acompaña al texto e imagínate a quién representa. ¿Qué tiene que ver con el tema de los jóvenes?

Los jóvenes tienen la culpa de todos los problemas sociales de España. Los jóvenes no quieren estudiar, no quieren trabajar, no se quieren ir de casa, no quieren tener hijos porque son unos egoístas y además, por su culpa, no podremos pagar las pensiones de sus abuelos; no quieren participar excepto en los botellones. En fin, vivimos en la única sociedad del mundo donde la responsabilidad de los males colectivos no se debe a los poderosos de la política o la economía sino a los ciudadanos de 15 a 30 años.

Jordi Serrano i Blanquer (director de la Fundació Ferrer i Guàrdia).
En: *Público*, 13.01.2008, p. 12

6 el mal ← *mal*
7 el ciudadano Bürger

¿? 1. Explica lo que se entiende por "los males colectivos".

2. El texto *La culpa de todo es de los jóvenes* es la introducción a un artículo periodístico. Reflexiona: ¿Cuáles son los temas que se desarrollarán en este artículo? ¿Qué posición tomará, probablemente, el autor del texto?

20 jóvenes a Europa

Combina las palabras del grupo A con sus definiciones del grupo B. Te ayudará para entender el texto que vas a escuchar a continuación.
A: echar en falta, el apartado, el funcionario, reclamar, valorar, vigilar.
B: artículo o párrafo, parte de un tratado, ley o documento oficial; cuidar y observar; determinar el valor de algo o alguien; empleado de la administración pública; exigir, solicitar con derecho; lamentar la ausencia de algo.

Vas a escuchar a tres jóvenes que, con ocasión del 20° aniversario de la entrada de España en la Unión Europea, hablan de su vida, los problemas que afrontan y lo que opinan de la UE.

(Operación Triunfo variante española de "Deutschland sucht den Superstar";
no da para más *no hay más sitio*)

¿? 1. Completa en tu cuaderno la siguiente tabla con la información de los textos.

nombre / domicilio			
formación escolar / profesional			
planes para el futuro			
trabajo / estudios actual/-es			
problemas a los que se enfrenta			
opinión de la Unión Europea			

2. Elabora una entrevista con uno de los tres jóvenes basándote en los datos de la tabla.

3. Utiliza las preguntas del ejercicio anterior para hacer una entrevista a un compañero de clase sobre su situación personal, los problemas que está afrontando y su opinión sobre la Unión Europea. La persona entrevistada se puede presentar a sí misma con 20 ó 25 años.

2. Hijos eternos

Discutid en clase: ¿Cuáles son los problemas más graves que tenéis con vuestros padres? ¿Qué situaciones o temas suelen desencadenar una discusión?

Preocupación

Bretécher: Preocupación. En: *Cartón-streep – Vocabularybuilder.* Oxford: University Press, 2000

espiar (aus)spionieren
a ver si te vas a ganar una bofetada Du fängst gleich eine!
tranqui *tranquilo/-a*
hacer dedo trampen
atracar *asaltar*
portarse *comportarse*
echarle la bronca a alguien jmdn. ausschimpfen

1. Expón las razones por las que la madre riñe a su hija y con qué argumentos responde ésta a sus reproches.
2. Inventa lo que dice la hija al final.
3. Tu profesor/-a va a mostrarte el final original de la historieta. Analiza en qué consiste el chiste.
4. En parejas, pensad en un problema familiar que regularmente provoca una bronca entre la madre y su hija. Representad la discusión.
5. Una de las personas que presencia la discusión del ejercicio 4 es un chico alemán que participa en un intercambio y pasa tres semanas en una familia española. Él no entiende lo que pasa y cuando la discusión ha terminado se lo pregunta a su anfitriona. Ésta le resume la discusión en alemán.

Hijos encantadores

1. Piensa en tu futuro: ¿Cuándo piensas irte de casa de tus padres para vivir independientemente? ¿Cuáles podrían ser las causas para seguir viviendo en casa de tus padres con más de 20 ó más de 25 años? ¿Cuáles pueden ser las circunstancias que te empujarán a independizarte? ¿Cuáles pueden ser las ventajas de seguir viviendo con tus padres?
2. Explica el contenido de los diagramas e interprétalo: ¿Qué significa para los jóvenes españoles? ¿Cómo piensas que afecta esta situación a la economía del país?
3. Infórmate en la Red sobre los datos correspondientes en Alemania y compáralos con los de España.

Promedio de edad de acceso a la independencia económica:

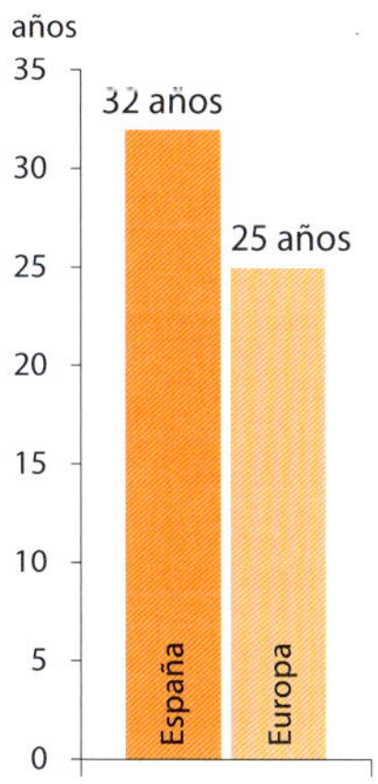

Jóvenes entre 15 y 29 años que conviven con sus padres y desean irse:

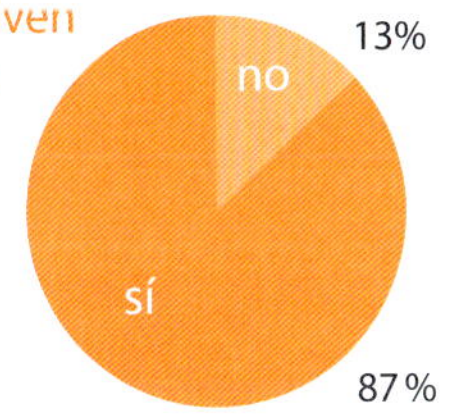

Causas para no irse de casa:

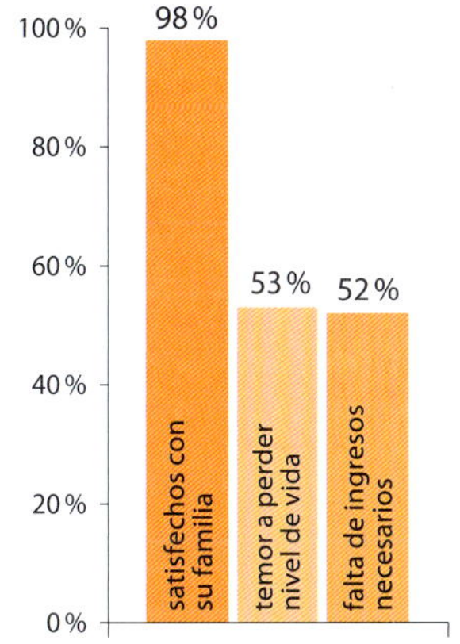

Porcentaje de sueldo que hay que gastar en una vivienda:

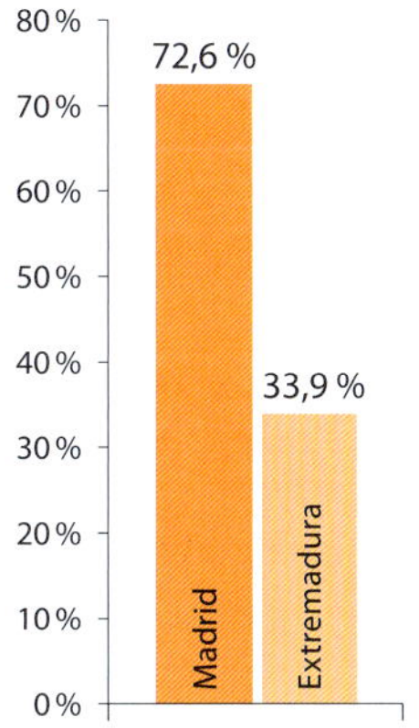

Acceso económicamente posible a una vivienda propia (jóvenes de 30 a 34 años):

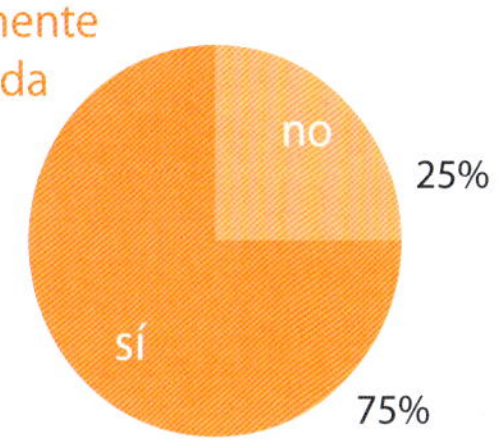

Habían soñado siempre con ese día en que volverían a estar solos, los hijos ya crecidos y haciendo su camino. El problema era que los chicos no se iban de casa.

Para buscarle salida al asunto, la madre decidió rebajar la calidad de sus prestaciones culinarias. La niña, adicta a las hamburgueserías, no pareció notar el cambio, y el chico, refinado gastrónomo, creyó entender que la madre atravesaba una crisis, y cuando peor guisaba más cariñoso estaba con ella. En esa época él, en cambio, se evadió: frecuentaba los billares y llegó a ganar el campeonato del barrio. Después el chico acabó la carrera y luego la acabó también la chica y los dos se pusieron a hacer cursillos con una afición por los estudios que nunca jamás habían demostrado hasta ese momento.

–¿No crees que deberían buscar trabajo?– preguntaba él.

–Como hay tanto paro ...

4 el asunto *aquí: el problema*
5 la prestación culinaria *la comida*
adicto/-a *süchtig*
6 refinado/-a *exquisito*
7 guisar *cocinar*
8 evadirse *escaparse, huir mentalmente*
frecuentar *ir a*
los billares *lugar donde se juega al billar*
11 la afición *la inclinación, la pasión*

–Ya lo sé que hay paro. Pero es que éstos no buscan ...
–Será para no desanimarse. Ya sabes que el chico es muy sensible.
Un día el chico encontró trabajo. Y un mes después llegó a casa muy contento y anunció que tras la cena comunicaría una gran noticia. Lo hizo:
–He decidido dedicar mi primer sueldo a comprar un tresillo nuevo para la salita.
Los padres se miraron horrorizados. Para buscarle una salida al asunto, el padre decidió simular su ingreso en el Opus. Impuso el rezo del rosario en familia y obligó a todo el mundo a estar en casa antes de las diez. La niña, que había sufrido recientemente un desengaño amoroso, aceptó el consuelo de la religión. El chico se había prendado de una presentadora de televisión y tampoco puso inconveniente al nuevo horario. Era exasperante. [...]
Los padres celebraron consejo de guerra.
–Esto es intolerable– dijo él. –Lo es– dijo ella. –Creo que me fugaría con el primer hombre que me llevase a una casa para los dos solos.
–Pero tú aún me quieres, ¿no? –Te quiero. Podríamos escribir al Defensor del Pueblo.
–No sé si lo entendería. Es un poco beato, ¿no? A fin de cuentas tenemos unos hijos encantadores. Supongo que muchos nos envidian.
–Pero yo quiero estar sola contigo– dijo ella.
De modo que un día organizaron una gran excursión a ver a unos primos de Villamarga del Cacique Calvo y dijeron a los chicos que fuesen delante.
–Rápido, tenemos apenas dos horas antes de que se alarmen y envíen a la policía– dijo ella.
Empaquetaron cuatro cosas, dejaron una nota que decía: "Tratad de comprendernos. Queremos estar solos", y abandonaron el domicilio familiar. El chico y la niña han prosperado y gastan una enormidad en detectives particulares y anuncios en los periódicos que dicen: "Padres, volved a casa. Sin preguntas. Sin reproches". Él hace versos en Australia y ella termina este año su licenciatura en Cangurología.

Josep Vicent Marqués: *Hijos encantadores.* En: ESTILO 06.02.1987

15 **desanimarse** *deprimirse*
17 **tras** *después de*
18 **el tresillo** Sitzgarnitur
21 **simular** vortäuschen
el Opus *el Opus Dei (organización conservadora de la Iglesia católica)*
imponer durchsetzen
el rezo Beten
el rosario Rosenkranz
23 **el desengaño** *la decepción*
24 **el consuelo** Trost
prendarse de *enamorarse de*
25 **poner inconveniente a** *no estar de acuerdo con*
28 **fugarse** *escaparse, huir*
30 **el Defensor del Pueblo** Ombudsmann
32 **beato/-a** frömmlerisch
38 **alarmarse** ← *la alarma*
40 **empaquetar** ← *el paquete*
42 **el domicilio** *la casa*
43 **prosperar** *hacerse rico/-a*
44 **particular** *privado/-a*
45 **el reproche** Vorwurf

E. Bonet, Irreverendos.com 2007

1. Presenta el problema que tienen los padres, de qué forma quieren lograr su objetivo y cómo reaccionan sus hijos en cada caso.
2. Explica con tus palabras cómo resuelven los padres por fin su problema.
3. Analiza los elementos cómicos que contiene este cuento.
4. Describe y comenta la viñeta. Establece una relación entre este joven y los "hijos encantadores" del texto.
5. La madre le escribe una carta a una amiga suya en la que se queja de sus hijos y le cuenta sus variados intentos de echarlos de su casa. Está desesperada y no sabe qué hacer. Escribe la carta.
6. Trabajad en parejas: Los hijos contratan a un detective particular. Imaginad la conversación con él.

Vivir solo tiene un precio

Compara las afirmaciones de los textos y de la imagen.

“Tal como están las cosas, no puedo salir cada fin de semana. Sólo cenar son, mínimo, 30 euros. Y cuando uno vive solo tiene que pagar todas las facturas, la comunidad ...”

Laura Ayllón, 32 años

“Me molesta no encontrar packs adecuados para solteros en el supermercado. Al final, compras más de lo que necesitas, pagas más, y encima tienes que tirar lo que se estropea.”

Elisabet Castellón, 31 años

Vidas en singular. En: *Metro*, 04.12.2007

El perfil de los “sin pareja”

Generan 7.000 millones de euros en productos de consumo habitual y se dejan llevar por el placer y el impulso. Son los consumidores ideales. Según el Instituto Nacional de Estadística, en España hay más de 1,5 millones de hogares unifamiliares, un 13,4%, bastante por debajo de otros países europeos como Dinamarca, donde la proporción aumenta hasta el 36,3%. A pesar de la diferencia con otras sociedades europeas, el fenómeno español va en aumento. Además, buena parte de este sector de población tiene cada vez mayor capacidad económica. Uno de cada tres *singles* de nuestro país cobra entre 25.000 y 35.000 euros al año.

“España ha importado un estilo de vida, más glamuroso, que ya estaba en muchos otros países, a través de películas y series. Y también ha importado un nuevo modelo comercial, que se centra en el individuo: un público más exigente y que se permite más caprichos”, explica el profesor de Publicidad de la universidad San Pablo CEU de Madrid Luis Gutiérrez de Cabiedes.

El sector de la alimentación está atento a estas nuevas tendencias. Desde hace dos años dispone de una gama de cremas y sopas en formato individual. “Ya lo vimos venir hace unos años y estamos adaptando nuestras mejores recetas a formatos más pequeños, orientados a los *singles*”, explica la directora de la marca, Sophie Castell.

Estudios de mercado como el de TNS Worldpanel indican que los solteros gastan unos 7.000 millones de euros en productos cotidianos al año. Y añade algo muy goloso para los empresarios: el 30% de las veces que comen en casa se dejan llevar por el impulso del placer, siguiendo la clásica frase “porque me apetecía”.

Bethlem Boronat: Vivir solo tiene un precio. En: *Metro*, 04.12.2007

1 generar *aquí: gastar*
2 el placer Vergnügen
4 el hogar Haushalt
7 ir en aumento *aumentar*
8 la capacidad económica Kaufkraft
9 cobrar *aquí: ganar*
13 el capricho Laune, Schnickschnack
16 estar atento a *observar con atención*
17 la gama Palette
21 el / la soltero/-a *el single*
23 goloso/-a *aquí: atractivo/-a*
el / la empresario/-a ← *la empresa*

¿? 1. Presenta las cifras dadas en el texto.

2. Resume las causas por las que, según el texto, ha habido un cambio de estilo de vida en los últimos años y explica en qué consiste este cambio.

3. Explica cuáles son las causas por las que el número de hogares unifamiliares en España está por debajo de las cifras de otros países europeos.

4. Analiza el uso de la palabra "goloso" en el texto.

El gusto de comprar

Los jóvenes, ¿consumistas?

Relaciona los principios de las afirmaciones sobre los hábitos de consumo de los jóvenes con los finales correspondientes.

1. Las estadísticas sobre la paga media semanal del adolescente español varían mucho:

2. Los jóvenes no gastan todo su dinero en la compra de vestuario o complementos relacionados con las identidades grupales (por ejemplo prendas de marca), el tiempo libre (bicicletas, cámaras fotográficas), o actividades de ocio (cines, discotecas), los gastos de bolsillo (tabaco, transportes, revistas de entretenimiento) y en hacer regalos a las familias y a los amigos,

3. Los encuestados de 15 a 18 años son los que más tienen en cuenta la moda, el marquismo y la publicidad.

4. Los chicos son más 'consumistas' que las chicas.

5. Las chicas tienen un abanico de intereses más variado, muestran más interés que los chicos por los bienes destinados a la información

6. Los chicos buscan bienes que les permitan movilidad

7. Los chicos prefieren bienes que les permitan parecerse

8. Las chicas prefieren diferenciarse

9. Según el presidente del Foro de la Infancia y la Adolescencia, Miguel González, esta generación de adolescentes españoles es

a. de otros y otras.

b. Entre ellas, el consumo se asocia más con 'satisfacer necesidades' que con 'disfrutar de abundancia de cosas'.

c. "la más rica y con mayor poder adquisitivo de la historia" de nuestro país.

d. Por el contrario los jóvenes con más de 22 años tienen el hábito de adquirir productos y servicios en función de los precios y la calidad.

e. (bicicletas, coches, motos).

f. al grupo de referencia (coche, vestuario de marca).

g. sino que el 50% de los encuestados asegura dedicar una gran parte al ahorro.

h. unas afirman que asciende ya a los 20 euros, otras indican que los jóvenes de entre 12 y 18 años reciben de media nueve euros semanales.

i. y se dirigen, más que los chicos, al consumo relacionado con la formación (materiales para estudiar, cursos de formación, etc.).

5 el vestuario *la ropa*
10 el ocio *el tiempo libre*
13 el entretenimiento ← *entretenerse*
16 tener en cuenta *aquí: observar*
20 el abanico hier: Palette
22 los bienes (de consumo) Konsumgüter
41 el poder adquisitivo Kaufkraft
45 el hábito *la costumbre*
54 el ahorro ← *ahorrar dinero*
55 ascender a hier: sich belaufen auf

1. ¿Qué significan estas palabras y en qué se diferencian?: la paga, las pelas, el dinero para gastos personales, la plata, los gastos de bolsillo.
2. Prepara un discurso de 1 minuto y medio en el que presentes tus hábitos relacionados con tu dinero personal. En él contesta a las preguntas siguientes: ¿De cuánto dinero dispones al mes / a la semana? ¿De quién o de dónde proviene? ¿Trabajas regularmente? ¿En qué gastas tu dinero? ¿Consigues ahorrar algo de dinero? ¿Para qué? ¿Te basta con tu dinero mensual / semanal?
3. Después escucha las presentaciones de toda tu clase y discutid si vuestra vida corresponde a las estadísticas españolas.
4. Imagina dónde se ha sacado la foto y relata las circunstancias.

3. ¡Hinca los codos!

1. Decide si las afirmaciones siguientes te parecen verdaderas o no. Compara tu opinión con las de tus compañeros; después preguntad a vuestro profesor.

1. Casi la mitad de los jóvenes no ha podido elegir los estudios que quería.
2. El 78 % de los jóvenes españoles tiene (o tuvo) los medios económicos necesarios para hacer los estudios que deseaba.
3. La mayoría de los jóvenes opina que la formación que se da en los centros educativos prepara muy bien para lo que se pide cuando uno va a buscar trabajo.
4. Ninguna otra generación juvenil anterior ha dedicado tanto tiempo como la actual a formarse, ni ha tenido a su disposición tantos recursos públicos y familiares invertidos en su enseñanza.
5. Más del 50 % de ellos duda de que a un joven bien preparado le resulte fácil encontrar trabajo.
6. Al 40 % de los jóvenes le parece que lo más útil para encontrar un buen empleo es tener buenas recomendaciones.
7. Casi el 60 % de los jóvenes se queja de que no haya suficiente información sobre ofertas de empleo.
8. Más de la mitad de los jóvenes considera que lo más importante es que cada uno estudie lo que más le guste, independientemente de que luego sirva o no para encontrar trabajo.

2. Elige una de las siguientes afirmaciones y escribe un comentario.

1. La formación que se da en las escuelas y centros educativos tiene muy poco que ver con lo que luego se pide cuando vas a buscar trabajo.
2. Los estudios duran demasiado tiempo, por eso es preferible integrarse al mundo laboral cuanto antes.
3. En una sociedad cada vez más competitiva, la única forma que tienen los jóvenes de poder tener un empleo es estudiar y formarse lo más posible.
4. Es conveniente tener un título universitario porque las posibilidades de encontrar empleo aumentan.
5. Lo más importante es que cada uno estudie lo que más le guste, independientemente de que luego sirva o no para encontrar trabajo.

Estudio CIS 2.221 sept/oct. 1996 (abreviado)

Manolito Gafotas: el arte de copiar

Sírvete de este texto para practicar una lectura sin diccionario. Utiliza las estrategias que conoces para comprender el significado de las palabras nuevas.

Un día fui a la clase sin tener N.P.I. de un examen de Conocimiento del Medio [y] toda mi fila tenía la mente en blanco, como yo. Así que le preguntamos a Paquito Medina si le importaba que todos le copiáramos.

Paquito Medina se puso muy contento cuando le pedimos ese pequeño favor. La 'sita' Asunción nos puso una pregunta despiadada sobre los estados líquidos, sólidos y gaseosos. Todos la miramos con cara de odio; una pregunta como ésa no se la deseo yo ni a mi peor enemigo.

Paquito Medina empezó a escribir dejando que el de atrás pudiera copiar, el de atrás hizo lo mismo con el de más atrás, así hasta El Orejones y yo, que somos de las últimas filas.

Yo estaba emocionado. En esos momentos es cuando piensas que la paz mundial es posible, porque los seres humanos forman una gran cadena de amistad. Yo le puse el examen a Yihad para que copiara, porque está detrás de mí, pero Yihad, que es un separatista, va y dice:

–Yo me he traído mi chuleta de mi casa y no tengo por qué copiarle a Paquito Medina.

Así que Yihad se sacó la chuleta de la nariz.

Al día siguiente todos esperábamos la nota de nuestro examen. Yo me imaginaba a la 'sita' Asunción diciendo: "Manolito García Moreno, un 10 como una catedral."

Pero no fue así, la vida real nunca coincide con mis proyectos mentales. La 'sita' Asunción llegó a la clase y en vez de empezar a repartir dieces, empezó a repartir cartas. Nadie se explicaba por qué. Fuimos diez niños los que tuvimos nuestro sobre: Yo, El Orejones, la Susana, Arturo Román, Jessica la exgorda, Paquito Medina y otros cuatro. La 'sita' dijo por fin:

–Sois tan tontos que no sabéis ni copiar.

Resultó que la 'sita' nos había pillado. Resultó que Paquito Medina tuvo un fallo mortal y se equivocó de pregunta, en vez de escribir sobre los estados líquidos y gaseosos, escribió sobre las capas de la atmósfera. Paquito Medina se había equivocado y los demás éramos tontos, lo dijo la 'sita' Asunción. Y quería que nuestros padres se enteraran de que, por no saber, no sabíamos copiar. Por primera vez se enfadó con Paquito Medina porque, según mi 'sita' Asunción, dejarse copiar también es de tontos, y que un niño tan listo se equivocase de pregunta era imperdonable. Paquito Medina ha perdido puntos, la Academia Sueca ya no le concederá este año el Premio Nobel.

Lo más gracioso es que Yihad había aprobado, a veces la vida tiene sorpresas tan desagradables como ésa.

Extracto de: Elvira Lindo: *Manolito Gafotas.* Madrid, 1994, pp. 82-84

1 **no tener N.P.I.** (col.) *no tener ni puta idea*
Conocimiento del Medio Sachkunde
5 **la sita** *la señorita*

1. Resume la acción del texto de forma esquemática.
2. Caracteriza al protagonista.
3. Analiza el estilo del texto.
4. ¿Qué pasará cuando Manolito vuelva a casa? Escribe un posible final del texto.
5. Escribe la carta de la "sita" Asunción.

El arte de saber estudiar (y aprobar)

Haced con toda la clase un torbellino de ideas: ¿Qué estrategias aplicáis y / o conocéis para prepararos bien para un examen?

Es común estos días hablar de la cuesta de enero, en la que tantas personas tienen que ahorrar como consecuencia del derroche de las navidades pasadas. Los estudiantes también tienen su cuesta particular (o vía crucis, según como se mire).

Si en estas fechas te encuentras con que tienes montañas de apuntes y fotocopias por organizar, quizá te interese saber que existe una serie de técnicas de estudio que permiten asimilar los conocimientos con más facilidad o menor esfuerzo, según el caso.

Ante todo es primordial que estés en buenas condiciones para ponerte a la labor. Por ello, para poder estudiar en condiciones óptimas tienes que cuidar tu alimentación, controlar las posturas que adoptas y combinar las sesiones de estudio con otras de descanso. Es importante que tomes nota de cuáles son las horas del día en las que más rindes, para así elaborar un horario individual de trabajo. Horario que, en cualquier caso, tiene que ser flexible y realista, en el que debes tener en cuenta tu capacidad de asimilación, el número de asignaturas a las que te presentas y el grado de dificultad de cada una de ellas. Es aconsejable empezar la jornada con las materias que requieren mayor esfuerzo y terminar con otras más fáciles. Otras recomendaciones al respecto son: alternar las asignaturas que más nos agraden con otras más densas y no estudiar materias que puedan interferirse entre sí por ser similares. Una vez elaborado el horario, tenlo siempre a la vista, pues ayuda a crear esa conciencia moral que todos necesitamos para obligarnos a estudiar en vez de ir de cañas por ahí ...

Una vez valorado todo lo anterior y organizado el horario, es tiempo de pasar a la acción. El problema de muchos alumnos es que carecen de un método de estudio eficaz que les ayude a fijar conocimientos. Uno de los métodos más recomendados tiene las siguientes pautas: prelectura, notas al margen, lectura comprensiva, subrayado, esquema, resumen y, por último, memorización.

Llegan las PAU. En: *Tribuna universitaria,* 15-21.01.2007, pp. 6-7

1 la cuesta de enero leere Kassen nach den Weihnachtsfeiertagen
2 el derroche Verschwendung
7 la técnica de estudio Lerntechnik
9 primordial *fundamental*
10 la labor *el trabajo*
11 cuidar algo *poner atención en algo*
la postura Körperhaltung
12 tomar nota de *tener en cuenta*
13 rendir leisten
15 la capacidad de asimilación Aufnahmefähigkeit
17 aconsejable ← *el consejo*
18 requerir *necesitar*
20 agradar *gustar*
21 interferirse interferieren
23 ir de cañas *salir a tomar unas cervezas*
25 carecer de *no tener*
26 eficaz wirksam
fijar hier: festigen
27 la pauta *la regla*

1. Nombra los factores que crean buenas condiciones para estudiar para un examen.
2. Explica lo que se entiende por cada una de las pautas de un método de estudio eficaz mencionadas en el texto.
3. Determina el tipo de texto y di a quién se dirige. Justifica tu opinión.
4. Explica por qué la Tribuna universitaria publica este artículo justo en el mes de enero.
5. Observa la fotografía. ¿Por qué crees que se ha quedado dormido el chico? ¿Con qué estará soñando? ¿Cómo reaccionará el profesor al descubrirlo? Inventa un cuento corto.
6. Busca el origen y significado de la expresión "vía crucis" y explica por qué se ha usado en el texto.
7. Elabora un horario de trabajo para las vacaciones de Semana Santa, durante las cuales te quieres preparar para los exámenes escritos del bachillerato.

Estudiante dormido en clase

Trucos para memorizar

Consiste en construir una historia con los elementos que se tienen que memorizar.
En este caso, se trata de asociar cada elemento que se tenga que estudiar con un lugar que se encuentre en un recorrido que resulte familiar al estudiante.
Se trata de condensar en una palabra o un grupo de palabras el significado o contenido de un tema.
Consiste en enlazar aquellas palabras que dentro de un resumen o de un esquema recogen el significado fundamental y que se encuentran lógicamente relacionadas.

técnica de los lugares
técnica de la cadena
técnica de la historieta
oración creativa

Trucos para memorizar. En: *Tribuna universitaria*, 15-21.01.2007, p. 7

1. Las reglas mnemotécnicas son trucos mentales que facilitan la memorización. Relaciona el nombre de las técnicas con su explicación correspondiente.
2. Discutid en clase qué otros trucos mnemotécnicos conocéis y utilizáis, cuáles os parecen los más útiles, si os sirven este tipo de consejos que se dan en el texto "El arte de saber estudiar (y aprobar)", y cómo organizáis vuestro trabajo para preparar los exámenes.
3. Elabora un diccionario de "los estudios". No olvides incluir todo el material que necesitas para tus estudios y para qué te sirve cada cosa.
4. ¿Te acuerdas de Manolito Gafotas? Dale consejos para que en el próximo examen no se quede en blanco.

Llegan las PAU

Las Pruebas de Acceso a la Universidad (PAU) se celebran la próxima semana en Logroño y Calahorra y reunirán a los estudiantes riojanos a los que corresponde comenzar sus estudios universitarios en el curso 2007-2008. Basadas en el programa de segundo curso de Bachillerato,

2 riojano/-a *de La Rioja*

los exámenes comenzarán el miércoles día 13 de junio a las 9 horas y se extenderán durante tres días, siempre en horario de mañana.
Las PAU se estructuran en dos partes diferenciadas: una común para todos los alumnos y otra específica para cada Vía de Acceso (que a su vez se basa en la Modalidad de Bachillerato cursada). Por este motivo, el horario de las Pruebas (que aparece en la ficha de abajo) establece varios exámenes simultáneos de los cuales cada estudiante acudirá al que le corresponda. En cuanto a la parte general de las PAU, es la que incluye los tres ejercicios comunes y será la primera prueba de cada día: composición de un texto histórico o filosófico, el análisis de un texto en idioma extranjero y el análisis y comprensión de un texto en lengua castellana. Se recuerda a los alumnos que, para el primer ejercicio, tendrán que estar presentes a las 8.15 horas, con el DNI y el justificante de pago de tasas, para informarse de las aulas y horarios exactos. El jueves y el viernes, bastará con que acudan con 20 minutos de antelación.

Diario La Rioja, ESCUELA (suplemento especial de educación) 06.06.2007, p.10

8 la Vía de Acceso *la rama con la que has terminado el bachillerato o has accedido a las PAU, por ejemplo a través del bachillerato de Ciencias, de Arte, etc.*
11 acudir *ir*
20 el DNI *Documento Nacional de Identidad*
21 el justificante de pago Einzahlungsbeleg

Horarios

Miércoles 13 de junio
- De 9 a 10.30: Lengua Castellana y Literatura
- De 11 a 12.30: Química / Geografía
- De 13 a 14.30: Física / Historia del Arte

Jueves 14 de junio
- De 9 a 10.30: Lengua Extranjera
- De 11 a 12.30: Matemáticas / Matemáticas aplicadas a las Ciencias Sociales
- De 11.30 a 14.30: Dibujo Artístico
- De 13 a 14.30: Biología / Latín

Viernes 15 de junio
- De 9 a 10.30: Composición de un Texto Histórico o Filosófico
- De 11 a 13.30: Dibujo Técnico
- De 11 a 12.30: Ciencias de la Tierra / Electrotécnica / Mecánica / Tecnología Industrial / Economía y Organización de Empresas / Griego / Historia de la Música
- De 11.30 a 14: Imagen
- De 11.30 a 14.30: Técnicas de Expresión Gráfico-Plástica / Fundamentos del Diseño

1. Ya llevas un año estudiando en la Universidad de La Rioja. Una compañera alemana que comparte el piso con vosotros acaba de llegar. Tiene que pasar las PAU. Como todavía se siente insegura en español, apúntale en una hoja la información más importante: ¿cuándo tiene que estar en qué lugar?, ¿qué hay que llevar?, ¿en qué exámenes tiene que participar si sus asignaturas troncales del bachillerato fueron Arte y Matemáticas?

2. Basándote en tus conocimientos del sistema educativo español o informándote en la Red explica cuáles son las similitudes de los sistemas alemán y español y de qué forma se distinguen.

3. En Alemania, la entrada en la universidad se decide por tu promedio de notas. En España hay que aprobar las PAU. Comenta qué sistema te parece más justo exponiendo las ventajas e inconvenientes de cada sistema.

4. Entrar al mercado de trabajo

Los medios para entrar en contacto con una empresa son:
- der Lebenslauf
- der Vorstellungsbrief
- das Bewerbungsgespräch
- der Psychotest

¿Cómo se dice en español?

La carta de presentación

(1) dirección del remitente	María del Pilar García Delgado C/Alba Roca, nº 85. 6º B. 08230 Barcelona mp.garcía_delgado@online.es
	Mi dominio del inglés y del alemán es, en todas sus destrezas, excelente y tengo, además, un buen nivel de francés y algunas nociones básicas de italiano. Poseo también las capacidades necesarias para trabajar con ordenadores y experiencia en diferentes tipos de trabajos relacionados con la secretaría. A lo largo de mi experiencia laboral he podido desarrollar una gran capacidad de resolución y adquirir dominio de los programas Word, Excel y QuarkXPress.
	Tras haber leído con gran interés su oferta de empleo del día 10 de junio en el diario *La Vanguardia*, les ruego consideren mi solicitud para el puesto de secretaria que ofrecen.
	Recientemente he finalizado mis estudios en Secretariado de idiomas en la Universidad de Tarragona, licenciándome con una calificación media de sobresaliente. He tenido oportunidad, asimismo, de desarrollar mis primeras experiencias laborales mediante prácticas en distintas empresas, cuyo detalle encontrará en el currículum vitae que le adjunto.
	Estoy a su entera disposición para realizar una entrevista y las pruebas que considere oportunas.
	Solicitud de puesto para secretaria
	Estoy muy interesada en trabajar en su empresa porque, además de haber estado siempre atraída por el mundo editorial, sé que estoy plenamente capacitada para desempeñar este cargo.
	Editorial Salamandra, A la atención del Sr. López C/Almogávers, 56 08018 Barcelona
	Anexo: Currículum vitae Foto Fotocopias compulsadas de los títulos
	Podría incorporarme a su empresa a partir del 1 de septiembre de 2010.
	Barcelona, 10 de junio de 2010
	Estimado Sr. López:
	Agradeciéndole su atención, le saluda atentamente, María del Pilar García Delgado

¿? 1. Pon en un orden lógico las partes de esta carta de presentación y dale un título a cada una.

2. Explica lo que caracteriza cada parte de la carta de presentación.

3. Elabora un pequeño diccionario bilingüe de las expresiones útiles para una carta de presentación.

Diez claves para escribir una carta de presentación

1. personalizar la carta
2. captar la atención del lector
3. exponer los motivos
4. mostrar interés
5. limitar el espacio
6. no hablar de dinero
7. escribir siempre una carta nueva
8. ser honesto
9. prestar atención a la forma de la carta
10. releer lo escrito

¿? 1. Explica cada consejo.

2. Escribe una carta en la que solicitas un puesto de prácticas en una empresa española.

3. Antes de integrarte al mercado laboral tienes que conocerte bien para saber qué tipo de trabajo o empresa puede interesarte. Piensa en cinco puntos fuertes y cinco puntos débiles que te caracterizan y escríbelos en tu cuaderno formulando oraciones.

El currículum vitae

1. ¿Qué es y cuál es el objetivo de un CV?

2. ¿Cómo debe ser un currículum vitae? Elige los adjetivos que caracterizan un CV y justifica tu selección.

3. 'Capacidades y aptitudes personales / sociales / organizativas / técnicas / artísticas' – 'experiencia laboral' – 'educación y formación' – 'anexos' son los apartados en un CV. Explica lo que requieren estas categorías y después da dos ejemplos para cada una.

veraz – breve – formal – personal – comprensible
sin faltas – estructurado – llamativo – legible
detallado – impreso – fotocopiado – firmado
extenso – preciso – exagerado

1. Describe la foto y formula suposiciones: ¿Dónde se encontrarán los dos hombres? ¿De qué hablarán?

2. Imagínate que se trata de una entrevista personal en la que el señor a la izquierda se presenta para un puesto de trabajo. ¿Cómo se sentirá, qué estará pensando? Y el jefe de personal, ¿qué pensará de su interlocutor y qué le querrá preguntar?

La entrevista personal

La entrevista personal

Ordena el contenido de los pasos de una entrevista personal:

inicio | núcleo | cierre

aclaración de dudas – aclaraciones respecto a la entrevista – condiciones laborales deseadas – conversación – despedida – experiencia personal – introducción – preguntas personales – preguntas sobre la formación y los estudios – recepción – saludo

En la lista siguiente tienes recomendaciones para una entrevista personal. Elige las que te parecen adecuadas. Justifica tu selección.

- Nunca digas que no tienes defectos.
- Habla también de las cosas que te causan problemas.
- No entres fumando.
- Si estás nervioso, ocupa tus manos jugando con el encendedor, el llavero, etc.
- Habla mucho.
- No contestes con monosílabos.
- No te enfades cuando te hagan preguntas impertinentes.
- Muestra interés por la empresa.
- Contesta espontáneamente, no pienses mucho tiempo antes de contestar.
- Finge que estás pasando un rato agradable, también si el entrevistador no te cae bien.
- Comparte la opinión del seleccionador, no importa si hace juicios de valor sobre personas, instituciones o empresas.
- Estáte sereno.

cf. Ofertas de empleo. En: *El País*, 09.10.1994

1. Infórmate en la página web www.oficinaempleo.com sobre las ofertas que presenta esta plataforma. Elige una de las ofertas de trabajo y preséntala en clase. Describe cómo está organizada la oferta.
2. Elige una de las ofertas de trabajo y responde a ésta con una carta de presentación y tu currículum vitae.
3. La mitad de vuestra clase se prepara para una entrevista de trabajo, la otra prepara el papel del seleccionador. Inventad preguntas posibles para la introducción, sobre la formación y los estudios, sobre la experiencia profesional, de tipo personal y sobre las condiciones laborales deseadas.
4. Representad la entrevista. La clase observa la representación y comprueba si se respetan los consejos trabajados en esta unidad.

5. Los mileuristas

1. Interpreta la estadística teniendo en cuenta también las dos afirmaciones sobre el empleo en la página siguiente.
2. ¿Qué crees que puede ser un mileurista? Comprueba tus hipótesis consultando un diccionario monolingüe en Internet. Luego, explica la formación de la palabra 'mileurista'.

Metro, 04.12.2007

– De los jóvenes que trabajan sólo el 36 % es asalariado fijo mientras que más de la mitad tiene un salario eventual o interino.
– La ocupación temporal aumentó en un 5,5% de 2004 a 2005.

1 el asalariado Arbeitnehmer
fijo/-a hier: festangestellt
2 eventual, interino/-a hier: befristet
3 la ocupación temporal hier: befristete Arbeitsverträge

"Estudiar no sirve para nada"

¿? 1. Vas a escuchar a dos jóvenes de unos 25 años que están hablando de su situación actual, su formación profesional y los problemas a los que se enfrentan en su vida cotidiana. Explica por qué cada uno de ellos está contento o descontento con su vida actual.

2. ¿Crees que estudiar, de verdad, "no sirve para nada"? En tu respuesta considera también tus propias experiencias y tus planes para el futuro.

Más de la mitad de los jóvenes emancipados necesitan ayuda de sus padres

Hay muchos jóvenes españoles que sólo a los 30 ó más años se van de casa para vivir independientemente. ¿Por qué crees que es así?

Los jóvenes no abandonan el hogar paterno ni a la de tres, es la queja cada vez más extendida. En algunos casos no pueden, no les llega el sueldo para el alquiler. En otros, muy justito y aunque se acaban emancipando, no sale a cuenta: ni a ellos ni a su familia.
Los bajos salarios (la mayoría no llega ni a 'mileuristas') unidos a los desorbitados precios para poder acceder a una vivienda, los problemas para conciliar la vida laboral con la familiar debido a los horarios y la falta de servicios públicos son los ingredientes para que sin el salario diferido de los padres, sus hijos no puedan emanciparse. Salario diferido que en muchos casos es en especies (comidas, mantenimiento del hogar y cuidado de los nietos).
Más de la mitad, el 57% concretamente, de los jóvenes de entre 25 y 29 años que se emancipan necesitan la ayuda económica de otras personas para poder hacerlo, básicamente de los padres. Se trata de más de 170.000 jóvenes en Cataluña, de acuerdo con estimaciones de la UGT, que ha acuñado un nuevo término para definirlos: 'semiemancipados'.

S. del A.: Más de la mitad de los jóvenes emancipados necesitan ayuda de sus padres.
En: *El País*, 19.10.2007

1 el hogar *la casa / el piso*
paterno/-a *de los padres*
ni a la de tres (col.) im Leben nicht
la queja *el lamento*
3 el alquiler ← *alquilar*
4 salir a cuenta (col.) *merecer la pena*
6 desorbitado/-a *exagerado/-a*
la vivienda *la casa / el piso*
7 conciliar vereinbaren
9 diferido/-a *aquí: que viene de*
15 la estimación ← *estimar*
la UGT *Unión General de Trabajadores (sindicato español)*
16 acuñar *aquí: inventar*

¿? 1. Explica lo que se entiende por un "semiemancipado".

2. Nombra las causas por las que los jóvenes no consiguen independizarse.

@ 3. Busca en Internet lo que ganan un/-a cocinero/-a, un/-a profesor/-a, un/-a ingeniero/-a, un/-a dependiente, un/-a empleado/-a de la limpieza y un/-a electricista cuando son principiantes, después de 5 y después de 20 años de experiencia en España y en Alemania. Comentad las diferencias.

Empleo: pleno, pero deficiente

La cuesta abajo del ciclo económico expansivo de los últimos años ha cogido a Euskadi en una situación de pleno empleo técnico. El paro ha bajado en diez años del 25% al 3%, y la temporalidad, del 30% hasta casi el 20%. Sin embargo, esta realidad, optimista en lo cuantitativo, se asienta sobre desequilibrios que castigan especialmente a las mujeres, los jóvenes y los inmigrantes, con salarios más bajos, contratos más precarios y condiciones más duras.

M. J. O. trabaja en el sector de la ayuda a domicilio. Es fija en un sector de temporales. "El 90% de los contratos son de un mes. Trabajas seis horas al día para cumplir tu horario, pero entre los desplazamientos acabas haciendo siete u ocho. Cada mes te finiquitan, y por tanto no tienes vacaciones. Nunca llegas a los mil euros", se lamenta.

Pero la flexibilidad da para más si se lleva al extremo opuesto para el que fue diseñada, es decir, para conciliar vida laboral y familiar. El sector público hace cientos de contratos de horas. La UE define la calidad en el empleo utilizando parámetros como la cualificación, formación continua y desarrollo de la trayectoria profesional, igualdad entre hombres y mujeres, salud y seguridad en el trabajo, flexibilidad y seguridad, inclusión y acceso al mercado laboral, organización interna de la empresa y conciliación entre la vida profesional y la vida privada, diálogo social, y participación de los trabajadores.

"Es fácil dar trabajo al doble de personas saltándose todo eso y pagando una tercera parte", critican los sindicatos. En su opinión, los sectores que carecen de la mayoría de esos valores son comercio, hostelería y limpieza. Tres sectores que han empujado al empleo, pero gracias a la flexibilización máxima de sus contratos. "Y no precisamente para conciliar la vida laboral y familiar", ironiza Goyo Martín, de CC OO.

Pedro Gorospe: Empleo: pleno, pero deficiente. En: *El País*, 30.03.2008

1 **la cuesta abajo** Abschwung
3 **en diez años** *aquí: 1998-2008*
la temporalidad *los contratos temporales*
4 **asentarse** *basarse en*
5 **el desequilibrio** ↔ *el equilibrio*
castigar bestrafen
6 **precario/-a** *inseguro/-a, inestable*
8 **ser fijo/-a** *tener un contrato fijo*
9 **de temporales** *de contratos temporales*
11 **finiquitar** entlassen
14 **conciliar** vereinbaren
16 **la formación continua** Weiterbildung
20 **la conciliación** Vereinbarkeit
26 **empujar al empleo** *crear empleos*
30 **CC OO** *Confederación Sindical de Comisiones Obreras*

Forges 2007

¿? 1. Decide si las afirmaciones siguientes son verdaderas o falsas. Corrígelas si son falsas.

a. Las cifras citadas en el texto se refieren a toda España.
b. Se puede observar que el mercado de trabajo se ha desarrollado de una forma muy positiva en los últimos años.
c. Los que muchas veces no pueden vivir de sus remuneraciones son los inmigrantes, las mujeres y los jóvenes.
d. Un contrato precario significa un puesto de trabajo para un tiempo indefinido.
e. La flexibilidad del empleo fue desarrollada para contratar y despedir con más libertad a los empleados.
f. Hoy en día la flexibilidad significa sobre todo inseguridad para los asalariados.
g. Los sectores donde hay más contratos fijos son el público, el comercio, la hostelería y la limpieza.

2. Aclara con tus palabras lo que entiende la UE por "calidad en el empleo".
3. Explica con tus palabras lo que caracteriza un puesto de trabajo en el sector de la limpieza.
4. Indica por qué el autor del artículo utiliza el verbo 'ironizar' para reproducir las palabras de Goyo Martín.
5. Describe e interpreta la viñeta de Forges.
6. Aclara a qué problemas actuales alude la viñeta y establece una relación con el texto.
7. Busca en Internet cuál es el porcentaje de empleados en los tres sectores económicos en España en 1960, 1980 y hoy en día. Explica el desarrollo que se refleja en estas cifras.
8. Busca estos mismos datos para Alemania y compara.

Falta cultura del esfuerzo para seguir mejorando y formándose

Busca cómo se dice en español: sich anstrengen, Arbeitskraft, Beamter, berufliche Weiterbildung, etwas in Einklang bringen, konkurrenzfähig, konkurrieren, etwas verlangen, verhindern, jemanden zu etwas zwingen.

Vas a escuchar una entrevista con Sara de la Rica, la directora de la Cátedra de Investigación Banco de España-Fedea, Profesora de Teoría Económica de la Universidad del País Vasco sobre la formación continua en el mundo del trabajo.

1. Escucha la entrevista una vez y toma notas en tu cuaderno de lo que dice Sara de la Rica. Ten en cuenta que a veces hay varias soluciones posibles.
   a. Es /Son
      1. la empresa
      2. la universidad
      3. los empleados

      la que es / los que son responsable/-s de la formación continua.
   b. Los jóvenes
      1. siguen formándose una vez que han encontrado un puesto de trabajo.
      2. hacen muchos esfuerzos para seguir mejorando.
      3. no tienen interés en una formación continua.
      4. no ven la necesidad de una formación continua.
   c. Ser funcionario significa
      1. estar perfectamente formado.
      2. seguridad.
      3. movilidad.
      4. impedir la innovación y la productividad.
   d. En hostelería y servicios
      1. les imponen flexibilidad a los jóvenes y a las mujeres.
      2. los jóvenes y las mujeres tienen la posibilidad de ser más flexibles y conciliar la vida laboral con la familiar.
      3. no hay flexibilidad.
   e. Los inmigrantes
      1. no encuentran trabajo.
      2. aun estando bien formados, trabajan sobre todo en sectores poco especializados.
      3. ganan poco dinero.
      4. latinos y europeos del Este se distinguen de los inmigrantes subsaharianos por su mejor cualificación.
2. Escucha la entrevista dos veces más y resume lo que dice Sara de la Rica sobre la actitud de los jóvenes ante la formación continua.
3. Compara lo que dice Sara de la Rica sobre la actitud de los jóvenes ante la formación continua con lo que sabes sobre la situación del mercado laboral. ¿Compartes su opinión? Justifica tu respuesta.

6. El amor

El día de San Valentín

¿Eres una persona romántica? ¿Qué rasgos o características estimas en un hombre / una mujer? ¿Qué sería para ti una relación amorosa ideal? ¿Has vivido alguna vez mal de amores?

"Love Story" (1970)

Si hay una película unida al espíritu sentimental idílico que se festeja en San Valentín, es ésta, y una de sus frases, "amar significa no tener que decir nunca lo siento". Protagonizada por unos Ryan O´Neal y Ali McGraw que enloquecieron al público, cuenta la bella y accidentada relación entre un chico rico y una chica pobre. Ella muere, pero queda el amor.

Los otros días del corazón

En España hay zonas donde el romance tiene día propio. En Cataluña, el 23 de abril, día de Sant Jordi, día del libro y día de Cataluña, el regalo de una rosa transmite el pálpito entre novios. El 9 de octubre, día de la Comunidad Valenciana, es también Sant Dionís, día de los enamorados en la capital de esta zona. La tradición: regalar la mocadorá, un dulce de mazapán envuelto en un pañuelo.

Parejas en la Red

Internet ruge para conectar almas gemelas que se buscan pero no se encuentran. El chat es ahora una herramienta de seducción y se desarrolla a través de portales que han llegado a aumentar su facturación un 80%. Destacan Meetic (www.meetic.es) o Match.com, cuyo lema es "el amor de tu vida no tiene por qué estar en un bar de copas".

Cupido

El diosecillo romano del amor equivale al Eros griego, aunque aparezca representado como un angelito. Hijo de Venus y Marte, sus flechas transmiten una mezcla entre el embeleso y la guerra. No obstante, la figura de Cupido se [...] ha convertido en la cara chispeante de lo sentimental, y aparece revoloteando en decoración, pasteles o pijamas.

Regalos icónicos

Sin regalos típicos no habría San Valentín, son los que lo definen y lo hacen rentable. Además, lo que en otras fechas podría ser hortera, en febrero se considera dulce. Ropa interior e incluso juguetes eróticos se presentan con un barniz candoroso, pero el éxito sigue encabezado por peluches, bombones y flores.

El País Semanal, 2/2009

2 **idílico/-a** idyllisch
5 **enloquecer** *volver loco/-a a alguien*
accidentado/-a *difícil*
8 **el romance** Romanze
10 **el pálpito** Herzschlag
13 **el mazapán** Marzipan
15 **rugir** *aquí: gritar con fuerza*
gemelo/-a Zwillings-
16 **la herramienta** Werkzeug
la seducción Verführung
17 **la facturación** Umsatzvolumen
22 **la flecha** Pfeil
23 **el embeleso** *el éxtasis, el encanto*
24 **chispeante** funkelnd
25 **revolotear** flattern
28 **hortera** (adj.) *de mal gusto*
30 **el barniz** Lack
candoroso/-a *inocente*
encabezar anführen

¿? **1.** En grupos: Cada grupo lee un texto y presenta a la clase el contenido con sus palabras.

2. ¿Cuál crees que es la función del artículo completo, según el conjunto de textos que habéis leído? ¿En qué tipo de prensa fue publicado? Imagina un título para el artículo completo.

3. Ahora vas a leer el título y el subtítulo de este artículo. ¿Qué dice sobre el día de San Valentín? ¿Qué posición toma el autor ante este día? ¿Estás de acuerdo con ella?

Dulce invasión

Para bien o para mal, el día de San Valentín se globaliza e impone sus costumbres incluso a los que se resisten. Éstos son algunos hechos que han contribuido a propagar y cuestionar un mito de aire con raíces más comerciales que sentimentales.

4. Así se representa muchas veces el amor. ¿Cómo lo representarías tú?

5. En grupos, diseñad un póster con 10 descripciones ilustradas de momentos cotidianos románticos.

6. Eres psicólogo y trabajas para una página web de psicología y medicina. Con tu equipo estáis elaborando un test psicológico sobre la pregunta "¿Eres una persona romántica?". Para eso tenéis que formular unas 10 preguntas que se centren en actitudes, costumbres, situaciones, preferencias, etc. y que podrían demostrar si una persona es o no romántica. Después tenéis que escribir una descripción de los personajes según las puntuaciones que se obtienen.

7. Discutid en clase: ¿Estos tests, muy frecuentes en la prensa rosa, de verdad dicen algo sobre la personalidad? ¿Creéis en estos tests? ¿Los soléis hacer?

Náufragos

para Jairo de 3º de Medicina:
Desde que te vi, mi cabeza no deja de pensar en ti. No sé qué me pasa, pero no te puedo sacar de mi cabeza. Ya sé que nunca podré tener nada contigo, pero aún así quería que supieras que me gustas un montón.

Lavidaesmuybella_simnk@arcor.es

la chica de mis sueños:
Para la chica morena de pelo largo que el día de Reyes estaba bailando primero en el Avalón y luego en la Dolce Vita. Llevabas puesto un pantalón vaquero, un cinturón dorado, y una camiseta de rayas. Desde el momento en que te vi, no he podido sacarte de mi cabeza. Me gustaría volver a verte o, al menos, saber algo de ti. Si tienes curiosidad:

elpequedelacasa@rador.es

para aquel chico de Trastevere:
Esa noche quisiste besarme, pero no me di cuenta. Y lo siento. De verdad. Te prometo que la próxima vez, (si tú quieres) te besaré.

Palabra de bióloga

para el rubio extranjero del aulario de S. Isidro (Aula 1B):
¡Sí, tú! No sabemos si decirte "Hello", "Salut", "Ciao" o "Hallo" porque no sabemos de dónde eres, pero nos gustaría mucho saberlo para agradecerte en tu idioma que nos alegras cada mañana que te vemos. Nos gustaría mucho enseñarte más sobre la cultura española, así que si quieres saber quiénes somos busca tres chicas que nunca dejan de mirarte y contéstanos en el idioma que sea. Bye, Ciao, Au revoir, Auf wiedersehen ...

De 3 chicas de 4º de Historia del Arte

para Edu de 1º de Biología A:
Hola guapísimo. Me presento: soy una chica de 19 años, morena de ojos oscuros. Sé que estudias Biología y que estás en 1ºA, pero sólo lo sé porque tengo amigas que van a tu clase y te conocen. Espero que leas esto y que podamos conocernos algún día, si tú quieres, claro. Te dejo mi dirección de correo para seguir en contacto. Muchos besitos.

Hotbaby1988@horcon.com

Tribuna Universitaria, textos adaptados

1. En parejas, leed uno de estos mensajes de 'náufragos'. Después presentad a toda la clase al autor, el objetivo y a su destinatario.
2. Explica por qué esta sección del periódico se llama "Náufragos".
3. Analiza de qué forma se expresa el deseo en estos anuncios y clasifica los verbos y expresiones encontrados según su nivel de lengua.
4. Elige un mensaje que te haya gustado, o también sorprendido negativamente, y contéstalo.
5. Escribe un mensaje para las páginas 'Náufragos' de vuestra revista escolar. Dedícaselo a un compañero del curso. Puede ser un mensaje de cualquier tipo: de amor o de agradecimiento, de felicitación, de disculpa, ... Ojo: el mensaje tiene que contener una pista sobre a quién va dirigido.
6. Escribe un mensaje de búsqueda. Has visto a la persona en algún lugar pero no te has atrevido a dirigirle la palabra. Describe el momento en el que la viste, su aspecto físico y lo que llevaba y propón un encuentro.
7. Un náufrago puede ser el primer paso para entrar en contacto con una persona, pero después hay que conocerla. Inventa un diálogo para representar una de las siguientes situaciones: una cita a ciegas, un ligue, una declaración de amor, una pedida de mano, una boda ...
8. Explica a un compañero alemán qué es la sección 'Náufragos' del periódico *Tribuna universitaria*.

¡Dame un abrazo!

1. ¿Cuántos sentidos tiene el ser humano? ¿Cuáles son? ¿Dónde se localizan?
2. ¿Cuál es, en tu opinión, el más importante?

¿Por qué es importante abrazar? "El tacto es un sentido único y por eso me gusta referirme a él como si se tratara de una especie de regalo, por eso disfruto recomendando que jamás nos privemos del sagrado regalo de gozar del tacto, de tocar los objetos para disfrutar el reconocimiento de sus formas. [...] Personalmente, acostumbro recomendar un mínimo de cuatro abrazos diarios, que serán un verdadero surtidor de sensaciones agradables –de información positiva– tanto para el cuerpo como para la mente."

Sebastiá Serrano, lingüista y escritor catalán, en: *Comprender la comunicación*, 2000

1. Reformula con tus palabras el mensaje de Sebastiá Serrano.
2. Inspirándose en la idea de Sebastiá Serrano, unos estudiantes en Salamanca y en Barcelona imprimieron este texto, salieron a la calle y a cada persona que pasaba le abrazaban y le entregaban el papel. Haced vosotros lo mismo: traducid el texto al alemán, elegid entre todos la traducción más bonita y, durante el recreo, abrazad a los que pasen, dándoles a continuación el papel. Comentad en clase las reacciones de la gente a la que habéis abrazado.

¿Solitario por gusto o por necesidad?

Según los sociólogos y psicólogos, el *single* suele haber superado la necesidad de estabilidad económica y no quiere vender a cualquier precio su estabilidad emocional. Carmen Alborch define a los *singles* en su libro *Solas* como personas que "no quieren sufrir experiencias dolorosas en el terreno del amor, no es para ellos una prioridad la vida en pareja ni casarse y no les supone trauma la cama vacía, que consideran suficientemente compensada con el éxito profesional".

Sin embargo, a pesar de la atracción por la independencia, buena parte de los *singles* no están solteros por gusto. De hecho, un 36,6% de los españoles en este estado civil quiere encontrar pareja en un periodo breve de tiempo. Y es que, según un estudio de la Universidad de Hamburgo, los solteros sólo consideran satisfactorio el 40% de sus relaciones sexuales, mientras los casados encienden el cigarrito en el 80% de las ocasiones.

¿Qué mejor, pues, que ofrecer todo tipo de servicios para emparejar a las almas solitarias? No falta de nada. Desde viajes organizados, con fiestas y actividades incluidas, hasta cursos de todo tipo de materias, cualquier excusa es buena para pasar un rato entretenido, y de paso, conocer a gente nueva. El único problema es que para la mayoría de estas actividades hace falta tener la cartera en buena forma.

Un ejemplo. Una noche en un servicio de *speed dating* cuesta unos 30 euros, con una consumición. El precio incluye hablar siete minutos con cada individuo del sexo contrario, tiempo en el que hay que descubrir si hay suficientes cosas en común para [...] darse una oportunidad.

Ésa es una de las posibilidades más económicas. A partir de ahí, la imaginación es el límite. Desde cruceros por el Mediterráneo a cursos de activación mental de 200 euros, la oferta es cada día mayor.

El último grito, sin embargo, es recluirse en un pueblo pirenaico para vivir una aventura a medio camino entre la naturaleza y el cachondeo. Se trata de la República Single, que se pondrá en marcha en verano del 2008, y que reunirá a solteros de toda España en un pueblecito de Huesca, Ligüerre de Cinca. Participar cuesta entre 850 y 1.100 euros, e incluye alojamientos, fiestas, todo tipo de deportes de aventura. Y como no, la posibilidad de conocer el alma gemela de uno.

Bethlem Boronat: Vivir solo tiene un precio. En: *Metro*, 4.12.2007

1 superar überwinden
6 suponer *aquí: causar*
9 por gusto *porque les gusta*
14 emparejar ← *la pareja*
17 de paso nebenbei
18 hacer falta *ser necesario*
19 la cartera Geldbeutel
21 la consumición *la bebida*
24 económico/-a *barato/-a*
25 el crucero Kreuzfahrt
26 la activación mental Gehirntraining
27 recluirse *aislarse*
pirenaico/-a *de los Pirineos*
28 el cachondeo (col.) Ulk
33 gemelo/-a Zwillings-

1. ¿Solitario por gusto o por necesidad? Explica cómo contesta el texto a esta pregunta.
2. Nombra los ejemplos de ofertas que da el texto para solteros que buscan pareja.
3. Explica el significado de las expresiones siguientes: las almas solitarias, encender el cigarrito, tener la cartera en buena forma, la imaginación es el límite, el alma gemela.
4. Imaginad que participáis en un *speed dating*. Formad dos grupos: uno de hombres, otro de mujeres. Cada uno prepara el rol de un soltero en busca de pareja. Inventad una biografía e interpretad el *speed dating*.

5. Estás buscando pareja. Redacta un anuncio para el rincón del corazón de una revista en el que describas el tipo de persona que buscas.

6. Marc Riera, de 29 años, afirma "Nunca he usado un servicio para 'singles'. De hecho, me da mucha rabia que hayan puesto una etiqueta a algo tan natural como vivir solo". (*Metro*, 04.12.2007). Comenta esta afirmación.

Juntos pero separados

1. Explica lo que se entiende por LAT.
2. Aclara lo que son las dos revoluciones sexuales del amor libre y de la familia nuclear.
3. Preparad varios papeles para una discusión en una mesa redonda televisada. En ella pueden participar: un/-a moderador/-a, una pareja que vive en dos pisos distintos, una pareja 'clásica' que tiene dos niños de 8 y 14 años, un sociólogo, etc. Interpretad la discusión: "Ventajas e inconvenientes del LAT".
4. El LAT es la única posibilidad de "mantener la chispa del amor y la pasión intactas durante toda la vida". Comenta esta afirmación.

Si tú te vas

Escucha la canción de amor "Si tú te vas" de Juan Luis Guerra. En esta canción le declara su amor a su amada. Intenta apuntar todas las metáforas que usa el cantautor mientras escuchas.

Juan Luis Guerra: Si tú te vas. En: *Mudanza y acarreo.* Karen Records 1985

1. Busca en Internet una versión de esta canción interpretada por otro cantante y preséntala en clase. Describe de qué forma se distingue de la versión de Juan Luis Guerra.
2. Busca en Internet quién es Juan Luis Guerra y presenta al cantautor a tus compañeros de clase. Elige también una de sus canciones para la presentación.

Quiéreme entera

Si me quieres, quiéreme entera,
no por zonas de luz o sombra ...
si me quieres, quiéreme negra
y blanca. Y gris, y verde, y rubia,
quiéreme día,
quiéreme noche ...
¡Y madrugada en la ventana abierta!
Si me quieres, no me recortes:
¡quiéreme toda ... o no me quieras!

Dulce María Loynaz: Quiéreme entera. En: *Versos* 1920-1938.

1. Escribe un texto breve que exprese lo que crees que significa este poema.
2. Explica por qué te gusta o no te gusta el poema.

Como agua para chocolate

Lee el extracto siguiente de *Como agua para chocolate* y pon en un orden lógico las partes del texto:

a Señorita Tita, quisiera aprovechar la oportunidad de poder hablarle a solas para decirle que estoy profundamente enamorado de usted. Sé que esta declaración es atrevida y precipitada, pero es tan difícil acercársele, que tomé la decisión de hacerlo esta misma noche. Sólo le pido que me diga si puedo aspirar a su amor.

b el amor no se piensa, se siente o no se siente. Yo soy hombre de pocas, pero muy firmes palabras. Le juro que tendrá mi amor por siempre. ¿Qué hay del suyo? ¿Usted también lo siente por mí?

c –¡Sí! Sí, sí y mil veces sí. Lo amo desde esta noche para siempre.

d Mamá Elena le ordenó a Tita que fuera a la cocina por unos bocadillos para repartir entre todos los presentes. Pedro, que en ese momento pasaba por ahí, no por casualidad, se ofreció a ayudarla. Tita caminaba apresuradamente hacia la cocina, sin pronunciar una sola palabra.

e –No sé qué responderle, deme tiempo para pensar.

f Fue entonces cuando Pedro le confesó su amor.

g La cercanía de Pedro la ponía muy nerviosa. Entró y se dirigió con rapidez a tomar una de las charolas con deliciosos bocadillos que esperaban pacientemente en la mesa de la cocina.
Nunca olvidará el roce accidental de sus manos cuando ambos trataron torpemente de tomar la misma charola al mismo tiempo.

h –No, no podría, necesito una respuesta en este momento:

Laura Esquivel: *Como agua para chocolate*. Barcelona: Mondadori, 2002

3 atrevido/-a gewagt
precipitado/-a überstürzt
acercarse ← *cerca*
5 aspirar a streben nach
12 apresuradamente *muy deprisa*
17 la charola *la bandeja*
19 el roce *el contacto físico*
20 torpe ungeschickt

1. Señala en el texto las frases o expresiones que van creando un ambiente mágico y construyendo gradualmente la situación hasta llegar al momento culminante de la declaración de amor de Pedro.
2. Basándote en las indicaciones del texto, imagina la época en la que vivían Tita y Pedro y descríbela.

Vocabulario

Estudios

el colegio, la escuela, la universidad
las asignaturas, las materias obligatorias / optativas
estudiar, la técnica de estudio, abandonar los estudios
terminar la carrera, sacarse la titulación, licenciarse en Derecho / Económicas / Filología / Medicina / ...

los apuntes, apuntar, tomar notas
el rendimiento, rendir (leisten)
la facilidad, facilitar, fácil
el esfuerzo, esforzarse (sich anstrengen)

la selectividad, las pruebas de acceso a la universidad
la beca (Stipendium), solicitar una beca, conceder una beca

Trabajo

la empresa, el / la empresario/-a
el puesto de trabajo, trabajar, el / la trabajador/-a
el empleo, el / la empleado/-a, el empleador
la labor, elaborar (ausarbeiten), laboral

el contrato (fijo / temporal), contratar (einstellen)
el despido, despedir (entlassen)

el salario (Gehalt), el / la asalariado/-a
la remuneración, remunerar (entlohnen), (no) remunerado/-a
ganar / cobrar un salario / un sueldo (Lohn)

la solicitud (Bewerbung), solicitar
la carta de presentación
el currículum vitae
la entrevista personal, entrevistar
las pruebas psicotécnicas
las prácticas
los conocimientos, aplicar conocimientos
el dominio, las nociones, la formación

la temporalidad, la ocupación temporal
la precariedad, precario/-a (unsicher)
el desempleo, el paro, estar parado/-a
la tasa de paro

Vivienda

el alquiler (Miete), el piso de alquiler, alquilar algo
la convivencia, convivir (zusammenleben)
la vivienda (Wohnung), el hogar, abandonar el hogar
la mudanza, mudarse
la emancipación, emanciparse (ausziehen), (semi-)emancipado/-a

Consumo

los bienes de consumo, consumir, consumista
los ingresos, el poder adquisitivo, adquirir
los gastos (de bolsillo), gastar dinero en algo
el ahorro, ahorrar
el entretenimiento, entretenerse, entretenido/-a

Amor

el estado civil
la pareja, el matrimonio, casarse, casado/-a
el single, soltero/-a
el divorcio, divorciarse, divorciado/-a

la familia, familiarizarse, familiar
el amor, enamorarse, enamorado/-a
el embarazo (no deseado), estar embarazada

la seducción (Verführung), seducir, seductor/-a
el consuelo (Trost), consolar
el desengaño, desengañar

4 Las comunidades autónomas

> “La Constitución se fundamenta en la indisoluble unidad de la Nación española, patria común e indivisible de todos los españoles, y reconoce y garantiza el derecho a la autonomía de las nacionalidades y regiones que la integran y la solidaridad entre todas ellas.”
>
> Constitución Española de 1978, Título preliminar, Artículo 2

1 **la Constitución** Verfassung
fundamentarse sich stützen
indisoluble ← *disolver*
2 **indivisible** ← *dividir*
4 **integrar** bilden
5 **preliminar** einleitend

1. Explica con tus propias palabras el sentido de las expresiones “indivisible”, “derecho a la autonomía” y “la solidaridad entre todas ellas”, presentes en el artículo.
2. Trata ahora de imaginar cómo están organizadas políticamente las distintas regiones de España.
3. Cada una de esas regiones es una Comunidad Autónoma. Mira este mapa político e indica el número de Comunidades y Ciudades Autónomas que hay en España.
4. Haced en clase una lluvia de ideas sobre lo que ya conocéis de esas regiones.

1. La Comunidad Valenciana: algo más que luz y mar

1. Describe las fotos que forman el collage de la Comunidad Valenciana.
2. ¿Qué temas crees que vas a encontrar en las páginas siguientes?

1.1 Radiografía de una comunidad

Mira detalladamente el mapa de la Comunidad Valenciana. Después lee el siguiente texto:

A vista de pájaro ...

La Comunidad Valenciana, estrecha y alargada, está situada en el este de la Península Ibérica, en el litoral del Mar Mediterráneo. Con 23.255 km^2, es la octava región de España por superficie y representa el 4,60% de la extensión nacional. Está constituida, de norte a sur, por las provincias Castellón, Valencia y Alicante, cuyas capitales de provincia son, respectivamente, Castellón de la Plana, Valencia y Alicante.
Las montañas ocupan la mayor parte de su superficie, dejando solamente una estrecha franja litoral para las llanuras que, además, sólo se ensanchan en el extremo norte y en el extremo sur. En el resto de la costa, las montañas se encuentran a corta distancia de la línea litoral. La región valenciana es la zona de contacto y final de dos grandes sistemas montañosos peninsulares: el Sistema Ibérico por el norte y el Sistema Bético por el sur.
Entre los ríos nacidos fuera del territorio valenciano cabría destacar dos como los más importantes: al sur, el Segura, de 325 km, que nace en la cordillera Bética, y en la provincia de Valencia el Júcar, de 498 km,

2 el litoral Küste
4 constituir *aquí: formar*
5 respectivamente jeweils
8 la franja Streifen
la llanura Flachland
ensancharse ← *ancho/-a*
13 cabe + inf. man kann
destacar hevorheben

nacido en el Sistema Ibérico. Estos ríos tienen un caudal permanente, si bien suelen experimentar crecidas otoñales, que causan inundaciones en las llanuras. Están sometidos a un intensísimo aprovechamiento hídrico por medio de presas que derivan sus aguas para el consumo humano, industrial, turístico y sobre todo agrícola. La demanda de agua es superior a la oferta, y este desequilibrio, especialmente grave en las comarcas valencianas del sur, se resuelve de momento con restricciones y con la explotación de acuíferos subterráneos. Por su parte, los ríos autóctonos se caracterizan por ser cortos, de cauce irregular y escaso.

Comunidad Valenciana. En: *es.wikipedia.org* (ligeramente adaptado)

16 el caudal Wassermenge
17 la crecida Hochwasser
la inundación Überschwemmung
18 hídrico/-a Wasser-
19 la presa Staudamm
derivar ableiten
20 agrícola landwirtschaftlich
21 la comarca *la región*
22 la restricción hier: Rationierung
23 el acuífero Grundwasservorkommen
subterráneo/-a unterirdisch
autóctono/-a *aquí: nacidos en el territorio valenciano*
24 el cauce Flussbett
escaso/-a spärlich, knapp

Mapa físico de la Comunidad Valenciana

¿? 1. Escribe un título para cada uno de los párrafos y resume en una o dos frases la información más importante contenida en cada uno de ellos.

2. Indica cuál es, según el texto, uno de los principales problemas a los que se enfrenta en la actualidad la Comunidad Valenciana y qué se hace para combatirlo.

@ 3. Ya en los años sesenta se intentó afrontar el problema de la sequía en la Comunidad Valenciana por medio de un trasvase de las aguas del río Tajo, en el interior de la Península Ibérica, al río Segura. Busca información sobre el trasvase Tajo-Segura y presenta tus resultados a la clase.

… y más de cerca

1. En el texto anterior has aprendido que la Comunidad Valenciana está situada en la costa mediterránea, aunque las montañas están muy cerca de la costa. Teniendo en cuenta este dato, trata de imaginar qué tipo de clima predomina en la región y cuál podría ser el sector económico más importante de esta comunidad.

2. A continuación vas a escuchar más información relacionada con el clima y la población de la Comunidad Valenciana, así como algunos datos económicos y lingüísticos.

¿? 1. Escucha el texto e indica si las siguientes afirmaciones son correctas o falsas. En caso de ser erróneas, corrígelas en tu cuaderno:

   a. Todo el territorio de la Comunidad Valenciana presenta un clima mediterráneo típico.
   b. La mayor parte del territorio regional se encuentra a menos de 100 km de la costa.
   c. Con poco más de cinco millones, la Comunidad Valenciana es la tercera región del país por número de habitantes.
   d. Desde hace algunos años, la población se viene concentrando en las grandes capitales y en las ciudades de la costa.
   e. La Comunidad Valenciana y las Islas Baleares son las regiones con mayor porcentaje de inmigrantes.
   f. En el sector servicios destacan los muebles y el calzado.
   g. En la Comunidad Valenciana coexisten dos lenguas oficiales: el castellano y el catalán (valenciano).

2. Compara la información que has escuchado con tu predicción en el ejercicio anterior.

@ 3. Investiga en Internet cómo conviven el castellano y el valenciano en todos los ámbitos de la vida valenciana.

4. Utilizando la información aprendida como modelo, escribe una "radiografía" de tu comunidad o región.

La autonomía de la Comunidad Valenciana

Imagínate que un amigo hispanohablante te visita y te pregunta por las instituciones políticas en tu región. Explícale cómo están organizadas, quién gobierna, cuál es la capital de la región, etc. Si es necesario, busca información en la Red.

El Estatuto de Autonomía de la Comunidad Valenciana fue aprobado el 1 de julio de 1982 […]. Las instituciones básicas de la comunidad son:

Las Cortes Valencianas, con sede en Valencia, que ejercen el poder legislativo, deciden los presupuestos, nombran al presidente de la Generalitat, establecen los impuestos y controlan el Consell. Están formadas por diputados elegidos por sufragio universal cada cuatro años.

El Consell tiene el poder ejecutivo. Está integrado por el Presidente y por un grupo de consellers, que se ocupan de las distintas *consellerias*: Transportes, Educación, Salud, etc.

2 aprobar verabschieden
4 la sede Sitz
ejercer ausüben
5 el presupuesto Finanzplanung
6 el impuesto Steuer
8 el sufragio Wahlrecht

El Tribunal Superior de Justicia, con sede en Valencia, ejerce el poder judicial dentro de la región.
La capital de la comunidad es la ciudad de Valencia. En cuanto a los símbolos que representan y distinguen a la comunidad destacan la *senyera* (la bandera) y el *emblema* (el escudo).

Sebastiá Garrido: *Geografía y Ciencias Sociales* 3/2002 (abreviado)

15 destacar hervorstehen

¿? 1. Explica lo que es un Estatuto de Autonomía.
2. Describe qué son las Cortes y cuáles son sus competencias.
3. Representa las instituciones políticas valencianas en forma de mapa conceptual.
4. Mira el vocabulario de la página 126 y explica las diferencias principales entre un Estado centralizado y uno descentralizado. Da ejemplos.

1.2 Historia

"... han vertido en ti cien pueblos ..."

En los primeros siglos del último milenio anterior a nuestra era llegaron a la región, además de algunos pueblos indoeuropeos, los fenicios y los griegos, que se asentaron en las costas del Este y del Sur. La cultura ibérica, cuya manifestación más significativa es la famosa Dama de Elche, aparece a partir del siglo VII a. C.
Tras la victoria romana frente a los cartagineses en la Segunda Guerra Púnica (202 a. C.), todo el litoral valenciano acabó sometido a la autoridad de Roma. Esta época fue muy próspera en todos los aspectos: se construyeron nuevas ciudades, como Valentia, se realizaron diversas obras de ingeniería y la agricultura experimentó un gran desarrollo. En el siglo III d. C. este esplendor empezó a decaer, lo que dio lugar a la invasión de otros pueblos. Del paso de los visigodos por estas tierras no quedan demasiados vestigios. No obstante, los auténticos cambios surgen con la dominación árabe iniciada en 711 con la primera invasión en la Península Ibérica de los musulmanes procedentes del Norte de África, época en la que esta zona comenzó a experimentar otro momento de esplendor en todos los aspectos. Cuando en el siglo XI el antiguo Califato de Córdoba entra en decadencia y se desmiembra en los llamados reinos de taifas, se crea aquí la taifa de Valencia, que, junto con otras más pequeñas, como la de Denia, tuvieron momentos de gran esplendor cultural y económico.
A principios del siglo XIII Valencia fue conquistada por el rey Jaime de Aragón, quedando así consolidadas las bases del futuro reino de Valencia. En 1238, el rey Jaime otorgó a Valencia unos fueros que habrían de permanecer en vigencia durante cinco siglos. Se trataba de una legislación

0 verter hier: einfließen
1 la era *aquí: el tiempo*
3 asentarse sich niederlassen
7 someter a unterwerfen
8 próspero/-a blühend
10 la agricultura Landwirtschaft
11 el esplendor Blütezeit
decaer verfallen
dar lugar a *causar*
13 el vestigio Spur
no obstante *sin embargo*
surgir entstehen
18 la decadencia ← *decaer*
desmembrarse sich aufspalten
los reinos de taifas Teilreiche im islamischen Spanien
22 consolidar festigen
23 otorgar *dar*
el fuero Sonderrecht
24 en vigencia rechtsgültig
la legislación Gesetzgebung

que permitía a Valencia disponer de una estructura social y política independiente. El resultado de ello fue una cierta estabilidad política en toda la zona durante su reinado. En el siglo XVIII Felipe V abolió los fueros de Valencia, con lo que esta región perdió su autonomía y lengua, y pasó a adoptar los sistemas administrativos castellanos.

Durante la Guerra Civil, ya en el siglo XX, las tres provincias estuvieron al lado de la república, hasta el punto de que Valencia fue la última capital republicana durante varios meses. Con el triunfo del franquismo desapareció el movimiento valencianista que había comenzado a desarrollarse a partir del siglo XIX. En los años 60 se consolidó el proceso de industrialización de la región y comenzó el boom turístico. Tras la muerte de Franco, ya reinstaurada la monarquía y en el marco de una democracia constitucional parlamentaria, entra en vigor el Estatuto de Autonomía de la Comunidad Valenciana en julio de 1982.

Guía Azul: *Comunidad Valenciana*. Ediciones Gaesa, pp. 7-12 (ligeramente adaptado)

25 disponer de *tener*
27 el reinado ← *reinar*
abolir abschaffen
36 reinstaurar wieder einführen
el marco Rahmen
37 entrar en vigor in Kraft treten

La Dama de Elche (siglo V a.d.C.), hallada en Elche (Alicante) en 1897

1. Resume la información del texto en forma de línea cronológica.
2. Enumera los distintos pueblos que llegaron en algún momento de la historia a la Comunidad Valenciana.
3. Indica en qué época tuvo Valencia sus propias leyes y cuándo dejó de tenerlas.
4. En el texto se habla de un "movimiento valencianista". Indica qué elementos de la historia presentes en el fragmento explican el surgimiento de ese movimiento y qué objetivos pudo tener.
5. Explica el título de este texto.
6. Imagina el efecto que la presencia de tantos pueblos puede haber tenido en la historia – y en la actualidad – de la Comunidad Valenciana.
7. Busca información en la Red sobre la invasión árabe de la Península Ibérica y sobre la llamada "Reconquista". Presenta tus resultados a la clase.
8. La larga estancia de los árabes en tierras valencianas ha hecho que los habitantes de esta comunidad hayan heredado beneficiosas actividades, como, por ejemplo, el cultivo de los cítricos y el arroz, introducidos por los musulmanes. Investiga en la Red sobre el modo en que la huella árabe está todavía presente en muchos ámbitos de la vida valenciana, desde la economía (el regadío, el reparto del agua, azulejos, etc.) a la gastronomía, pasando por las costumbres (fiestas, tradiciones), fisonomía, toponimia, etc. Presenta tus resultados a la clase.

La mítica resistencia de Sagunto (*Sagunt*): una historia que traspasó los siglos

Busca en un diccionario o en una enciclopedia el significado y el origen de la expresión "defensa numantina".

La Arse ibérica –llamada por los romanos Saguntum– era aliada de Roma cuando, en el año 219 a. C., fue sitiada por los cartagineses a las órdenes de Aníbal (247-182 a. C.), uno de los más geniales estrategas de

0 mítico/-a mythisch, legendär
la resistencia Widerstand
traspasar hier: übertragen werden
1 aliado/-a verbündet
2 sitiar belagern

la antigüedad que, a la edad de 23 años, ya dirigía el ejército en Hispania. Su ataque a *Sagunt* fue el desencadenante de la Segunda Guerra Púnica (218-182 a.C.) en la que Cartago resultó derrotada. La resistencia de la ciudad ibérica de Arse se convirtió en símbolo de lealtad a Roma y ejemplo de supremo sacrificio. Sitiada por Aníbal, sin recibir alimentos ni refuerzos, sufrió un feroz acoso que duró ocho meses. En el límite de sus fuerzas y considerando imposible contener por más tiempo a los cartagineses, los saguntinos decidieron inmolarse antes que caer en sus manos. Mientras los defensores que aún podían sostener un arma acudieron a proteger la muralla durante el último ataque, los ancianos y niños, las mujeres y enfermos fueron sacrificados y sus cadáveres arrojados a una inmensa pira funeraria, de modo que cuando sus agresores entraron en la ciudad sólo hallaron restos de cadáveres y humo.

Teatro Romano de Sagunto

Isabel Barceló Chico, Alejandro Lillo Barceló: *Valencia y su provincia.* pp. 106-107

6 el desencadenante Auslöser
8 derrotar vernichten
10 la lealtad Loyalität
supremo/-a *máximo/-a*
11 el sacrificio Opfer(bereitschaft)
12 el refuerzo Verstärkung
feroz grausam
14 contener hier: zurückhalten
15 inmolarse *suicidarse*
16 acudir herbeieilen
17 la muralla Stadtmauer
el ataque Angriff
18 el cadáver Leiche
arrojar werfen
19 la pira funeraria Scheiterhaufen
el agresor Angreifer

¿? 1. Cuenta a qué pueblo pertenecían los habitantes de Sagunto y a cuál los sitiadores.

2. Resume lo que el pueblo de Sagunto hizo desde que comenzó el asedio hasta que los agresores entraron en la ciudad.

@ 3. Busca información sobre los dos asedios más famosos de la historia de España, el de Numancia y el de Sagunto, y compáralos en cuanto a protagonistas, cronología, desarrollo, etc.

4. Describe la actitud de los pueblos saguntino y numantino, y lo que estos hechos nos indican sobre ellos.

5. Imagina posibles situaciones en las que hoy en día podemos usar, de forma figurada, la expresión "defensa numantina".

6. Las hazañas de Numancia y Sagunto forman parte del subconsciente colectivo del pueblo español. Explica si hay hechos de ese tipo en tu país o comunidad –o en otros países– y cuéntaselos a la clase.

El Cid Campeador

El siguiente texto es una canción del grupo español "Tierra Santa" llamada "Legendario". Mira la imagen en la carátula del disco y trata de imaginar, a partir de los nombres y la imagen, cuál podría ser el tema de la canción.

Legendario

Sangre y sudor
Cabalga por Castilla su libertador
Para expulsar infieles y pedir a Dios
Que acabe de una vez con su estandarte

Le llaman El Cid
Y lucha por reconquistar
Para su rey
La tierra que hoy está en manos
del invasor
Que lleva media luna en su estandarte

Legendario
Tu destino
Te marcó para poder luchar
Legendario
Tu camino
Te marcó para poder luchar

Legendario
Tu destino
Te marcó para poder luchar
Legendario
Tu camino
Te marcó para poder luchar

Fuerte y valiente
Así fue El Cid
Y sus batallas
Hoy se cuentan por mil
Después de muerto
Una guerra ganó
Con una flecha
Clavada en el corazón
¡Oooh!

Tierra Santa: *Legendario*.
Locomotive Records, 1995

1 **el sudor** Schweiß
2 **cabalgar** reiten
el libertador ← *la libertad*
3 **expulsar** *echar*
el infiel Ungläubiger
4 **el estandarte** Fahne
6 **re-** zurück
9 **el invasor** Eindringling
12 **el destino** Schicksal
13 **marcar** kennzeichnen
23 **valiente** tapfer
25 **la batalla** Schlacht
26 **por mil** zu Tausenden
29 **la flecha** Pfeil
30 **clavar** hineinstechen

¿? 1. Indica quién es el protagonista de la canción y caracterízalo.
2. Describe la misión de este héroe.
3. Explica quién es el enemigo del Cid.
4. Trata de interpretar los versos "Después de muerto / una guerra ganó". ¿Cómo puede ser esto posible? Escribe una historia.

El hombre

El apelativo 'Cid Campeador' deriva de Sidi, del árabe 'Señor' y Campeador, del latín 'Campi doctor', experto o vencedor en el campo de batalla, lo que nos da una muestra [...] de su carácter. [Se cree] que nació en Vivar en una fecha comprendida entre el 1043 y el 1054. [Siendo muy joven] conoció de primera mano el modo de vida de las ciudades musulmanas y el juego de alianzas fronterizas imperante en la península durante el primer tercio del siglo XI.

El Cid de Anna Huntington

1 **el apelativo** Beiname
3 **el vencedor** Sieger
4 **el campo de batalla** Schlachtfeld
la muestra ← *mostrar*
9 **la alianza** Bündnis
10 **fronterizo/-a** Grenz-
imperante herrschend

Después de [diez] años de fiel vasallaje a Alfonso VI, el Cid se decide a liderar una campaña militar en torno a las tierras de Gormaz, que habían sido atacadas por sorpresa por musulmanes procedentes de la taifa de Toledo. Alfonso VI, descontento con su actuación, que ponía en serio riesgo sus negociaciones amistosas con el príncipe toledano al-Qadir, decide condenarlo al destierro por deslealtad. El Campeador marcha entonces a tierras catalanas para ofrecer sus servicios a los condes Ramón Berenguer II y Berenguer Ramón II, pero no es bien acogido. Rechazado, acude a Zaragoza, donde al-Muqtadir acepta gustoso sus servicios. Entre 1081 y 1087, Rodrigo Díaz de Vivar combate en nombre de los musulmanes contra el rey de las taifas de Lérida, Tortosa y Denia; contra Sancho Ramírez de Aragón y contra el conde Berenguer Ramón II de Barcelona, a los que derrota y humilla.
Crecido por el poder, Rodrigo Díaz de Vivar [...] decide en 1092 [tomar] Valencia, a la que asedia sin contemplaciones [...]. En 1094 obtiene la capitulación definitiva de la urbe, en la que entra victorioso. El triunfo sobre los almorávides en la batalla de Cuarte, una de las más importantes de su trayectoria, permite al Campeador la imposición de parias de forma generalizada desde Lérida y Tortosa hasta la capital levantina, formándose así un principado islámico bajo soberanía de un príncipe cristiano, en el que sigue vigente la legalidad coránica.
Tras liderar una última campaña victoriosa contra los almorávides, el Cid muere en 1099 en la ciudad de Valencia como consecuencia de unas fiebres, dejando a su viuda, Jimena, la custodia del reino valenciano y territorios adyacentes. Sin embargo, carente de apoyos externos, la resistencia sólo pudo prolongarse hasta 1102, fecha en la que los cristianos abandonan la ciudad después de incendiarla.

Biografía de Rodrigo Díaz de Vivar. En: *Arteguias.com*

12 fiel treu
el vasallaje Knechtschaft
13 liderar anführen
16 poner en serio riesgo *poner en peligro*
la negociación Verhandlung
amistoso/-a ← *la amistad*
17 condenar verurteilen
el destierro Landesverbannung
la deslealtad Untreue
19 el conde Graf
20 acoger aufnehmen
rechazar ablehnen
21 gustoso/-a *con gusto*
24 derrotar vernichten
humillar demütigen
25 tomar einnehmen
26 asediar belagern
sin contemplaciones rücksichtslos
27 la urbe *la ciudad*
29 la imposición de parias Besteuerung
30 levantino/-a an der Ostküste
32 vigente gültig
coránico/-a *del Corán*
35 la custodia Obhut
36 adyacente angrenzend
carente de *sin*
38 incendiar in Brand stecken

¿? 1. Explica el origen del apelativo 'El Cid Campeador' aplicado a Rodrigo Díaz de Vivar.
2. Explica con tus propias palabras el significado de la expresión "el juego de alianzas fronterizas imperante en la península durante el primer tercio del siglo XI". Ilustra este hecho con ejemplos extraídos del texto.
3. A la vista de la información del texto, describe cómo era la relación de Rodrigo Díaz de Vivar con el mundo musulmán.
4. Compara la imagen del Cid que nos ofrece este texto con la que obtenemos de él a partir de la letra de la canción.
5. ¿Cuál de las dos imágenes crees que se ajusta más a la realidad? Justifica tu respuesta.
6. Explica a qué puede ser debido el hecho de que una misma figura histórica haya podido ser tratada de modos tan diversos a lo largo de la historia.
@ 7. Mira en un diccionario de literatura la recepción del personaje de El Cid a través de la historia.

1.3 Fuego, música, luz y color …

> “Todo el Mediterráneo está unido al fuego festivo a través de numerosos episodios, ya sean legendarios o históricos, o con costumbres como la de encender hogueras en San Juan para celebrar el solsticio de verano. El fuego nos da miedo y, a la vez, nos atrae. Las grandes fiestas siempre acaban y empiezan con fuego, porque tiene un fuerte simbolismo y una gran belleza.”
>
> Joan Font, de la compañía teatral *Comediants*, 20.02.2009

4 el solsticio de verano Sommersonnenwende

Las Fallas de Valencia

La palabra ‘falla’ […] tiene su origen etimológico en la palabra latina ‘facula’, que significa tea o antorcha y, por extensión, hoguera. Ya en las crónicas del rey Jaime I se cuenta que se hacían ‘fallas’ en Valencia para conmemorar alguna fiesta o acontecimiento solemne, o como signo de alegría. Aparte, en muchos pueblos valencianos existe una costumbre festiva muy antigua de encender ‘fogueres’ o ‘fogatas’, que son grandes piras, como culto a San Antonio o San Juan en los solsticios de invierno y verano (enero y junio). […] Además, existían los fuegos cuaresmales, pascuales y de vísperas de Todos los Santos.

Especial importancia adquirieron las hogueras que los carpinteros valencianos realizaban al acabar el invierno, al hacer limpieza de trozos de madera inservibles y residuos inútiles de sus talleres, escogiendo para tal evento la víspera de su patrón San José, que el gremio celebraba desde 1497. […] Cuenta la tradición que de aquí parte el origen exacto y directo de las fallas, en el siglo XVIII, que fue cuando a los aprendices y demás chiquillería del barrio se les ocurrió por diversión recoger por el barrio, además de los restos de madera del taller del carpintero, todos los trastos y muebles viejos del vecindario para quemarlos en las ‘fallas de Sant Josep’. A partir de ahí la fiesta evolucionó hasta convertirse en lo que es hoy.

Las Fallas reúnen burla y fuego, fastuosidad, música y pólvora, devoción y exceso. Su singularidad reside en la creación de las propias fallas, efímeros monumentos satíricos compuestos

Cremá de una falla

- 1 etimológico/-a etymologisch
- 2 la tea Kienspan
- la antorcha Fackel
- 4 conmemorar *celebrar*
- solemne feierlich
- 7 la pira Feuer
- 8 cuaresmal Fasten(zeit)-
- 9 pascual Oster-
- la víspera Vorabend
- Todos los Santos Allerheiligen
- 10 adquirir *recibir*
- el carpintero Tischler
- 11 realizar *hacer*
- 12 inservible, inútil unbrauchbar
- el residuo *el resto*
- el taller Werkstatt
- escoger *elegir*
- 13 el gremio Zunft, Gilde
- 15 el aprendiz Lehrling
- 16 la chiquillería *los niños*
- el barrio Viertel
- ocurrírsele algo a alguien jdm. etwas einfallen
- 18 el trasto Gerümpel
- 19 el vecindario ← *los vecinos*
- 23 la fastuosidad Pracht
- 24 la devoción Hingabe
- 25 residir *estar*
- 26 efímero/-a kurzlebig

por numerosas figuras que se plantan en plazas y/o encrucijadas. En ellos se muestra un retrato burlesco de la sociedad y de los acontecimientos más importantes del año, poniendo al descubierto con gracia los eternos defectos de la condición humana. La universalidad de esos rasgos y defectos hacen de las fallas un espejo en el que cada cual puede reconocerse y reconocer su entorno, razón por la que pueden ser comprendidas por cualquier visitante, aunque sea ajeno a la vida cotidiana local y nacional. Y todo este alboroto, las miles de horas que se han invertido durante todo un año para crear una falla, se resuelve prendiéndoles fuego la noche del 19 de marzo: hay que quemar todo lo viejo para dejar paso a lo nuevo que trae la primavera.

Así son las las fallas. Antología Histórica, p. 6 (texto adaptado); Isabel Barceló Chico, Alejandro Lillo Barceló: *Valencia y su provincia*, Destino Everest, pp. 34-36

28 plantar errichten
la encrucijada Kreuzung
29 burlesco/-a ← *la burla*
30 poner al descubierto enthüllen
eterno/-a ewig
33 el entorno Umfeld
34 ajeno/-a fremd
la vida cotidiana Alltag
35 el alboroto hier: Aufregung
36 resolver auflösen
prender fuego a algo in Brand setzen

Falla valenciana

1. Explica el origen etimológico de la palabra 'falla'.
2. Indica la importancia del gremio de carpinteros en el origen de la fiesta actual.
3. Describe con tus propias palabras las características más importantes de una falla.
4. Indica qué es lo más peculiar, casi paradójico, de la fiesta.
5. Vuelve a consultar la cita de Joan Font al principio de este subtema, y explica el simbolismo del fuego en la noche del 19 de marzo.
6. Los artistas falleros trabajan duramente para tener sus fallas preparadas en marzo. Y en sólo unas horas, el trabajo de todo un año es consumido por las llamas. Expresa en una redacción tu opinión sobre el sentido de esta fiesta.

Fallera después del desfile

No todo es alegría ...

¿Hay alguna fiesta importante en tu ciudad que se celebra todos los años? Indica cuándo se celebra, cuál es el motivo y habla de la importancia que esta fiesta tiene para la comunidad: ¿Te identificas con ella? ¿Te alegras cuando por fin llega, después de un año? ¿Te sientes triste cuando termina?

1. Primera audición. Enumera los temas de los que se habla en este reportaje sobre las fallas.
2. Segunda audición. Escucha el texto una o dos veces más y contesta a las siguientes preguntas:
   1. ¿Cómo describen los falleros sus sentimientos ante las Fallas?
   2. ¿Cuánto cuestan los trajes de fallera?
   3. ¿Por qué algunos son más caros que otros?
   4. El reportaje informa de un efecto negativo de las Fallas: ¿cuál es?
3. Imagina que eres un turista que ha visto las Fallas por primera vez. Escríbele un correo electrónico a un amigo contándole tu opinión sobre el modo en que los valencianos viven las Fallas.
4. En la Comunidad Valenciana se celebran muchas otras fiestas populares. En grupos, recoged información sobre fiestas tan peculiares como "Moros y Cristianos" en diversas ciudades valencianas, la "Tomatina" de Buñol, "Bous a la mar" ("Toros al agua") en Denia, o el Misteri de Elche, y realizad una presentación en clase.

¿La fiesta del fuego en peligro?

Lee el siguiente titular de periódico y coméntalo:

(El País, 05.08.2001)

58 españoles muertos desde 1990 en accidentes pirotécnicos

La mayoría de las explosiones con víctimas mortales se produce en la Comunidad Valenciana

Una directiva europea sobre pirotecnia amenaza las Fallas y otras celebraciones. Entre las medidas a que obliga, dos han soliviantado los ánimos porque harían impracticables antiguas tradiciones. Por un lado, la directiva aumenta hasta los 12 años la edad mínima para utilizar los artificios de pirotecnia de menor potencia y, por otro, impone una distancia de 15 metros para los productos pirotécnicos de la categoría 3, aquellos que se usan en los 'correfocs' catalanes, los famosos pasacalles de diablos y demonios animados por el público con sus bengalas y bestias de fuego. Los afectados consideran que, en el fondo, se trata de un nuevo caso de incomprensión y desconocimiento por parte de los países del norte de Europa – donde la manipulación de estos productos se reserva a profesionales – de la sureña cultura mediterránea, tan ligada a la vida en la calle y que tantos éxitos ha cosechado. El colectivo médico, sin embargo, valora todo lo que incida en una mayor seguridad y aplaude las restricciones propuestas, harto de ver lesiones y pies, manos y dedos amputados. Los falleros lo ven de otro modo: "Lo que hay que legislar es la venta y no otros aspectos que pueden perjudicar las fiestas. En las comisiones falleras tenemos formación pirotécnica. El disparo indiscriminado de petardos es lo que molesta a los valencianos y a los falleros".

Israel Punzano: España invocará la tradición para salvar sus fiestas de fuego. En: *El País,* 20.02.2009 (adaptado)

Correfocs

1 la directiva Richtlinie
amenazar bedrohen
2 la medida Maßnahme
soliviantar los ánimos die Gemüter erregen
3 impracticable undurchführbar
4 los artificios de pirotecnia Feuerwerkskörper
7 el pasacalle Umzug
8 la bengala Wunderkerze
la bestia de fuego Drache
9 en el fondo im Grunde
10 la incomprensión ← *comprender*
el desconocimiento Unkenntnis
11 la manipulación Handhabe
12 sureño/-a *del sur*
ligado/-a verbunden
13 cosechar ernten
14 incidir *influir*
la restricción Einschränkung
15 harto/-a überdrüssig
la lesión Verletzung
16 la venta ← *vender*
18 perjudicar beeinträchtigen
19 la formación Ausbildung
20 el disparo Abschuss
21 indiscriminado/-a willkürlich

1. Cuenta qué dos medidas de la nueva directiva europea han molestado especialmente a los españoles.
2. Explica qué les parecen estas medidas a cada uno de los tres colectivos afectados: los partidarios de la tradición, los médicos y los falleros.
3. ¿Crees que los países del norte de Europa no comprenden la sureña cultura mediterránea? Justifica tu opinión.
4. Con la información del texto y con el conocimiento que habéis adquirido respecto al modo en que los valencianos celebran sus fiestas, realizad un juego de roles con los siguientes personajes: un político local valenciano que, ante las próximas fiestas, se ve obligado a imponer la nueva normativa europea; un miembro de la comisión que organiza las fiestas y un médico que trabaja en el hospital local. Discutid sobre la conveniencia o no de aplicar la nueva ley. Preparad argumentos e intentad convencer a los demás de que tenéis razón.

1.4 El turismo en la Comunidad Valenciana

Cifras y datos

Mira las siguientes fotos y trata de imaginar qué tipo de turismo se puede practicar en la Comunidad Valenciana.

Playa de San Juan de Alicante

Puerto deportivo de Alicante

El Miguelete de Valencia

Según los datos de turismo extranjero facilitados por el Instituo de Estudios Turísticos, el 9,5% del total de turistas llegados a España durante 2007 tenía como destino principal la Comunidad Valenciana, lo que la sitúa como uno de los destinos con mayor atracción, tras Canarias, Baleares, Cataluña y Andalucía. Por países, los principales mercados emisores por orden de importancia fueron el Reino Unido, Alemania y Francia.
En lo referente a destinos de los españoles en sus viajes dentro de España, la Comunidad Valenciana recibió más de 15 millones y medio de turistas, lo que representa un 10,7 % del total, si bien este número se ha reducido respecto a años anteriores.
Las principales motivaciones de los turistas para elegir la Comunidad Valenciana como lugar de destino son, por orden de importancia, la playa, el clima, la tranquilidad del lugar, la gastronomía, los atractivos culturales, históricos y monumentales y la riqueza del entorno natural. [...]
La política turística diseñada por la administración turística valenciana tiende a una diversificación de la oferta turística con la promoción y potenciación de nuevos productos, como el turismo rural, el de salud y el de congresos, todos ellos en gran auge. El turismo rural y el de salud [...] se concentran en las regiones montañosas del interior, y el de congresos en las grandes ciudades de la Comunidad, sobre todo Valencia y Alicante.
En los últimos años, el turismo de cruceros (que usan los puertos de la Comunidad como puertos de escala o de cabecera), el de golf o el náutico (en el año 2007 se celebró en Valencia la 32 America's Cup) han experimentado igualmente un gran desarrollo.

Agencia Valenciana de Turismo: *El turismo en la Comunidad Valenciana 2007*

3 el destino Ziel
5 el mercado emisor Herkunftsland
14 el entorno Umgebung
15 diseñar hier: planen
16 tender a zu etwas neigen
la diversificación Vielfalt
17 la potenciación Verstärkung
rural ländlich
18 el auge Aufschwung
21 el crucero Kreuzfahrt
22 la escala Aufenthalt
la cabecera *aquí: el inicio*

1. Indica qué lugar ocupa la Comunidad Valenciana en España como receptora de turistas y de dónde procede la mayoría de ellos.
2. Resume las principales razones que atraen a los turistas a tierras valencianas.
3. Imagina y explica las causas por las que el gobierno valenciano intenta diversificar la oferta turística.
4. A la vista de todo lo que habéis aprendido hasta ahora sobre la Comunidad Valenciana, realizad en grupos un folleto turístico con imágenes, texto y eslóganes. Presentad vuestros folletos al resto de la clase y votad para elegir el más logrado.
5. Con el vocabulario del texto, elabora un diccionario de términos relacionados con el turismo y complétalo con otras palabras.

A *segunda* vista: el triunfo del cemento

1. Tomando el título que acabas de leer como punto de partida, imagina cuál es el contenido del texto que vas a tratar a continuación.
2. Mira las dos fotografías de Calpe con el Peñón de Ifach y coméntalas.

A Lieve de Clippel le hacía mucha ilusión escaparse de viaje con su marido un par de días. Estaba haciendo las maletas cuando le llegó la carta del notario. El matrimonio es propietario de una maravillosa casa en la Costa Blanca, una masía del siglo XVIII con 30.000 metros cuadrados en lo alto de la colina Coma del Pou. [...] "Acabábamos de terminar la restauración [de la casa] cuando llegó la carta del notario. El mismo que 19 años antes había escriturado la compra de nuestra propiedad. En el escrito se nos informaba de que en nuestro terreno se iban a construir 104 casas. Y que, además, debíamos pagar los gastos de urbanización". Lieve de Clippel fue a ver al notario y exigió ver los planos de este proyecto de urbanización. El notario les cobró 800 euros por las fotocopias. Y Lieve se dio cuenta de que, en los planos, su casa había dejado de existir.
Es sólo un caso entre miles, el día a día en la Costa Blanca. "Lo que ocurre aquí es criminal", dice el canadiense Charles Svoboda. "El esquema siempre es el mismo: un constructor le presenta al alcalde un proyecto de urbanización. El alcalde decide con sus consejeros que el plan es de interés público y lo autoriza. Los propietarios de los terrenos por urbanizar no son informados [...]. Los terrenos son expropiados por ley y después se venden por un precio veinte veces superior al valor real.

1 hacerle ilusión sich auf etwas freuen
3 el matrimonio Ehepaar
el propietario Eigentümer
4 la masía Gehöft
5 la colina Hügel
7 escriturar beurkunden
la propiedad ← *el propietario*
8 el terreno Grundstück
9 los gastos de urbanización Erschließungskosten
14 el esquema Muster
16 el consejero ← *el consejo*
17 el interés público öffentliches Interesse
autorizar genehmigen
18 expropiar por ley enteignen

Peñón de Ifach en 1935 y en 2007

Los constructores, y algunos miembros de los ayuntamientos, se embolsan así muchísimo dinero. La ley valenciana no respeta el derecho sobre la propiedad adquirida legalmente. Al contrario: en nombre del interés público, en los terrenos expropiados se construyen calles sobredimensionadas, adosados y chalés de lujo".

Isidor Mollá, ex-alcalde de Benissa, espera que por fin se haga algo contra esta locura inmobiliaria. Como en Pego, un pueblo cercano, donde el alcalde probablemente tendrá que ir a prisión por haber permitido la urbanización de un parque natural. Mollá creció entre campos de almendros y viñedos. Entonces Benissa era todavía un lugar idílico con vistas al famoso Peñón de Ifach [...]. Hoy es una ciudad con más de 100 oficinas inmobiliarias y 500 empresas ligadas al negocio de la construcción.

Anuska Seifert, Merian: *Valencia und die Costa Blanca*, Jahreszeiten Verlag, pp. 78-80 (traducción propia)

20 el constructor Bauunternehmer
embolsarse verdienen
22 adquirir erwerben
24 el adosado Reihenhaus
26 la locura ← *loco/-a*
28 el almendro Mandelbaum
29 el viñedo Weinberg
31 ligado/-a a *relacionado/-a con*

1. Resume con tus propias palabras la sorpresa que recibió Lieve de Clippel.
2. Explica en qué consiste el mecanismo de 'expropiación'.
3. Cuenta por qué el alcalde de Pego puede acabar en prisión.
4. Explica qué se puede entender, según el texto, por "interés público".
5. Caracteriza la imagen de la justicia española que nos ofrece el artículo.
6. Eres Isidor Mollá. Escríbele una carta al consejero de turismo de la Comunidad Valenciana. Explica cómo era la vida en Calpe cuando tú eras niño y en qué se ha convertido la ciudad. Indica los riesgos para el medio ambiente y el deterioro en la calidad de vida que se derivan de ese urbanismo salvaje y pídele que haga algo para detener este desarrollo. No te olvides de incluir los rasgos formales que caracterizan una carta.
7. Trabajad en grupos de cuatro. Tenéis que decidir si en una playa próxima a una ciudad de la costa valenciana se va a construir un puerto deportivo. Los participantes son las siguientes personas: un empleado del ayuntamiento, un empleado de la compañía constructora encargada de construir el puerto, un miembro de la organización ecologista Greenpeace y un vecino de la zona costera próxima al lugar donde se ha proyectado el puerto. Cada uno debe pensar en los principales argumentos que va a utilizar en la reunión para defender su punto de vista. Después participad en la reunión e intentad convencer a los demás de que tenéis razón.

1.5 Valencia del tercer milenio

Los edificios contemporáneos que mayor proyección internacional le han dado a Valencia son los que integran La Ciudad de las Artes y las Ciencias *(Ciutat de les Arts i de les Ciències)*. Todos ellos comparten estética y aspiraciones: convertirse en un gran centro de difusión científica y cultural. Ubicada en el antiguo cauce del Turia, abarca una superficie de 350.000 m². Dos arquitectos de prestigio internacional han participado en este gran complejo: el valenciano Santiago Calatrava y Félix Candela. Los principales edificios son obra del primero.

1 la proyección hier: Einfluss
3 compartir teilen
4 la aspiración Ziel, Anspruch
la difusión Verbreitung
5 el cauce Flussbett
abarcar umfassen

La Ciudad de las Artes y las Ciencias

1. Cuenta qué tipos de museos conoces.
2. Explica qué debería ofrecer un museo, en tu opinión, para hacerlo atractivo para la gente joven.
3. Mira detalladamente las fotos de la Ciudad de las Artes y las Ciencias y describe tus impresiones.

Ciudad de las Artes y las Ciencias: el Hemisférico, *l'Umbracle* y el Museo de las Ciencias Príncipe Felipe

¿? 1. Primera audición. Lee primero las preguntas que anticipan el contenido del texto. Después escúchalo y responde brevemente:
   a. Indica qué colores predominan en esta arquitectura.
   b. Enumera las partes en las que se divide la Ciudad de las Artes y las Ciencias.
   c. Di qué es el Hemisférico y explica qué es el Parque Oceanográfico Universal.
   d. Indica con cuántos visitantes se cuenta anualmente.
2. Segunda audición. Escucha de nuevo el texto y trata ahora de contestar las siguientes preguntas.
   a. Resume lo que se quería conseguir al planificar la Ciudad de las Artes y las Ciencias.
   b. Explica qué tipo de proyecciones se realizan en el Hemisférico.
   c. Cita algunos de los centros que se encuentran en el Palacio de las Artes.
   d. Explica para qué grupos profesionales es especialmente interesante este centro cultural.
3. Describe la foto del Hemisférico y relaciona la forma con la función.
4. Imagina que estás en Valencia y puedes visitar este centro. ¿En cuál de estos edificios pasarías más tiempo? Justifica tu respuesta.

1.6 "¿Y qué le voy a hacer si yo nací en el Mediterráneo?"

1. Busca en un diccionario el significado de la expresión "¿Qué le voy a hacer (si) ...?".
2. Interpreta el título de este subtema.
3. Quizás ya hayas estado de vacaciones en algún país mediterráneo. Describe brevemente la imagen que tienes del modo de vida de esas regiones.

Mediterráneo

Quizá porque mi niñez sigue jugando en tu playa
Y escondido tras las cañas duerme mi primer amor
Llevo tu luz y tu olor por donde quiera que vaya
Y amontonado en tu arena guardo amor, juegos y penas

1 la niñez ← *el niño*
2 la caña Schilf
3 el olor Duft
4 amontonado/-a aufgehäuft
la pena Kummer

Yo, que en la piel tengo el sabor amargo del llanto eterno
Que han vertido en ti cien pueblos, de Algeciras a Estambul
Para que pintes de azul sus largas noches de invierno
A fuerza de desventuras tu alma es profunda y oscura

A tus atardeceres rojos se acostumbraron mis ojos
Como el recodo al camino
Soy cantor, soy embustero
Me gusta el juego y el vino, tengo alma de marinero

¿Qué le voy a hacer si yo nací en el Mediterráneo?
Nací en el Mediterráneo

Y te acercas, y te vas después de besar mi aldea
Jugando con la marea te vas, pensando en volver
Eres como una mujer perfumadita de brea
Que se añora y que se quiere, que se conoce y se teme

Ay ... si un día para mi mal viene a buscarme la parca
Empujad al mar mi barca con un levante otoñal
Y dejad que el temporal desguace sus alas blancas
Y a mí enterradme sin duelo entre la playa y el cielo

En la ladera de un monte, más alto que el horizonte
Quiero tener buena vista
Mi cuerpo será camino
Le daré verde a los pinos y amarillo a la genista

Cerca del mar, porque yo nací en el Mediterráneo
Nací en el Mediterráneo
Nací en el Mediterráneo

Joan Manuel Serrat: *Mediterráneo.* Sony BMG, 1971

5 **el sabor amargo del llanto eterno** der bittere Geschmack ewigen Weinens
6 **verter** hier: vergießen
Algeciras Stadt in Südspanien
7 **pintar** malen
8 **a fuerza de** mittels
la desventura Unglück
el alma Seele
9 **el atardecer** Abenddämmerung
acostumbrarse a sich gewöhnen
10 **el recodo** Biegung
11 **el embustero** Lügner
15 **la aldea** *el pueblo*
16 **la marea** Ebbe und Flut
17 **perfumadito/-a** parfümiert
la brea Teer
18 **añorar** ersehnen
temer fürchten
19 **para mi mal** zu meinem Unglück
la parca *la muerte*
20 **el levante** Ostwind
otoñal ← *el otoño*
21 **el temporal** Unwetter
desguazar abwracken
el ala hier: Segel
22 **enterrar** beerdigen
el duelo Trauer
23 **la ladera** Abhang
el monte *la montaña*
26 **la genista** Ginster

Playa de Alicante

1. El mar está presente en distintas fases de la vida del autor. Indica qué partes del texto nos lo demuestran.
2. Explica qué deseo tiene el autor respecto a su futuro.
3. Con la información del texto, trata de caracterizar al 'yo' de la canción.
4. Indica quién es el 'tú' al que se dirige el 'yo lírico' en algunos versos de la canción.
5. El texto ofrece ejemplos de 'personalización' del mar. Búscalos.
6. A partir de la información obtenida en las dos preguntas anteriores, escribe un texto caracterizando el mar Mediterráneo.
7. ¿Coincide la imagen del hombre mediterráneo que tú tienes con la que se ofrece en la canción? Justifica tu respuesta.
8. ¿Hay algún aspecto de tu tierra con el que te identifiques profundamente, igual que el 'yo' de la canción se identifica con el Mediterráneo? Escribe un texto en el que describas esa relación.

El Mediterráneo como forma de vida

Una famosa guía de viajes inglesa dedica 60 páginas a la capital de España, Madrid; otras 60 a su gran rival, Barcelona – y ¿cuántas dedica a Valencia, la tercera ciudad más importante de España? Exactamente doce. Y eso que Valencia es una ciudad absolutamente agradable para vivir, disfruta de más de 300 días de sol al año, y dispone de una extraordinaria oferta gastronómica y cultural. Y sin embargo, sólo doce páginas. Afortunadamente, los valencianos están tan acostumbrados a esta desproporción que ya forma parte de su identidad. El 9 de octubre, día de la Comunidad Valenciana, aparecen en los periódicos locales numerosos juicios de valor sobre ellos mismos, que siempre explican el fenómeno – la desproporción – con una mezcla de valentía, orgullo herido y resignación.

El escritor Manuel Vicent, nacido en 1936, vive desde hace muchos años en Madrid, pero viaja con frecuencia a su tierra natal, Valencia, con el fin de disfrutar del suave clima, del paisaje y del especial sentido de la vida de sus gentes que, para el escritor, no se transmite a través de los edificios, sino de la propia esencia de la ciudad. [...] Hace muchos años los campesinos ricos iban de compras a la ciudad, y terminaron imponiéndoles a sus habitantes su gusto más bien tosco. El resultado, dice el escritor, es una sociedad realmente igualitaria: "En Valencia, las personas se miran de igual a igual, y no de señor a subordinado, como en Andalucía, por ejemplo".

El valenciano auténtico es, según Vicent, natural, espontáneo, directo. Se dice que en Valencia no se debe buscar nada, ya que se corre el peligro de encontrarlo. Consecuencia para los turistas: olvídense del plano de la ciudad y la guía de viajes, y déjense llevar por la improvisación. Los valencianos viven el presente, el ahora; la duda o el arrepentimiento se dejan para otra ocasión. 'Pensat y fet' dice un dicho valenciano; pero también el lema 'Vive y deja vivir' [...] es igualmente representativo. Esta actitud ante la vida surge a cada paso. Por ejemplo, cuando los conductores aparcan

5 **disponer de** *tener*
la oferta ← *ofrecer*
7 **acostumbrado/-a** gewöhnt
la desproporción Missverhältnis
9 **el juicio de valor** Werturteil
11 **la valentía** Mut
el orgullo herido verletzter Stolz
13 **natal** *de nacimiento*
17 **imponer algo a alguien** jdm. etw. aufzwingen
18 **tosco/-a** grob
19 **igualitario/-a** gleich (berechtigt)
20 **subordinado/-a** untergeordnet
23 **correr el peligro de** Gefahr laufen
25 **dejarse llevar** sich mitreißen lassen
26 **el arrepentimiento** Reue
27 **'pensat y fet'** *'pensado y hecho'*
28 **el lema** Motto
la actitud Einstellung
29 **surgir** aufkommen
a cada paso ständig

sus coches tan desconsideradamente que le bloquean a otro coche la salida; pero, al mismo tiempo, no dejan ninguna marcha puesta, así como tampoco el freno de mano, de manera que en caso de necesidad el vehículo pueda ser empujado hacia delante o hacia detrás. El hecho de que, como consecuencia de ello, el coche presente cierto deterioro al cabo de un tiempo sólo nos molestaría a nosotros, los alemanes.

Paul Ingendaay, Merian: *Valencia und die Costa Blanca*. Jahreszeiten Verlag, p. 28 (traducción propia)

Ayuntamiento de Valencia

30 **desconsideradamente** rücksichtslos
33 **la marcha** hier: Gang
34 **el freno de mano** Handbremse
en caso de necesidad falls notwendig
35 **empujar** schieben
38 **el deterioro** Abnutzung
39 **al cabo de** innerhalb
molestar stören

1. Enumera las razones por las que al autor le parece tan extraño que a Valencia se le dediquen tan pocas páginas en la guía.
2. Resume con tus propias palabras el modo en que los valencianos afrontan este hecho.
3. Explica la principal diferencia que hay, según Manuel Vicent, entre Andalucía y Valencia.
4. Describe, según el texto, el modo de ser de los valencianos.
5. Razona el sentido de la frase "... en Valencia no se debe buscar nada, ya que se corre el peligro de encontrarlo".
6. Interpreta con tus propias palabras el significado de los dos lemas citados en el fragmento: "Pensat y fet" y "Vive y deja vivir".
7. Imagina situaciones en las que se podrían aplicar los lemas mencionados en el ejercicio anterior.
8. Estás de vacaciones en Valencia con un amigo alemán que no habla español. Habéis alquilado un coche para visitar la zona. Al salir de vuestro hotel, os dais cuenta de que al lado de vuestro coche hay otro aparcado en doble fila (*in zweiter Reihe*) que os bloquea la salida. Tu amigo alemán se enfada muchísimo, quiere llamar a la policía y comienza a tocar el claxon. Un grupo de gente se acerca y entre todos solucionáis el problema. Trabajad en grupos de cuatro: uno de vosotros hace de mediador (alemán-español), otro es el alemán que no sabe español, y los otros dos son transeúntes.

El Mediterráneo como mar interior

En el libro de viajes *Del Café Gijón a Ítaca*, Manuel Vicent hace un recorrido por diversas estaciones mediterráneas, desde tierras levantinas hasta Grecia. Una de estas estaciones es la pequeña isla Tabarca, situada frente a la costa de Alicante. Tras un día de estancia en la isla, Vicent describe el regreso en barca hasta Denia, y el aspecto que la línea de la costa ofrece vista desde el mar:

[...] Dejamos Tabarca a media tarde rumbo al puerto de Denia [...]. La isla adquirió todo su perfil de humo, y lentamente sólo quedaron sobre las aguas en el horizonte las murallas [...] y luego el torreón y al final quedó la iglesia dorada por el sol hundiéndose en la mar; en el este de la isla durante todo el crepúsculo se conservó un guiño refulgente que era

6 **rumbo a** mit Kurs auf
8 **el torreón** Festungsturm
9 **hundirse** versinken
10 **el crepúsculo** Abenddämmerung
el guiño Zwinkern
refulgente leuchtend

el cementerio. Adiós, Tabarca. Prometí que volvería un día de primavera, cuando sus chumberas ya estuvieran coronadas. Navegamos de noche. A babor se veían las luces del bombardeo de la costa, la playa de San Juan, Campello, Villajoyosa, Benidorm. La destrucción de aquellos paraísos del Mediterráneo ahora se cubría de oscuridad. Amaneció en el Albir, y a la altura de las peñas del Arabí, entrando en la bahía de Altea, nos bañamos en alta mar, acuarteladas las velas, después de haber perdido de vista la cascada de aguas residuales de las urbanizaciones que se vertía en el agua desde el acantilado. Había que hacer un ejercicio de pensamiento tenaz e imaginar que el Mediterráneo sólo es un mar interior que todos llevamos en la memoria. Dentro de cada uno se preserva. Y así continuamos la navegación hasta fondear al sotavento en el peñón de Ifach, cuyas grutas muy altas servían de trompa a los gritos de las gaviotas. El cabo de Moraira, la Nao, Jávea, el cabo de San Antonio [...]. Habiendo recalado en cada uno de estos paraísos derruidos, arribamos a puerto ya anochecido, con un rescoldo de sol sobre los montes de Segaria y la luz de la isla de Tabarca en el fondo de la niñez.

Manuel Vicent: *La luz de Tabarca. Del Café Gijón a Ítaca.* Madrid: El País Aguilar, 1994, pp. 79-80

Chumberas coronadas

12 **la chumbera** Feigenkaktus
coronado/-a (mit Blumen) gekrönt
navegar mit dem Schiff fahren
a babor Backbord
13 **el bombardeo** Bombardement
15 **cubrirse** sich bedecken
amanecer <-> *anochecer*
16 **a la altura de** auf der Höhe von
la peña Felsen
la bahía Bucht
17 **en alta mar** auf hoher See
acuartelar vierteln
la vela Segel
18 **la cascada** Wasserfall
el agua residual Abwasser
la urbanización Wohnsiedlung
19 **el acantilado** Kliff
20 **tenaz** hartnäckig
21 **preservar** bewahren
22 **fondear** ankern
el sotavento Leeseite
23 **la gruta** Grotte
la trompa hier: Verstärker
la gaviota Möwe
el cabo Kap
24 **recalar** anlaufen
25 **derruir** *destruir*
arribar einlaufen
26 **el rescoldo** Glut

1. Cuenta qué ocurre desde que el autor y sus compañeros salen de Tabarca hasta que llegan a Denia, su destino.
2. Indica cuánto tiempo tarda la barca en realizar el recorrido.
3. El fragmento presenta tres campos semánticos dominantes. Identifica esos campos y busca palabras en el texto que pertenezcan a cada uno de ellos. A continuación trata de imaginar qué función tienen esos campos semánticos en el texto.
4. Al comienzo del texto da la impresión de que la isla 'se despide' del yo lírico. Indica de qué manera usa el autor el lenguaje para que tengamos la sensación de que la isla 'cobra vida'.
5. Indica qué recursos estilísticos usa el autor para transmitir la impresión de destrucción ecológica de esa parte de la costa.
6. Describe el estado de ánimo del autor mientras contempla la línea de la costa e indica las razones que explican ese estado de ánimo.
7. Interpreta la frase: "Había que hacer un ejercicio de pensamiento tenaz e imaginar que el Mediterráneo sólo es un mar interior que todos llevamos en la memoria. Dentro de cada uno se preserva".
8. Explica cuál es, en tu opinión, la actitud del autor ante el deterioro medioambiental de la costa mediterránea.
9. ¿Crees que es posible reconocer en el 'yo lírico' de este fragmento el modo de vida o actitud del hombre mediterráneo que se ha tratado más arriba? Justifica tu respuesta.

2. La Rioja

1. Describe las fotos que forman el collage de la Comunidad de La Rioja.
2. ¿Qué temas crees que vas a encontrar en las páginas siguientes?

2.1 La Rioja en imágenes

Mapas de La Rioja

Para poder hacer las tareas de este capítulo tienes que mirar atentamente todos los detalles de las fotos, los mapas y los textos. Lo que te exigen las actividades es actuar como un detective que es capaz de sacar sus conclusiones partiendo de la más mínima información.

mapa A: La Rioja en España

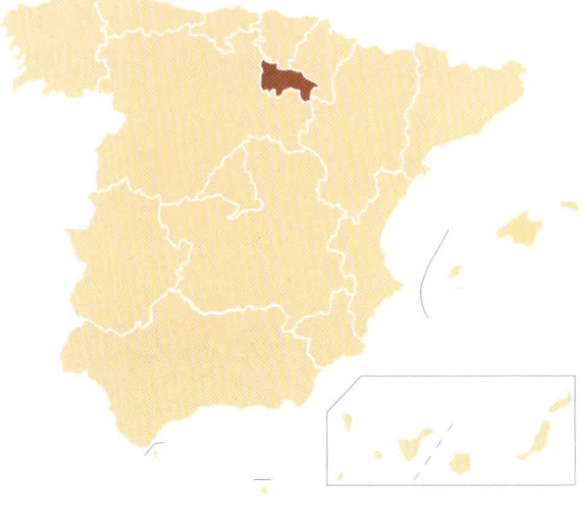

mapa B: Comarcas de La Rioja

mapa C: Ciudades de la provincia de La Rioja

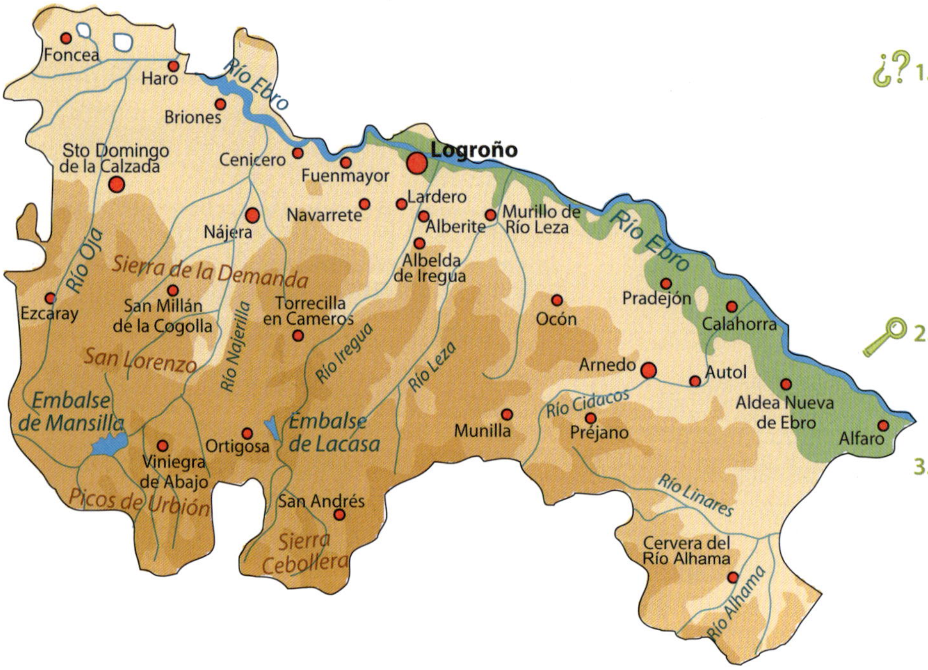

¿? 1. Describe dónde está ubicada la Comunidad Autónoma de La Rioja en España (ver mapa A). Nombra para ello Comunidades Autónomas, cordilleras, mares, …

2. ¿Qué estructura geográfica básica puedes observar? (ver mapa B, C y fotos)

3. Indica qué otra información puede ofrecerte el mapa C para entender mejor la historia del hombre en esa zona.

Heráldica

¿? 1. Al mirar la bandera de La Rioja se observa un escudo en el medio. Ya sabrás que un escudo es como un montaje de imágenes llenas de sentidos (geográficos, políticos, históricos, culturales). Primero describe las diferentes partes del escudo.

2. Intenta averiguar cómo se refleja la estructura geográfica en este escudo.

@ 3. En grupos haced un juego de asociaciones con cada motivo de los que se encuentran en el escudo. A partir de ello tratad de adivinar parte de la historia de La Rioja, para lo que podéis buscar información en Internet. Para daros alguna pista, p. ej. sobre el castillo: ¿Desde cuándo existe la Comunidad Autónoma de La Rioja? ¿A qué pertenecía antes?

4. Amplía tu vocabulario: Observa los mapas, la bandera y el escudo de estas páginas y elabora un diccionario con términos relacionados con la geografía.

Definición de La Rioja

Aquí tienes el principio de un artículo sobre La Rioja en una enciclopedia:

La Rioja Comunidad autónoma uniprovincial, formada por la prov. homónima [...]. La cap. es la c. de Logroño, sit. al N de la Península Ibérica [...]. Limita con las provv. de Navarra [...], Zaragoza, Soria y Burgos. [...]
Pese a su reducida extensión [...] participa de dos de las grandes unidades morfoestructurales de la Península Ibérica: el Sistema Ibérico y la Depresión del Ebro.

Gran Enciclopedia de España, tomo 18, p. 8938

1. Determina qué tipo de información da el artículo.
2. Intenta averiguar lo que significan las siguientes palabras y abreviaturas: uniprovincial, homónima, cap., c., sit., provv., morfoestructural, N.
3. Escribe un artículo sobre la Comunidad Autónoma o el Estado federal en el que vives tú copiando el breve estilo de una enciclopedia.
4. Verifica parte de la información del artículo con el mapa C.

2.2 El vino riojano

¿Qué diferencia hay entre La Rioja y el rioja (o un rioja)? Consulta un diccionario.

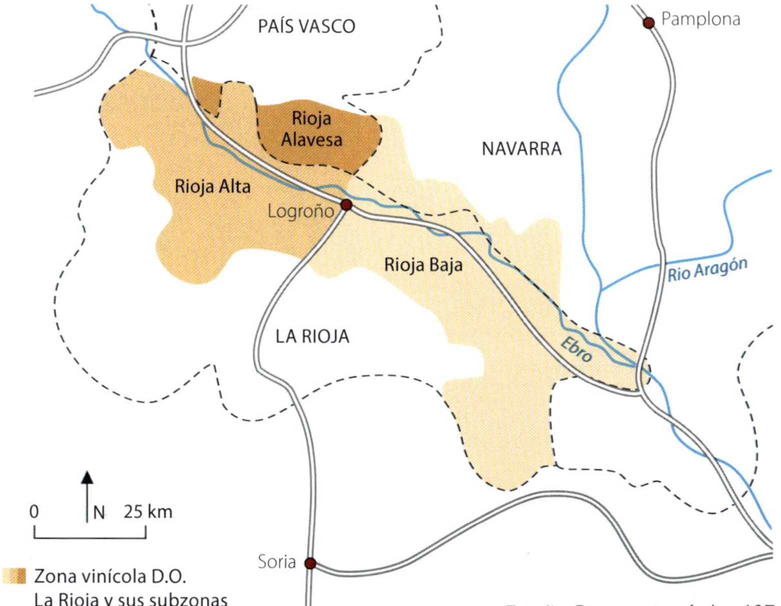

España, Paseo gastronómico, 137

1. Normalmente un mapa va acompañado de una leyenda. En nuestro mapa falta una. Escríbela.
2. ¿Cómo te explicas que haya viñedos sólo en la parte norte de La Rioja?
3. Explica por qué están marcadas en el mapa tres comunidades autónomas.
4. Comenta la lógica estética de este símbolo. Después compáralo con el de una zona vitivinícola en Alemania.

Un poco de historia

vinícola ← *el cultivo del vino*
la vid Weinstock
arrasar verwüsten
la viña Weinberg
la recuperación Zurückgewinnung
el cobijo Unterschlupf
pujante stoßkräftig
la moneda Münze
hacer competencia Konkurrenz machen

la difusión Verbreitung
el peregrino Pilger
imprescindible *necesario/-a*
ensalzar hier: loben
la virtud Tugend

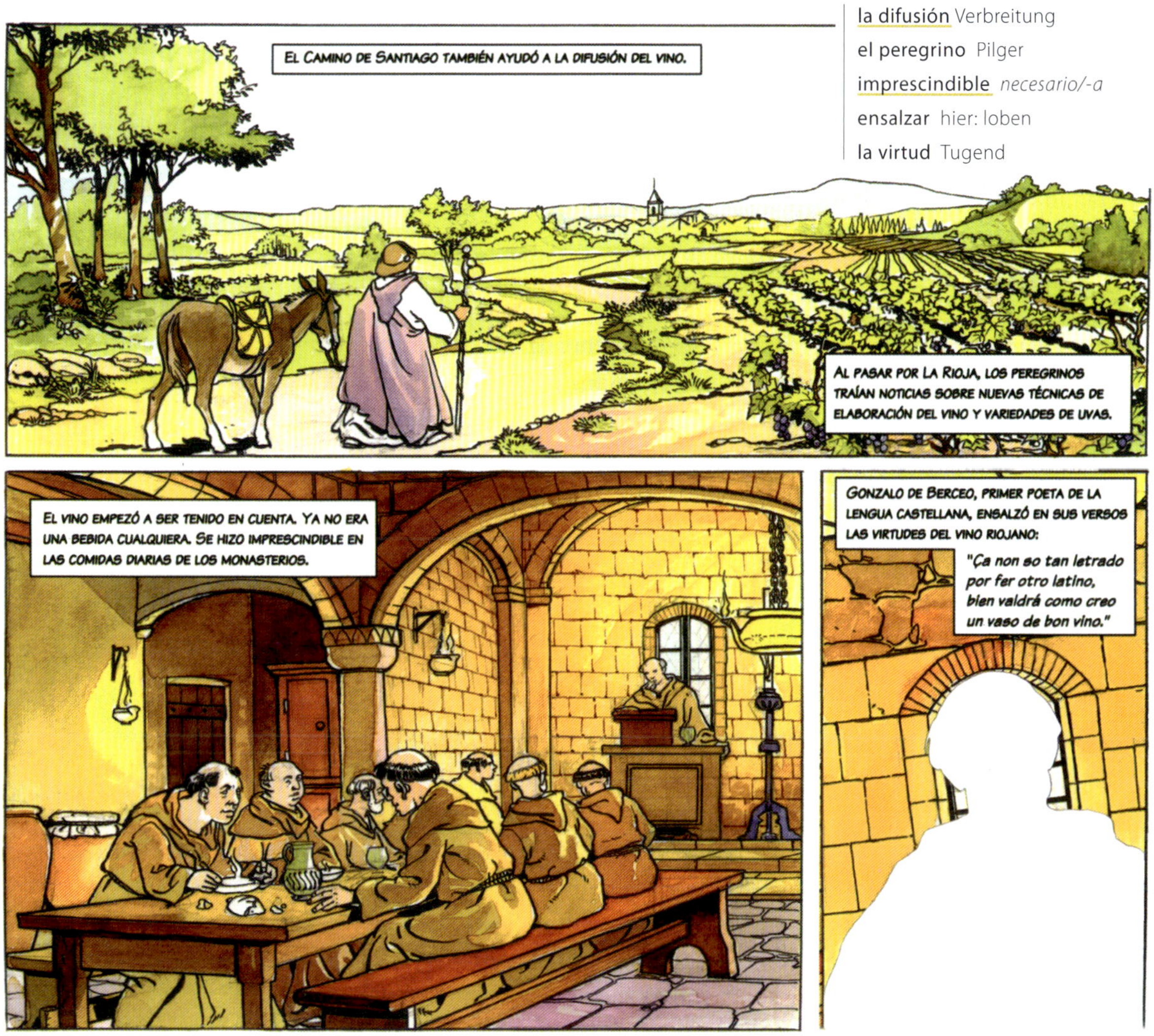

Centro de Interpretación del vino de La Rioja: *La vid en La Rioja*

1. Cuenta la historia del vino en La Rioja hasta la Edad Media. No olvides indicar las fechas aproximadas de cada período.
2. Describe a grandes rasgos la función del vino en La Rioja a lo largo de su historia.
3. Destaca qué relaciones hay entre el vino, los monasterios, el Camino de Santiago y la lengua castellana y elabora un gráfico que las represente.
4. Trabajad en grupos. Imaginad una conversación entre los frailes sentados a la mesa, teniendo en cuenta la información de las viñetas.
5. Hasta hoy en día la función culinaria del vino en España y en Alemania ha sido diferente. ¿En qué sentido? Discutid en clase.

Denominación de origen

En 1560 se creó un símbolo para identificar a los vinos riojanos y garantizar su calidad. Era un anagrama que señalaba las iniciales de los apellidos de algunas familias de cosecheros de la región.

Folleto del Centro de Interpretación del vino de La Rioja: *La vid en La Rioja.*

Para garantizar la calidad de sus vinos se creó la Denominación de Origen 'Rioja' cuya existencia está documentada desde 1926. En el año 1991 recibió la máxima categoría de 'Calificada', siendo la única región de España que cuenta con este importante reconocimiento. El Consejo Regulador, constituido por representantes de viticultores, bodegueros y de la Administración, se encarga de hacer cumplir el Reglamento de la Denominación en el que se establecen aspectos tan diversos como los límites de la zona de producción, las variedades de uva que pueden ser cultivadas, los rendimientos máximos permitidos por unidad de superficie, las técnicas de elaboración crianza que pueden emplearse, etc.

En: *La Rioja. Espacio y Sociedad.* Fundación Caja Rioja, Logroño 2000

4 el cosechero ← *la cosecha*
7 la máxima categoría höchste Auszeichnung
8 el reconocimiento Anerkennung
9 constituir bilden
el viticultor Weinbauer
el bodeguero Kellermeister
10 cumplir einhalten
11 establecer festlegen
13 cultivar anbauen
el rendimiento Ertrag

RIOJA
Denominación de Origen Calificada

¿? 1. Indica de qué tema tratan los textos.
2. Determina cuál es el mensaje central.
3. Explica cuáles son las tareas del Consejo Regulador e intenta concluir cuál es su objetivo final.
4. Compara la información de los dos textos.
5. Observa los dos logotipos e indica su función.

@ 6. Busca en Internet desde cuándo existen las grandes bodegas de La Rioja. Elige una de ellas y preséntasela a tus compañeros.
7. Averigua si el Consejo Regulador es una institución que sólo existe en España. En países como Italia, Francia o Alemania, ¿también existen las denominaciones de origen?

Quiz: ¿Qué sabes del mundo del vino?

1. ¿De qué color es el líquido que sale de la uva blanca?
a. blanco
b. tinto
c. transparente

2. ¿De qué color es el líquido que sale de la uva negra?
a. blanco
b. tinto
c. transparente

Cata de vinos

3. ¿Qué es un cava?
a. un instrumento para arar los campos
b. un tipo de champán de España
c. un sinónimo de sótano

4. ¿Qué acción corresponde a una cata de vinos? Observa la foto.
a. comer la copa
b. analizar un vino
c. beber vino
d. oler un vino

1. Según tu opinión, ¿cómo tiene que saber un buen vino para disfrutarlo al máximo?
2. Imagina que estás en una cata y tienes que definir y defender un vino de La Rioja. ¿Qué les dirías a los participantes? Utiliza algunos de los siguientes adjetivos: aromático, fresco, afrutado, envejecido, ácido ...
3. Busca y compara en una estadística el consumo de bebida de los alemanes y españoles, intentando responder a las siguientes preguntas:
   a. ¿Cuál es la bebida más consumida en cada país? ¿Y la más típica? ¿Ha sido siempre así?
   b. ¿Hay diferencias dentro del mismo país?
   c. ¿Cuánto alcohol suele consumir un alemán o español por término medio?

   Antes de empezar, trata de adivinar las cantidades y apúntalas. Después compáralas con los resultados de tu búsqueda.
4. Mira la información contenida en esta etiqueta de vino.
5. Lee estos términos e intenta averiguar a qué parte se refiere cada palabra o expresión:

sello del Consejo Regulador de Denominación de Origen – número de registro embotellador – cosecha – viticultor – número de registro sanitario – grado alcohólico – flor de lis – marca de vino – símbolo – Denominación de Origen

2.3 La cuna de la lengua española

Quiero fer una prosa en román paladino,
en cual suele el pueblo fablar con su vezino.
Ça non so tan letrado por fer otro latino
bien valdrá, como creo un bon vaso de bon vino.

Don Gonzalo de Berceo: *Vida de Santo Domingo de Silos.* Siglo XIII

Gonzalo de Berceo (1197-1264) fue el primer escritor conocido en lengua castellana, autor de grandes obras poéticas en materia religiosa, que dieron un impulso al castellano como idioma de cultura. Fue un clérigo secular que trabajó en La Rioja como notario de los monasterios de San Millán de la Cogolla y de Santo Domingo de Silos.

3 **secular** *seglar, no religioso*

1. Explica con tus palabras la expresión "idioma de cultura".
2. Describe la profesión de Gonzalo de Berceo.
3. En el siglo XIII, ¿qué idioma se hablaba o se escribía en Alemania?
4. Pregunta a tus compañeros de clase que estudian francés si saben cómo era la situación lingüística en Francia en la época de Berceo.

Las Glosas Emilianenses

[...] San Millán de la Cogolla, un monasterio benedictino de la primitiva Castilla y la actual La Rioja [...] está por doble motivo en la historia del español: porque aquí se halló el primer testimonio escrito de nuestra lengua, las *Glosas Emilianenses*, y porque aquí escribió el primer gran poeta con nombres y apellidos de nuestra historia literaria: Gonzalo de Berceo.

Las Glosas, que ahora se conservan en la Academia de la Historia, son anotaciones en lengua romance hechas hace unos mil años en los márgenes de unas homilías y un penitencial escritos en latín. El monje que las escribió no hacía sino traducir los textos al habla de la calle. Vistas hoy sus notas, apenas reconoceríamos nuestro idioma: hay grafías que ya no tenemos, como la doble *s* o la *c* con cedilla (ésta nos la tomó prestada muchos siglos más tarde el francés, que la usó tanto que parece suya) y faltan otras, como la *j* y la *ñ*, que ahora consideramos inequívocamente nuestras. Pero es castellano, no hay duda.

Arsenio Escolar: El itinerario del idioma.
En: *Geo. Una nueva visión del mundo.* 10/2002, p. 73

2 el motivo *la razón*
3 hallar *encontrar*
el testimonio Beleg
8 el margen Rand
9 la homilía *el discurso religioso*
el penitencial Bußpsalm
10 no hacer sino *sólo hacer*
11 apenas *casi no*
la grafía *la letra*
12 tomar prestado ausleihen
14 considerar halten für
15 inequívocamente eindeutig
16 la duda Zweifel

Monasterio de Yuso de San Millán de la Cogolla, Patrimonio de la Humanidad

1. Menciona las razones por las que es importante el monasterio de San Millán de la Cogolla en la historia de la lengua castellana.
2. Explica con tus palabras qué son las Glosas y qué características tienen.
3. Ya has visto en el capítulo 1 sobre la lengua española un facsímil de las Glosas. ¿Qué nos cuenta el texto sobre las letras del español de la época?
4. Analiza los versos extraídos de la obra *Vida de Santo Domingo de Silos* de la página anterior y destaca las diferencias lingüísticas entre éste y el castellano actual.
5. Transforma esos versos al español actual.

2.4 El Camino de Santiago

1. Describe y comenta la imagen.
2. Busca en la Red las ciudades y pueblos de La Rioja por los que pasa el Camino de Santiago.
3. Dibuja un mapa aproximado del trayecto.

Peregrino en el Camino de Santiago

La historia y leyenda de Santiago de Compostela

Si a alguien le dijeran que en España existe un museo cuyas salas se extienden a lo largo de más de ochocientos kilómetros, no se lo creería. Y, sin embargo, el tramo español del Camino de Santiago, que va desde Somport o desde Roncesvalles hasta Compostela, es un verdadero museo. La piedad de mil años ha dejado allí un tesoro de arte románico, gótico, renacentista o barroco. [...]

En el Camino de Santiago, la historia se mezcla con la leyenda y en ocasiones no se sabe dónde empieza una y acaba otra. No está demostrado, históricamente, que Santiago el Mayor [...] predicara en España, aunque algunas fuentes lo dan por cierto. La tradición quiere que la Virgen María, que aún vivía en Nazaret, se le apareciera dos veces, [...] la segunda, cuando llegó a la playa de Muxía en la Costa de la Muerte gallega, navegando en una barca de piedra que aún puede verse varada sobre la arena.

Los que afirman que Santiago estuvo en España reconocen que logró muy pocas conversiones. Desanimado quizá por su escaso éxito, volvió a Palestina, donde Herodes Agripa I le mandó decapitar. Dos discípulos suyos [...] pusieron su cuerpo en una barca, la cual, gobernada por ellos o navegando por sí sola, pues en esto no están de acuerdo los autores, pasó las columnas de Hércules, el Estrecho de Gibraltar para entendernos, y llegó a las costas de Galicia. [...]

Pasaron ocho siglos y en el año 814 –otros autores creen que en el 834– un ermitaño llamado Pelagio vio un gran resplandor sobre el bosque y fue a comunicárselo al obispo de Iria Flavia, Teodomiro, dejando así a su prelado la gloria del descubrimiento. [...]

El lugar del descubrimiento se llamó Compostela o Campo de la Estrella, aunque es más probable que la palabra venga de compositum, en latín 'cementerio'.

Luis Carandell: Prólogo. En: *El Camino de Santiago.* Cvc.cervantes.es

2 extenderse s. ausbreiten
3 el tramo Strecke
5 la piedad Frömmigkeit
7 mezclarse s. vermischen
8 demostrar beweisen
9 predicar predigen
10 la fuente Quelle
12 navegar *ir en barco*
13 la barca *el barco pequeño*
varado/-a verankert
15 la conversión Bekehrung
desanimado/-a mutlos
escaso/-a *poco/-a*
16 decapitar köpfen
el discípulo Schüler
22 el ermitaño Eremit
el resplandor Leuchten
23 el obispo Bischof
24 el prelado Prälat
la gloria Ruhm
27 el cementerio Friedhof

1. Explica a qué se refiere el texto al hablar de un "museo cuyas salas se extienden a lo largo de más de 800 kilómetros".
2. Resume con tus propias palabras la leyenda de Santiago de Compostela.
3. Analiza el nombre "Compostela" y piensa cuál de las dos opciones que da el texto te parece a ti más lógica y por qué.
4. Busca en Internet información sobre el arte románico, gótico, renacentista y barroco en España. Señala aspectos como la época en la que aparecen, características básicas, monumentos más representativos, autores más importantes, manifestaciones artísticas que reflejan estos estilos, etc. y compáralos.
5. Trabajad en grupos de 4 ó 5 personas. Preparad un mural con la información básica obtenida en la búsqueda de los diferentes estilos artísticos en España, incluyendo fotos que los ilustren.

Vacaciones peregrinas

Desde el hallazgo del sepulcro [de Santiago el Mayor], hace cerca de 1.200 años, millones de personas han completado un viaje que, para la mayoría, se transforma en una experiencia inolvidable. [El] número de peregrinos, ya sea a pie, en bicicleta o a caballo, no cesa de crecer. De acuerdo con los datos de la oficina de acogida al peregrino, en 2008 fueron 125.141 las personas –frente a las 114.026 del año anterior– que recibieron la Compostela, el certificado que acredita que se han realizado, al menos, los últimos 100 kilómetros a pie o a caballo o los últimos 200 en bicicleta.

Planificación previa

La peregrinación comienza en el salón de casa. Es necesario documentarse sobre la ruta que se pretende realizar y establecer un calendario previo atendiendo a los días disponibles y al número de etapas. Es recomendable acudir a una Asociación de Amigos del Camino de Santiago [...] en la que se puede adquirir 'la credencial'. Éste es un documento que sirve de salvoconducto e incluye unas casillas que se deben sellar al menos una vez al día. Es indispensable viajar con ella si se desea pernoctar en los albergues de peregrinos y, una vez en Santiago, atestiguar que se ha realizado la peregrinación y lograr la Compostela.

Viajar con lo indispensable

Se necesita un calzado ni muy ligero ni muy pesado, que sea flexible y que aporte una buena estabilidad, [como] zapatillas de trail (a partir de 80 euros). La capacidad de la mochila debería rondar entre los 40 y 50 litros y su peso, una vez llena, no debería superar el 10% del peso del caminante que la porte.

El presupuesto

El gasto por pernoctar en un albergue puede cifrarse de media en cinco o seis euros, si se incluyen albergues privados, públicos y parroquiales [...]. En total, el coste medio es de unos 30 euros al día. Si se completa el Camino Francés a pie, que consta de unas 30 etapas, tres más si se continúa hasta Finisterre, el desembolso rondará los 1.000 euros.

La alimentación

Durante la marcha es necesario tomar agua o bebidas energéticas cada hora y no esperar a tener sed. No hay nada mejor que la fruta, los frutos secos, las barritas de cereales y el chocolate para reponer el gasto calórico. Caminar con el estómago lleno no es saludable. La comida más importante del día hay que hacerla al final de la etapa.

Vacaciones peregrinas. En: *Revista Consumer.es.* 6/2009

1 el hallazgo Fund
el sepulcro Grab
3 inolvidable ← *olvidar*
4 ya sea sei es
cesar *parar*
7 acreditar *confirmar*
10 previo/-a *anterior*
13 atender hier: beachten
disponible verfügbar
14 acudir *ir*
15 adquirir *recibir*
16 el salvoconducto Passierschein
la casilla Kästchen
sellar stempeln
17 indispensable *necesario/-a*
pernoctar *pasar la noche*
18 el albergue Herberge
atestiguar ← *el testigo*
19 lograr *conseguir*
21 el calzado *los zapatos*
22 aportar dar
23 rondar *aquí: ser*
25 portar *llevar*
27 cifrarse en sich belaufen
de media durschnittlich
31 el desembolso *los gastos*
35 la barrita Riegel
reponer ersetzen

Peregrinos descansando

1. Nombra los dos documentos necesarios en la peregrinación a Santiago. Explica para qué sirven y dónde los consigue el peregrino.
2. Explica cuáles son las formas permitidas de hacer el Camino de Santiago.
3. Haz el cálculo de los kilos que debería pesar tu mochila si haces el Camino.
4. Luego haz una lista con todas las cosas absolutamente necesarias para un viaje de varias semanas.
5. En grupos, pensad cómo se podrían ahorrar kilos y comparad vuestras ideas.
6. Comenta si te crees capaz de llegar hasta Santiago de Compostela en cualquiera de las formas permitidas y justifica tu respuesta.
7. Si lo hicieras, ¿qué piensas que comerías durante el Camino?
8. Da algunas razones por las que crees que la gente realiza el Camino de Santiago.
9. Busca en Internet e infórmate sobre albergues situados a lo largo del Camino de Santiago en los que te gustaría pasar la noche y explica por qué.
10. Intenta averiguar por qué partes de Alemania pasa el Camino de Santiago. Busca información y resúmela para un compañero hispanohablante.

2.5 Los dinosaurios en La Rioja

El Camino de Santiago es, sin duda, el camino más conocido que cruza La Rioja, pero no es el único. Busca en Internet más rutas turístico-culturales en esta Comunidad Autónoma y presenta una de ellas con un mapa.

El período Jurásico

La Comunidad Autónoma de La Rioja conserva uno de los mayores yacimientos del mundo de pisadas fósiles de dinosaurios. [...]
El paisaje de entonces no se parecía absolutamente nada al actual. Durante el período Jurásico, el territorio de Sierra de La Rioja estaba cubierto por el mar como demuestra la aparición de fósiles marinos. Posteriormente, en el Cretácico, la zona se convirtió en una gran llanura con abundantes zonas encharcadas y ríos, muy distinta del paisaje agreste que hoy podemos contemplar, por ejemplo, en Enciso. Había una abundante vegetación de matorrales y, quizá a no mucha distancia, existirían bosques de coníferas. Los dinosaurios vivirían en un entorno de arena y barro, en una zona que podríamos considerar como pantanosa.
Pero ¿cómo es posible que las marcas que dejaban sobre la arena se hayan conservado hasta nuestros días? Todos hemos tenido la experiencia de caminar por la orilla del mar en una playa y ver cómo el agua borra nuestros pasos. ¿Por qué no ha sucedido lo mismo con las huellas de los dinosaurios?

Geografía. En: *La Rioja. Espacio y Sociedad.* Fundación Caja Rioja, Logroño 2000

Huellas de dinosaurio

1 el yacimiento Fundstelle
2 la pisada Fußspur
fósil fossil
4 el territorio Gebiet
5 posteriormente *después*
7 encharcado/-a überschwemmt
agreste ländlich
8 contemplar *mirar*
9 el matorral Busch
10 la conífera Nadelbaum
el entorno Umgebung
11 el barro Schlamm
pantanoso/-a Moor-, Sumpf-
13 conservar erhalten
14 la orilla Ufer
15 borrar tilgen
el paso Fußspur
16 la huella Spur

1. Explica la relación existente entre La Rioja y los dinosaurios.
2. Describe el paisaje riojano en los tiempos de los dinosaurios.
3. Intenta explicar cómo pueden haberse conservado las huellas de los dinosaurios. Para encontrar la respuesta, mira los dibujos y ponlos en su orden lógico. Explica por qué has elegido este orden. Trabajad en parejas: mientras uno intenta sacar la lógica de los dibujos, el otro lee el texto siguiente.

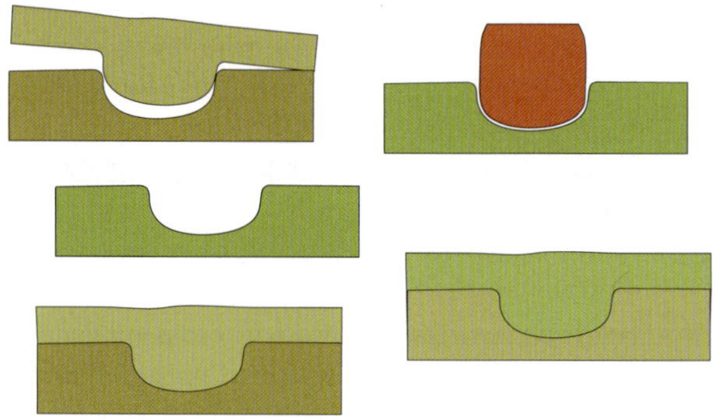

Huellas de gigantes

Lo más normal es que las huellas dejadas sobre el barro o la arena desaparezcan. Eso es lo que ha sucedido con miles o millones de ellas. Sin embargo, algunas han corrido una suerte diferente, realizando un proceso de fosilización que, básicamente, es el siguiente: un dinosaurio pasa dejando sus marcas sobre el barro que, al secarse, se endurece. El agua, u otros medios, arrastran un material de distinta composición que cubre las marcas. Con el tiempo, en el caso de La Rioja, millones de años, el barro se convierte en piedra. [...]
Por diferentes razones, como la erosión o por fracturas de terreno, las huellas van apareciendo de nuevo en la superficie. En la mayor parte de las ocasiones no es necesario realizar complicadas excavaciones para dejarlas a la vista, sino que aparecen por un proceso natural. De hecho, algunas de ellas [...] eran conocidas por la población local desde hace mucho tiempo, dando lugar en ocasiones a leyendas o curiosas explicaciones sobre su origen.

Geografía. En: *La Rioja. Espacio y Sociedad.* Fundación Caja Rioja, Logroño 2000

3 la suerte Schicksal
5 secarse ← *seco/-a*
endurecerse ← *duro/-a*
6 arrastrar mitführen
la composición Zusammensetzung
cubrir bedecken
9 la erosión Abnutzung
la fractura Bruch
el terreno Boden
10 la superficie Oberfläche
11 la excavación Ausgrabung
13 local ← *el lugar*

1. Resume otra vez con tus palabras el 'proceso de fosilización'.
2. Imagínate alguna leyenda o explicación que daba la gente del pueblo hace un siglo para aclarar el origen de esas extrañas huellas.

2.6 Fiestas riojanas

1. Piensa en las fiestas tradicionales que hay en tu zona. ¿Siguen celebrándose? ¿Qué bailes son típicos de allí?
2. Y en España, ¿qué baile o bailes conoces?
3. Observa la foto tomada en un pueblo de La Rioja que se llama Anguiano. Descríbela e imagina cómo es la danza que muestra.

La Danza de los Zancos

Riojanos disfrutando con la famosa Danza de los Zancos

Es una de las fiestas más conocidas, valoradas y espectaculares de La Rioja. [...] Declarada de interés turístico internacional, tiene lugar de forma anual con ocasión de las Fiestas de María Magdalena, patrona de la población [...], cuando la imagen de la santa es devuelta a la ermita, donde pasará todo el invierno. Los danzantes acompañan la procesión y realizan su danza, difícil y peligrosa, sobre todo por las características del suelo, lanzándose por la cuesta que conduce desde la iglesia a la plaza mayor, girando vertiginosamente como una peonza y creando un espectáculo único y hermoso, que el colorido de los trajes de los bailarines resalta aún más. La Danza de los Zancos sólo existe en Anguiano, donde se pueden hallar referencias escritas de ella desde el siglo XVIII. Los zancos, de madera de haya, van sujetados a la pierna mediante una horquilla que los mantiene unidos al tobillo. Históricamente han sido utilizados por los ganaderos de la zona alta del río Oja para recorrer las zonas húmedas, atravesar los prados encharcados y también en época de nevadas. Tienen unos 45 cm de altura y terminan en punta.

La Rioja. En: *Las Guías visuales de España 4*, pp. 65-66

0 el zanco Stelze
2 declarar erklären
4 la ocasión Anlass
5 el / la patrón/-ona Schutzheilige/-r
7 la ermita Wallfahrtskapelle
11 lanzarse sich stürzen
12 la cuesta Abhang
13 girar sich drehen
vertiginoso/-a schwindelerregend
la peonza Kreisel
14 el traje Kostüm
15 resaltar hervorheben
17 la haya Buche
sujetar befestigen
18 la horquilla Klammer
el tobillo Knöchel
19 el ganadero Viehzüchter
20 el prado Wiese
encharcado/-a überschwemmt
21 la nevada ← *nevar*

¿? 1. Divide el texto en diferentes partes y busca un subtítulo para cada una.
2. Explica el origen de los zancos.
3. Comenta los motivos que crees que tienen los jóvenes hoy en día para celebrar esta fiesta.

@ 4. Busca en Internet un vídeo sobre esta fiesta riojana y preséntalo en clase. Sustituye el sonido original por tus propios comentarios.

2.7 La ruta de las tapas

La calle Laurel: la ruta de los pinchos

Las calles Laurel y San Juan y alrededores, popularmente conocidas como la Senda de los Elefantes, son cita obligada para cualquiera que quiera decir que ha estado en Logroño. Estas calles son toda una sorpresa por la cantidad de pequeños bares en unos espacios tan reducidos. Es lugar de encuentro, de charla, de sonrisas y bromas pero, sobre todo, es lugar de excelentes tapas y el mejor vino.

Ofrecen una degustación de los más variados productos cocinados en pequeñas porciones: champiñones, embuchados, pimientos rellenos y otras delicias se combinan con vinos jóvenes, reservas y crianzas. Cada bar tiene una especialidad y su tapa o tapas típicas están escritas en los carteles.

En Logroño, como en toda La Rioja y el norte de España, es tradicional el chiquiteo (tomar vasitos pequeños de vino) al mediodía, antes de la comida, y por las noches.

Calle Laurel y calle San Juan – Vino y tapas. En: *Logroturismo.org*

0 el pincho *la tapa*
2 la senda *el camino*
4 reducido/-a *pequeño/-a*
5 la charla ← *charlar*
7 la degustación Verkostung
8 el embuchado Schwartenmagen
relleno/-a gefüllt

Un bar de tapas

1. Explica qué le parece tan particular al autor del texto.
2. El texto nombra tres tapas típicas de La Rioja, ¿cuáles? Si las pidieras, ¿sabrías lo que van a darte?
3. Discutid en clase qué tapas conocéis. ¿Cuáles habéis probado ya? ¿Cuáles os gustaría probar? ¿Cuáles no pediríais nunca, y por qué?
4. Imagínate que pudieras componer unas tapas con ingredientes a tu gusto. ¿Qué tapa o pincho propondrías?

¿Elefantes en Logroño? Guía de la Laurel

Dicen que los safaris están de moda. Nosotros te proponemos un curso acelerado para futuros amantes de La Senda de los Elefantes, donde encontrarás más de cincuenta establecimientos hosteleros.

Lección 1: ¿Se parece a otras zonas gastronómicas?

A diferencia de otras ciudades, estas calles de tapas tienen varias peculiaridades:

a) Hay distintos bares. Están los que tienen únicamente la especialidad de la casa y los que ofrecen su tapa típica y otras para elegir. Incluso entre

1 el curso acelerado Schnellkurs
2 la senda *el camino*
3 el establecimiento hostelero Gaststätte
5 la peculiaridad Besonderheit

los logroñeses se conoce a los bares por sus especialidades ('Vamos al bar de los pinchos morunos')

b) Lo habitual es poner 'bote' con los amigos para pagar en conjunto.

c) Y, por supuesto, no lo dudes. Nadie va a ofrecer un vino mejor ...

Lección 2: ¿Cómo pedir?

a) En los bares con especialidad sólo hay que especificar el número de pinchos que se quiere y lo que se desea beber. Por ejemplo, si vas a un bar con especialidad en 'champis', pedirás 'dos y dos crianzas'. Primero se elige el pincho y luego el bar donde más te gusta cómo lo hacen.

b) En cuanto al vino, si se pide uno y no se específica más te pondrán el vino cosechero. Si se desea un crianza hay que decir cuál.

c) Cómo comer los pinchos de pie y sin mancharte es cuestión de práctica, nada más.

d) Pedimos, comemos, bebemos y nos vamos a otro bar. El tapeo logroñés tiene su propio ritmo. Por eso se recomienda tener cuidado con el vino.

Lección 3: ¿Cómo puedo salir de la calle Laurel?

Ejem ... Hay quien dice que a cuatro patas ...

Lección 4: ¿A quién me voy a encontrar en la Laurel?

Lo habitual es encontrar población 'aborigen' de Logroño pero uno puede sorprenderse ... National Geographic ha encontrado 89.999 especialidades de animales nocturnos en esta céntrica calle logroñesa.

Lección 5: ¿Por qué la llaman la senda de los elefantes?

Ejem ... ¿todavía no lo sabes?

Calle Laurel y calle San Juan – Vino y tapas. En: *Logroturismo.org*

11 poner bote *pagar juntos*
14 especificar angeben
16 el crianza *un tipo de vino*
19 cosechero/-a *de la cosecha*
20 mancharse sich bekleckern
22 el tapeo *el ir de tapas*
29 nocturno/-a ← *la noche*
céntrico/-a ← *el centro*

Champiñones servidos como tapas en la calle Laurel

1. Explica qué es lo que caracteriza a la calle Laurel.
2. Indica cómo sabes qué especialidad hay en cada bar.
3. Basándote en el texto, deduce qué problemas crees que pueden surgir en esa calle.
4. Explica con tus palabras las expresiones siguientes:
   a. ir de pinchos
   b. poner bote
   c. el vino cosechero
   d. la senda de los elefantes
5. Investiga en Internet el origen de la palabra 'tapa'. ¿Hay alguna diferencia entre tapas y pinchos? Comparad los resultados de vuestras búsquedas en clase.
6. Haz una lista de todas las tapas que conoces y busca en Internet las recetas para una o dos de ellas. ¿Tenéis ganas de hacer tapas para la próxima fiesta en clase?
7. Cuando sales con tus amigos ¿qué hacéis? ¿Hay algo parecido a la calle Laurel de Logroño en tu ciudad o pueblo?
8. En tu región, ¿hay un plato típico que pueda compararse con las tapas? Discutid en clase.
9. Amplía tu vocabulario: Elabora un mapa conceptual sobre el tema de 'las salidas' tomando como punto de partida el vocabulario de este texto.

Vocabulario

Geografía

el sitio, estar situado/-a
la ubicación (Lage), estar ubicado/-a
encontrarse

en el / al norte, sur, este, oeste
tener unos ... de habitantes

el clima mediterráneo / continental / atlántico
la lluvia, el régimen de lluvias, la precipitación (Niederschlag)

la geografía, la estructura geográfica
el litoral (Küste), la zona litoral, la costa, la región costera
el mar, marítimo/-a
el río, el cauce (Flussbett), fluvial
la montaña, el monte, el sistema montañoso
la cordillera (Bergkette), la sierra
el valle (Tal), el prado (Wiese)

Política

el estatuto de autonomía, autónomo/-a
ejercer (ausüben) el poder, poderoso/-a
el poder ejecutivo, ejecutar
el poder legislativo, la ley, legislar
el poder judicial, el juez, la justicia, juzgar, justo/-a

Historia

el asedio (Belagerung), asediar
el sitio (Belagerung), sitiar
el acoso (Verfolgung), acosar

el hallazgo (Fund), hallar
el descubrimiento, descubrir
el yacimiento (Fundstelle), yacer
la excavación, excavar
la huella (Spur), el paso, la pisada, pisar

la resistencia (Widerstand), resistir
la derrota (Niederlage), derrotar (bezwingen)
la invasión, invadir
el sometimiento, someter (unterwerfen)
la expulsión, expulsar (verstoßen)

el fuero (Sonderrecht), foral

el asentamiento, asentarse (sich ansiedeln), asentado/-a
el pueblo, poblar (bevölkern), los pueblos indoeuropeos
los fenicios (die Phönizier)
los griegos
los visigodos (die Westgoten)
los árabes, los moros (die Mauren)

Fiestas

la fiesta, la festividad, festivo/-a
la costumbre, acostumbrar(se), estar acostumbrado/-a
el hábito (Brauch), habitual
la tradición, tradicional

el colorido, el color, colorido/-a
la burla, burlarse de, burlesco/-a

el patrón / la patrona (Schutzheilige/-r), la fiesta patronal
la procesión, la marcha

el fuego, la hoguera (Scheiterhaufen, Lagerfeuer), los fuegos artificiales (Feuerwerk)
la pirotecnia (Pyrotechnik), pirotécnico/-a
la pólvora, el petardo (Feuerwerkskörper)

Turismo

el turismo rural
el turismo de sol y playa
el turismo de salud
el turismo de congresos

el boom inmobiliario (Bauboom)
la urbanización (Urbanisierung), el urbanismo salvaje

Vino

el vino blanco / tinto
el viñedo, la viña (Weinberg), la vid (Weinstock)
la uva (Traube)

la bodega (Weinkeller), el bodeguero
la cata de vinos (Weinprobe), catar
la degustación (Verkostung), degustar, el gusto, gustar

el cultivo, cultivar, la viticultura, el viticultor (Weinbauer)
la cosecha (Ernte), cosechar, cosechero/-a
el rendimiento (Ertrag), rendir

5 La España de hoy y sus raíces

1. Observa las fotografías y descríbelas detalladamente.
2. Intenta determinar la década en la que fue tomada cada foto y justifica tu opinión.
3. ¿Qué acontecimientos recuerdas de los pasados cien años de la historia de España? Establece una relación entre las fotografías y su trasfondo histórico.

1. La Segunda República

El contexto internacional

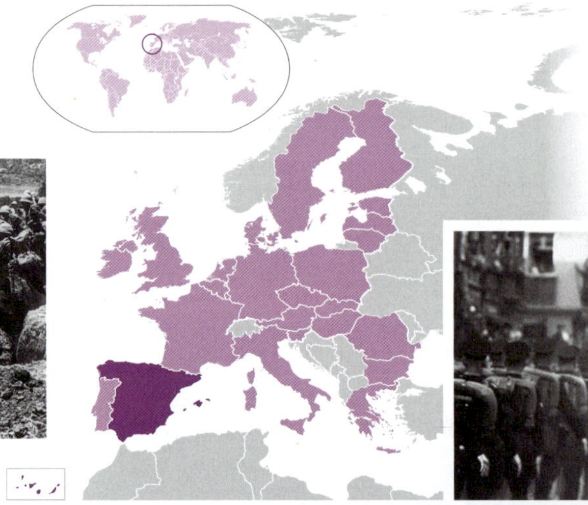

¿? 1. Describe las fotografías y escribe un pie de foto para cada una de ellas.
2. Apóyate en las fotos para describir el contexto internacional de los primeros 30 años del siglo XX.
3. Resume qué ocurría en tu país en esa época.

La proclamación de la II República

La Segunda República llegó gracias a los sucesivos fracasos y errores de la monarquía de Alfonso XIII. El último de ellos fue apoyar la Dictadura de Primo de Rivera y, cuando ésta fracasó a su vez, el sentimiento antimonárquico estaba tan extendido entre las diversas fuerzas políticas del país que en 1930 formaron una coalición, el Pacto de San Sebastián, cuyo objetivo era instaurar la República.

En 1931, el último gobierno de la Monarquía pretendió volver a un sistema constitucional y convocó elecciones municipales para el 12 de abril. En las elecciones triunfaron los partidarios de la república en las grandes ciudades (45 de las 50 capitales de provincia) y en las zonas industriales del país.

El 14 de abril de 1931 se proclamó la II República en medio del entusiasmo y alegría de la mayoría de la población española. Se formó un Gobierno Provisional, coalición de diferentes tendencias republicanas

0 la proclamación Ausrufung
1 sucesivo/-a *repetido/-a*
el fracaso Scheitern
2 apoyar unterstützen
3 antimonárquico/-a antimonarchistisch
4 extendido/-a verbreitet
6 instaurar gründen
7 pretender vorhaben
8 convocar einberufen
municipal Kommunal-
9 triunfar *ganar*
el partidario Anhänger
14 la tendencia Richtung

que estuvo presidido por Alcalá Zamora, cuya función fue la convocatoria de elecciones democráticas para constituir un Parlamento y elaborar la Constitución.

La opinión pública española demostró así su rechazo a la monarquía. Alfonso XIII, aconsejado por sus ministros, abandonó España y marchó al exilio para evitar enfrentamientos sangrientos.

María Dolores Granja: La proclamación de la II República. En: *Educared.net*

15 **presidir** leiten
la convocatoria ← *convocar*
16 **constituir** bilden
18 **el rechazo** Ablehnung
19 **aconsejar** ← *el consejo*
20 **el enfrentamiento** Auseinandersetzung
sangriento/-a blutig

1. Explica qué es el Pacto de San Sebastián y cuál era su finalidad.
2. Describe qué ocurrió en las elecciones del 12 de abril de 1931.
3. Explica para qué se formó un gobierno provisional.
4. Deduce de quién es la frase que aparece a continuación: "Las elecciones celebradas el domingo me revelan claramente que no tengo hoy el amor de mi pueblo". Argumenta tu respuesta.
5. En las fotos y el texto anteriores aparecen varios conceptos políticos básicos. Relaciona cada uno de ellos con su descripción y comenta los resultados con tus compañeros.

- el fascismo
- la democracia
- la república
- la dictadura
- la monarquía
- el gobierno
- la coalición

- Sistema político que ejerce una persona o un reducido grupo de personas sin tener en cuenta la opinión de los ciudadanos de un país.
- Conjunto de los ministros de un Estado.
- Sistema político en el que el poder reside en el pueblo, representado por un presidente elegido por los ciudadanos a través de elecciones.
- Unión transitoria de personas, grupos políticos o países con un interés determinado.
- Sistema político basado en la exaltación del nacionalismo y la imposición de un partido único.
- Sistema político en el que los ciudadanos participan en el gobierno mediante elecciones.
- Sistema político en el que la jefatura del estado y su representación máxima la ejerce una persona que, a título de rey, ha recibido el poder por vía hereditaria y puede transmitirlo del mismo modo.

Los partidos políticos en la II República

Entre los partidos y grupos de izquierda estaban las clases medias progresistas agrupadas en el Partido de Izquierda Republicana de Manuel Azaña, la clase obrera defendida por el Partido Socialista Obrero Español (PSOE) y su sindicato UGT (Unión General de Trabajadores), el Partido Comunista de España (PCE), que se escindió del PSOE en 1921, y era afín a la Unión Soviética, y la CNT o Confederación Nacional del Trabajo, que era un sindicato de predominio anarquista. Los grupos más radicales estaban en la FAI (Federación Anarquista Ibérica) y defendían la acción directa.

Con los partidos republicanos de izquierda colaboraron los partidos nacionalistas de las comunidades históricas porque confiaban en sus

1 **progresista** fortschrittlich
2 **agruparse** sich versammeln
3 **obrero/-a** Arbeiter-
4 **el sindicato** Gewerkschaft
5 **escindirse** sich abspalten
6 **afín a** *partidario/-a de*
7 **el predominio** Vorherrschaft
9 **la acción directa** Selbsthilfe
10 **colaborar** zusammenarbeiten
11 **confiar en** vertrauen auf

promesas descentralizadoras: en Cataluña, la Lliga Regionalista de Cambó y Esquerra Republicana de Catalunya (Maciá y Lluís, Companys); en el País Vasco, el PNV (Partido Nacionalista Vasco) de José Antonio Aguirre; en Galicia, la ORGA (Organización Regional Gallega Autónoma) de Casares Quiroga.
Dentro del bloque de las derechas podían distinguirse los monárquicos, tradicionalistas, que no contaban con ningún partido importante y eran partidarios del regreso de Alfonso XIII; el Partido Radical, de Alejandro Lerroux, populista; la CEDA (Confederación Española de Derechas Autónomas) liderada por Gil Robles, de ideas autoritarias y muy católica, cercana al fascismo; y los fascistas, cuyo partido más importante era Falange Española, fundado por José Antonio Primo de Rivera, hijo del dictador.

Teresa Palomar

17 **distinguir** unterscheiden
el monárquico Monarchist
18 **el tradicionalista** Traditionalist
contar con *tener*
19 **el / la partidario/-a** Anhänger/-in
el regreso ← *regresar*

¿? **1.** El panorama político de 1931 se caracterizaba por la multiplicidad de partidos. A partir del texto, desarrolla en tu cuaderno la tabla descriptiva de los más importantes. Luego, esa tabla te servirá de glosario.

partido	tendencia ideológica	republicano o monárquico	democrático / de extrema izquierda / fascista	estatal o regional	clase social

2. Observa el diagrama: así queda el panorama político tras las elecciones de 1931. Comenta los resultados.

@ **3.** Investiga el panorama de partidos políticos en tu país en el año 1931 y analiza las tendencias ideológicas del mismo. ¿Son similares a las de España? Argumenta tu respuesta.

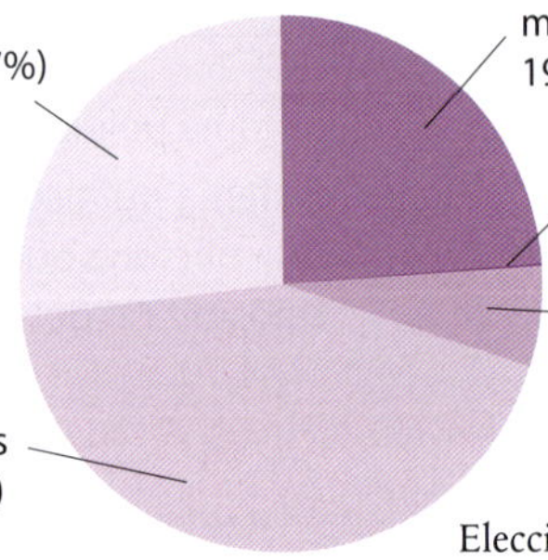

Elecciones municipales de 1931 / Concejales elegidos

Fases de la República

La II República se divide en tres períodos políticos claramente diferenciados: el bienio reformista, el bienio conservador y el Frente Popular. Lee con atención los siguientes párrafos y agrúpalos cronológicamente según los tres períodos.

a Se aplican la reforma agraria, la educativa, la autonómica, la militar, etc. con éxito irregular en un contexto de agitación social y crisis económica internacional. En 1932, el general Sanjurjo fracasó en su rebelión antirrepublicana, pero fue indultado por Alcalá Zamora.

1 **aplicar** anwenden
agrario/-a Agrar-
educativo/-a Bildungs-
autonómico/-a Autonomie-
2 **la agitación** Unruhe
4 **indultar** begnadigen

b El **'Frente Popular'** fue la coalición de izquierda ganadora de las elecciones de febrero de 1936. Se intentó continuar con las reformas de Azaña, que ocupará la presidencia de la República al ser cesado Alcalá Zamora.

c Las Cortes Constituyentes elaboraron una nueva Constitución. Tras intensos debates fue aprobada en diciembre la **Constitución de 1931**.

d **'Bienio conservador'**. En las elecciones de noviembre de 1933, las primeras que contaron con el voto femenino, triunfaron la CEDA (Confederación Española de Derechas Autónomas) y el Partido Radical de Alejandro Lerroux. Los gobiernos de este período paralizaron las reformas del primer bienio. En octubre de 1934 se produjo una revolución popular que alcanzó su mayor intensidad en Asturias. Los mineros controlaron durante dos semanas el valle del Nalón, hasta que fueron duramente reprimidos.

e Los resultados de las elecciones de febrero no lograron sosegar la vida política. Durante los meses de abril a junio de 1936, los extremismos de la derecha y de la izquierda se desataron. El 18 de julio se produjo una sublevación militar que originó la Guerra Civil.

f Sin embargo, las protestas de la izquierda por la lentitud de la reforma agraria dieron lugar a un alzamiento anarquista en Casas Viejas, que acabó de manera sangrienta: una matanza de campesinos por parte de la Guardia Civil. Este dramático episodio provocó la dimisión de Manuel Azaña en septiembre de 1933. El presidente de la República disolvió las Cortes y convocó nuevas elecciones.

g **'Bienio reformista'**. Desde el otoño de 1931 se suceden varios gobiernos presididos por Manuel Azaña, con ministros republicanos de izquierda y socialistas.

http://iris.cnice.mec.es/kairos/index.html (adaptado)

7 ocupar la presidencia Präsident werden
cesar absetzen
10 aprobar annehmen
11 el bienio *dos años*
12 contar con *tener*
el voto hier: Wahlrecht
triunfar *ganar*
14 paralizar *detener*
16 el minero Bergarbeiter
17 el valle Tal
reprimir bezwingen
18 sosegar beruhigen
20 desatarse hier: entfesselt werden
21 la sublevación Aufstand
22 la lentitud ← *lento/-a*
23 dar lugar a *aquí: causar*
el alzamiento Aufstand
24 sangriento/-a blutig
la matanza ← *matar*
25 provocar *aquí: causar*
26 disolver auflösen
28 sucederse aufeinander folgen

1. Describe las características de cada uno de los tres períodos y analiza por qué se los denomina así.
2. Extrae del texto las palabras y expresiones relacionadas con la política y elabora un diccionario de términos políticos, añadiendo los de la sección anterior. Sigue el siguiente ejemplo:
Cortes constituyentes: asamblea o congreso convocado para elaborar o reformar una constitución.
3. Ahora, basándote también en los materiales anteriores, elabora tu propia tabla cronológica de la Segunda República española a partir de los siguientes conceptos: Frente Popular, Constitución de 1931, Bienio conservador, Bienio reformista, Proclamación de la Segunda República, Elecciones municipales, Medidas legislativas, Elecciones a Cortes Constituyentes, Pacto de San Sebastián, Gobierno Provisional.
4. ¿Sabías que la dimisión del gobierno de Lerroux fue originada por el escándalo del "estraperlo"? Busca en una enciclopedia o en un diccionario etimológico el origen del término y realiza una descripción del suceso.

La Constitución de 1931 y las reformas del Primer Bienio

La Constitución de 1931 definía España como "una república democrática de trabajadores de todas clases que se organiza en régimen de libertad y justicia". Explica qué tendencia política representa esta frase. Argumenta tu respuesta.

1. Durante el bienio reformista, presidido por Azaña, se introducen una serie de reformas importantes. Búscalas en este tren de palabras, agrúpalas en políticas, sociales y culturales y discute su significado con tus compañeros:

escuelalaica,obligatoriaygratuitaseparacióniglesiaestadoenseñanzamixtamatrimoniocivilsufragiouniversallegislacióneducativareduccióndelejércitosalariosmínimosreformaagrariaaprobacióndelestatutodeautonomíavotofemeninosubvencióndeactividadesculturalesdivorcioexpropiacióndetierrasnocultivadasjornadadeochohorasextensióndelaenseñanzaaadultos

"Hay, por último, un sector bien definido de las derechas españolas, en el cual me encuentro, y que sostiene que hay un problema fundamental o una serie de problemas fundamentales cuyas bases son:
la defensa de la religión y principios espirituales; la defensa de la familia, amenazada de disolución; la de la propiedad, combatida por enemigos de ella; la defensa del orden social, que está a punto de quedarse en manos de la anarquía."

Gil Robles, dirigente de la CEDA, 1932

1 el sector Bereich
definido/-a hier: abgegrenzt
2 sostener aufrecht erhalten
4 la defensa ← *defender*
espiritual spirituell
5 amenazar bedrohen
la disolución Auflösung
la propiedad Besitz

2. Describe a qué tendencia/s política/s corresponde la cita de Gil Robles. Explica qué reformas del bienio reformista crees que critica. Argumenta tu respuesta.
3. Observa la foto y comenta qué partes de la sociedad están representadas y cuáles parecen faltar.

Ciudadanos haciendo cola para votar en las elecciones de 1936.

La reforma educativa y las Misiones Pedagógicas

En 1930 la tasa de analfabetismo en España era del 32%. De los veintitrés millones y medio de habitantes, casi seis millones no sabían leer, ni escribir. La reforma educativa del primer bienio republicano se caracterizó por lo siguiente: la escuela primaria era obligatoria, gratuita, laica y mixta; se aumentó en un 50% el dinero destinado a educación, construyéndose más de 10.000 escuelas; se crearon 7.000 puestos de maestros, mejor pagados. Se crearon las Misiones Pedagógicas, lo cual llevó la cultura a regiones rurales atrasadas.

1 la tasa Prozentsatz
el analfabetismo Analphabetismus
3 caracterizarse por sich auszeichnen durch
4 laico/-a ↔ *religioso/-a*
8 rural ländlich
atrasado/-a rückständisch

Las misiones estaban integradas por maestros y estudiantes, con equipos cinematográficos, gramófonos, reproducciones de cuadros famosos, libros, etc. Representaban obras teatrales, y entre los principales protagonistas en esa sección destacaron Alejandro Casona y Federico García Lorca (con el célebre grupo de la Barraca). Muchos españoles de las zonas rurales vieron por primera vez cine y teatro, y oyeron música clásica, conferencias y poesía.

9 integrado/-a *aquí: formado/-a*
10 cinematográfico/-a Film-
la reproducción Abzug
12 destacar sich hervorheben
13 célebre *famoso/-a*
15 la conferencia Vortrag

Ramón Tamames: *España 1931-1975, una antología histórica.* Barcelona, 1980

Cartel de las misiones pedagógicas

1. Describe el cartel prestando especial atención a la simbología de los colores.
2. Describe en qué consistió la reforma educativa del bienio reformista.
3. Explica qué eran las Misiones Pedagógicas.
4. Interpreta el mensaje del cartel: "Combatiendo la ignorancia derrotaréis al fascismo".
5. Imagina que participas en una Misión Pedagógica. ¿Qué aspectos culturales te gustaría destacar?
6. Comenta la siguiente afirmación de Azaña: "Si a quien se le da el voto no se le da la escuela, padece una estafa."

2. La Guerra Civil

El desarrollo de la Guerra Civil

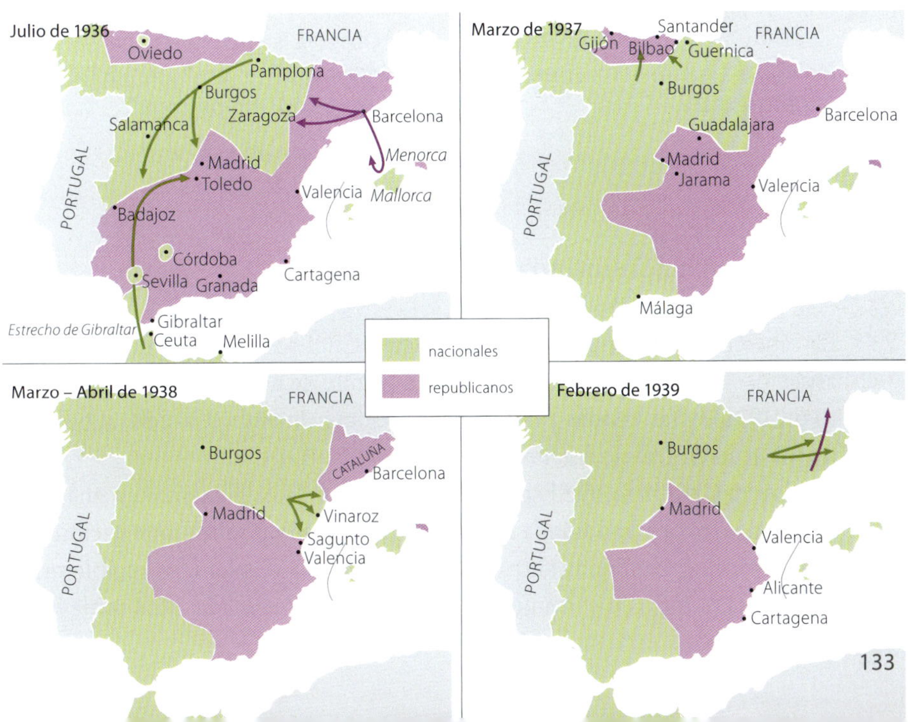

1. Elabora la cronología de la guerra e incorpórala a la que has estado realizando hasta ahora.
2. Realiza el comentario de este mapa de evolución con la ayuda de la destreza afín (pp. 303-304).

Primeras noticias del levantamiento en ambos bandos

"Se ha frustrado un nuevo intento criminal contra la República. Una parte del Ejército que representa a España en Marruecos se ha levantado en armas contra la República, sublevándose contra la propia Patria y realizando un acto vergonzoso y criminal de rebeldía contra el poder legítimamente constituido.

El Gobierno declara que el movimiento está exclusivamente circunscrito a determinadas ciudades de la zona del Protectorado, y que nadie, absolutamente nadie, se ha sumado en la Península a tan absurdo empeño. Por el contrario, los españoles han reaccionado de un modo unánime y con la más profunda indignación contra la tentativa reprobable y frustrada ya en su nacimiento."

Emitido por radio, la mañana del 18 de julio de 1936

"Españoles: el Ejército es dueño de toda España, menos de algunos puntos aislados donde luchamos con ventaja. Las columnas victoriosas que se dirigen a Madrid están en el Guadarrama, a pocos kilómetros de la capital, que no tardará en caer en nuestras manos. El general Franco se encontraba ayer en Córdoba al frente de una fuerte columna de tropas procedentes de África.

Es inútil oponerse al avance de la mayor parte del pueblo español sano, que sólo desea una España libre de odios."

El general Mola, 19 de julio de 1936

0 el levantamiento Aufstand
1 frustrar vereiteln
3 sublevarse rebellieren
4 vergonzoso/-a schändlich
la rebeldía Widerstand
5 constituir einsetzen
6 circunscribir begrenzen
7 el Protectorado *Marruecos*
8 sumarse sich anschließen
el empeño *el intento*
9 unánime einmütig
10 la indignación Entrüstung
la tentativa *el intento*
reprobable verwerflich
12 emitir ausstrahlen
13 el dueño Herr
14 la columna hier: Kampftruppe
18 proceder de *venir de*
19 oponerse sich widersetzen
el avance ← *avanzar*

Pancarta en la calle Toledo en Madrid, 5 de octubre del 1936

1. Lee con atención las dos noticias y comprueba en el mapa de evolución cuál de ellas es correcta.
2. Explica a qué bando pertenece cada texto.
3. Analiza de qué tipo de textos se trata.
4. Observa la foto e investiga en qué contexto se hizo inmortal la expresión "¡No pasarán!".

La participación internacional

La repercusión internacional de la Guerra Civil resultó evidente en dos aspectos: la formación en Londres de un comité de no intervención (agosto de 1936), y las ayudas exteriores que recibieron ambos bandos a pesar de los acuerdos de no intervención.

La Guerra Civil hizo que España emergiera al primer plano del escenario mundial. Provocó una honda división en la opinión pública internacional y posiciones encontradas entre los gobiernos. Los dos bandos recibieron ayuda, sobre todo en armamento y soldados. La destinada a los subleva-

1 la repercusión Nachwirkung
2 la intervención Einmischung
4 el acuerdo Abkommen
5 emerger hervortreten
6 hondo/-a *profundo/-a*
7 el bando *aquí: el grupo*
8 el armamento Rüstung
destinar bestimmen
el sublevado Aufständischer

dos fue más regular y cuantiosa. Francia y Gran Bretaña impulsaron una política de neutralidad y no injerencia, a la que oficialmente se sumaron Alemania, Italia, Portugal, Bélgica, la URSS y otros países, lo que perjudicó a la República. De hecho, el comité de no intervención, creado en Londres en septiembre de 1936, fue inoperante.

De los Estados potencialmente aliados de la República, sólo México y la URSS acudieron en su auxilio. La ayuda de la URSS adquirió grandes proporciones y el gobierno la pagó con oro del Banco de España. Francia suministró armas, casi siempre de forma clandestina. Además, unos 60.000 voluntarios extranjeros abandonaron sus países y se alistaron en las Brigadas Internacionales; muchos de ellos eran comunistas.

El bando rebelde recibió apoyo de Alemania, Italia y Portugal. Las dos primeras realizaron un aporte ingente, sin que los 'nacionales' se vieran obligados a pagarlo de forma inmediata. Igual ocurrió con el abundante petróleo abastecido por la TEXACO o con los camiones vendidos por la Ford y la General Motors. Estas compañías estadounidenses operaron con los insurrectos a pesar de la neutralidad.

Historia de España, Enciclopedia del estudiante nº8. Santillana, 2005, p. 203

9 cuantioso/-a zahlreich
10 la injerencia *la intervención*
11 perjudicar benachteiligen
13 inoperante unwirksam
15 acudir *ir*
el auxilio *la ayuda*
adquirir annehmen
16 la proporción Ausmaß
17 suministrar liefern
clandestino/-a heimlich
18 alistarse sich melden
21 el aporte Beitrag
ingente *muy grande*
verse obligado a *tener que*
22 abundante *mucho*
23 abastecer liefern
25 el insurrecto Aufständischer

1. Describe qué era el Comité de no intervención.
2. Explica por qué crees que Inglaterra y Francia no querían participar en la Guerra Civil española. Justifica tu respuesta.
3. Realiza un esquema que represente el apoyo internacional prestado a los dos bandos.
4. Busca en el texto las formas con las que se denomina al bando sublevado. Deduce por qué se han utilizado las comillas con "los nacionales".
5. ¿Y la población española? Imagina que eres la niña de la foto y redacta un monólogo interior.

Víctima del bombardeo, en la provincia de Madrid

Las Brigadas Internacionales

La ayuda humana [a la República] llegó a través de las Brigadas Internacionales: unos 60.000 hombres de 30 países, sin demasiada experiencia militar, pero disciplinados que vinieron bajo el lema: "España será la tumba del fascismo". Canalizados por los partidos comunistas europeos, estos jóvenes eran de ideología comunista (80 %), socialista o liberal, obreros, periodistas, intelectuales, funcionarios, parados, o aventureros. Vinieron a España para luchar contra la propagación del totalitarismo en el continente europeo y para salvar la democracia republicana en España. Veían la guerra española como una grave cuestión de la política internacional. Fueron distribuidos en 6 Brigadas que estaban formadas por batallones que solían agrupar a los soldados de cada país (*Telemann* a los alemanes,

4 canalizar hier: lenken
5 el obrero Arbeiter
6 el funcionario Beamter
el parado Arbeitsloser
el aventurero ← *la aventura*
7 la propagación Verbreitung
el totalitarismo Totalitarismus
10 el batallón Batallion

Lincoln a los norteamericanos, *Garibaldi* a los italianos, etc). Su intervención ayudó a detener al ejército rebelde a las puertas de Madrid en el otoño de 1936. Fueron retirados de España a finales de 1938 y unos 18.000 de ellos quedaron enterrados allí.

Historia 2º Bachillerato, Grupo Edetania, Ed. Ecir, 2003

12 la intervención Eingreifen
13 detener aufhalten
14 retirar abziehen
15 enterrar beerdigen

1. Explica cuántos hombres conformaban las Brigadas Internacionales y cómo estaban organizadas.
2. Describe qué motivos animaron a tantos hombres a integrar las Brigadas Internacionales.
3. Comenta la frase "España será la tumba del fascismo".
4. Analiza el cartel de las Brigadas Internacionales y explica su simbología.
5. Reflexiona sobre las razones para intervenir o no intervenir en la guerra que se ofrecen en este texto y el anterior. Coméntalas con tus compañeros.
6. ¿Sabías que Willy Brandt fue miembro de las Brigadas Internacionales? Investiga sobre su estancia en España. Averigua qué otros personajes famosos participaron en las Brigadas Internacionales.

Cartel de las Brigadas Internacionales

Las dos Españas

Estos carteles aluden a los principios que guiaron a los franquistas. Explica, a partir de los mismos, cuáles eran los principios ideológicos que defendían y qué modelo de España deseaban.

Carteles franquistas; izq: Teodoro Delgado; centro y der.: anónimo

George Orwell llegó a Barcelona en diciembre de 1936 y el mismo día se alistó y fue asignado como miliciano al anti-estalinista Partido Obrero de Unificación Marxista (POUM).

2 el miliciano Milizionär

Yo había ido a España con la vaga idea de escribir artículos para los periódicos, pero había ingresado en la milicia casi inmediatamente después de llegar, porque en aquella época y en aquella atmósfera parecía que esto era lo único concebible. Los anarquistas aún dominaban virtualmente Cataluña, [...] la revolución se encontraba en su apogeo. A alguien que se hubiese encontrado allí desde el comienzo, aún en diciembre o enero, probablemente le parecería que el período revolucionario estaba tocando a su fin; pero para quien acababa de llegar de Inglaterra, el aspecto que ofrecía Barcelona era impresionante y abrumador. Era la primera vez que estaba en una ciudad en la que la clase obrera ocupaba el poder. Casi todos los edificios de cierta importancia habían sido ocupados por los obreros, y sus fachadas estaban cubiertas con banderas rojas o con la bandera roja y negra de los anarquistas; en todas las paredes se veían la hoz y el martillo, y al lado las iniciales de los partidos revolucionarios; casi todas las iglesias habían sido saqueadas y las imágenes quemadas. Los camareros y los dependientes le miraban a uno cara a cara y le trataban como a un igual. [...] Nadie decía señor o don, ni siquiera usted; todo el mundo trataba a los demás de 'camarada' y de 'tú', y decía ¡Salud!, en vez de ¡Buenos días! [...] No había coches particulares, todos habían sido requisados, y todos los tranvías y taxis y la mayoría de los demás transportes públicos, estaban pintados de rojo y negro. Por todas partes se veían carteles revolucionarios. [...] Pero lo más sorprendente de todo era el aspecto del gentío. A juzgar por su apariencia exterior, era una ciudad en la que las clases adineradas habían dejado de existir. Exceptuando a un reducido número de mujeres y de extranjeros, no se veía a gente 'bien vestida'. Casi todo el mundo llevaba ropas muy sencillas propias de la clase trabajadora, o monos azules o alguna variante del uniforme de los milicianos. Todo aquello resultaba extraño e impresionante. Muchas de las cosas que veía no las comprendía, en cierto modo ni siquiera me gustaban, pero inmediatamente comprendí que era un estado de cosas por el que valía la pena luchar. Por otra parte, yo creía que todo era como aparentaba, que aquello era, efectivamente, una república de trabajadores, y que todos los burgueses, o habían huido, o habían muerto o se habían pasado voluntariamente al bando de los obreros; no me daba cuenta de que había muchísimos burgueses acomodados que se limitaban a tratar de pasar inadvertidos y a disfrazarse de proletarios en espera de tiempos mejores.

George Orwell: *Homenaje a Cataluña*. Barcelona: Ed. Ariel, 1983, pp. 40, 41 y 42

4 vago/-a vage
5 ingresar eintreten
la milicia Miliz
7 concebible vorstellbar
virtualmente *prácticamente*
8 el apogeo Höhepunkt
10 tocar a su fin *acabar*
11 el aspecto *la apariencia*
12 abrumador/-a bedrückend
13 ocupar besetzen
15 la fachada Fassade
16 la hoz Sichel
el martillo Hammer
17 las iniciales Initialen
18 saquear plündern
la imagen hier: Ikone
22 particular *privado/-a*
requisar beschlagnahmen
25 el gentío *la gente*
a juzgar por gemessen an
26 adinerado/-a ← *el dinero*
27 exceptuar ausnehmen
29 sencillo/-a einfach
el mono Overall
32 en cierto modo
in gewisser Weise
33 valer la pena etw. wert sein
34 aparentar scheinen
35 el burgués Bürgerlicher
36 pasarse überwechseln
37 acomodado/-a *rico/-a*
38 limitarse a
sich beschränken auf
39 inadvertido/-a unbemerkt

1. Explica cómo describe Orwell la vida en la Barcelona republicana.
2. Examina qué ideología política destacaba en Barcelona. Extrae del texto todas las frases y expresiones que te permitan argumentar tu respuesta.
3. Analiza la última frase del texto.
4. Explica cuál crees que es la posición política del autor y justifica tu opinión.
5. Compara la posición de los dos bandos en torno a su tendencia ideológica y al papel del Ejército y de la Iglesia.

Fin de la guerra y exilio

Manuel Azaña

"Enumerados por orden de su importancia de mayor a menor, los enemigos de la República son: la política franco-inglesa; la intervención armada de Italia y Alemania; los desmanes, la indisciplina y los fines subalternos que han menoscabado la reputación de la República y la autoridad del Gobierno; por último, las fuerzas propias de los rebeldes. ¿Dónde estarían ahora los sublevados de julio, si las otras tres causas, singularmente la primera, no hubiesen obrado a su favor?"

Manuel Azaña: *La velada en Benicarló.* 1937/1939

4 armado/-a bewaffnet
el desmán Ausschreitung
5 la indisciplina Disziplinlosigkeit
subalterno/-a untergeordnet
6 menoscabar *dañar*
la reputación Ruf
10 singularmente *sobre todo*
11 obrar wirken

1. Describe cuáles son las causas de la pérdida de la guerra que cita Azaña y sitúalas contextualmente. Para ello, utiliza la cronología que has elaborado a lo largo de la unidad.
2. Evalúa y discute con tus compañeros qué factores pesaban más para Azaña, los internos o los externos. Argumenta tu respuesta.
3. Investiga a qué se refiere Azaña con "los desmanes, la indisciplina y los fines subalternos que han menoscabado la reputación de la República". Compara tus resultados con los de tus compañeros. A continuación, lee el siguiente texto.

En febrero de 1939, antes del fin de la guerra, Franco promulgó la Ley de Responsabilidades Políticas, que declaraba revolucionarios, subversivos y rebeldes a los que se opusieran al Movimiento Nacional. También se restablecía la pena de muerte. El temor a la represión forzó un exilio masivo. Se calcula que en los últimos meses de la guerra se exiliaron por la frontera francesa unos 400.000 españoles. Muchos eran soldados republicanos; otros, militantes de las organizaciones favorables a la República; y otros, únicamente personas atemorizadas. América fue también destino para los exiliados.

Al exilio fueron intelectuales y políticos que colaboraron con la República. Su huida tuvo fatales consecuencias para el posterior desarrollo del país. Muchos de ellos no regresaron más a España; otros, lo hicieron después de la muerte de Franco.

Historia de España, Enciclopedia del estudiante nº 8. Santillana, 2005

1 promulgar erlassen
2 declarar erklären
subversivo/-a subversiv
3 rebelde aufständisch
oponerse a sich widersetzen
4 restablecer wiedereinführen
forzar erzwingen
7 el militante Aktivist
8 atemorizado/-a ← *el temor*

Exiliados españoles huyendo, en Cataluña

1. Explica qué factores fuerzan el exilio de muchos españoles tras la guerra.
2. Enumera qué clase de personas se convierten en exiliados al final de la guerra.
3. Deduce qué es el Movimiento Nacional.
4. Describe la fotografía y compara tu análisis con el de tu compañero/-a. Trata de situar la fotografía en su contexto.
5. Imagina que eres una de las personas de la fotogafía. Imagina que tienes que dejar tu casa, tu país y a todos tus amigos huyendo. Escribe una carta a un amigo despidiéndote y explicando los motivos de tu partida y lo que esperas de tu futuro.
6. Investiga qué países recibieron la mayor cantidad de exiliados. Consulta la página 249 del tema 'Migraciones' para completar tu respuesta.

Los desastres de la guerra

La experiencia de la guerra incidió directamente sobre el trabajo de los artistas. Reuníos en tres grupos y seleccionad una de las secciones que aparecen a continuación. Realizad un análisis de contextualización y exponedlo a los demás grupos. Seguid las siguientes pautas:

1. Recoged información biográfica sobre los autores;
2. Procesad una localización espacial y temporal: ayudaos de las tablas cronológicas y esquemas elaborados hasta ahora;
3. Analizad la obra ayudándoos de las estrategias (Cómo analizar una imagen: el cuadro; Cómo analizar un texto literario; Cómo analizar una imagen: el cartel);
4. Valoración.

A: Pablo Picasso: *Guernica*, 1937

La ciudad de Guernica bombardeada (1937)

Pablo Picasso, esbozo del cuadro *Guernica* (1937)

Pablo Picasso, *Guernica* (1937)

1. Relaciona el cuadro de Picasso con la fotografía histórica, prestando atención no sólo al trasfondo histórico sino también a la composición y la atmósfera de ambas.
2. Analiza la composición del cuadro a partir del boceto. ¿Qué grupos pictóricos encuentras y qué crees que expresan? Argumenta tu respuesta.
3. Describe los símbolos más importantes que aparecen en el cuadro e interpreta su significado. Compara tu interpretación con la de tus compañeros.

B: Max Aub: *Enero sin nombre*, 1939

[...] la carretera de La Junquera es un embudo.
El mundo ha envejecido en cuarenta y ocho horas. Pasa un viejo viejísimo, de luto, como todos los viejos españoles. Estar de luto es el invierno. (...). La carretera está llena de camiones, de carabineros, de soldados, de automóviles, de guardias, de viejos, de mujeres, de carros, de periódicos rotos, de viejos, de tanques de gasolina, de tres cañones que han abandonado a mi derecha, de niños, de soldados, de mulos, de viejos, de heridos, de coches, de heridos, de mujeres, de niños, de heridos, de viejos. [...] No se para nadie, cada uno con su cacho de carretera al hombro.
–La culpa es del gobierno.
–La culpa fue de los comunistas.
–La culpa la tiene la CNT.
–La culpa es de los republicanos.
Un niño está solo, con un paraguas.
–¿Y tu madre?
–En Francia.
–¿Y tu padre?
–Muerto.
Está solo, parado como un islote, en medio de todos, formando un remolino.
La gente llega, viene, va, camina, pasa, se mueve, se estira, se extiende, se desliza, se gasta, consume, envejece, muere.

Max Aub: *Enero sin nombre.* Barcelona: Alba Editorial, 1994

2 **el embudo** Trichter
3 **envejecer** ← *viejo/-a*
5 **de luto** in Trauer(kleidung)
8 **el carabinero** *el policía*
10 **el guardia** Schutzmann
13 **el cañón** Kanone
15 **el mulo** Maultier
19 **el cacho** *el trozo*
30 **parado/-a** aufrecht
el islote ← *la isla*
32 **el remolino** (Wasser-)Wirbel
34 **estirarse** sich strecken
extenderse sich ausbreiten
35 **deslizarse** dahingleiten
gastarse sich abnutzen
consumir konsumieren

1. Examina qué situación describe el texto y extrae las expresiones y recursos que te permiten argumentar tu respuesta.
2. Explica el significado de las siguientes frases: "El mundo ha envejecido en cuarenta y ocho horas"; "No se para nadie, cada uno con su cacho de carretera al hombro".
3. Describe ahora qué estado de ánimo se percibe en el texto. Argumenta tu respuesta.

C: Josep Renau: *Hoy más que nunca, victoria*, 1938

1. Examina los elementos gráficos que aparecen en el cartel y analiza el uso de los colores.
2. Describe ahora el cartel e interpreta su significado. ¿Crees que tiene una finalidad concreta? Justifica tu respuesta.
3. Opina sobre la relación entre publicidad y propaganda y compara tu punto de vista con el de tus compañeros.
4. ¿Qué anécdota vinculó a los tres artistas? Investiga en Internet y presenta el resultado de tu investigación.

3. El Franquismo

3.1 Francisco Franco

Francisco Ribera (1939): *Francisco Franco*

Peseta española de 1963

Mural alegórico a Francisco Franco

Estatua ecuestre de Franco en Santander

1. Mira las fotos y descríbelas detalladamente.
2. Intenta interpretar las imágenes. ¿Cómo quiere aparecer Franco?
3. Observa el cuadro de Ribera y el mural alegórico. Analiza a qué figura ideal alude cada uno y haz una lista de sus características.
4. Compara la imagen general de Franco con lo que sabes de Hitler y Mussolini.

Sellos con la imagen de Franco

Fundamentos del franquismo

El período de la historia contemporánea de España que transcurre entre 1939 y la actualidad está perfectamente dividido en dos grandes etapas: de 1939 a 1975 el país vivió sometido a una Dictadura Militar de carácter personal; a partir de este último año España se integró en la comunidad de naciones europeas democráticas. Dictadura y Democracia son los rasgos distintivos básicos de ambas etapas. La primera surgió a partir de un acontecimiento trágico de nuestra historia, la Guerra Civil de 1936 a 1939, y finalizó con el fallecimiento del principal personaje de aquélla: el general Francisco Franco. La segunda comenzó en ese momento y se prolonga hasta el presente.
El general Francisco Franco Bahamonde (1892-1975) suprimió las libertades públicas, disolvió los partidos de izquierda, unificó los de la derecha en el Movimiento Nacional (1937), abolió las autonomías regionales y prohibió los órganos legislativos de elección popular.

José Emilio Castelló: *España – Siglo XX, 1939-1978*. Anaya 2006, p. 4
Ramón Tamames / Sebastián Quesada: *Imágenes de España*. Edelsa 2006, p. 127

1 contemporáneo/-a zeitgenössisch
transcurrir verlaufen
3 someter unterwerfen
4 integrar eingliedern
6 distintivo/-a unterscheidend
8 el fallecimiento *la muerte*
10 prolongar fortsetzen
11 suprimir unterdrücken
12 disolver auflösen
unificar *unir*
13 abolir abschaffen
14 legislativo/-a gesetzgebend

Se instaló un gobierno dictatorial, con un partido único, el Movimiento Nacional, que concentraba todo el poder en manos de Franco como Jefe de Estado. Se suprimieron todas las libertades y derechos de los ciudadanos: se restablece la pena de muerte, se prohíben el divorcio y el matrimonio civil.

Amalia Balea / Pilar Ramos: *Cultura Española*. 2006, p. 56s.

15 **instalar** einführen
18 **restablecer** wiedereinführen
la pena Strafe
el divorcio Scheidung

1. Recoge toda la información que ofrecen estos textos sobre la cronología de la historia de España desde la guerra civil hasta hoy.
2. Describe las características que nos presentan los textos sobre el período de la dictadura franquista.
3. Redacta una definición de lo que es una dictadura. En grupos presentad vuestros esbozos en clase y discutid los diferentes enfoques.
4. Haz un mapa conceptual de los elementos que te parecen imprescindibles para poder hablar de democracia y compara los resultados con los de tus compañeros.

Los pilares del régimen

Los apoyos más destacados que tuvo la dictadura franquista fueron el Ejército, la Iglesia, la Falange, los tradicionalistas (o carlistas) y la derecha más conservadora. Pero ninguno de estos grupos tuvo la suficiente fuerza para imponerse sobre los demás, e incluso hubo discrepancias y tensiones entre ellos. Franco distribuyó hábilmente los cargos políticos, con lo que pudo arbitrar con eficacia el juego político de las diversas familias del régimen, sin comprometerse nunca del todo con ninguna y haciendo la vista gorda ante la corrupción, que no podía denunciarse por la falta de libertad de prensa.

Los militares fueron el apoyo más decidido y fiel de la dictadura franquista. Muchos ministros, gobernadores civiles y altos cargos burocráticos del régimen franquista eran militares. [...]

La jerarquía eclesiástica y buena parte del clero constituyeron el 'poder legitimador' de la dictadura ante la opinión católica nacional e internacional. A cambio de este apoyo, la Iglesia, sobre todo a partir de [...] 1953, obtuvo importantes concesiones, como la presencia en las más altas instituciones del régimen. [...] Pero el apoyo de la Iglesia no fue tan monolítico como el del estamento militar. Algunos sectores de creyentes, especialmente en Cataluña y en el País Vasco, se mantuvieron siempre hostiles al franquismo. A partir del Concilio Vaticano II (1962-1965), una parte [...] del clero inició un distanciamiento progresivo del régimen.

La Falange, principalmente, y los tradicionalistas [...] constituyeron también pilares ideológicos fundamentales del sistema franquista. La Falange, predominante en la primera etapa del régimen, constituía un cuerpo burocrático del Estado, con funciones de propaganda [...]. A partir de

0 **el pilar** Stützpfeiler
1 **destacado/-a** herausragend
4 **imponer** durchsetzen
la discrepancia Streit
la tensión Spannung
5 **distribuir** verteilen
hábil geschickt
el cargo Amt, Posten
6 **arbitrar** schlichten
la eficacia Effizienz
7 **comprometerse con** sich festlegen
hacer la vista gorda hinwegsehen über
8 **denunciar** anzeigen
10 **fiel** treu
13 **la jerarquía** Rangordnung
el clero Klerus
constituir *formar*
16 **obtener** *recibir*
la concesión *el permiso*
18 **monolítico/-a** hier: einstimmig
el estamento Schicht
el creyente ← *creer*
20 **hostil** *enemigo/-a*
21 **el distanciamiento** ← *la distancia*

1958 se impuso la denominación de Movimiento Nacional, que desplazaba la anterior de FET y de las JONS. [...]
El franquismo contó también con el apoyo social de los terratenientes, los financieros, los empresarios, los pequeños y medianos propietarios agrarios y la clase media de las zonas rurales. A todo esto se añade, como apoyo popular indirecto, el proceso de desmovilización política de la sociedad española, en buena parte inducido por la propaganda, el recuerdo de la Guerra Civil y la censura. Este fenómeno social se conoce como mayoría silenciosa, mayoría ausente o franquismo sociológico.

J. Prats / J. E. Castelló: *Historia 2° Bachillerato.* Anaya, 2000. p. 355-356

26 **desplazar** ersetzen
28 **el terrateniente** Großgrundbesitzer
29 **el empresario** ← *la empresa*
el propietario *el dueño*
30 **rural** ländlich
31 **popular** *del pueblo*
32 **inducir** *causar*

1. Nombra los grupos que apoyaban el sistema franquista.
2. Describe cuáles eran las aportaciones de cada uno de esos grupos según el texto.
3. Explica en qué consistía el "juego político" de Franco respecto a los grupos mencionados.
4. Analiza las razones de los diferentes grupos para apoyar a Franco. Si no se nombran en el texto, reflexiona y trata de encontrar otras.
5. Añade la información de este texto a la imagen que te has hecho del franquismo hasta ahora. ¿Qué papel tiene la persona de Franco para el sistema ideológico?
6. En el texto aparecen las denominaciones "Falange", "Movimiento Nacional" y "FET y de las JONS" para referirse al partido de Franco. Investiga en Internet sobre la historia del partido.
7. Compárala con la historia del partido nazi.

3.2 La represión

Una represión brutal

La victoria del régimen franquista tuvo un impacto extraordinario en la forma de vida de los españoles. Tan pronto como se instaló en el poder, Franco comenzó su gran tarea de crear una nueva sociedad basada en sus valores nacional-católicos. Para ello era necesario hacer una 'limpieza' de los vestigios de la sociedad republicana anterior. Con este fin, el gobierno de la época utilizó fuertes medidas represivas, que fueron especialmente duras en los primeros años y se suavizaron a medida que los valores franquistas se consolidaban en la sociedad.
En la primera etapa de la dictadura la represión fue brutal: un gran número de personas fueron encarceladas o ejecutadas por sus ideas políticas, y otras muchas se vieron obligadas a exiliarse a otros países. Los españoles vivían con el profundo miedo a ser delatados por sus compañeros, vecinos e incluso por sus familiares, a menudo por cosas tan triviales como escuchar una emisora de radio extranjera o por expresar opiniones contrarias al régimen. A esto hay que sumar la extrema pobreza en la que España se hallaba sumida, lo que da una idea de la difícil situación de estos

Presos republicanos en la prisión de Ocaña

1 **el régimen** Regime
el impacto Auswirkung
2 **instalarse** sich einrichten
5 **el vestigio** *el resto*
6 **represivo/-a** ← *la represión*
7 **suavizar** ← *suave*
8 **consolidarse** Fuß fassen
10 **encarcelar** ← *la cárcel*
ejecutar hinrichten
12 **delatar** denunzieren
13 **trivial** alltäglich
14 **la emisora** Sender
16 **hallarse** *encontrarse*
sumido/-a versunken

años para la población en general. Los métodos represivos consistían fundamentalmente en abolir la libertad de expresión, con persecución y encarcelamiento de los que se sospechaba que eran 'rojos', es decir, que tenían ideas cercanas al comunismo o simplemente una tendencia política liberal. Los miembros de los partidos políticos (excepto los de la Falange) fueron activamente perseguidos, con lo que muchos de ellos pasaron a operar en la clandestinidad o desde el exilio.

Cristina López Moreno: *España contemporánea.* SGEL 2007, p. 26-27

18 abolir abschaffen
20 cercano/-a ← *cerca*
22 perseguir verfolgen
23 operar *actuar*
la clandestinidad Untergrund

Presos políticos en España (1939-1950)	
1939	270.719
1940	233.373
1941	159.392
1942	124.423
1043	74.095
1944	54.072
1945	43.812
1946	36.379
1947	38.139
1948	37.751
1949	36.127
1950	30.610

Anuarios Estadísticos de España

1. Resume el contenido del texto con tus propias palabras.
2. Analiza cuáles eran las razones por las que podías ser encarcelado durante las primeras décadas del régimen franquista.
3. Explica las reacciones de la población española ante las imposiciones del régimen.
4. Comenta la tabla y establece una relación con el texto.

La Ley de Responsabilidades Políticas

El 9 de febrero de 1939 se publicó la *Ley de Responsabilidades Políticas*, con la que el régimen pretendía ejercer esa depuración total de todas las personas que de una u otra forma habían colaborado con la República desde antes de la Guerra Civil, desde 1934. El increíble argumento jurídico de esta Ley, como el de otras del régimen, era la consideración de que quienes permanecieron fieles a la República eran los verdaderos reos de rebelión y del delito de oponerse al triunfo del Movimiento Nacional [...].

Julio Aróstegui: *Panorama. Historia bachillerato segundo curso.* Vicens Vives 2002, p. 267

2 la depuración Säuberung
3 colaborar mitarbeiten
4 jurídico/-a juristisch
5 la consideración *la opinión*
6 fiel treu
el reo *el culpable*
7 oponerse sich widersetzen

1. Explica por qué el autor del texto habla del "increíble argumento jurídico" de esta ley.
2. Imagínate qué impacto puede haber tenido esa ley en la vida cotidiana de los españoles.

3.3 Economía y política exterior bajo Franco

La España de posguerra (años 40)

Las industrias, las infraestructuras y los campos quedaron asolados tras la Guerra Civil. Para la reconstrucción se puso como objetivo la autarquía, siguiendo el ejemplo del fascismo italiano. Por esta razón se diseñó una

1 asolar *destruir*
2 la autarquía Autarkie

economía caracterizada por el intervencionismo del Estado y cuyo objetivo era producir en España todos los productos básicos. En este modelo, el Estado fijaba los precios, regulaba la importación y la exportación, favorecía ciertos sectores industriales, etc. Fueron años de hambre: la escasez de productos de primera necesidad llevó al gobierno a practicar el racionamiento. Esta medida creó un mercado negro de alimentos y medicinas vendidos a precios muy elevados, el estraperlo.
Hasta 1942 el Estado franquista apoyó a las potencias del Eje en la Segunda Guerra Mundial, pero no se implicó directamente en la guerra. La única excepción fue el envío de la División Azul (18.000 voluntarios que lucharon a favor de Alemania en el frente soviético). En 1943, el avance de los aliados indujo a Franco a declararse neutral. Sin embargo, una vez acabado el conflicto, los aliados no aceptaron el ingreso de España en la ONU aduciendo que su régimen era fascista y antidemocrático.

Kalipedia, adaptado

4 **el intervencionismo** Einmischung
6 **favorecer** begünstigen
7 **la escasez** Knappheit
8 **el racionamiento** Rationierung
11 **las potencias del Eje** Achsenmächte
13 **el envío** ← *enviar*
14 **el frente** Front
el avance ← *avanzar*
15 **inducir** veranlassen
17 **la ONU** die UNO
aducir anführen

Cartel de propaganda de los años cuarenta

1. Describe en qué consiste una política autárquica.
2. Recuerda en qué otra sección del tema has visto el fenómeno del estraperlo y su origen etimológico.
3. Deduce cuáles eran las potencias del Eje y por qué se las denominó así. Ayúdate de la Red.
4. Describe y comenta el cartel y establece una relación con el contenido del texto.

Los años 50: el fin de la autarquía

El evidente fracaso del modelo autárquico llevó a que desde los inicios de los años cincuenta se produjera un giro en la política económica.
Se aplicó una liberalización parcial de precios y del comercio y la circulación de mercancías. En 1952 se puso fin al racionamiento de alimentos.
La guerra fría y el consiguiente cambio en la política internacional de Estados Unidos propiciaron que desde 1951 comenzara a llegar ayuda económica norteamericana. [Ésta] permitió importaciones de bienes de equipo imprescindibles para el desarrollo industrial. El año 1955 marcaba el fin del aislamiento, con la entrada de España en la ONU.
El incipiente desarrollo trajo, sin embargo, una fuerte inflación que propició un fuerte malestar social. La necesidad de reformas estructurales en la economía era evidente. Finalmente, Franco, tras veinte años de políticas económicas nocivas, permitió la entrada en el gobierno en 1957 de un grupo de 'tecnócratas' del 'Opus Dei'. Estos nuevos ministros diseñaron el giro definitivo en la política económica: el Plan de Estabilización de 1959.

Historia Siglo XX. En: *http://www.historiasiglo20.org*, adaptado

0 **la autarquía** Autarkie
1 **el fracaso** Scheitern
2 **el giro** Umschwung
3 **parcial** teilweise
la circulación Umlauf
4 **la mercancía** Ware
el racionamiento Rationierung
5 **consiguiente** entsprechend
6 **propiciar** fördern
7 **el bien de equipo** Anlagegut
10 **incipiente** beginnend
13 **nocivo/-a** schädlich
14 **el tecnócrata** Technokrat

1. Analiza en qué consistieron los cambios en economía y política exterior durante este período.
2. Realiza una tabla comparativa entre los años de la posguerra y los años 50 y discute las diferencias con tus compañeros.
3. En el texto se nombra el Opus Dei. Averigua en la Red de qué se trata y presenta los resultados de tu investigación en clase.

3.4 El nuevo papel de la mujer durante la dictadura

Un nuevo modelo de mujer

Con el establecimiento de Franco en el poder, se impone un nuevo modelo de mujer basado en los valores fascistas y católicos, lo que supone un duro golpe a la nueva independencia que había alcanzado la mujer hasta entonces. En contraste con la época anterior, durante la dictadura el ámbito de la mujer se vio limitado exclusivamente a la familia, el espacio doméstico y su función de esposa, madre y transmisora de los valores nacional-católicos. La mujer había perdido gran parte de sus libertades, y se encontraba sujeta a la autoridad del hombre. El sistema legal del momento legitimizaba la subordinación de la mujer al hombre. El código penal recogía la obligación de la mujer de obedecer a su marido. También reservaba fuertes penas para las mujeres culpables de adulterio, pero no para los hombres. Las mujeres ni siquiera tenían derechos sobre sus hijos: su marido podía, incluso, darlos en adopción sin consultar con su mujer. La educación de las mujeres fue un instrumento de adoctrinamiento en su nuevo papel en la sociedad franquista. El gobierno prohibió la educación mixta: en la escuela, las niñas tenían asignaturas obligatorias como Música, Labores, Cocina, Economía doméstica y Educación Física, cuyo objetivo era formar a las jóvenes estudiantes hacia su destino doméstico. Por otro lado, aunque ninguna ley prohibía directamente que la mujer se incorporase a los estudios universitarios, éstos se presentaban como inútiles, poco femeninos, y en general inadecuados para ella. El tipo de educación que recibían dificultaba su acceso al trabajo remunerado, a la vez que reforzaba la presunción de la inferioridad intelectual de las mujeres.

Cristina López Moreno: *España contemporánea*. SGEL 2007, p. 28-29

1 el establecimiento Einrichtung
imponer durchsetzen
3 el golpe Schlag
5 el ámbito Bereich
6 doméstico/-a häuslich
8 sujeto/-a unterworfen
9 legitimizar legitimieren
la subordinación Unterordnung
el código penal Strafgesetz
10 recoger *aquí: contener*
obedecer gehorchen
11 reservar vorbehalten
la pena *el castigo*
el adulterio Ehebruch
14 el adoctrinamiento Indoktrination
19 incorporarse a *comenzar con*
21 inadecuado/-a unpassend
22 remunerar *pagar*
23 reforzar verstärken
la presunción Annahme
la inferioridad Unterlegenheit

1. Describe en qué consiste el "nuevo modelo de mujer" bajo Franco.
2. Determina a qué momento anterior se refiere el texto y deduce los derechos que tenía la mujer en esa época anterior.
3. Explica en qué sentidos, y en qué ámbitos, tenía lugar una "subordinación de la mujer al hombre".
4. Analiza con qué medidas reforzaba el régimen la opresión de las mujeres.
5. Comenta cómo justificaba el sistema el "destino doméstico" de las mujeres y en qué sentido se beneficiaba de él.

La licencia marital

Un ejemplo para ilustrar el grado de subordinación de la mujer casada a su marido en la época franquista es la licencia marital, que estuvo en vigor en España hasta 1975. Esta licencia significaba que las mujeres casadas debían contar con el permiso de sus maridos para realizar un gran número de acciones cotidianas. Sin el permiso marital, las mujeres casadas no podían:

- trabajar, ni disponer libremente de su propio salario si trabajaban
- sacar un pasaporte o el carné de conducir
- abrir una cuenta bancaria
- recibir una herencia, aunque fuese de sus padres o familiares cercanos
- vender sus posesiones.

Cristina López Moreno: *España contemporánea*. SGEL 2007, p. 29

0 marital ← *el matrimonio*
1 el grado Grad
la subordinación Unterordnung
2 estar en vigor gültig sein
4 contar con *tener*
5 cotidiano/-a *de cada día*
7 disponer verfügen
el salario Gehalt
10 la herencia Erbschaft

1. Describe lo que era una "licencia marital".
2. Compara con lo que sabes de la relación entre marido y mujer en las dos partes de Alemania entre los años 1945 y 1975. Puedes preguntar a tus padres o profesores para completarlo.

3.5 El desarrollo de los años 60 y 70

La sociedad española de los años 60

Durante estos años, la sociedad española cambia y se moderniza, aunque aún existen contradicciones. La situación económica mejora y la natalidad aumenta. Algunas familias pueden comprar un televisor o un pequeño coche – el SEAT 600–, otros, sin embargo, se ven obligados a salir fuera de España para conseguir trabajo.
En los años 60 la emigración interior del campo a la ciudad aumentó de manera considerable y también a Europa: más de 1.000.000 de españoles viajaron a Francia, Alemania, Suiza o Bélgica a trabajar.

Amalia Balea / Pilar Ramos: *Cultura Española*. 2006, p. 57

5 la natalidad Geburtenrate
12 considerable *aquí: importante*

El Seat 600, uno de los símbolos del boom económico de los años 60

El verano en la España de Franco

PIB por habitante, en pesetas de 1980

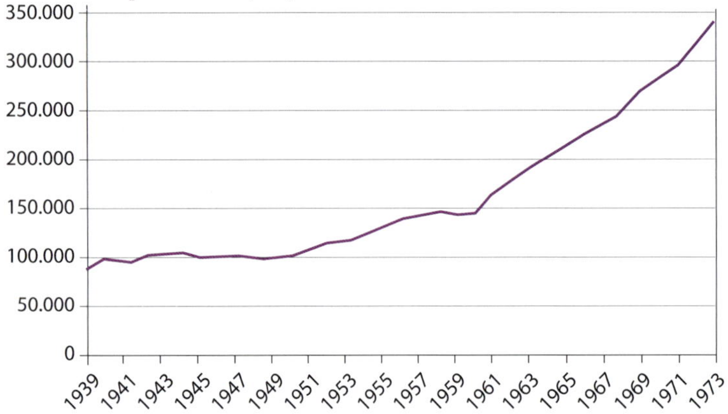

Producto Nacional Bruto (per cápita)		Producción Industrial (per cápita)		Producción Agrícola (per cápita)	
1935	100,0	1935	100,0	1935	100,0
1940	79,6	1940	101,0	1940	73,5
1945	70,6	1945	95,4	1945	58,2
1950	85,3	1950	118,3	1950	70,3
1955	111,0	1955	171,8	1955	77,5
1960	132,8	1960	264,6	1960	91,5
1965	189,1	1965	396,9	1965	120,4
1970	253,6	1970	549,3	1970	135,6

Anuarios Estadísticos de España

1. Comenta el gráfico y la tabla y establece una relación con el texto. ¿Qué evolución puedes observar?
2. Nombra los cambios en la vida española que fueron causados por el boom económico. Después reflexionad juntos en qué otros factores de la vida española crees que pudo haber influido el boom económico.
3. Consulta las páginas 252 a 254 del capítulo 'Migraciones' para obtener más información sobre la emigración española a Alemania. Algunos de esos emigrantes nunca volvieron a España. ¿Conoces algún emigrante o hijo de emigrantes españoles? Pídele que te cuente su historia y preséntala en clase.

3.6 La oposición y la crisis final del régimen

1. La oposición más extendida durante los años 40 fueron los 'maquis'. Averigua de qué se trata.
2. Hay varias novelas de escritores españoles en las que el maquis desempeña un papel importante; por ejemplo en *Soldados de Salamina*, de Javier Cercas (2001), *La voz dormida*, de Dulce Chacón (2003) o *Luna de lobos*, de Julio Llamazares (1985). Elige una de estas novelas, averigua su argumento y preséntalo en clase. ¿Te han entrado ganas de leerla?

La oposición interna

La oposición estudiantil

En contraste con la bonanza económica, el período (de los años 60) fue políticamente el de la reaparición de una potente oposición interna, que demandaba la instauración de un régimen democrático. Este movimiento tenía pocas vinculaciones con los políticos exiliados desde 1939 [...]. La oposición surgió en múltiples frentes, algunos de ellos de forma sorprendente para la dictadura, como la Iglesia y la Universidad. Esta última [...] vivió en permanente protesta a partir de 1964 y hasta el final del franquismo en 1975. Huelgas, manifestaciones, encierros y escritos se multiplicaron a pesar de la dureza con que fue respondida la contestación

2 la bonanza *el buen tiempo*
3 potente ← *el poder*
4 demandar fordern
la instauración Gründung
6 el frente Front
9 la huelga Streik
el encierro Verbarrikadierung
10 la contestación *la protesta*

estudiantil. Esta denunció sistemáticamente lo que más hería a Franco: la carencia de legitimidad democrática y la necesidad de retornar a un régimen parlamentario. La única respuesta que se obtuvo fue la represión policial y judicial.

La oposición obrera

Otro frente de oposición que se abrió en estos años fue el del movimiento obrero. Éste había desaparecido prácticamente después de 1939, y sólo esporádicamente había surgido en algunas acciones aisladas, como las huelgas de la década de los años cincuenta. Pero a partir de los sesenta, las acciones obreras de protesta se multiplicaron. Las huelgas, prohibidas y duramente reprimidas, fueron muy frecuentes, al igual que las manifestaciones. [...]
Las huelgas obreras, que continuaban prohibidas, se multiplicaron en número, del mismo modo que las realizadas en solicitud de libertad sindical y política. En algunos casos, la fuerza de los sindicatos clandestinos se puso en evidencia con la paralización de ciudades enteras por huelgas generales.

La oposición clerical

Incluso desde la Iglesia católica se manifestaron opiniones contra la carencia de libertades, lo que sumió a Franco en la perplejidad. El distanciamiento entre Iglesia y franquismo fue creciendo. En 1968 la Conferencia de Obispos españoles criticó los sindicatos franquistas y defendió la libre sindicación de los obreros. Estas posiciones ya se habían iniciado años antes en los movimientos católicos obreros: Juventud Obrera Católica y Hermandad Obrera de Acción Católica.
La iglesia fue distanciándose progresivamente del régimen. En 1971 la asamblea conjunta de obispos y sacerdotes aprobó una resolución en la que solicitaba el perdón por no haber favorecido la reconciliación entre los bandos enfrentados en la Guerra Civil. Este hecho era especialmente significativo por cuanto implicaba el rechazo al tradicional apoyo mutuo entre la Iglesia y el franquismo. En 1973, los obispos solicitaron la revisión del Concordato de 1953 y la separación entre la Iglesia y el Estado, lo que indicaba el deseo de enfriar las íntimas relaciones anteriores. Numerosos sacerdotes fueron detenidos, juzgados y encarcelados por participar en acciones de protesta, firmar escritos o apoyar a la oposición. Incluso hubo que adecuar una prisión, la de Zamora, para miembros del clero.

José Emilio Castelló: *España – siglo XX, 1939-1978*. Anaya 2006, pp. 46-47, 48, 54-56

Manifestación reprimida

11 denunciar anklagen
herir verletzen
12 la carencia Mangel
retornar volver
13 la represión Repression
15 obrero/-a Arbeiter-
18 esporádico/-a sporadisch
aislado/-a vereinzelt
24 sindical gewerkschaftlich
25 el sindicato Gewerkschaft
clandestino/-a *ilegal*
29 manifestar äußern
30 sumir versetzen
la perplejidad Verlegenheit
el distanciamiento Distanzierung
32 el obispo Bischof
37 la asamblea Ausschuss
el sacerdote Priester
aprobar verabschieden
la resolución Bescheid
38 solicitar *pedir*
favorecer hier: fördern
la reconciliación Versöhnung
39 el bando *el grupo*
enfrentarse aufeinandertreffen
40 el rechazo Ablehnung
mutuo/-a gegenseitig
42 el concordato Konkordat
43 enfriar ← *frío/-a*
45 detener verhaften
47 adecuar anpassen

1. Resume el contenido del texto con tus palabras.
2. Haz una tabla y anota para los miembros de cada uno de los tres grupos por qué estaban descontentos, qué reclamaban, qué formas de protesta eligieron y cómo reaccionó el regimen frente a esas protestas.
3. Imaginad un juicio a la oposición franquista: La clase se divide en tres grupos según los textos: universitarios, obreros y curas. Cada uno debe pensar en argumentos propios de esos sectores en contra de la dictadura y en cómo defenderlos. Un/-a estudiante de cada grupo actúa como abogado defensor ante el tribunal.
4. "Incluso desde la Iglesia católica se manifestaron opiniones contra la carencia de libertades lo que sumió a Franco en la perplejidad." Comenta esta afirmación.

ETA: Otro tipo de protesta contra el régimen fue canalizado por los nacionalismos. En el País Vasco, un grupo de jóvenes universitarios se escindió del PNV en 1959 a causa de su ideología marxista-leninista. Se llamaron Euskadi ta askatasuna (Euskadi y libertad) con la intención de formarse como movimiento revolucionario vasco de liberación nacional. Cometieron su primer atentado en 1968, y, junto con el IRA irlandés, ETA ha practicado el terrorismo más activo de Europa durante cincuenta años.

Montserrat Varela Navarro: *España: su historia explicada.* Stuttgart: Schmetterling, 2007

1 el régimen Regime
canalizar lenken
3 escindirse s. abspalten
el PNV *Partido Nacionalista Vasco*
6 cometer begehen

@ En grupos, investigad en Internet para descubrir cuáles eran los objetivos de ETA en la época de Franco y en la actualidad. ¿Por qué creéis que hoy en día se la denomina una "organización terrorista"? Anota información sobre algunos de los últimos atentados que ETA ha cometido en España.

El espíritu de febrero

Un momento decisivo de [la] crisis final del régimen se abrió con la desaparición del vicepresidente de gobierno, el almirante Luis Carrero Blanco, víctima de un atentado de la banda terrorista ETA, el 20 de diciembre de 1973. Carrero era considerado como el personaje clave para mantener la unión de todas las familias franquistas y asegurar la continuidad del régimen. La reacción del régimen ante esa crisis hizo que se conformaran dentro del mismo con mayor claridad dos grupos de políticos: los inmovilistas y los aperturistas o reformistas. En enero de 1974 se formó un nuevo gobierno presidido por Carlos Arias Navarro. Con su famoso discurso pronunciado el 12 de febrero de 1974 en las Cortes, dio esperanzas a un cierto aperturismo y a un mayor pluralismo político. Arias prometió una nueva ley municipal que permitiese la elección de alcaldes [...], y anunció reformas sindicales y una nueva ley sobre asociaciones políticas. Pero pronto se evidenció que, sin desbordar en absoluto los principios del régimen, era imposible una verdadera libertad política.

Julio Aróstegui: *Panorama. Historia bachillerato segundo curso.* Vicens Vives 2002, p. 286

1 decisivo/-a ← *decidir*
el régimen Regime
2 el almirante Admiral
4 la clave Schlüssel
5 la continuidad Fortbestand
6 conformar *formar*
9 presidir ← *el presidente*
10 pronunciar hier: halten
11 el pluralismo Vielfalt
13 anunciar ankündigen
14 evidenciar *aquí: ver*
desbordar *aquí: cambiar*

¿? 1. Explica en qué consistía la importancia de Carrero Blanco para el régimen.
2. Indica cuál fue la consecuencia positiva de su muerte y di qué cambios trajo ese "espíritu de febrero" a largo plazo.
3. Explica las posiciones de los "inmovilistas" y los "aperturistas" basándote en el significado de esos dos términos.

4. La Transición democrática

En 1969, Franco, de avanzada edad, nombró sucesor del régimen a Juan Carlos de Borbón, nieto de Alfonso XIII, con el título de Príncipe de España. Éste juró lealtad a Franco y a los principios del Movimiento Nacional. Explica qué significaba ser leal a los principios del Movimiento.

El papel de Juan Carlos I

Cuando el 20 de noviembre de 1975 muere el general Franco, España inicia un proceso de cambio político y social que ha quedado en la historia del siglo XX como ejemplo del paso de un régimen dictatorial a una sociedad democrática. Tras casi 40 años de dictadura militar, era necesario un pacto entre los más aperturistas del régimen franquista y los representantes de las fuerzas de oposición, en el que todos tuvieron que hacer renuncias y aportaciones imprescindibles para la reconciliación nacional y la construcción del nuevo sistema de libertades.

El país vivió la legalización de partidos y sindicatos, la amnistía de los presos políticos y el regreso de los exiliados. Pero también tuvo que enfrentarse a un auge sin precedentes del terrorismo, a una profunda crisis económica y la amenaza de los sectores involucionistas, que alcanzó su máxima expresión en la intentona golpista del 23 de febrero de 1981.

La figura de Juan Carlos I fue clave en este complejo proceso de consenso, a través del cual, desde las primeras elecciones libres de 1977 [...] hasta el triunfo del PSOE en 1982, se creó la España de las autonomías, se produjo la apertura al exterior y se aprobó la Constitución de 1978, basada en la proclamación de los derechos fundamentales y las libertades públicas, la división de poderes y la soberanía popular.

La Transición. En: *La mirada del tiempo, tomo 7.* El País, 2006

2 iniciar *comenzar*
3 el régimen Regime
5 el pacto Absprache
aperturista *reformista*
7 la renuncia Verzicht
la aportación Beitrag
imprescindible unverzichtbar
la reconciliación Versöhnung
9 el sindicato Gewerkschaft
la amnistía Amnistie
10 enfrentarse a sich stellen
11 el auge *el aumento*
sin precendentes einmalig
12 involucionista *tradicionalista*
13 la intentona golpista *el intento de un golpe de Estado*
14 la clave Schlüssel
el consenso Übereinstimmung
17 la apertura ← *abrir*
aprobar verabschieden
18 la proclamación Ausrufung

¿? 1. Enumera los sucesos y los desarrollos positivos ocurridos en España entre 1975 y 1981.
2. Explica cuáles fueron las dificultades que España tuvo que afrontar durante ese tiempo.
3. Explica quiénes fueron los grupos protagonistas del cambio político llamado "transición".
4. Discutid en clase las ventajas y desventajas que puede tener la monarquía para un país.
@ 5. Busca en la Red una biografía de Juan Carlos I y prepara una presentación de cinco minutos.
6. Investiga acerca del papel que tiene el Rey en el sistema político de la España actual. Haz un mapa conceptual de ese sistema.

Las elecciones de 1977: Adolfo Suárez

Tras la dimisión de Carlos Arias Navarro, el rey designa Presidente del gobierno a Adolfo Suárez. La elección y apuesta personal del monarca no fue muy bien recibida por algunos sectores de la sociedad española, principalmente por la oposición, debido al pasado franquista del nuevo presidente.

A diferencia del ejecutivo anterior, el nuevo gobierno inició su mandato poniendo en marcha una serie de medidas encaminadas a la reforma política del país. Cabe destacar:

- Legalización de los derechos de reunión, manifestación, propaganda y asociación.
- Concesión de una amplia amnistía (30 de julio de 1976, excepto delitos de sangre).
- Anuncio de celebración de elecciones (antes del 30 de junio de 1977).
- Inicio de un diálogo con el ejército y la oposición política.

Éstos eran los primeros pasos de un gran proyecto político de cambio.

Kairos: Las elecciones de 1977: Adolfo Suárez

1 tras *después de*
la dimisión Abdankung
designar erklären
2 la apuesta Einsatz
6 el ejecutivo *aquí: el gobierno*
8 cabe *hay que*
11 la concesión Gewährung
la amnistía Amnestie

1. Discutid en clase en qué relación está cada uno de los cuatro puntos nombrados con el franquismo y con los pasados años de transición.
2. Comenta en qué sentido pueden haber sido "los primeros pasos de un proyecto político de cambio."
3. Busca en la Red los resultados de las elecciones de 1977 (por ejemplo en wikipedia, "Elecciones generales de España de 1977") y coméntalos. ¿Piensas que se trata de un resultado esperado y lógico después de la larga etapa franquista?

La Constitución de 1978

Siete representantes de las principales fuerzas políticas consensuaron, después de difíciles negociaciones, este texto constitucional. Finalmente fue aprobado por el Congreso y el Senado el 31 de octubre de 1978, y por referéndum el 6 de diciembre de 1978.

La nueva Constitución definía a España como "un Estado social y democrático de Derecho", cuya forma política era la monarquía parlamentaria. Se basaba en los principios de igualdad, libertad y pluralismo político, y reconocía y garantizaba derechos individuales denegados durante el régimen franquista.

En su título VIII la Constitución de 1978 trató de abordar uno de los problemas históricos de [España]: aunar la unidad del Estado con la diversidad de regiones y nacionalidades que lo componen. Se establecieron los cauces legales para que los territorios que lo desearan y que cumplieran una serie de requisitos pudieran constituirse en Comunidades

0 la Constitución Verfassung
1 consensuar ← *el consenso*
2 la negociación Verhandlung
3 aprobar verabschieden
4 el referéndum Volksentscheid
7 el pluralismo Vielfalt
8 denegar verleugnen
10 abordar angehen
11 aunar *unir*
12 componer ausmachen
13 el cauce Flussbett
14 el requisito Auflage
constituir gründen

autónomas. [Éstas] tendrían un Estatuto de Autonomía en el que se recogerían las competencias que asumían. Los Estatutos de Autonomía deben ser aprobados por las Cortes Generales. Aprobada la Constitución, se constituyeron en el período 1979-1983 las actuales Comunidades Autónomas y [España] quedó conformada por 17 Comunidades y dos Ciudades Autónomas (Ceuta y Mellilla constituidas en 1995). Cada una de estas comunidades posee una Asamblea Legislativa y un Gobierno propios.

cf. Juan Carlos Ocaña en *Historiasiglo20.org*, 2005

15 recoger erfassen
16 asumir übernehmen
19 conformar *formar*

El Rey Juan Carlos I firmando la Constitución de 1978

1. Describe qué son las comunidades autónomas y cuál es su origen.
2. Explica qué significa la expresión "Estado social y democrático de Derecho". Argumenta tu respuesta.
3. Observa la fotografía e indica la importancia de ese momento para la sociedad española.
4. Comparad la Constitución española del 78 y la alemana del 49 fijándoos sobre todo en la forma de gobierno y el pluralismo de partidos. ¿Qué diferencias y similitudes fundamentales encontráis?
5. Investiga cuáles son las características de una monarquía parlamentaria.

El final de la transición

Explica qué fecha elegirías para marcar el final de la transición. Presenta al menos dos posibilidades y razona tu respuesta.

La crisis provocada por el alza del precio del petróleo a comienzos de los setenta tuvo consecuencias negativas para España. Para hacer frente a la situación, el presidente Suárez tuvo que pactar un acuerdo básico con los partidos políticos, los llamados *Pactos de la Moncloa* (1977), sobre medidas económicas y sociales, la reforma del sistema fiscal, de la Seguridad Social, de la energía, de las empresas públicas y de otros importantes sectores.

Tras una gravísima crisis política, Adolfo Suárez tuvo que dimitir, sucediéndole en la presidencia del Gobierno el también centrista Leopoldo Calvo Sotelo. En el transcurso de la sesión de su investidura (23 de febrero de 1981) se produjo el asalto al Congreso de los Diputados por un grupo de guardias civiles. El Rey contribuyó decisivamente a neutralizar el golpe de Estado, lo que le valió el reconocimiento de todas las fuerzas sociales y políticas.

Julio Aróstegui: *Panorama. Historia bachillerato segundo curso.* Vicens Vives 2002, p. 319

1 provocar *causar*
el alza *el aumento*
2 hacer frente die Stirn bieten
3 pactar vereinbaren
el acuerdo Abkommen
5 fiscal Steuer-
8 dimitir abdanken
9 centrista *de la UCD*
10 la investidura hier: Amtseinführung
11 el asalto Erstürmung
12 contribuir beitragen
decisivo/-a ← *decidir*
neutralizar unwirksam machen
13 el reconocimiento ← *reconocer*

1. ¿A qué fuerzas políticas crees que representaban los guardias civiles que dieron el golpe de estado?
2. Comenta la importancia de la fecha del 23 de febrero en la figura del Rey y de la democracia.

5. Los años socialistas (1982-1996)

Catorce años socialistas

Durante cuatro legislaturas, desde la de 1982 a la de 1996, casi catorce años, España estuvo gobernada por el Partido Socialista Obrero Español con un gobierno presidido siempre por Felipe González, secretario general de ese partido. [...]
En década y media de gobierno socialista, España experimentó otro importante impulso hacia el cambio. Ello fue notable especialmente en el terreno internacional –ingreso de España en la CEE y en la OTAN–, en la economía, aunque con altibajos, en el nivel de vida de la población, el bienestar y en la estabilidad política. La sociedad española evolucionó en la década de los 80 y en la primera mitad de los 90 de forma indudable, en todos los parámetros de la 'modernidad', hacia el modelo de los países más desarrollados.

Historia de España Siglo XX, pp. 311-12

1 **la legislatura** Legislaturperiode
3 **presidir** leiten
5 **la década** *diez años*
experimentar erfahren
6 **el impulso** Anstoß
7 **el terreno** Gebiet
8 **los altibajos** Schwankungen
10 **indudable** ← *la duda*
11 **el parámetro** Parameter

1. Intenta averiguar las razones por las que Felipe González fue durante tantos años incuestionado como líder del PSOE.
2. Comenta cuáles podrían considerarse algunos parámetros de la "modernidad".
3. Busca en Internet algunos acontecimientos importantes que tuvieron lugar en España durante la época socialista y preséntalos en clase.
4. ¿Cuáles eran los partidos políticos de esos años? Compáralos con los de las últimas elecciones en España y haz una tabla.

La Movida

¿Por qué los años 80 son tan míticos? Da la impresión de que hay cosas que sólo pueden suceder una vez. Por ejemplo, la llamada movida madrileña que se coció al filo de un acontecimiento muy concreto. Franco murió y la gente descubrió su propia libertad. No muy lejos, el punk británico cambió las normas estéticas y estilísticas del pop para siempre y, mientras en España se legalizaba el Partido Comunista, los Sex Pistols cantaban Anarquía en el Reino Unido. Así fue como la semilla para que los 80 fuesen únicos germinó. España se hizo europea, moderna, perdió sus complejos, y tuvo un gobierno de izquierdas entre pelos cardados y teñidos. Alaska y Almodóvar se convirtieron en los iconos de esa nueva cultura definida

Cartel de la película *Pepi, Luci, Bom y otras chicas del montón*

1 **mítico/-a** ← *el mito*
3 **cocer al filo** aufkochen
9 **la semilla** Samenkorn
10 **germinar** keimen
11 **el complejo** Komplex
12 **cardado/-a** hier: hochtoupiert
13 **teñir** färben
14 **el icono** Ikone

popularmente como movida. Los 80, al menos en su primera mitad, fueron una época irrepetible para los que vivimos en este país. Quizá por eso tiende a mitificarse. [Según Pedro Almodóvar, llega] "un momento en que de pronto la gente pierde el miedo, a la policía, a los vecinos, a la propia familia, al ridículo, a uno mismo". [...].

Rafa Cervera: ¿Por qué los años 80 son tan míticos?. En: *Magazine El Mundo 155*. Domingo 15 de septiembre de 2002

16 irrepetible ← *repetir*
17 mitificar glorifizieren
19 el ridículo Lächerlichkeit

1. Explica por qué la Movida tuvo tanta fama.
2. Describe cómo explica el autor el mito de los años 80.
3. "Llega un momento en que de pronto la gente pierde el miedo, a la policía, a los vecinos, a la propia familia, al ridículo, a uno mismo". Comenta la frase.
4. Recordad lo que habéis aprendido en este capítulo y discutid sobre el cambio que experimentó la sociedad española en los años 80. ¿Diríais que ese cambio ocurrió únicamente en España, o puede haber pasado algo similar en otros países europeos?
5. Haz una búsqueda por Internet con tus compañeros sobre personajes clave como Pedro Almodóvar, Alaska y Tierno Galván. Presenta los resultados en clase.
6. Un amigo alemán te pregunta qué es la movida madrileña. Cuéntale lo que has aprendido del texto y en Internet.

6. Los años del PP (1996-2004)

El turno conservador

Hacia el final de la era socialista, el PSOE sufrió un gran desgaste y fue sacudido por una serie de escándalos de corrupción. En las elecciones de 1996 ganó el Partido Popular (PP), liderado por José María Aznar. Aunque muchos asociaban al PP con el franquismo, su elección fue un signo de normalidad. Durante la primera legislatura, el gobierno de Aznar consiguió cumplir los criterios del Tratado de Maastricht (1992) con una liberalización económica muy eficaz, y España se adscribió al euro en 1998.

Durante la segunda legislatura (2000-2004) el crecimiento económico siguió siendo constante y por encima de la media europea. Pero a partir de 2002 el gobierno de Aznar fue distanciándose de la sociedad. Con su mayoría absoluta radicalizó el rechazo a las reivindicaciones nacionalistas, mientras que la gestión del desastre ecológico del petrolero *Prestige* ante las costas de Galicia fue muy criticada por tardía e ineficaz. Por otro lado, el apoyo de Aznar a la guerra de Irak (2003) creó muchísima controversia y no fue aceptado por la mayoría de la sociedad.

Montserrat Varela Navarro: *España: su historia explicada*. Stuttgart: Schmetterling, 2007, p. 74

1 la era Ära
el desgaste Abnutzung
2 sacudir erschüttern
3 liderar anführen
6 el tratado Vertrag
7 adscribirse s. einschreiben
12 la reivindicación Forderung
13 la gestión Führung
14 tardío/-a ← *tarde*
ineficaz unwirksam

1. Resume los logros de la primera legislatura del PP y los problemas de la segunda.
2. "Aunque muchos asociaban al PP con el franquismo, su elección fue un signo de normalidad." Comenta esta afirmación.
3. Infórmate sobre el desastre del petrolero Prestige y el rol del PP en este asunto, y presenta los resultados en clase.

El 11-M

La gota que colmó el vaso [...] fue la postura del PP ante el atentado del 11 de marzo de 2004 en Madrid. Tres días antes de unas nuevas elecciones, un grupo adherido a Al Qaeda colocó cuatro bombas en unos trenes de cercanías que se dirigían a la estación de Atocha. Murieron 192 personas. Aunque ya el mismo día la policía sospechaba de su autoría, el gobierno culpó a ETA del atentado. Este intento de manipulación de la opinión pública provocó un rechazo general.

Montserrat Varela Navarro: *España: su historia explicada.* Stuttgart: Schmetterling, 2007

1 **colmar** zum Überlaufen bringen
3 **adherido/-a a** aus dem Umfeld von
4 **el tren de cercanías** Nahverkehrszug
7 **la autoría** Urheberschaft
12 **el rechazo** Ablehnung

Tren de cercanías después de los atentados del 11-M en Madrid

La actitud de Aznar después de los atentados

1. Explica lo que pasó el 11 de marzo de 2004 y de qué forma influyó en las elecciones tres días después.
2. Analiza en qué líneas o aspectos la autora de los dos textos deja entrever su apoyo o rechazo al PP.
3. Describe y comenta la viñeta estableciendo una relación con el texto.

7. El gobierno de Zapatero (2004-2008)

La vuelta al socialismo

En las elecciones generales del 14 de marzo de 2004 triunfó el Partido Socialista Obrero Español, después de varios días de confusión sobre la autoría de los atentados del 11-M y en medio de una gran movilización ciudadana.
José Luis Rodríguez Zapatero, líder socialista, que pudo formar gobierno con apoyo nacionalista y de las izquierdas, ha pregonado la búsqueda del

2 **la confusión** Verwirrung
3 **la autoría** Urheberschaft
la movilización Mobilisierung
5 **el líder** Anführer
6 **pregonar** verkünden

diálogo entre todos los sectores de la sociedad española, especialmente con los nacionalistas, con los que ha reabierto el debate sobre el proceso autonómico.
Una de las primeras medidas del nuevo ejecutivo fue la retirada de las tropas españolas destinadas en Iraq. La regularización masiva de inmigrantes fue otra de las apuestas sociales del gobierno. Después de varios años sin muertos en atentados terroristas, fracasó el proceso de negociación con ETA, al producirse el atentado de la Terminal 4 de Barajas.
El 9 de marzo de 2008 el PSOE volvió a ganar las elecciones.

Kairos: Gobierno de J. Luis Rodríguez Zapatero (PSOE) (Marzo de 2004)

8 **reabrir** wiederaufnehmen
10 **el ejecutivo** hier: Staatsmann
la retirada Rückzug, Abzug
la tropa Truppe
11 **destinado/-a en** stationiert in
la regularización Legalisierung
12 **la apuesta** Einsatz

¿? 1. Explica con tus palabras la relación entre los atentados del 11 de marzo y la victoria del PSOE en las elecciones de ese mes.

@ 2. Investiga en la Red cuándo ocurrió el atentado en el aeropuerto de Barajas, y cuándo había ocurrido el último atentado anterior.

3. Durante la presidencia de Rodríguez Zapatero, se han abordado en especial las políticas sociales. Averigua en la Red cuáles son los ámbitos y/o las leyes en los que ha habido cambios significativos desde 2004.

La Ley de la Memoria Histórica

1. Observa y describe la foto.
2. Deduce en qué situación fue tomada, qué están haciendo las personas al fondo y por qué lo están haciendo.
3. Intenta definir el término "Memoria Histórica". ¿A qué podría referirse?

Fotografía familiar

Los pasados traumáticos, de guerras y dictaduras, suelen provocar conflictos entre diferentes memorias, individuales y de grupos, entre distintas maneras de mirar a la historia. Aunque a muchos españoles les parece que eso de tener memorias divididas y enfrentadas sólo nos pasa a nosotros, en realidad esa fractura ha ocurrido y ocurre en todos los países que sufrieron regímenes políticos criminales, como la Alemania nazi, la Rusia estalinista, las dictaduras militares del Cono Sur o la España de Franco. En esos casos, como declaró hace ya dos décadas el historiador conservador alemán Ernst Nolte a propósito del nazismo, el pasado no quiere irse. Y la memoria histórica, lejos de ser un terreno neutro, se convierte en un campo de batalla cultural, de apropiación de símbolos, y político. En ello estamos ahora en España, más de treinta años después de la muerte de Franco. [...]
La llegada al Gobierno de José Luis Rodríguez Zapatero abrió un nuevo ciclo. Por primera vez en la historia de la democracia, una democracia

4 **enfrentado/-a** entgegengesetzt
5 **la fractura** Bruch
7 **el Cono Sur** *Argentina y Chile*
8 **declarar** *decir*
la década *diez años*
10 **el terreno** Gebiet
11 **neutro/-a** neutral
el campo de batalla Schlachtfeld
la apropiación Aneignung
15 **el ciclo** *aquí: la era*

que cumplía ya treinta años, el poder político tomaba la iniciativa para reparar esa injusticia histórica. Ése era el principal significado del proyecto de ley presentado a finales de julio de 2006, conocido como Ley de Memoria Histórica. Con una ley, la memoria adquiriría una discusión pública sin precedentes y el pasado se convertiría en una lección para el presente y el futuro. El proyecto no entra en las diferentes interpretaciones del pasado, no intenta delimitar responsabilidades ni decidir sobre los culpables. Y tampoco ha creado una Comisión de la Verdad que, como en otros países, registre los mecanismos de muerte, violencia y tortura, e identifique a las víctimas y a sus verdugos. Aun así, ha encontrado airadas reacciones políticas de la derecha (Mariano Rajoy declaró que anularía la ley cuando el PP llegara al Gobierno), de la Iglesia católica y de sus medios de comunicación.

Julián Casanova: Después de tanta memoria ... En: *El País,* 20.09.2007

17 **reparar** wiedergutmachen
19 **adquirir** erhalten
20 **sin precedentes** einmalig
22 **delimitar** abgrenzen
25 **el verdugo** Henker
airado/-a zornig

¿? 1. Describe brevemente las dos posturas respecto a la Memoria Histórica y los argumentos de sus defensores.
2. Recuerda lo que has aprendido en este capítulo y determina cuáles son los grupos de población que defienden cada una de las posiciones.
3. Aclara el concepto de los "conflictos entre diferentes memorias".
4. Explica en qué sentido la "llegada al Gobierno de José Luis Rodríguez Zapatero abrió un nuevo ciclo."
5. Analiza la posición de Casanova hacia la Ley de la Memoria Histórica.

En busca de la Memoria Histórica

1. Observa las dos imágenes e intenta establecer una relación con el tema de la Memoria Histórica.
2. Antes de leer el texto, piensa qué podrían estar reclamando los grupos a favor de la recuperación de la memoria.

Voluntarios de la Asociación para la Recuperación de la Memoria Histórica

Juicios sumarísimos

Es una de las reivindicaciones más polémicas. La intención de los grupos movilizados en favor de la recuperación de la memoria histórica es que se anulen a todos los efectos los juicios sumarísimos que fueron dictados en la época de la dictadura. El tema es complejo porque una revisión judicial de este tipo puede suscitar problemas legales.

Símbolo franquista

1 **el juicio sumarísimo** Standgericht, stark verkürztes Verfahren
2 **la reivindicación** Forderung
3 **movilizar** einsetzen
4 **la recuperación** Wiedererlangung
5 **anular** annulieren
8 **suscitar** aufwerfen

Símbolos franquistas

En España siguen existiendo en muchas ciudades estatuas, bustos y monumentos dedicados al franquismo. También existen nombres de calles y plazas que hacen referencia a la dictadura. Las asociaciones exigen que se retiren las primeras y se cambien los nombres de las segundas. El problema de esta propuesta es que en muchos casos son los propios municipios quienes tienen la competencia para decidir sobre este asunto.

Fosas comunes

La Asociación para la Recuperación de la Memoria Histórica (ARMH), que en sus cinco años de actividades ha recuperado de las cunetas de España más de 500 cadáveres de republicanos asesinados, cifra en unas 30.000 las personas desaparecidas durante la Guerra Civil y la dictadura. Las familias de los republicanos inhumados en fosas anónimas reclaman un entierro digno a sus antepasados.

Compensaciones

Elevar la cuantía de las pensiones a los represaliados o aplicar beneficios fiscales [...] son el centro de las compensaciones económicas exigidas por las asociaciones. También solicitan la devolución de todo el patrimonio expoliado durante la guerra a partidos y agrupaciones, la creación de una Comisión de la Verdad y archivos accesibles a los familiares para establecer una compensación moral a las víctimas.

Valle de los Caídos

Quizá sea el reclamo más simbólico para las víctimas por lo emblemático del lugar. La petición es sacar las tumbas de Francisco Franco y de José Antonio Primo de Rivera del Valle de los Caídos para crear allí un centro de interpretación de la represión franquista y la instalación de una exposición permanente en homenaje a los reclusos políticos que levantaron este lugar con sus manos y donde muchos perdieron la vida.

www.elmundo.es

11 el busto Büste
14 retirar *quitar*
15 el municipio Gemeinde
19 la cuneta Straßengraben
20 cifrar en schätzen auf
22 inhumar beerdigen
reclamar fordern
23 el entierro Begräbnis
digno/-a würdig
el antepasado Vorfahr
25 la cuantía Summe
el / la represaliado/-a Unterdrückte/-r
aplicar anwenden
el beneficio Vergünstigung
26 fiscal steuerlich
27 solicitar beantragen
la devolución ← *devolver*
el patrimonio Erbe
28 expoliar *robar*
29 accesible zugänglich
32 el reclamo Forderung
33 la tumba Grab
35 la instalación Einrichtung
36 el / la recluso/-a Häftling

1. Resume lo que piden los que están a favor de la Memoria Histórica.
2. Intenta explicar en qué consistían los "juicios sumarísimos" del franquismo.
3. Discutid en clase por qué creéis que los símbolos franquistas no se habían quitado antes. Opinad al respecto.
4. En alemán hay un término especial para indicar la "Recuperación de la Memoria Histórica". ¿Cuál es?
5. Imagina que tu familia ha vivido represaliada por el franquismo y que recientemente te has unido a un grupo de recuperación de la Memoria Histórica. Intenta establecer una jerarquía entre las cinco reivindicaciones que menciona el texto, del más hasta el menos importante para ti personalmente. Justifica ese orden con detalles de tu biografía inventada.
6. Recuerda cómo y cuándo se ha tratado el tema del nazismo en tus clases de Historia. Pregúntaselo también a tus padres y compara tus resultados con lo que has aprendido en este capítulo.

Vocabulario

Formas y sistemas políticos

la república, republicano/-a
la dictadura, el / la dictador/-a, dictar, dictatorial
la democracia, democrático/-a
la monarquía, el / la monarca, monárquico/-a, el rey, la reina
el parlamentarismo, el parlamento, parlamentario/-a
el presidencialismo, el / la presidente/-a
el federalismo (Föderalismus), la federación, federal

Tendencias ideológicas

el anarquismo, el / la anarquista
el socialismo, el / la socialista
el comunismo, el / la comunista
el liberalismo, el / la liberal
el / la conservador/-a
el nacionalismo, el / la nacionalista
el fascismo, el / la fascista
el capitalismo, el / la capitalista
la (extrema) derecha, ser de derechas
la (extrema) izquierda, de izquierdas
(de) centro

Vocabulario político de uso común

el estado, estatal
el gobierno, gobernar, gubernamental

el voto, votar
las elecciones municipales / regionales / generales, elegir, el colegio electoral (Wahllokal, -gremium)

la constitución, constituir, constitutivo/-a
el acuerdo (Abkommen), acordar
la reforma, reformar
la proclamación, proclamar (ausrufen)
la declaración, declarar (erklären)

el partido político, ser partidario/-a de
el sindicato (Gewerkschaft), sindical
la propaganda, propagar

el golpe de estado (Putsch), golpear, el intento golpista
la dimisión, dimitir (abdanken)

Guerra y enfrentamiento

la escasez (Knappheit), escasear, escaso/-a
la carencia (Mangel), carecer de, carente
el racionamiento, racionar (rationieren)

el / la militar
el / la rebelde, la rebeldía
la tropa
el bombardeo, la bomba, bombardear

el enfrentamiento, el frente (Front), enfrentarse
la oposición, oponerse a
la resistencia (Widerstand), resistir
la clandestinidad (Untergrund), la resistencia clandestina

la reconciliación (Versöhnung), reconciliarse
la amnistía (Amnestie)

la represalia, represaliar, el / la represaliado/-a
la reivindicación (Forderung), reivindicar

el / la enemigo/-a, la enemistad, enemistarse
la prisión (Gefängnis), el / la prisionero/-a, tomar prisionero/-a
la cárcel (Gefängnis), el encarcelamiento, encarcelar
la reclusión, el / la recluso/-a (Häftling)
la ejecución, ejecutar

la retirada (Rücktritt), retirarse
la rendición, rendirse (sich ergeben)
el sometimiento, someter (unterwerfen)
la represión (Unterdrückung), reprimir, represivo/-a

6 Hispanoamérica, un recorrido histórico

¿Qué sabes de la historia de Hispanoamérica? Juntad vuestras ideas en la pizarra e intentad establecer su orden cronológico.

1. ¿Descubrimiento o encuentro?

Las grandes civilizaciones precolombinas

Los pueblos que habitaban América antes de la conquista europea tenían diversas formas de organización política, social y económica. Los aztecas y los mayas, en América Central, y los incas, en la región andina, habían desarrollado sociedades urbanas complejas. Contaban con una organización social fuertemente jerarquizada: los guerreros y los sacerdotes, una minoría privilegiada, ejercían el gobierno; el resto de la población, los campesinos y trabajadores urbanos, estaba obligado a pagar cuantiosos tributos. Respecto a la organización política, estas sociedades estaban gobernadas por fuertes estados teocráticos, llamados así porque toda la autoridad residía en los sacerdotes y porque el jefe de Estado era considerado un dios. A la llegada de los españoles, sólo existían las sociedades azteca e inca, pues la cultura maya había desaparecido en el siglo XI d.C.

La civilización maya se extendía por los países de Guatemala, Belice, El Salvador, la parte occidental de Honduras y cinco estados mexicanos. Se organizaba en varias ciudades-estado, independientes entre sí. Estas ciudades compartían las mismas creencias y se sometían a sacerdotes cuyo poder provenía de sus conocimientos en astronomía, matemáticas y numerología. Descubrieron el valor del cero y eran capaces de predecir eclipses. También desarrollaron un sistema sofisticado de calendario y escritura jeroglífica.

Los aztecas se establecieron en el valle de México a principios del siglo XIV d.C. Aquí fundaron su capital, Tenochtitlán, sobre la que se asienta la actual México D.F. Tenochtitlán era una ciudad amurallada, con canales y jardines flotantes, y ubicada en la zona del lago Texcoco. Grandes conocedores de la astronomía, la medicina y la escritura, la mayoría de la población no tenía acceso al saber, reservado exclusivamente a los sacerdotes. De hecho, la religión formaba parte de cada momento de la vida de este pueblo. Tenían en Quetzacoatl, conocido como la serpiente emplumada, su dios más importante.

El Imperio Inca abarcó desde las sierras de la actual Colombia hasta el norte de Chile y Argentina, y desde la costa de Perú y Ecuador hasta el este de los bosques del río Amazonas y las alturas bolivianas. Establecieron la capital de su imperio en Cuzco. Al frente del imperio estaba el Inca, y

4 urbano/-a städtisch
contar con *tener*
5 jerarquizado/-a hierarchisch
6 ejercer ausüben
7 cuantioso/-a umfangreich
8 el tributo Abgabe
10 residir *estar*
16 la creencia Glaube
someterse a sich unterordnen
18 predecir vorhersagen
19 el eclipse Sonnenfinsternis
sofisticado/-a hochentwickelt
20 jeroglífico/-a hieroglyphisch
22 asentarse sich befinden
23 amurallado/-a ← *la muralla*
24 flotante schwimmend
26 el acceso Zugang
31 emplumado/-a gefiedert
33 abarcar umfassen

Diego Rivera: *La gran Tenochtitlán* (1945

las zonas conquistadas estaban dirigidas por gobernadores de provincia. Durante los 33 años de gobierno de Pachacutec, el estado Inca se convirtió en un poderoso imperio, algo que sucedió en la época en que Colón iniciaba su viaje a lo desconocido.

cf. *TECLA*, 10.03.2006

1. Haz un mapa conceptual de las ideas principales del texto y presenta los resultados en una 'charla de un minuto'.
2. Describe el mural de Diego Rivera y relaciónalo con la información del texto.
3. Contrasta la información del texto con lo que cuenta Colón en su diario (p. 164).
4. Compara la organización y las características de las sociedades precolombinas con la sociedad alemana de los siglos X a XV.
5. Tu amigo, que no habla español, tiene que preparar una ponencia sobre las culturas precolombinas. Para ayudarle, escribe un resumen del texto en alemán.
6. Formad grupos de tres personas y preparad una exposición oral sobre estas tres civilizaciones. Cada miembro del grupo elige una civilización y busca más información sobre ella en una enciclopedia o en la Red. Consultad por ejemplo las siguientes fuentes:
   - http://clio.rediris.es/clionet/fichas/otras_aztecas.htm
   - http://www.portalplanetasedna.com.ar/incas.htm
   - http://mod.precolombino.cl/mods/culturas/ → Mesoamérica → Maya

Los objetivos de la expansión

Para 1492, España se había consolidado como la primera nación europea que, en la era moderna, se unificó bajo un gobierno central. Esto se había logrado después de varios siglos de lucha armada contra la presencia árabe en la Península Ibérica, la así llamada 'Reconquista'. Con la expulsión de los últimos moros del sur, en Granada, Isabel de Castilla y Fernando de Aragón – los Reyes Católicos– aseguraron su dominio del nuevo reino unificado que ahora era España. También en ese año se decretó la expulsión de los judíos (o su forzosa conversión al cristianismo) [...]. Estos datos revelan tres de las bases ideológicas y políticas con que se inició la expansión española en América. En primer lugar, había un ejército muy organizado y ansioso de nuevas conquistas heroicas en nombre del cristianismo. En segundo término, el Catolicismo, el idioma español y el absolutismo de la Corona eran los

Los Reyes Católicos: Isabel I de Castilla (1451-1504) y Fernando II de Aragón (1452-1516)

1 consolidarse sich festigen
4 lograr erreichen
5 la lucha ← *luchar*
armado/-a *con armas*
7 la expulsión Vertreibung
8 el moro Maure
10 asegurar ← *seguro/-a*
11 el dominio ← *dominar*
13 decretar anordnen
14 forzoso/-a gewaltsam
la conversión Konvertierung
15 revelar *mostrar*
17 ansioso/-a begierig

elementos unificadores de la nueva identidad nacional. Y un tercer factor era la ambición expansiva, en busca de riquezas para premiar a los héroes de la Reconquista y sostener una economía basada en la guerra y en la posesión de tierras. Ya que el comercio comenzaba a florecer en Europa, la compra y venta de mercancías era una dinámica social fundamental que utilizaba el oro y la plata como monedas de cambio. [...]

Enrique Yepes: *La época colonial en América Latina.* Brunswick (Maine): Bowdoin College, 2007

21 **la ambición expansiva** Expansionsdrang
22 **sostener** *apoyar*
basarse en beruhen auf
23 **la posesión** Besitz
florecer blühen
24 **la mercancía** Ware

¿? **1.** En 1492 ocurrieron varios eventos muy significativos para España. Describe cuáles fueron y qué revelan estos acontecimientos sobre los valores de esa época.

2. Presenta los objetivos ideológicos, políticos y económicos de la expansión española.

3. Valora esos objetivos desde tu perspectiva personal.

El 12 de octubre de 1492 en el diario de Cristóbal Colón

Ellos andan todos desnudos como su madre los parió, y también las mujeres, aunque no vi más que una moza, y todos los que yo vi eran todos mancebos, ninguno vi de edad más de treinta años, muy bien hechos, de muy hermosos cuerpos y muy buenas caras [...]. Los cabellos traen por encima de las cejas, salvo unos pocos detrás que traen largos, que jamás cortan. Algunos se pintan de prieto, y ellos son del color de los canarios, ni negros ni blancos, y algunos se pintan de blanco, y algunos de colorado, y algunos de lo que hallan; y se pintan las caras, y algunos todo el cuerpo, y algunos sólo los ojos, y algunos sólo la nariz.
Ellos no tienen armas ni las conocen, porque les mostré espadas y ellos las tomaban por el filo, y se cortaban por ignorancia. No tienen hierro; sus lanzas son unas varas sin hierro, y algunas tienen en el cabo un diente de pez, y otras de otras cosas.
[...] Yo vi algunos que tenían señales de heridas en sus cuerpos, y les hice señas qué era aquello, y ellos me mostraron cómo allí venían gente de otras islas que estaban cerca y los querían tomar y se defendían. Y yo creí y creo que aquí vienen de tierra firme a tomarlos cautivos.
Ellos deben ser buenos servidores y de buen ingenio, que veo que muy presto dicen todo lo que les decía. Y creo que fácilmente se harán cristianos, que me pareció que ninguna religión tenían. Yo, placiendo a Nuestro Señor, llevaré de aquí al tiempo de mi partida seis a Vuestra Alteza para que aprendan a hablar.
Ninguna bestia de ninguna manera vi, salvo papagayos en esta isla.

Cristóbal Colón: *Diario a bordo,* 1492 (adaptado a la ortografía de hoy)

1 **parir** gebären
2 **la moza** *la chica*
3 **el mancebo** *el hombre joven*
5 **la ceja** Augenbraue
6 **prieto/-a** pechschwarz
8 **colorado/-a** *rojo/-a*
hallar *encontrar*
10 **la espada** Schwert
11 **el filo** Schneide
el hierro Eisen
12 **la vara** Stab
el cabo Spitze
14 **las señales** hier: Spuren
hacer señas Zeichen geben
17 **la tierra firme** Festland
tomar cautivo/-a gefangen nehmen
18 **el servidor** Diener
de buen ingenio hier: mit wachem Verstand
19 **presto** *rápidamente*
20 **placer** (lit.) *gustar*
23 **la bestia** wildes Tier
salvo außer

1. Pon títulos a los párrafos que resuman su contenido.
2. Describe cómo ve Colón a los indígenas y qué sentimientos le inspiran.
3. Analiza la intención de Colón al describir a los indígenas de esta manera. Ten en cuenta a quién se dirige, indirectamente, en su diario de a bordo.
4. Compara la información del diario de Colón con la del texto 'Las grandes civilizaciones precolombinas'.
5. Amplía tu vocabulario: escribe en tres columnas todas las palabras del texto que se refieren al aspecto físico, al carácter y a las costumbres de la gente.

Cochi 1974

1. Describe brevemente la caricatura.
2. Compara el comportamiento de los indios con lo relatado por Colón.
3. Destaca las intenciones del dibujante Cochi al presentar de esta manera la toma de posesión de las Indias por Colón. Mira primero el significado de 'descubrir' explicado en el diccionario.
4. Muchas personas prefieren hablar de 'encuentro' o 'encontronazo' en vez de 'descubrimiento'. ¿Qué ideas implican estos términos? ¿Qué piensas tú?

2. La conquista

¿Cómo te imaginas la conquista de América del Sur por los españoles?

La lucha y la resistencia de los indios

Después de varios meses de recios combates, uno tras otro morían los guerreros. Vimos nuestras aldeas arrasadas, nuestras tierras entregadas a nuevos dueños, nuestra gente obligada a trabajar para los encomenderos. Vimos a los jóvenes púberes separados de sus madres, enviados a trabajos forzados, o a los barcos desde donde nunca regresaban. A los guerreros

1 recio/-a *duro/-a*
el combate Schlacht
2 el guerrero ← *la guerra*
arrasar einebnen
entregar übergeben
4 púber *aquí: joven*

capturados se les sometía a los más crueles suplicios; los despedazaban los perros o morían descuartizados por los caballos.
Desertaban hombres de nuestros campamentos. Sigilosos desaparecían en la oscuridad resignados para siempre a la suerte de los esclavos.
Los españoles quemaron nuestros templos: hicieron hogueras gigantescas donde ardieron los códices sagrados de nuestra historia; una red de agujeros era nuestra herencia.
Tuvimos que retirarnos a las tierras profundas, altas y selváticas del norte, a las cuevas en las faldas de los volcanes. Allí recorríamos las comarcas buscando hombres que quisieran luchar, preparábamos lanzas, fabricábamos arcos y flechas, recuperábamos fuerzas para lanzarnos de nuevo al combate.
Yo recibí noticias de las mujeres de Teguzigalpa. Habían decidido no acostarse más con sus hombres. No querían parirles esclavos a los españoles.

Gioconda Belli: Porque aún lloramos. En: Joaquín Mortiz: *1492 - 1992 La interminable conquista.* México: Planeta, 1990
c/o Guillermo Schavelzon & Asociados, Agencia Literaria, info@schavelzon.com

6 capturar fangen
someter unterziehen
el suplicio *la tortura*
despedazar zerreißen
7 descuartizar vierteilen
8 el campamento Lager
sigiloso/-a verschwiegen
9 la suerte *aquí: el destino*
10 la hoguera Scheiterhaufen
11 arder *quemar*
el códice Kodex
el agujero Loch
12 la herencia Erbe
16 recuperar fuerzas wieder zu Kräften kommen
lanzarse sich stürzen
19 parir gebären

¿? 1. Cuenta lo que hicieron los españoles. Haz un mapa conceptual y presenta los resultados en una 'charla de un minuto'.

2. Analiza la reacción de los indios.

@ 3. Infórmate en Internet sobre el significado de los términos 'encomendero' y 'encomienda'. ¿Cuáles eran sus funciones?

4. Una delegación de indios prepara una petición para informar al rey de España sobre su situación. Escribe esta lista de quejas y exigencias.

Una perspectiva legítima

Es ya cierto que hablar del descubrimiento de América puede ser considerado, desde el punto de vista de los impugnadores, como una despectiva denominación eurocéntrica, como si las grandes culturas indígenas no hubieran existido hasta ese momento. Pero deja de serlo si se considera que los europeos no las conocieron hasta esa fecha [...]. Lo que sí es reprobable es que se la siga utilizando hasta nuestros días, cuando aun en aquel tiempo, los espíritus europeos más elevados manifestaron su admiración por lo que habían encontrado en el Nuevo Continente.
Desde esta legítima perspectiva, sería mejor hablar del 'encuentro entre dos mundos' y que se reconocieran y lamentaran las atrocidades perpetradas por los sojuzgadores, reconocimiento que debería venir acompañado por el inverso reconocimiento de los acusadores, admitiendo las positivas consecuencias que con el tiempo produjo la conquista hispánica. Bastaría tener presente que la literatura de lengua castellana ha producido en América, con una inmensa cantidad de mestizos, una de las literaturas más originales y profundas de nuestro tiempo. Si la Leyenda Negra fuera

2 el impugnador Gegner
despectivo/-a verächtlich
3 la denominación Benennung
5 reprobable verwerflich
7 el espíritu Geist
manifestar bekunden
la admiración Bewunderung
10 la atrocidad Gräuel
perpetrar *aquí: hacer*
11 el sojuzgador *el conquistado*
12 inverso/-a umgekehrt
admitir zugeben
13 bastar ausreichen
15 el mestizo *hijo de indígena y español*

una verdad absoluta, los descendientes de aquellos indígenas avasallados deberían mantener [...] resentimientos contra España, y no sólo no es así, sino que dos de los más grandes poetas de la lengua castellana de todos los tiempos, mestizos, cantaron a España en poemas inmortales: Rubén Darío en Nicaragua y César Vallejo en Perú.

Ernesto Sábato: Ni leyenda negra ni leyenda blanca. En: *El País,* 02.01.1991

17 **el descendiente** Nachkomme
avasallar unterwerfen
18 **el resentimiento** Groll
20 **inmortal** unsterblich

1. ¿Quién es quién? "los sojuzgadores", "las culturas indígenas", "los acusadores", "los impugnadores", "los europeos". Haz dos grupos de estos términos empleados en el texto y justifica tu elección.
2. Explica con qué fin Ernesto Sábato menciona a Rubén Darío y César Vallejo.
3. Analiza cuál es la "perspectiva legítima" mencionada en el título.
4. Compara lo que dice el autor sobre encuentro y descubrimiento con tu respuesta a la tarea 4 en la viñeta de la página 165.
5. Ernesto Sábato menciona la Leyenda Negra. Infórmate en Internet de qué se trata y redacta una definición del término.
6. Comenta la posición de Sábato con respecto a la Leyenda Negra.

3. La Época Colonial

"Y en el gobierno de las Indias,
es muy necesario tener cuidado de saber y entender
cómo pasan las cosas de allí
y de asegurarlas por el servicio de Dios
y para que se obvie a las opresiones de los conquistadores."

Emperador Carlos V: *Testamento político,* 1548

4 **asegurar** ← *seguro/-a*
5 **obviar** vermeiden
la opresión Unterdrückung

Las Leyes Nuevas de Indias de 1542

1. Infórmate en la Red sobre el contenido de las Leyes Nuevas de Indias (1542) y sus consecuencias para el Nuevo Mundo. Presenta la información en un póster. Consulta, por ejemplo, las siguientes fuentes:
   - http://es.wikipedia.org/wiki/Leyes_Nuevas
   - http://es.wikipedia.org/wiki/Leyes_de_Indias
   - http://enciclopedia.us.es/index.php/Leyes_Nuevas_de_Indias
   - http://www.cervantesvirtual.com/historia/carlosv/9_15.shtml
   - http://www.pastranec.net/historia/moderna/amcarlos.htm
2. Expón la relación entre la cita del testamento político de Carlos V y las Leyes Nuevas de Indias de 1542.

Las estructuras políticas y sociales de las colonias españolas

A continuación aparecen algunas características de la vida social moderna en América Latina:

- poca movilidad social
- autoritarismo
- gran influencia de la Iglesia Católica
- centralismo
- latifundios
- exportación de materias primas
- leyes que no se cumplen
- idealismo
- excelente educación para una minoría

Explica de qué forma se relacionan esas características con la época colonial.

Pocas décadas después de la llegada de Colón, la administración española ya tenía una jerarquía muy organizada en Las Indias, que se consideraban parte del territorio nacional. El rey delegaba directamente su autoridad a un noble español con el título de virrey. [...]

Además de los virreyes, existía en América una institución judicial llamada la Audiencia, que controlaba a las autoridades políticas. Los virreyes, además, eran visitados con frecuencia por representantes del rey para supervisar su fidelidad a la Corona. Este complicado aparato político respondía, en parte, a la preocupación constante de la Corona española por controlar sus territorios en América. Pero también reflejaba los debates internos del gobierno español, que por un lado fomentaba el afán de lucro y el trabajo forzado de indígenas y de africanos, pero por otro lado expedía leyes para proteger los derechos cristianos de los indígenas y prevenir los abusos.

La pirámide social de las colonias ibéricas era bastante fija, y estaba basada en una clara distribución desigual de la riqueza, el trabajo y la raza. En la cima de la pirámide, con el mayor poder político y económico, estaban los españoles venidos de Europa. Junto a ellos, pero con menor influencia política, estaban los criollos: americanos de 'pura sangre' española que generalmente eran latifundistas y tenían pleno acceso a la educación. En el estrato medio, casi siempre artesanos o pequeños propietarios de tierras, estaban los mestizos: éstos eran una mezcla de indígena y español. En escala descendiente había un gran número de otras [...] mezclas raciales: mulatos (negro y español), zambos (negro e indígena), etc. Por fin, en la base de la pirámide y destinados a los trabajos más duros en las minas y la agricultura, estaban los indíenas y los esclavos africanos.

Enrique Yepes: *La época colonial en América Latina.* Brunswick (Maine): Bowdoin College, 2007

1 la década *diez años*
2 la jerarquía Rangordnung
4 el noble Adliger
el virrey Vizekönig
5 judicial gerichtlich
8 supervisar überwachen
la fidelidad Treue
la Corona Krone
11 fomentar fördern
el afán de lucro Habgier
13 expedir una ley ein Gesetz verabschieden
14 prevenir verhindern
el abuso Missbrauch
17 la cima *lo alto*
20 el latifundista Großgrundbesitzer
pleno/-a voll, völlig
el acceso Zugang
21 el estrato Schicht
el artesano Handwerker
el propietario Besitzer
23 en escala descendiente absteigend
25 la base Grundfläche
destinado/-a a bestimmt sein für

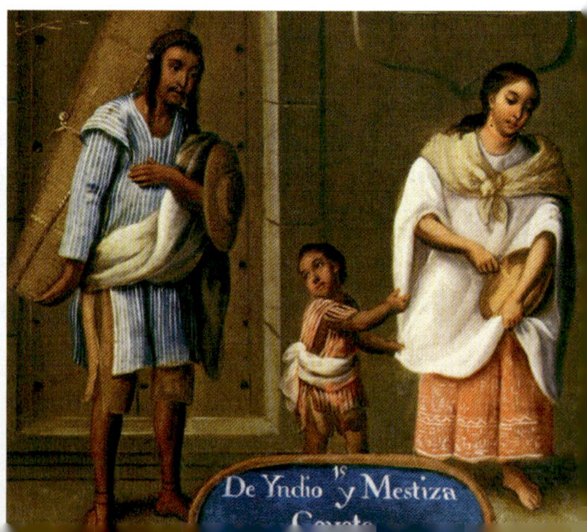

izq.: Miguel de Cabrera: *De español y mestiza: castiza* (1763)
der.: Anónimo: *De indio y mestiza: coyote* (siglo XVIII)

¿? 1. Pon un título a cada párrafo.
2. Presenta las dos grandes instituciones de autoridad política y judicial en la colonia.
3. Por un lado el gobierno español "fomentaba [...] el trabajo forzado de indígenas y de africanos, pero por otro lado expedía leyes para proteger los derechos cristianos de los indígenas y prevenir los abusos." Intenta explicar la actitud contradictoria del gobierno español frente a los indígenas.
4. Dibuja la pirámide social de la sociedad hispanoamericana en las colonias.

La vida económica en las Indias

La economía colonial tenía tres bases: la agricultura, la minería y el comercio. La mayor riqueza venía de la explotación de minas de oro y de plata, como la de Potosí en Bolivia. Los cultivos de algodón y los ingenios de azúcar también fueron de gran importancia, especialmente en el Caribe y Brasil.

Los españoles y los criollos eran los propietarios y administradores de las tierras, mientras que los indígenas y los esclavos africanos eran la mano de obra. Era típico de los colonos españoles considerar indigno el trabajo físico [...]. Esta tradición de mantener una minoría privilegiada en el poder político y una mayoría pobre dedicada al trabajo agrícola y manual está todavía hoy arraigada en la organización social de la mayoría de los países latinoamericanos.

Los indígenas, que no eran esclavos sino ciudadanos, estaban obligados a trabajar mediante instituciones basadas en los impuestos o en la 'protección' militar. Dichas instituciones eran la mita (impuestos que se pagaban con tiempo de trabajo) y la encomienda (tierras 'protegidas' por un español que debía asegurarse del bienestar de los indígenas, quienes a cambio trabajaban gratuitamente para él).

La metrópoli española tenía el monopolio del mercado, así que estaba prohibido el comercio de unas colonias con otras: todas enviaban sus mercancías directamente a España. Sin embargo, el contrabando y la piratería eran prácticas comunes.

La industria nunca fue una parte muy significativa, y fundamentalmente se concentraba en la manufactura de algunos productos para el consumo doméstico (ropa, alimentos, ladrillos, etc.). Los criollos y los mestizos generalmente controlaban este tipo de industrias locales.

Enrique Yepes: *La época colonial en América Latina.*
Brunswick (Maine): Bowdoin College, 2007

1 la minería ← *la mina*
2 la explotación Abbau
3 el cultivo ← *cultivar*
el algodón Baumwolle
el ingenio hier: Fabrik zur Zuckergewinnung
6 el propietario Besitzer
el administrador Verwalter
7 la mano de obra Arbeitskraft
8 indigno/-a würdelos
11 arraigar Wurzeln schlagen
13 el ciudadano Bürger
14 mediante *por medio de*
el impuesto Steuer
17 el bienestar Wohlergehen
20 la mercancía Ware
21 el contrabando Schmuggel
24 la manufactura Fertigung
25 doméstico/-a Haus-; auch: Inlands-

¿? 1. Explica con tus palabras el significado de los términos 'mita' y 'encomienda'.
2. Trabajad en parejas. Buscad las ideas fundamentales relacionadas con la estructura económica de la vida colonial hispanoamericana.

3. Basándote en la información que ya tienes sobre la época colonial en las Indias y en lo que sabes de las clases de Historia y de Inglés sobre la colonización del norte de América por los ingleses, analiza qué diferencias significativas se pueden observar entre la colonia española y la colonia británica en América. Piensa en aspectos como los objetivos para venir al Nuevo Mundo, las relaciones con los indígenas, la estructura de la sociedad, la relación con el trabajo, etc.
4. Analiza cómo se reflejan estas diferencias coloniales en la vida contemporánea de América Latina en contraste con los Estados Unidos.

4. Los esclavos negros en América Latina

Infórmate sobre las causas y las circunstancias de la llegada de los esclavos.

Rius (Eduardo del Río): *Cuba para principiantes.* Madrid: Akal, 1977

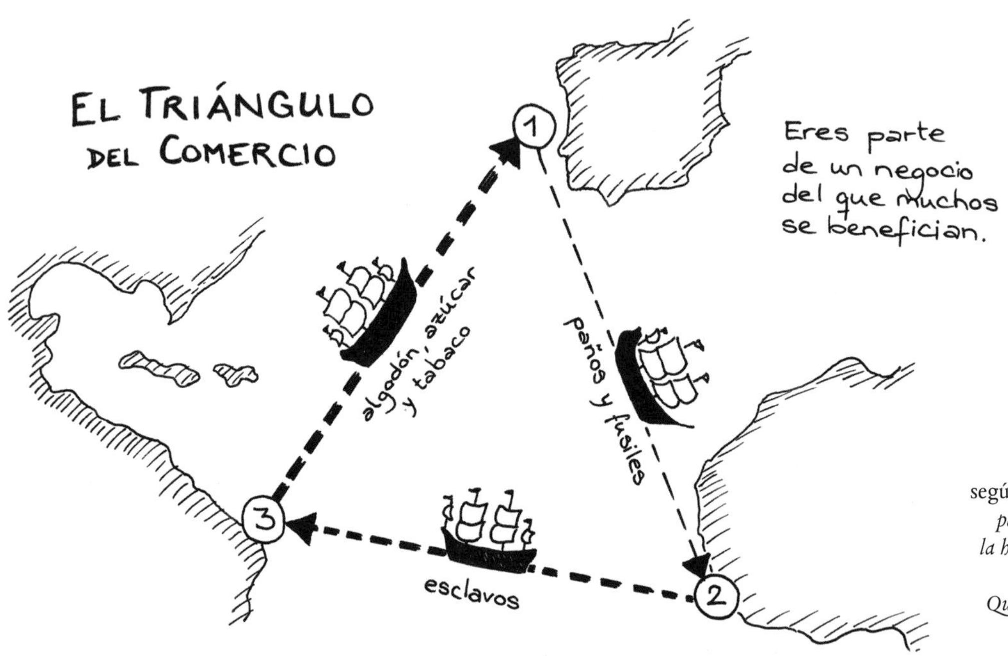

según *Textos fáciles para el estudio de la historia hispanoamericana. Quinto centenario.* 1991

1. Describe las viñetas de Rius y la imagen 'El triángulo del comercio'.
2. Explica la frase "Eres parte de un negocio del que muchos se benefician."
3. Desempeña el papel de un negro africano al que llevan por la fuerza a las Indias. Describe en forma de un monólogo interior su viaje en barco así como sus sentimientos y pensamientos durante el viaje.

A la mina no voy

Vas a escuchar un canto de trabajo de los esclavos negros de las minas de plata de Iscandé, en la costa del Pacífico de Colombia.

Teófilo Potes: A la mina no voy. En: *Afro-Hispanic Music from Western Columbia & Ecuador,* 1967

1. Indica el tema de la canción.
2. Resume las ideas principales de la canción.
3. Escribe un poema en el que el 'yo lírico' expresa sus deseos para un futuro mejor.

5. La Independencia

"Es una idea grandiosa pretender[1] formar de todo el Mundo Nuevo una sola nación con un solo vínculo[3] que ligue sus partes entre sí y con el todo."

Simón Bolívar en una carta del 6 de septiembre de 1815

1 **pretender** anstreben
3 **el vínculo** Bindeglied
ligar *unir*

1. Basándote en la cita explica la intención de Simón Bolívar.
2. Haz una lista de los obstáculos que te puedes imaginar para realizar la idea de Bolívar.
3. Describe este mapa de los cuatro virreinatos en el siglo XVIII y compáralo con un mapa de América Latina actual. ¿Qué países surgieron de cada virreinato?
4. Comenta cómo te imaginas la relación entre los diferentes países latinoamericanos en los siglos XVIII y XIX.
5. Eres un amigo de Simón Bolívar. En 1814, antes de las guerras de independencia, viajas a caballo de Buenos Aires a Lima. Una vez en Lima le cuentas a tu amigo lo que te ha impresionado durante este viaje.

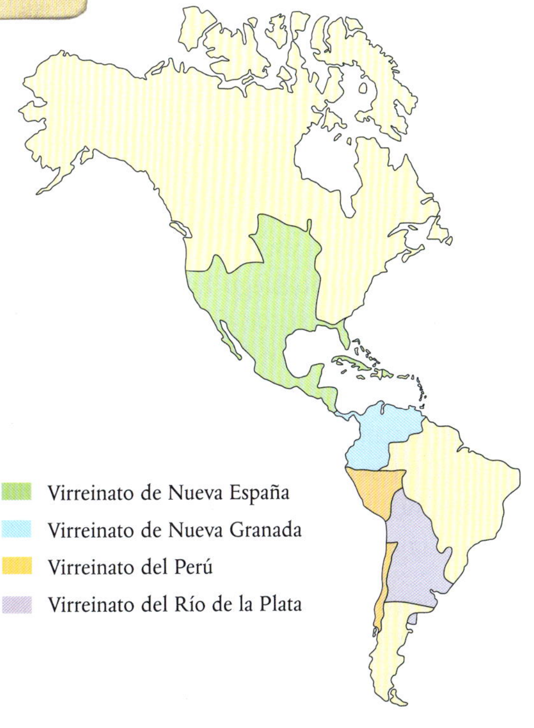

El deterioro de los imperios ibéricos

En el siguiente texto se mencionan las ideas liberales, los jesuitas, la Declaración de los Derechos del Hombre, la Revolución Francesa y la Guerra de Independencia de los Estados Unidos. Formad pequeños grupos e informaos sobre uno de esos temas. Examinad cómo se relacionan con la situación en Latinoamérica en aquella época. Preparad una ponencia de unos cinco minutos.

En el siglo XVIII, España y Portugal ya no eran ricos imperios. El oro y los metales preciosos que trajeron de América fueron utilizados para consumir los productos industriales de otras regiones europeas y no para desarrollar la industria local. [...] Ambos reinos tenían inmensas deudas con banqueros de [...] otros países europeos, lo cual afectaba su política interna y externa. Además, el gobierno despótico, el crecimiento de la población y la influencia de las ideas liberales causaron gran inestabilidad social. Por su parte, las colonias ibéricas en el Nuevo Mundo producían una inmensa riqueza que acrecentó el poder de los criollos, quienes compraban los puestos gubernamentales como si fueran mercancías [...].
A estas tensiones coloniales se sumaron también las rebeliones de indígenas, esclavos y campesinos mestizos o mulatos. No hay que olvidar que estos tres sectores oprimidos formaban el 85% de la población de las colonias. [...] En 1780 ocurrió una inmensa sublevación indígena que se extendió por zonas del Perú, Bolivia y el norte de Argentina. El líder de esta rebelión [...] se proclamó el nuevo monarca inca con el título de Túpac Amaru II, y con el lema: "Campesino: el patrón ya no comerá más de tu pobreza". En [este caso], la represión española fue implacable, sometiendo a sangrientas torturas a los sublevados. [...]
Al mismo tiempo, las ideas liberales florecían en las colonias. Las reformas de Carlos III de Borbón en los dominios españoles produjeron gran inconformismo entre los criollos, que ahora tenían mayores impuestos y menos participación en el gobierno. Los jesuitas, expulsados de América en 1767, realizaron en el exilio una labor de abierta oposición al régimen absolutista. Para 1794, el bogotano Antonio Nariño había traducido y publicado en español la Declaración de los Derechos del Hombre, y el venezolano Francisco de Miranda (1750 - 1816) había participado en la Revolución Francesa y en la guerra de independencia de los Estados Unidos, recorriendo luego Europa en busca de armas, dinero y apoyo para la independencia de América. En 1796, Simón Rodríguez se encargó de la educación del libertador Simón Bolívar, el huérfano más rico de Venezuela. Rodríguez le mostró la dura vida de los mil esclavos que trabajaban para la familia Bolívar, lo llevó a conocer los campos venezolanos, y le infundió ideas subversivas: "las escuelas deben abrirse a las gentes comunes de sangre mezclada"; "deben estudiar juntos los niños y las niñas"; "igualdad, libertad, fraternidad es el ideal de un buen gobierno".

Enrique Yepes: *Las independencias nacionales en América Latina.* Brunswick (Maine): Bowdoin College, 2007

0 el deterioro Niedergang
4 el reino ← *el rey*
la deuda Schuld(-en)
5 el banquero Bankier
afectar beeinträchtigen
9 acrecentar *aumentar*
10 el puesto Amt
la mercancía Ware
11 la tensión Spannung
13 oprimir unterdrücken
14 la sublevación *la rebelión*
15 extenderse sich ausbreiten
16 proclamar ausrufen
17 el lema Motto
18 implacable unerbittlich
19 someter unterziehen
sangriento/-a blutig
20 florecer (er)blühen
21 el dominio ← *dominar*
producir *aquí: causar*
22 el inconformismo Unzufriedenheit
el impuesto Steuer
23 expulsar vertreiben
24 la labor *el trabajo*
29 recorrer hier: bereisen
30 encargarse de etw. übernehmen
31 el huérfano *niño sin padres*
34 infundir einflößen
subversivo/-a umstürzlerisch
36 la fraternidad Brüderlichkeit

1. Resume los factores que debilitaban a los gobiernos peninsulares, y los aspectos que fortalecían las ideas revolucionarias en América.
2. Describe la rebelión que tuvo lugar en 1780.
3. Explica las consecuencias de "las inmensas deudas con banqueros de [...] otros países europeos" para la "política interna y externa" de España.
4. Basándote en el lema de Túpac Amaru II "Campesino: el patrón ya no comerá más de tu pobreza", formula un panfleto que contenga las quejas y las exigencias de los campesinos.
5. Preparad un debate en el que participarán un moderador, un representante del gobierno de la época, Simón Rodríguez, un esclavo negro y un indígena. Cada participante del debate prepara su papel apuntando sus argumentos a favor o en contra de las ideas de Simón Rodríguez.

La independencia de Haití

El 15 de agosto de 1791 era [...] una fecha sagrada para la población de origen africano en el Santo Domingo francés, que practicaba su religión bajo los símbolos católicos. Ese día se realizó allí una ceremonia secreta que organizó la rebelión de esclavos más grande de la historia del continente. Boukman, el sacerdote africano del vudú que dirigió los rituales, empleó el sonido de los tambores para difundir la noticia y sincronizar las rebeliones, en las que los amos blancos y los capataces mulatos fueron masacrados. La esclavitud fue abolida y, después de trece años de sangrientos combates con tropas europeas, se proclamó la nación independiente de Haití en 1804 [...].

Enrique Yepes: *Las independencias nacionales en América Latina.* Brunswick (Maine): Bowdoin College, 2007

5 el sacerdote Priester
6 el tambor Trommel
difundir verbreiten
sincronizar zeitlich abstimmen
7 el amo *el dueño*
el capataz Vorarbeiter
8 abolir abschaffen
9 la tropa Truppe
proclamar ausrufen

1. Resume la información principal del texto en una frase.
2. La población de las otras colonias españolas no tardó en enterarse de esos acontecimientos. Comenta cómo crees que influyó la independencia de Haití en los planes de independencia de otras colonias. Imagina qué habrán pensado, temido o esperado las clases altas, por un lado, y los esclavos y los indígenas, por otro.
3. Haz una lista de los posibles motivos de los esclavos negros para masacrar a los amos blancos y los capataces mulatos.
4. Trabajad en parejas. Después de la abolición de la esclavitud en Haití, un periodista norteamericano hace una entrevista a un ex-esclavo sobre su vida pasada, su situación actual y sus esperanzas respecto a su futuro y al de su familia. Redactad la entrevista.

Los libertadores

Las guerras por la independencia de España duraron casi quince años en Suramérica, dirigidas desde el norte por el venezolano Simón Bolívar, y desde el sur por el argentino José de San Martín, por eso llamados los 'Libertadores'. Después de difíciles y heroicas campañas de generales criollos al mando de soldados indígenas y mestizos, los ejércitos de Bolívar y de San Martín se encontraron en Lima y declararon la independencia definitiva de las colonias continentales españolas. Paradójicamente, las élites suramericanas decidieron aceptar la independencia para evitar las reformas liberales que comenzaron en España en 1820 y que ponían en peligro los privilegios de los criollos. Así, la independencia política no implicó una reforma social sino, por el contrario, una manera de continuar la dominación de la élite local. Ésta fue una de las razones por las cuales no fue posible unificar las naciones de Centro y Suramérica [...]. Los desastres de la violencia no terminaron en 1824. [...] Los cuatro virreinatos españoles se transformaron, en pocas décadas, en dieciocho países soberanos, y muchos de ellos con repetidas guerras civiles. No es sorprendente que, poco antes de morir en 1830 y después de ver la división de su anhelada Gran Colombia en tres países diferentes, Simón Bolívar afirmara: "América es ingobernable. Los que hemos servido a la revolución hemos arado en el mar".

Enrique Yepes: *Las independencias nacionales en América Latina.* Brunswick (Maine): Bowdoin College, 2007

4 la campaña Feldzug
11 implicar mit sich bringen
12 la dominación ← *dominar*
13 unificar *unir*
14 el desastre Unheil
15 la década *diez años*
16 soberano/-a souverän
19 la división Teilung
anhelar ersehnen
21 ingobernable *imposible de gobernar*
22 arar pflügen

Juan Lovera: *Simón Bolívar* (siglo XIX) y Baptiste Madou: *José de San Martín* (1829)

1. Resume las ideas principales del texto.
2. Explica la afirmación de Simón Bolívar "América es ingobernable. Los que hemos servido a la revolución hemos arado en el mar."
3. Analiza a quiénes benefició finalmente el proceso de independencia de los países hispanoamericanos.
4. Después de haber tratado en profundidad el tema de la independencia latinoamericana, valora la cita de Simón Bolívar del principio del capítulo. Justifica tu opinión.
5. Haz una lista cronológica de los hechos fundamentales de la lucha de independencia en Latinoamérica contrastándolos con hechos importantes de la historia de España en aquellos años.
6. Amplía tu vocabulario: vuelve a consultar los textos de esta unidad y haz una lista de palabras que se refieren al tema de unidad y separación.
7. Escribe un artículo corto sobre la guerra de independencia de las colonias españolas en Latinoamérica.
8. Comentad en clase por qué la independencia latinoamericana causó la separación del continente en vez de su unión en un solo país.
9. En grupos, buscad más información sobre las causas, el desarrollo y las consecuencias de la lucha de independencia de las colonias hispanoamericanas. Después presentad los resultados de la búsqueda en un periódico mural a los otros. Consultad p.ej. estas fuentes:
   - www.satrapa1.com/articulos/moderna/independencia/hispanoamerica.htm
   - www.monografias.com/trabajos/indephispa/indephispa.shtml
   - www.es.wikipedia.org/wiki/Guerras_de_independencia_hispanoamericana

Los comienzos de la vida independiente

La lucha por la independencia tuvo serias implicaciones en los recién independizados territorios. Los conflictos regionales se agudizaron después de la guerra. Las tensiones sociales y raciales polarizaron las sociedades de los nuevos países y generaron un clima de confusión, desorganización e inestabilidad. El poder político de las naciones independizadas fue débil, y promovió el desarrollo del caudillismo. Aunque la guerra terminó con el monopolio español, las naciones latinoamericanas quedaron a merced de la influencia económica de los Estados Unidos e Inglaterra, que dominaban el mercado atlántico. Esto representó un problema adicional, pues el fuerte desarrollo económico de los norteamericanos resultaba demasiado competitivo para los nuevos países.

Esas dificultades de tipo político y económico que atravesaron las naciones latinoamericanas después de la independencia causaron la digresión de los estados. Además, las potencias extranjeras –como Estados Unidos– veían con gran recelo la unidad latinoamericana, pues podía poner en peligro sus intereses sobre la región.

Al concluir el siglo XIX, América Latina quedó dividida en 19 naciones y unos territorios incorporados, inmersos en un proceso de formación de nacionalidades que se caracterizó por la violencia que generó la política de los recién nacidos países, en torno a asuntos como la anarquía, los gobiernos dictatoriales y la definición de fronteras. Prácticamente todos los países latinoamericanos, menos Brasil, tuvieron conflictos de esta naturaleza. La inexperiencia política de los criollos, junto con las luchas civiles y la ambición imperialista de otros países, propició la intervención continua de potencias extranjeras como los Estados Unidos e Inglaterra.

Alexis Melo: *Lucha por la Independencia Hispanoamericana.* 1999

1 la implicación *la consecuencia*
2 agudizarse sich zuspitzen
3 la tensión Spannung
polarizar polarisieren
4 generar *causar*
6 promover *favorecer*
8 a merced de abhängig, ausgeliefert
13 la digresión Abweichung
14 la potencia Großmacht
15 el recelo Argwohn
18 inmerso/-a versunken
25 la ambición Bestrebung
26 propiciar *favorecer*

Trabajador en una plantación de la United Fruit Company

1. Enumera las causas que contribuyeron a la división de América Latina en diferentes países.
2. Basándote en el texto expón los efectos que tuvo la lucha por la independencia en el continente americano.
3. Busca la definición de los términos 'caudillismo' y 'dictadura' y analiza cómo se diferencian un caudillo y un dictador.
4. Analiza el papel que desempeñaron los Estados Unidos e Inglaterra en el proceso de formación de Estados.
5. Describe la foto y establece una relación con el texto.
6. Compara las consecuencias de la lucha por la independencia de las colonias españolas en América Latina con las de la guerra de independencia de los Estados Unidos.
7. Amplía tu vocabulario: Busca en el texto todos los sinónimos de 'causar' y de 'favorecer' y completa las dos listas con la ayuda de un diccionario.

La senda está trazada

Daniel Viglietti: La senda está trazada (texto: Jorge Salerno). En: *Canto Libre.* Ayuí/Tacuabé, 1970

1. Indica el tema central de la canción.
2. Explica el título de la canción.
3. Analiza los recursos estilísticos de la canción, especialmente el uso del subjuntivo.
4. Analiza el vocabulario de la canción y su efecto en los oyentes.
5. Comenta lo que significa la frase "llevamos ya dos siglos trabajando al sol, no haciendo otra cosa que cambiar patrón" estableciendo una relación con el texto y la foto anteriores.
6. Valora la frase "es la liberación la que se va acercando" pensando en la situación política, social y económica de América Latina a finales del siglo XIX.
7. Busca información sobre la United Fruit Company y las 'repúblicas bananeras' y preséntala en clase.

6. El siglo XX

6.1 Revoluciones

¿Conoces libros o películas que tratan de una revolución? ¿Cómo presentan el tema? ¿Quiénes suelen ser los 'buenos', quiénes los 'malos'?

México

Las soldaderas

Varios sectores sociales tuvieron una participación vital en la Revolución Mexicana, como los campesinos, los intelectuales y las mujeres. De este último sector, cabe destacar a las soldaderas. Las tareas por las que las soldaderas eran más reconocidas eran las de proveer a los soldados o rebeldes, quienes por lo general eran sus esposos, amantes o padres, con el alimento que necesitaban, ropa limpia y el cuidado necesario en caso de que fueran heridos. No obstante, su tarea abarcaba muchísimo más que eso: luchaban tal como los hombres y llevaban a cabo misiones como las de espiar al enemigo y contrabandear armas de los Estados Unidos. Además, para poder conseguir alimento a veces era necesario que saquearan hogares o negocios. La única soldadera que ha sido recordada en la Revolución Mexicana fue Adela. Se supone que su nombre real era Altagracia Martínez y que pertenecía a la clase alta. Simpatizante de la Revolución se une a la misma, siendo el general Villa y el general Rodolfo Fierro quienes la bautizan con el nombre de 'Adelita'. Al parecer fue asesinada. Sin embargo, actualmente el término 'adelita' se usa para referirse a todas las mujeres soldado de la Revolución.

cf. Carlos Durón García en *El Sol de México,* 02.03.2009

1 vital *importante*
3 cabe *aquí: hay que*
destacar hervorheben
4 proveer versorgen
7 abarcar umfassen
8 llevar a cabo durchführen
9 contrabandear schmuggeln
10 saquear plündern
el hogar *la casa*
14 bautizar taufen

1. Imagínate que fueras una de esas adelitas. Apunta en un diario lo que has hecho durante el día.
2. Reflexiona por qué algunas mujeres se hicieron soldaderas.
3. Trabajad en grupo: Por la noche un grupo de adelitas se reúne y las mujeres se ponen a charlar. Cada uno de las participantes se inventa un personaje: qué familia tiene, cómo era su vida anterior, por qué participa y qué quiere lograr en esta revolución, etc. Después representad la conversación.
4. Busca la letra del corrido revolucionario "La Adelita" en la Red y comenta en qué aspecto o función de las adelitas en la Revolución Mexicana se centra la canción y cuáles calla.
5. Caracteriza a Adelita según la describe la canción.

Mi abuelo

Mi abuelo mató franceses
Y mi padre federales;
Y yo tan sólo heredé
Un jacal y tres nopales.

Mi abuelo fue juarista
Y mi padre zapatista;
Y yo siembro en tierra ajena
Y eso que soy agrarista.

Mi abuelo y mi padre
Murieron por la justicia;
Yo pienso que esa señora
Los jacales no visita.

A mi abuelo lo enterraron
En olla de barro negro;
A mi padre en un petate,
Mas, no al derecho del pueblo.

En el campo vuelve a oírse
Al campesino gritando;
La tierra debe de ser
De quien la está trabajando.

Amparo Ochoa: Mi abuelo.
En: *Cancionero popular.*
Fonarte Latino, 1984

3 heredar erben
4 el jacal Hütte
el nopal Feigenkaktus
7 sembrar säen
ajeno/-a fremd
8 el agrarista Anhänger der Agrarreform
13 enterrar begraben
14 la olla Topf
el barro Ton, Lehm
15 el petate Seesack

1. Busca las palabras que te permiten definir la situación social del yo lírico, del padre y del abuelo.
2. Explica lo que sugiere la última estrofa.
3. Saca conclusiones poniendo de relieve los sentimientos que expresa la canción.
4. Infórmate en la Red acerca de la reforma agraria de la que habla la canción, p. ej. buscando los términos 'Agrarismo (México)' y 'Zapatismo' en wikipedia. Presenta los resultados en clase, relacionándolos también con los últimos versos de la canción.

Pancho Villa

Doroteo Arango Arámbula o 'Pancho Villa' fue uno de los jefes de la Revolución mexicana cuya actuación militar fue decisiva para la derrota del régimen de Victoriano Huerta. Nació en San Juan del Río (Durango) el 5 de junio de 1878 y murió asesinado en una emboscada en Hidalgo del Parral (Chihuahua) el 20 de julio de 1923. Huérfano, tuvo una infeliz niñez y una conducta muy rebelde en la adolescencia, fue leñador, agricultor y comerciante, antes de hacerse militar revolucionario.

"Pancho Villa" en: *es.wikipedia.org*

2 decisivo/-a ← *decidir*
la derrota Niederlage
4 la emboscada Hinterhalt
5 el huérfano *niño sin padres*
6 la conducta Verhalten
el leñador Holzfäller

Pancho Villa (en primera fila, el tercero de la derecha) y sus hombres

¿? 1. Formad tres grupos. Cada grupo lee un texto distinto sobre Pancho Villa. Cada miembro del grupo apunta en una ficha la información más importante sobre este personaje histórico.
2. Después formad otros grupos de tres personas. En cada uno habrá un miembro de cada grupo de la primera fase que explica a los otros lo que ha leído sobre Pancho Villa y contesta a las preguntas de los otros.
3. Discusión en clase: ¿Quién fue Pancho Villa?
4. Una rueda de prensa: uno de vosotros es Pancho Villa. Los demás sois reporteros y le entrevistáis.

A: El político Pancho Villa

Villa fue clave en el movimiento revolucionario en el norte del país que puso fin a las tres décadas que duró la dictadura de Porfirio Díaz. Cuando tuvo en sus manos la administración del gobierno de Chihuahua o de la Hacienda de Canutillo emprendió acciones sociales radicales. Imponía controles de precios, [...] gran parte de los impuestos de guerra los destinaba a abastecer a la población de productos básicos. Villa imponía estrictas restricciones al consumo de alcohol. El dinero procedente de la venta de alcohol y de las casas de juego administradas por sus hombres era canalizado a la Revolución.

Sus planes educativos incluían una Universidad Militar para hasta cinco mil alumnos y una escuela elemental en cada hacienda. Había una libertad de culto casi total, se desplegó una política agraria cuyo propósito era distribuir la tierra [...] en pequeñas unidades.

Destaca en el ideario villista el valor de igualdad de trato y de igualdad de oportunidades [...]. En sus fiestas convivían gente modesta con personas de clase media y alta. En Canutillo, los trabajadores recibían salarios muy superiores al promedio nacional.

"Pancho Villa" en: *es.wikipedia.org*

2 la década *diez años*
4 emprender in Angriff nehmen
imponer durchsetzen
5 el impuesto Steuer
6 destinar *aquí: utilizar*
abastecer versorgen
8 la venta ← *vender*
9 canalizar hinführen
11 la libertad de culto Religionsfreiheit
12 desplegar *desarrollar*
14 destacar hervorstechen
el ideario Gedankengut
el trato ← *tratar*
15 convivir hier: zusammenkommen
modesto/-a hier: einfach

B: El hombre Pancho Villa

La figura de Pancho Villa está rodeada de una 'leyenda negra'. Es un lugar común decir que Villa era cruel y bárbaro. Es cierto que tenía un carácter colérico y que no dudaba en ejecutar a sus enemigos, en particular a los 'traidores'. Durante el enfrentamiento contra los carrancistas, Villa cometió muchos actos de barbarie [...]. Sin embargo, muchas de las ejecuciones masivas de prisioneros fueron ordenadas a Villa por Venustiano Carranza.
Según gente que lo conoció se sabe que tenía la costumbre de dormir en dos o tres lugares diferentes la misma noche para no ser sorprendido, se disfrazaba en ocasiones de mujer y huía del enemigo. También se sabe por gente que herraba los caballos de Villa que, bajo órdenes de éste, se le ponían las herraduras al revés a los caballos, de tal forma que al andar las huellas quedaran al revés y quien siguiera su rastro lo hiciera en sentido contrario.
Villa solía comentar que tenía tres grandes vicios: los buenos caballos, los gallos valientes y las mujeres bonitas. Se sabe que se casó por la ley aproximadamente 75 veces y tuvo al menos 23 hijos.

"Pancho Villa" en: *es.wikipedia.org*

1 rodear umgeben
2 el lugar común geflügeltes Wort
3 ejecutar *fusilar, asesinar*
4 el traidor Verräter
el enfrentamiento ← *enfrentarse*
6 ordenar anordnen
10 disfrazarse de sich verkleiden
11 herrar beschlagen
la orden ← *ordenar*
12 la herradura Hufeisen
13 la huella Spur
el rastro Fährte
15 el vicio Laster

C: El mito Pancho Villa

De padres analfabetos, peones de hacienda, Pancho Villa nunca fue a la escuela. [...] De joven repartía leche en Chihuahua; en esta ciudad, a los 16 años, mató a un funcionario público, probablemente porque dicho funcionario violó a su hermana. Huyó y se 'echó al monte', convirtiéndose poco a poco, con estas primeras correrías, en uno de los grandes y famosos 'bandidos' de la historia.
Como se dedicó a asaltar trenes y bancos, saquear negocios, o atentar contra el sistema, repartiendo entre los pobres gran parte de lo robado, era llamado 'el amigo de los pobres' [...]. En pocos años se convirtió en un [...] héroe romántico. Tanto era su poder que era capaz de alimentar a poblados enteros, desalojados por la dictadura de Porfirio Díaz. Pancho Villa conocía profundamente la miseria en la que vivía el pueblo mexicano, y actuaba en consecuencia.
Fue asesinado el 20 de julio de 1923 a las ocho de la mañana, como consecuencia de una emboscada al cruzar el puente Guanajuato. Fue tan sorpresivo el ataque que [...] ni siquiera tuvo oportunidad de defenderse. Su tumba fue profanada en 1926, y su cráneo robado. No ha vuelto a aparecer.

"Pancho Villa. Reseña Biográfica" en: *Hipernova.cl*

1 el peón Landarbeiter
3 dicho/-a besagte/-r
4 violar vergewaltigen
echarse al monte in den Untergrund gehen
5 la correría Raubzug
7 dedicarse a sich widmen
asaltar überfallen
saquear (aus-)plündern
11 el poblado *el pueblo*
desalojar *expulsar*
13 en consecuencia entsprechend
15 la emboscada Hinterhalt
17 la tumba Grab
profanar schänden
el cráneo Schädel

Nicaragua

Augusto César Sandino (Niquinohomo, Nicaragua, 1895 - Managua, 1934): Guerrillero nicaragüense. De origen muy humilde, trabajó como minero en Nicaragua, Honduras y México. En 1926 regresó a su país, ocupado desde 1916 por las tropas estadounidenses que defendían los intereses de las compañías fruteras de Estados Unidos. Optó por defender la autonomía nacional y se alzó en armas. Durante seis años combatió contra las tropas de diferentes gobiernos apoyados por EE. UU. Organizada bajo su mando, la guerrilla rebelde se refugió en las selvas de Nueva Segovia, donde se convirtió en prácticamente invencible. Al no lograr derrotarlo, el presidente estadounidense Herbert C. Hoover ordenó la retirada de las tropas desplegadas en Nicaragua, lo que, junto con la elección de Franklin D. Roosevelt como presidente de EE. UU., movió a Sandino a negociar con el gobierno nicaragüense la deposición de las armas y el retorno a la vida civil (1933).

2 humilde einfach
5 optar por wählen
6 alzarse en armas zu den Waffen greifen
8 refugiarse Schutz suchen
9 invencible unbesiegbar
10 la retirada Ab-, Rückzug
desplegado/-a stationiert
13 la deposición Niederlegung
el retorno Rückkehr

Un discurso de Augusto César Sandino

El pueblo sano se ha convencido de que hay que ser ante todo nicaragüenses y no esclavos de conquistadores y traidores. Por este motivo es que [...] se incorpora con el mayor entusiasmo a mi Ejército para defender con verdadero heroísmo la soberanía de nuestra amada Nicaragua.

Nuestros heridos se mueren por falta de tratamiento médico oportuno de las heridas que ocasionan las bombas, así como a causa de la malaria. Estoy hablando no sólo de los soldados, sino también de los civiles, entre los cuales se encuentran muchas mujeres y niños, pues los aeroplanos enemigos están haciendo más daños en las poblaciones que en nuestras trincheras.

A los campesinos nada les hemos quitado; recibimos lo que nos dieron de buena voluntad. Si fuésemos bandidos, toda Nicaragua estaría en contra nuestra, todos serían nuestros enemigos. Y en cambio, tenemos un amigo en todos los hogares. Dijo nuestro enemigo que pronto tendremos que rendirnos porque nos faltan víveres; olvida que el pueblo nos dará de comer [...].

Soy perfectamente capaz de ganar mi sustento y el de mi esposa en cualquier ocupación, por humilde que sea. Soy mecánico, y si fuese necesario volvería al oficio. Hemos tomado las armas por amor a la patria y porque todos los demás jefes la traicionaron y se vendieron al extranjero. En nuestra propia casa estamos luchando por nuestros derechos inalienables. ¿Qué derecho asiste a las tropas extranjeras para calificarnos de bandidos y forajidos y decir que somos agresores?

Carlos Fonseca: Ideario político de Augusto César Sandino. En: *Casa de las Américas*, número 104, 1984, p. 59 (abreviado)

1 sano/-a <-> *enfermo/-a*
3 incorporarse sich anschließen
4 la soberanía Souveränität
5 oportuno/-a angebracht
6 ocasionar *causar*
8 el aeroplano *el avión*
10 la trinchera Schützengraben
11 de buena voluntad freiwillig
14 el hogar Heim
15 rendirse sich ergeben
los víveres *los alimentos*
17 el sustento Lebensunterhalt
18 humilde bescheiden, einfach
19 el oficio *la profesión*
21 inalienable unveräußerlich
23 el forajido Straßenräuber

1. Resume las ideas esenciales del discurso de Augusto César Sandino.
2. Analiza la actitud de Sandino frente a la situación del país en aquella época.
3. Expón lo que le reprochan a Sandino sus enemigos.
4. Caracteriza la relación entre el pueblo nicaragüense y el ejército de Sandino. Justifica tu respuesta con elementos del texto.
5. Basándote en la información del texto, caracteriza a Augusto Sandino.
6. Explica la intención de Sandino analizando los recursos estilísticos que usa en su discurso.
7. Analiza también el vocabulario que emplea Sandino. ¿Qué efecto tiene?
8. "En nuestra propia casa estamos luchando por nuestros derechos inalienables". ¿Cuáles podrían ser esos derechos inalienables?
9. Augusto César Sandino fue uno de muchos revolucionarios conocidos de Latinoamérica que recurrió a la violencia para luchar por la libertad de su país. Valora este tipo de resistencia. Justifica tu opinión.

6.2 Dictaduras

Fernando Botero: *sin título* (1979)

1. Describe esta historieta del pintor colombiano Fernando Botero.
2. Explica la intención de Botero.
3. Propón un título.
4. Haz un mapa conceptual de las características de una dictadura.

Nicaragua

La política de las tres 'p'

"Mi política es la política de las tres 'p': plata para los amigos, palo para los indiferentes y plomo para los enemigos." Con esta frase definía Anastasio Somoza I su acción de gobierno. Durante sus veinte años de mandato (1936-1956) y los veintidós de sus hijos Luis y Anastasio Tachito II, las tres 'p' fueron realmente una buena síntesis de la más vieja dictadura dinástica de América.

En 1934, Somoza I encabezó un grupo que asesinó al general Augusto Sandino, triunfador en la lucha contra la presencia de los marines norteamericanos en Nicaragua desde 1926. Dos años después, Somoza da un golpe de estado y se encarama en el poder, del que se iría en 1956, muerto a tiros por el poeta Rigoberto López Pérez.

1 la plata (am.) *el dinero*
el palo Knüppel
2 el plomo Blei
3 el mandato *el régimen*
7 encabezar *dirigir*
8 triunfador/-a ← *triunfar*
10 el golpe de estado Putsch
encaramarse aufsteigen
11 el tiro Schuss

El plomo y el palo para enemigos e indiferentes se expresa en Nicaragua, en estos 42 años, en una interminable lista de muertos, presos y desaparecidos, una absoluta falta de cualquier tipo de libertades, la inexistencia de derechos sindicales o políticos, una mortalidad infantil del 102 por 1000 y una superexplotación del campesinado, sector social al que pertenece el 80% de la población.

¡Y la 'p' de plata! A su llegada al poder Somoza disponía de una mediana hacienda de café heredada de su padre. Veinte años después, poseía 51 explotaciones ganaderas y 46 cafetales con más de 20.000 kilómetros cuadrados, otras 12 en Costa Rica y 31 en Guatemala. En total se calculaba su fortuna de entonces en 75 millones de dólares, monopolizando en el país los sectores plásticos, papel, metales, carne, azúcar, tabaco, cemento, pesca, tejidos, arroz, puertos, hoteles, seguros y financieras. En Estados Unidos, los Somoza son fuertes accionistas de la US Steel, Pan-Am, Intercontinental Hotels y de la revista 'Visión', destinada a vender la democracia yanqui en Lationamérica. La 'p' de plata para los amigos era ante todo la plata para la familia.

Luis Granovski: El pueblo contra Somoza. En: *Seminario La Calle*, 5-11 de septiembre de 1980 (abreviado)

13 **el preso** Gefangener
15 **sindical** gewerkschaftlich
la mortalidad infantil *el porcentaje de niños que mueren*
16 **la superexplotación** extreme Ausbeutung
el campesinado ⟵ *los campesinos*
18 **mediano/-a** *ni grande ni pequeño/-a*
19 **heredar** erben
20 **la explotación ganadera** Viehzuchtbetrieb
el cafetal *la hacienda de café*
24 **los tejidos** Textilien
el seguro Versicherung
la financiera Geldinstitut
25 **el accionista** Aktionär
27 **yanqui** *norteamericano/-a*

1. Describe cómo llegó Anastasio Somoza al poder.
2. Presenta los métodos de la familia Somoza para acumular su gran fortuna.
3. Basándote en la información del texto, explica la política de las tres 'p'.
4. Lee otra vez el discurso de Augusto César Sandino y compara su política con la de Somoza.
5. En la clase de Historia estáis tratando las dictaduras hispanoamericanas del siglo XX y queréis presentarlas en un póster. Formula un texto en alemán con la información del texto tratado aquí.

Chile

“Existe un alto grado de consenso de que en Chile, durante la dictadura militar, los derechos humanos fueron violados en forma reiterada en el intento de aniquilar la oposición política como condición necesaria para refundar el Estado sobre nuevas bases y hacer viable su modelo económico.”

Derechos Chile-DDHH bajo la dictadura-Víctimas, 27.10.1998

1 **el consenso** Konsens
2 **violar** verletzen
3 **reiterado/-a** *repetido/-a*
aniquilar vernichten
4 **refundar** *reconstruir*
5 **viable** durchführbar

Infórmate sobre Pinochet y su dictadura. Presenta las etapas más importantes de su carrera en un póster y preséntalo a la clase.

1. Describe la foto.
2. Trabajad en parejas. Una cadena norteamericana de televisón graba esta escena. Al día siguiente, uno de los reporteros consigue hacer una entrevista a una de las personas de la foto. Escribe la entrevista.

El asalto del Palacio de la Moneda en Santiago de Chile por parte del ejército chileno bajo el general Pinochet

Salvador Allende Gossens (Valparaíso, 26 de junio de 1908 - Santiago, 11 de septiembre de 1973), médico y político socialista chileno. Primer presidente marxista en el mundo que accedió democráticamente al poder (3 de noviembre de 1970 - 11 de septiembre de 1973). El gobierno de Allende, apoyado por la Unidad Popular (un conglomerado de partidos de izquierda), destacó por el intento de establecer un camino alternativo hacia una sociedad socialista [...]. Su gobierno terminó abruptamente mediante un golpe de Estado el 11 de septiembre de 1973, en que participaron las tres ramas de las Fuerzas Armadas y el Cuerpo de Carabineros. Ese mismo día Allende se suicidó. El fin de su gobierno daría inicio al Régimen Militar, una dictadura encabezada por Augusto Pinochet, que duraría poco más de 17 años.

Fundación Salvador Allende, www.salvador-allende.cl, 2007
Salvador Allende en un sello de la República Democrática Alemana (1974)

3 acceder *aquí: llegar*
5 el conglomerado *aquí: el conjunto, la mezcla*
6 destacar sich hervorheben
establecer *crear*
9 la rama hier: Sparte
11 encabezar *dirigir*

Habla Anais, la hija de un refugiado chileno

Mi padre es chileno. Ha vivido en Chile durante veinticuatro años. Creo que no se imaginaba lo que iba a soportar. [...]
¿Qué es una dictadura? Una dictadura no es más que un régimen en el que ya no hay libertad de expresión, ni respeto de los derechos humanos, ni siquiera libertad individual. De hecho, todo lo que podía representar una amenaza era en seguida aniquilado. Y mi papá estaba considerado como una amenaza. En efecto, estaba comprometido en una organización de resistencia [...]. Nunca me ha dicho lo que tenía que hacer. Lo único que sé es que tenía que esconderse durante el día. Un año después del golpe de estado, mi papá fue arrestado y encarcelado en una de esas cárceles en

2 soportar ertragen
6 la amenaza Bedrohung
aniquilar vernichten
7 comprometido/-a engagiert
10 arrestar verhaften
encarcelar ← *la cárcel*

las que no hay luz. Me dice que sólo podía darse cuenta de que una mujer era torturada o quizás violentada. Y un grito de terror, un fusilazo, y nada más. Me dice que no se oían más que gritos de terror, risas sádicas, lloros, insultos y fusilazos. Y durante semanas y más semanas fue lo que mi papá oyó. Y fue torturado. Nunca me dijo lo que aquellos sádicos le hicieron. [...] Pero él, al contrario de los demás, consiguió escaparse de la cárcel, y se refugió en la Embajada de Francia.

Pero, aunque no ha tenido muchas heridas físicas, ha tenido, tiene y siempre tendrá heridas psicológicas; la pérdida de sus amigos que han muerto o 'desaparecido', la huida lejos de su país, de sus orígenes, de sus antepasados, de su familia, de todo lo que formaba su vida.

Estoy muy orgullosa de mi padre y de lo que ha hecho. Yo no considero su pasado como una carga sino como una riqueza, aunque es muy difícil para mí hablar de eso.

Lo que no puedo soportar es que a nosotros, niños de los países ricos, todo en la vida nos parece fácil; tenemos todo lo que queremos, cuando lo queremos, donde lo queremos. Es como si todo se nos debiera. Nosotros no podemos imaginar lo que es arriesgar la vida para ser libre. [...] Y por eso considero que tengo un deber de memoria. [...]

Anais Leon-Serrano, Alumna de TES1, 2000/2001 Lycée du Grésivaudan Meylan

12 **violentar** vergewaltigen
el fusilazo Gewehrschuss
13 **la risa** ← *reír*
sádico/-a sadistisch, Sadist
el lloro ← *llorar*
14 **el insulto** Beleidigung
17 **la embajada** Botschaft
20 **el antepasado** Vorfahr
23 **la carga** Last
28 **arriesgar** aufs Spiel setzen

1. Resume lo que escribe Anais.
2. Describe cómo es el padre de Anais basándote en lo que ésta nos cuenta de él.
3. Destaca cómo narra Anais lo que vivió su padre en la cárcel y analiza qué efecto tiene su forma de contarlo.
4. Analiza la actitud de Anais respecto a la situación de los niños en los países ricos.
5. Es un dicho común que 'un pueblo que olvida su pasado está condenado a vivirlo de nuevo.' Comenta esta frase relacionándola con la última frase del texto.
6. En Chile hubo un debate acerca de la detención de Pinochet. Imagínate los argumentos de los adversarios y de los partidarios de Pinochet en cuanto a este tema.

Las víctimas de la dictadura de Pinochet en Chile 1973 - 1989

Muertos	2094
Desaparecidos	1102
Ubicados	193
Paradero desconocido	909
Torturados	104.000
Violaciones de derechos humanos	500.000
Detenidos maltratados	1.000.000

cf. Vicaría de la solidaridad, el Informe Retting, www.elpais.es/especiales/2001/pinochet/victimas/cifras.html

Augusto Pinochet en 1986

Argentina

Las víctimas de la dictadura militar en Argentina 1976 - 1983

Hubo entre 20.000 y 30.000 desaparecidos, es decir, personas asesinadas por la junta militar.

cf. www.yendor.com/vanished/how-many.html

“El despojo es fundamental. Nada es peor que un cadáver ausente [...]. ¿Qué es un cadáver? Una presencia que manifiesta una ausencia.”

Louis-Vincent Thomas: *Antropología de la muerte.* México: Fondo de cultura económica, 1993

1 el despojo *aquí: el robo, la pérdida*
2 manifestar *revelar*

1. Explica lo que quiere decir el antropólogo francés Louis-Vincent Thomas.
2. Comenta qué consecuencias tiene la afirmación de Thomas para los familiares de los desaparecidos.
3. Trabajad en parejas. Un periodista hace una entrevista a un familiar de un desaparecido. Presta especial atención a los sentimientos de éste.
4. Investiga en la Red las biografías de los protagonistas de la dictadura militar en Argentina.

Busca información sobre las Madres y las Abuelas de Plaza de Mayo en

- http://es.wikipedia.org/wiki/Madres_de_Plaza_de_Mayo
- http://es.wikipedia.org/wiki/Abuelas_de_Plaza_de_Mayo
- http://es.wikipedia.org/wiki/Proceso_de_Reorganizaci%C3%B3n_Nacional

Niños robados

La escena pasa después de la fiesta organizada con motivo del quinto cumpleaños de Gaby. Alicia comienza a sospechar que la niña a quien ha adoptado podría ser la hija de una desaparecida ...

Alicia Parece mentira que hayan pasado ya cinco años... Aquel día me pasé dando vueltas por la casa y llegaste tardísimo. ¿Te acuerdas? Como hoy, tardísimo. No sabías ni agarrarla... La traías como a un perrito... Cuando hablamos, entonces, me parecía que tenías razón, que yo no tenía que ir al hospital. Ahora pienso que tendría que haber ido... tendría que haber ido. ¿Quién era aquella mujer que venía con vos en el auto? ¿Quién era?

Roberto Una enfermera.

Alicia ¿Jaifel, se llamaba el médico? ¿Jeifel?

2 sospechar argwöhnen
4 parece mentira *es increíble*
6 agarrar hier: halten
10 vos *en Argentina: tú*

Roberto No me acuerdo, Alicia. ¿Cómo quieres que me acuerde?
Alicia ¿Cómo no te vas a acordar del médico que te dio a Gaby?
Roberto Dijimos que nunca íbamos a hablar de eso.
Alicia ¿Le pagaste?
Roberto ¡Alicia!
Alicia ¿Al médico o a la madre?
Roberto Pero, ¿a qué viene todo eso ahora?
Alicia Porque vos me dijiste que ella estaba de acuerdo, pero ¿cómo sabes que estaba de acuerdo? ¿Hum? ¿La viste en el hospital? A lo mejor ella ni sabía que le estaban... quitando la hija.
Roberto ¿Qué me estás preguntando? ¿Qué carajo me estás preguntando?
Alicia ¡Qué sé yo qué te estoy preguntando! ¡No sé qué te estoy preguntando! Siempre me pongo mal cuando llega este día... ¿Nunca le vamos a decir la verdad? ¿Te das cuenta que le festejamos una fiesta que es nuestra, no de ella?
Roberto Le festejamos el día que la anotamos. Ése es su cumpleaños.

Katrin Grotelüschen

23 **carajo** verdammt noch mal
31 **anotar** registrieren, anmelden

1. Enumera los temas de la discusión.
2. Caracteriza a Alicia y valora su comportamiento.
3. Inspirada en hechos reales, ésta es una escena inventada y sus protagonistas, vivos o muertos, son ficticios. Comenta en qué se diferencia de un reportaje sobre una persona desaparecida.
4. La madre adoptiva, Alicia, piensa en la pérdida de Gaby. Formula sus pensamientos y sentimientos en un monólogo interior.
5. Gaby escucha clandestinamente la discusión de 'sus' padres. Acaba de cumplir cinco años, pero imagínatela como si ya pudiera razonar y expresarse como tú. Redacta lo que piensa y siente escuchando esta escena.
6. Escribe una continuación de la historia.
7. Infórmate en la Red sobre el caso real de María Eugenia Sampallo Barragán y presenta la información en una charla de un minuto:
   - en BBC mundo: http://news.bbc.co.uk/hi/spanish/latin_america/newsid_7293000/7293021.stm
   - en Terra Noticias: http://noticias.terra.com/articulo/html/act1200467.htm
   - en Clarín: http://www.clarin.com/diario/2008/02/22/elpais/p-00901.htm

¡Justicia!

En una cárcel argentina, dos hombres comparten una celda: Molina, un diseñador de escaparates homosexual, y Valentín, un revolucionario ferozmente dogmático obsesionado con la memoria de la mujer que le abandonó por la causa.

–Hablá yo te escucho.

–Si no te molesta, encendé la vela... Me gustaría dictarte una carta para ella, bueno, para lo que sabés. Yo me mareo si fijo la vista. A la tarde traté de escribirle, pero me bailaban las letras.

1 **la celda** Zelle
2 **feroz** *salvaje*
3 **obsesionado/-a** ← *la obsesión*
5 **la vela** Kerze
6 **marearse** schwindelig werden
fijar la vista den Blick auf etwas heften

–Claro, esperá que encuentro los fósforos.

–Vos sos muy bueno conmigo.

–Ya está.

–Querida ... Marta: te extrañará ... recibir esta carta. Me siento ... solo, te necesito, quiero hablar con vos, quiero ... estar cerca tuyo, quiero ... que me digas ... una palabra de aliento. Estoy en mi celda, quién sabe dónde estarás vos a esta hora ... y cómo estarás, y en qué pensarás, y necesidad de qué tendrás ... Pero te voy a escribir esta carta, aunque no te la mande, quién sabe lo que pasará ... pero déjame que te hable ... porque tengo miedo ... de que me explote algo adentro ... si no me desahogo un poco. Si pudiéramos hablar vos me entenderías ...

–"... vos me entenderías ..."

–Perdón, Molina, ¿cómo era que le dije que no le voy a mandar la carta? Leeme por favor.

–"Pero te voy a escribir esta carta, aunque no te la mande."

–Agrégale por favor, "... Pero sí te la voy a mandar".

–"Pero sí te la voy a mandar". Seguí.

–... adentro estoy todo llagado, y solamente vos me vas a comprender ... porque vos también fuiste criada en tu casa limpia y cómoda para gozar de la vida, y yo como vos no me conformo a ser un mártir, Marta, me da rabia ser mártir, no soy un buen mártir, y en este momento pienso si no me equivoqué en todo ... Me torturaron, y no confesé nada ... claro que me ayudaba que yo nunca supe los nombres verdaderos de mis compañeros, y les dije los nombres de batalla, porque con eso no podían avanzar nada, pero adentro mío tengo otro torturador ... y desde hace días no me da tregua ... Es que estoy pidiendo justicia, mirá qué absurdo lo que te voy a decir, estoy pidiendo que haya justicia, que intervenga la providencia ... porque estoy enfermo ... y tengo miedo ... miedo terrible de morirme, porque pienso que no me lo merezco, que siempre actué con generosidad, que nunca exploté a nadie ... y que luché, desde que tuve un poco de discernimiento ... contra la explotación de mis semejantes ... Y yo, que siempre putié contra las religiones, porque confunden a la gente y no dejan que se luche por la igualdad ... estoy sediento de que haya una justicia ... divina. Estoy pidiendo que haya un Dios ... con mayúscula escribilo, Molina, por favor ...

Manuel Puig: *El beso de la mujer araña*. Barcelona: Edición Seix Barral, 1976

8 **el fósforo** Streichholz
9 **vos** *en Argentina: tú*
sos *en Argentina: eres*
13 **el aliento** Zuspruch
17 **desahogarse** sich aussprechen
23 **agregar** *añadir*
25 **llagado/-a** *herido/-a*
26 **gozar** *disfrutar*
27 **conformarse** sich abfinden
el mártir Märtyrer
28 **dar rabia** in Rage bringen
33 **no dar tregua** *no dejarle en paz*
35 **la providencia** Vorsehung
37 **la generosidad** Großzügigkeit
38 **el discernimiento** Urteilsvermögen
mis semejantes meinesgleichen
39 **putear** (vulg.) fluchen
40 **sediento/-a** begierig
41 **divino/-a** ← *Dios*

1. Nombra el tema del fragmento.
2. Describe la situación de Valentín y sus sentimientos. ¿Cuál es su motivación para escribir una carta?
3. Comenta en qué consistiría la "justicia divina" tanto en el ámbito político como en lo personal.
4. Imagínate que Valentín a pesar de todo mandó esa carta. Escribe la respuesta de ella.
5. Haz una lista de todos los verbos en imperativo, y otra de los verbos en la segunda persona del singular del presente. Compara las formas del castellano argentino con el español peninsular e intenta formular una regla sobre la formación del imperativo y de la segunda persona del singular en Argentina. Comparad vuestras ideas en clase.

Vocabulario

Conquista y represión

la conquista, el conquistador, conquistar
el reino (Reich), el rey, la reina, reinar, la Corona (Krone)
el dominio, dominar, dominante
el control, controlar, controlador/-a

la jerarquía (Rangordnung), jerárquico/-a
el principal, el noble, la nobleza, noble (adlig)
el servidor, el sirviente, el criado
el esclavo, la esclavitud (Sklaverei)

la dictadura, el dictador, el régimen dictatorial
la orden, dictar órdenes, ordenar
la represión, reprimir, represivo/-a
la opresión, oprimir (unterdrücken)
la amenaza, amenazar (bedrohen), amenazante, amenazador/-a

la expulsión, el destierro, el desalojamiento (Vertreibung)
expulsar, desterrar, desalojar (vertreiben)

Resistencia, lucha y detención

la tensión (Spannung), tenso/-a
el inconformismo, disconforme, conforme con
el descontento, descontento/-a
la insatisfacción, insatisfecho/-a de

la resistencia, resistirse a
oponer resistencia, oponerse a
la sublevación (Aufstand), sublevarse
la rebelión, rebelarse (sich auflehnen)
la revolución, el revolucionario

la lucha, luchar por/en contra de, luchador/-a
la batalla (Schlacht)
el combate, combatir (kämpfen), el combatiente
el enfrentamiento, enfrentarse, hacer frente a
la guerra, el guerrero, estar en guerra con, declarar la guerra a
el asalto (Überfall), asaltar

la tortura (Folter), el torturador, torturar
el asesinato (Mord), el asesino, asesinar
el aniquilamiento, aniquilar (vernichten)
la destrucción, destruir (zerstören)

la traición (Verrat), el traidor, traicionar
la emboscada (Hinterhalt), tender una emboscada
la trampa (Falle), poner una trampa

la herida (Wunde), herir, herido/-a
la sangre, sangriento/-a

la victoria (Sieg), el triunfo, triunfar, vencer
la derrota (Niederlage), derrotar
el fracaso (Versagen), fracasar, fracasado/-a
la deposición de las armas, deponer (niederlegen)
la retirada (Ab-, Rückzug), retirarse

el cautivo (Gefangener), tomar cautivo/-a
el capturado, la captura, capturar
el preso, prender, tomar preso
el detenido, detener, la detención (Festnahme)
el arrestado, arrestar
la cárcel (Gefängnis), encarcelar
la prisión, poner en prisión, el prisionero

el arma (f.), armado/-a, alzarse en armas (zu den Waffen greifen)
el fusil, el fusilazo (Gewehrschuss), fusilar, el fusilamiento
la bala (Kugel), la espada (Schwert), el arco, la flecha

Sociedad

el latifundista (Großgrundbesitzer), el latifundio
el administrador, la administración, administrar (verwalten)
el capataz (Vorarbeiter), el peón (Hilfsarbeiter), la mano de obra (Arbeitskraft)

la minería (Bergbau), la mina, el minero, la explotación (Abbau), explotar
la agricultura, el agricultor, el campesino, el cultivo (Anbau), cultivar
la manufactura (Fertigung), la mercancía (Ware), la artesanía (Handwerk), el artesano

Derechos humanos

la igualdad
- de oportunidades (Chancengleichheit)

la libertad
- de expresión (Meinungsfreiheit)
- de culto (Glaubensfreiheit)

la fraternidad (Brüderlichkeit)
la independencia (Unabhängigkeit), independizarse, independiente

7 Retos para Hispanoamérica

1. Observa las imágenes y descríbelas.
2. ¿Cuáles pueden ser los 'retos para Hispanoamérica' que se van a tratar en este capítulo?

1. La América de los latinos

Busca en la Red información sobre la economía de América Latina y su desarrollo en los últimos años, por ejemplo en http://www.cepal.org o http://www.economiasur.com/. Fíjate sobre todo en (uno de) los siguientes temas: el comercio entre los países latinoamericanos, el comercio entre Europa y Latinoamérica, el sector de servicios, la inversión extranjera directa, el desarrollo del PIB en los países latinoamericanos, la tasa de desempleo en Latinoamérica y el crecimiento económico.

Las venas abiertas de América Latina

La división internacional del trabajo consiste en que unos países se especializan en ganar y otros en perder. Nuestra comarca del mundo, que hoy llamamos América Latina, fue precoz: se especializó en perder desde los remotos tiempos en que los europeos del Renacimiento se abalanzaron a través del mar y le hundieron los dientes en la garganta. Pasaron los siglos y América Latina perfeccionó sus funciones. Éste ya no es el reino de las maravillas donde la realidad derrotaba a la fábula y la imaginación era humillada por los trofeos de la conquista, los yacimientos de oro y las montañas de plata. Pero la región sigue trabajando de sirvienta. Continúa existiendo al servicio de las necesidades ajenas, como fuente y reserva del petróleo y el hierro, el cobre y la carne, las frutas y el café, las materias primas y los alimentos con destino a los países ricos que ganan, consumiéndolos, mucho más de lo que América Latina gana produciéndolos. Son mucho más altos los impuestos que cobran los compradores que los precios que reciben los vendedores; y al fin y al cabo, como declaró en julio de 1968 Covey T. Oliver, coordinador de la Alianza para el Progreso, “hablar de precios justos en la actualidad es un concepto medieval. Estamos en plena época de la libre comercialización ...”. Cuanta más libertad se otorga a los negocios, más cárceles se hace necesario construir para quienes padecen los negocios. Nuestros sistemas de inquisidores y verdugos no sólo funcionan para el mercado externo dominante; proporcionan también caudalosos manantiales de ganancias que fluyen de los empréstitos y las inversiones extranjeras en los mercados internos dominados. [...]

Eduardo Galeano: *Las venas abiertas de América Latina*. México: Ed. Siglo XXI, 1971, p. 15

En la Cumbre de las Américas Hugo Chávez le regala el libro *Las venas abiertas de América Latina* a Barack Obama recién elegido presidente de los EE. UU.

2 la comarca *la región*
3 precoz frühreif
4 remoto/-a *lejano/-a*
abalanzarse sich stürzen
5 hundir versenken
7 la maravilla ← *maravilloso/-a*
derrotar *destruir*
8 humillar demütigen
el yacimiento Vorkommen
10 ajeno/-a *de otros*
la reserva Vorrat
11 el hierro Eisen
el cobre Kupfer
las materias primas Rohstoffe
14 el impuesto Steuer
cobrar *recibir dinero*
16 La Alianza para el Pogreso *programa de ayuda de EE. UU. para América Latina*
18 la libre comercialización freie Marktwirtschaft
19 otorgar *dar*
el negocio Handel
la cárcel Gefängnis
20 padecer *sufrir*
el verdugo Henker
22 proporcionar *dar*
23 caudaloso/-a *abundante*
el manantial *la fuente*
la ganancia Gewinn
24 el empréstito Anleihe
la inversión Investition
25 interno/-a *del país*

1. Explica por qué y en qué sentido América Latina siempre ha perdido y sigue perdiendo.
2. Si América Latina pierde, ¿quién gana?
3. Analiza cuál es la posición política del autor y con qué intención escribió el libro.
4. Analiza los recursos estilísticos que utiliza el autor para transmitir su intención.
5. Ve al capítulo 6, lee el texto: "La vida económica en las Indias" de la página 169 y observa la imagen "El triángulo del comercio" (p. 170). Compara éstos con el texto anterior centrándote en la comercialización entre Hispanoamérica y Europa en la época del Renacimiento y en la de hoy.
6. Explica la última frase del texto de Galeano.
7. Basándote en tus conocimientos de economía, discute con tus compañeros sobre los siguientes puntos: ¿Crees que América Latina sólo pierde? ¿Conoces ejemplos positivos o negativos sobre la economía actual de un país hispanoamericano? ¿Crees que la población de Europa o del mundo occidental es culpable de la situación en América Latina? ¿Qué pueden hacer los europeos para luchar contra la pobreza en Hispanoamérica?
8. Reflexiona cuáles fueron los motivos de Chávez para regalarle a Obama precisamente este libro. Luego representad la escena en clase e imaginad la conversación entre los dos políticos.
9. Eres un comprador de una empresa alemana que negocia con café. Viajas a Colombia para negociar la compra para el año que viene. En el viaje, ves a mucha gente pobre que trabaja muy duro para plantar y recoger el café. Haz un diálogo entre comprador y vendedor sobre el negocio. Piensa que tienes que conseguir un buen precio, pero no olvides lo que has visto en el camino. ¿Puedes encontrar una solución?

Retos para la política actual

El continente [latinoamericano] se caracteriza por unos niveles de desigualdad económica situados entre los más elevados de todo el planeta. Aunque el PIB [Producto Interior Bruto] per cápita sea similar al de los países de Europa del este, el nivel de ingresos está peor distribuido, en los países latinoamericanos un 40 % del ingreso nacional es percibido en exclusiva por el 10 % más rico de la población. Como consecuencia, grandes segmentos de la población tienen unas condiciones de vida por debajo de los niveles de la pobreza. Un triángulo familiar suele estar en el origen de la pobreza: desempleo o subempleo casi permanente, fracaso escolar o bajos niveles educativos, y salarios mínimos, –cuando existen– que nunca crecen como las subidas de precios.

La pobreza es uno de los temas más graves de la región, y genera entre la población un rechazo generalizado e intenso. Ocho de cada diez habitantes consideran que se trata de una situación 'injusta' o 'muy injusta'. Sin embargo, muchos gobiernos se enfrentan a un dilema: ¿Deben encaminar la mayor parte de sus recursos a realizar políticas sociales para paliar la pobreza, o bien orientar esos recursos hacia inversiones para estimular el crecimiento económico? No existe una respuesta fácil, y tal vez incluso puede que no sea ésta la pregunta pertinente. Puede que invertir en reducir la pobreza sea también un modo de fomentar el desarrollo.

Jacint Jordana en: *La Vanguardia Digital*, 28.01.2001 (abreviado)

2 elevado/-a *alto/-a*
3 per cápita pro Kopf
4 los ingresos Einnahmen
distribuir verteilen
5 percibir *aquí: recibir*
9 el desempleo Arbeitslosigkeit
el subempleo Unterbeschäftigung
el fracaso escolar Schulversagen
10 el salario Lohn
12 generar hervorrufen
13 el rechazo ← *rechazar*
15 enfrentarse a gegenüberstehen
encaminar *destinar*
16 los recursos Mittel
paliar *reducir*
17 la inversión Investition
estimular anregen
19 pertinente angebracht
20 fomentar fördern

1. ¿Qué información da el texto en cuanto al nivel de ingresos en América Latina?
2. Compara el punto de vista de los autores de los dos textos anteriores.
3. Explica qué es un dilema y describe el dilema ante el que se encuentran muchos gobiernos de Latinoamérica.
4. "Un triángulo familiar suele estar en el origen de la pobreza." Comenta esta afirmación.
5. Imagínate que eres un cura de una parroquia en los Andes. La mayoría de los habitantes son familias pobres. Para ayudarles escribes una carta a una parroquia alemana y le pides ayuda.

2. El analfabetismo

1. Describe la foto.
2. Imagina qué está haciendo la persona de la foto.
3. Explica la frase "yo, sí puedo".

Alumna de una campaña de alfabetización, en Bolivia

El analfabetismo en Latinoamérica es ya 'residual'

En Latinoamérica hay 35 millones de analfabetos, y en la última década creció el alfabetismo del 89% al 91% de la población total, pero continúa significando "un serio reto para la región", según apunta el director del Instituto de Educación de la Unesco, Adame Ouane.
"Tenemos solamente un nivel residual de analfabetismo con el que la región puede probablemente arreglarse, pero no es un asunto para ignorar porque hay en otros países, por ejemplo algunos del Caribe, tasas de alfabetismo de sólo el 74%", dijo. "Vivimos en un mundo alfabetizado" dado que la mayor parte de la población del planeta sabe leer y escribir, dijo, aunque advirtió que uno de cada cinco adultos en el mundo carece de estas habilidades básicas, alrededor de 774 millones de personas.
El funcionario de la Unesco recordó que el alfabetismo es importante en la vida de las personas para que sean partes plenas de sus comunidades y para mejorar la salud, la participación política, la lucha contra el sida y el desarrollo sustentable de los países.
La meta de la Unesco es que entre 2003 y 2012 se haya reducido en el mundo el analfabetismo en un 50%, pero queda "un largo camino por recorrer".

Unesco sostiene que el analfabetismo en Latinoamérica es ya 'residual'. En: *Infolatam.com*, 09.09.2008

0 el analfabetismo Analphabetismus
residual hier: Randerscheinung
2 el alfabetismo ⟺ *el analfabetismo*
6 arreglarse zurecht kommen
7 la tasa Rate
8 alfabetizado/-a ⟺ *analfabeto/-a*
10 advertir *afirmar*
carecer de *no tener*
15 sustentable hier: nachhaltig
16 la meta *el objetivo*
18 recorrer *ir*

¿? **1.** Explica el título del artículo: *El analfabetismo en Latinoamérica es ya 'residual'.*

2. A pesar de los resultados positivos de la alfabetización en Latinoamérica, ¿continúa la Unesco luchando contra el analfabetismo? Justifica tu respuesta.

3. Describe las consecuencias del analfabetismo para las personas.

4. En parejas, preparad una entrevista para un reportaje de televisión entre un periodista y un indígena, en la que se habla sobre las consecuencias de la alfabetización. Presentádselo a vuestros compañeros.

5. Imagínate que eres un funcionario en un país latinoamericano y que participas en una conferencia sobre la alfabetización de tu país. Apunta lo que exigirías del gobierno para que la tasa de analfabetismo disminuyera.

Porcentaje de analfabetos sobre la población mayor de 15 años, 2004

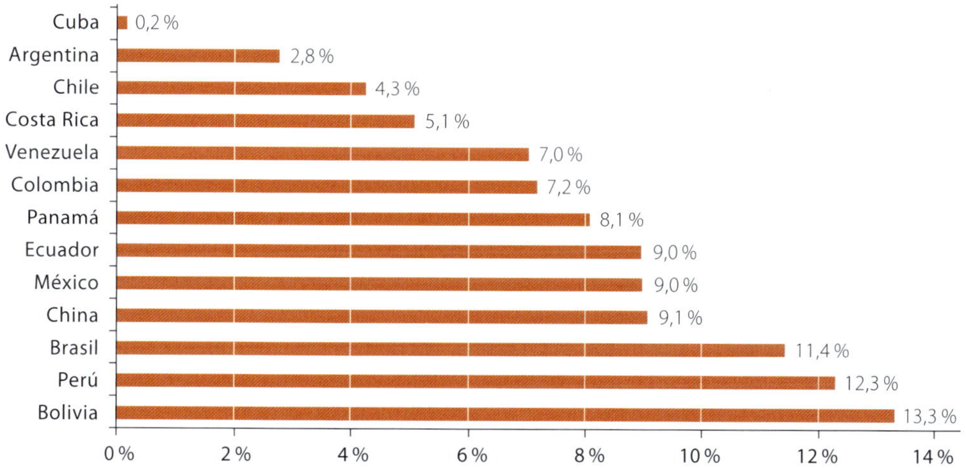

IDH 2006
PNUD,
E. Ismodes

1. Compara los datos del diagrama con la información del texto anterior.

2. Intenta explicar las grandes diferencias que hay en el porcentaje entre los países .

3. Compara los países que te parezcan más significativos.

4. El porcentaje de analfabetos en Alemania era de 0,6% en 2004. Comenta este dato relacionándolo con la información de la tabla.

5. Elabora un mapa conceptual sobre el tema 'el analfabetismo' incluyendo también sus causas y sus consecuencias.

6. Imagínate que eres miembro de una ONG que trabaja con analfabetos en La Paz. Prepara un discurso que pronunciarás en alemán ante una reunión de donadores potenciales en Berlín. Intenta convencerles de donar el dinero necesario para construir una escuela nueva. Básate en lo que aprendiste en este capítulo.

3. La enfermedad de Chagas

1. Describe este cartel y explica a qué alude la frase "Se busca viva o muerta".
2. Determina el objetivo del cartel y explica para qué evento y por qué se ha diseñado.
3. Piensa qué puede ser la enfermedad de Chagas.
4. Busca información sobre la enfermedad de Chagas en la Red y presenta tus resultados en la clase contestando a las siguientes preguntas: ¿Qué es la enfermedad de Chagas? ¿Cuál es la causa de la enfermedad? ¿Cuáles son sus síntomas? ¿Cómo se transmite? ¿Cómo puedes evitarla?
5. En grupos, diseña un cartel para una campaña contra la enfermedad de Chagas. Elige el aspecto que te parezca más importante de la información que ahora tienes sobre la enfermedad y preséntalo al resto de la clase.
6. Elabora un mapa conceptual sobre el tema 'las enfermedades'. Piensa en la consulta del médico, en los síntomas, en los remedios, etc.
7. Haz un diálogo en el que una persona, que cree estar infectada por la enfermedad de Chagas, cuenta a su médico los síntomas que tiene. El médico hará hipótesis sobre la enfermedad.

Cartas a Nora, de Isabel Coixet

Primera parte (00:00-01:30)

1. Mira la escena inicial del documental *Cartas a Nora* y toma notas sobre el lugar de origen y el lugar de residencia de la protagonista.
2. ¿Crees que la protagonista es feliz? Justifica tu respuesta.
3. Imagina qué relación podría tener el título con el argumento del documental.
4. Observa la misma escena de nuevo y haz una lista, lo más larga posible, de los objetos de la casa. Con tu lista, describe el hogar donde vive la protagonista.

Segunda parte (01:30-03:41)

1. Observa las siguientes escenas del documental. Fíjate que el texto de abajo coincide con lo que oyes. ¿Qué relación hay entre el texto, la protagonista y el narrador?

Nora querida:

¿Cómo va mi moruchita? Tenía tiempo sin escribirte porque entre los niños, el trabajo y Walter, que anda muy fatigado, últimamente no me sentía muy amiguera, que digamos. Ando preocupada por Walter. Ha perdido mucha fuerza, se cansa por andar dos cuadras y suda mucho por las noches, aunque no tiene fiebre, le duele el pecho, se queja del pecho. [...] Le tengo convencido ya y creo que, si Dios quiere, vamos a ir al hospital la semana que viene. [...]

Te agradecemos tanto el último envío, ¡no sabes cuánto! Sin esa plata los niños se hubieran quedado sin los libros de la escuela, ¡y sin los pantalones nuevos!, que se volvieron presumidos de repente ¡... los muy! Están bien lindos y te echan de menos, a ti y a Sarita, claro, que no hay día que no se acuerden de su hermanita, que está en el cielo [...].

Isabel Coixet: Cartas a Nora. En: Javier Bardem: *Invisibles.* Pinguin films y Reposado, 2007

2 **la moruchita** *apodo cariñoso*
4 **amiguero/-a** ← *el amigo*
5 **la cuadra** (am.) *unos cien metros*
sudar schwitzen
6 **quejarse** klagen
9 **el envío** ← *enviar*
la plata (am.) *el dinero*
11 **presumido/-a** eitel
12 **lindo/-a** (am.) *guapo/-a*

1. Lee la primera carta y anota en tu cuaderno el lugar de residencia, la situación social y económica de Rosa, autora de la carta, y de Nora, la destinataria, además de los sentimientos de Rosa.
2. Busca en el texto los síntomas que tiene Walter y haz una lista.
3. Con la información que has anotado, escribe un texto sobre la escritora y la destinataria de la carta. ¿Cómo te imaginas sus vidas hasta ahí?

Tercera parte (04:10-06:25)

1. ¿Dónde trabaja Nora? Anota las tareas que tiene que realizar en su trabajo.
2. Haz un diálogo entre Nora y una de las personas a las que atiende en su trabajo.

[...] No te pude escribir antes, ni llamar ni nada porque se quedaron a mi Walter en el hospital del alto porque ya no podía estarse de pie y el pecho le iba a estallar, decía. Los médicos le trataron bien, no me han dicho nada, pero yo sé y tú sabes lo que puede ser y me estoy volviendo loca del dolor [...] y tengo ¡... tanto miedo! ... ¡tanto, Norita, que estoy deshecha! Y no me atrevo a pensar que vaya a ser la vinchuca maldita del Chagas [...] siento que esta enfermedad maldita, que no se ve, que va por dentro y un día te mata, nos va haciendo a los que somos pobres más y más invisibles y a nadie le preocupa lo que nos pase, a nadie, porque, Nora, no es que no nos vean, es que no quieren vernos ...

Isabel Coixet: Cartas a Nora. En: Javier Bardem: *Invisibles.* Pinguin films y Reposado, 2007

3 **estallar** *explotar*
6 **deshecho/-a** *aquí: desesperado/-a*
atreverse a sich trauen
la vinchuca *insecto transmisor de Chagas*
maldito/-a verflucht
9 **invisible** ← *ver*

1. Cuenta qué le pasó a Walter.
2. Describe cómo se siente Rosa.
3. Explica quiénes son "ellos" en la última frase de la carta.
4. Explica lo que quiere decir Rosa con "no es que no nos vean, es que no quieren vernos".
5. Trata de imaginar la siguiente y última carta enviada a Nora. Te proponemos cinco finales. Decide cuál de ellos crees cierto, probable, poco probable o improbable y razona tu respuesta.
   a. Walter no está enfermo de Chagas, sino del corazón y necesita un marcapasos (Herzschrittmacher).
   b. Walter se recupera y la escritora propone a Nora encontrarse pronto.
   c. Walter muere y es probable que también la familia esté infectada.
   d. Walter está enfermo de Chagas, pero se descubre un remedio y sana.
   e. Walter muere y Nora vuelve con su familia.
6. Considerando el final que has creído cierto, escribe la última carta de Rosa.

Cuarta parte (08:27-12:14)

1. Mira las últimas escenas del documental y anota cuál es el final verdadero de la historia.
2. Imagina quién es la persona que habla con Nora por teléfono y la conversación que tienen según la reacción de la protagonista.
3. Calcula el número de trabajos que tiene Nora y encuentra una explicación.
4. Piensa quién puede ser la niña de la foto que Nora mira.
5. En parejas, escribid e interpretad una conversación telefónica entre Rosa y Nora después de un tiempo del final de este documental.

4. El trabajo infantil

El trabajo infantil en América Latina

1. Comenta la estadística.
2. Elabora un mapa conceptual sobre el tema 'el trabajo infantil'.
3. Formad tres grupos. Cada grupo trabaja con uno de los tres textos que siguen y anota la información esencial. Luego se hacen nuevos grupos para intercambiar la información:
   a. Anotad las similitudes y diferencias de las historias de Belinda y Fanny.
   b. Analizad la información obtenida para saber cuáles son las consecuencias principales del trabajo infantil.
   c. Organizad un debate sobre el trabajo infantil. Un equipo estará absolutamente en contra, el otro equipo opinará que tampoco se trata de un asunto tan grave. Debatid, pero antes tomad notas sobre los puntos de los que vais a hablar y preparad algunas preguntas para planteárselas al otro equipo.

Argentina 6,5 % de niñas y niños, 20,1 % de adolescentes | **Belice** 10,9 % | **Bolivia** 10 % | **Brasil** 10,8 % | **Chile** 5,4 % | **Colombia** 13,2 % | **Costa Rica** 10,2 % | **Ecuador** 21% | **El Salvador** 11,5 % | **Guatemala** 23,4 % | **Honduras** 15,4 % | **México** 12,5 % | **Nicaragua** 14 % | **Panamá** 6,4 % | **Paraguay** 12,1% | **Perú** 26,9 % | **República Dominicana** 18 % | **Uruguay** 7,2 % | **Venezuela** 6,6 %

Niños entre 5 y 17 años; Encuestas sobre Trabajo Infantil y Empleo, IPEC y OIT, 2008

A: Niños y pobreza

El trabajo infantil es una manifestación de la pobreza, la vulnerabilidad y la exclusión social de las familias, comenta Susana Sottoli, representante en México de la Organización de las Naciones Unidas para la Infancia (UNICEF). Esto "lo que hace es perpetuar la pobreza y las desigualdades". De acuerdo con los datos del Módulo sobre Trabajo Infantil 2007, el 36,9% de los niños menores de 14 años trabaja porque su familia lo necesita.
El 25,9% lo hace para aprender un oficio y el 19,1% para pagar la escuela y gastos propios. "Que un niño trabaje es inaceptable, no existe argumento que pueda justificarlo", agrega Sottoli.

Patricia Mercado: México – el reto del trabajo infantil. En: *BBC Mundo.com*, 25.11.2008

1 la manifestación Anzeichen
la vulnerabilidad Verletzlichkeit
2 la exclusión Ausgrenzung
4 perpetuar fortsetzen
8 el oficio Beruf
9 el gasto Ausgabe
inaceptable nicht hinnehmbar

Argentina

- El empleo de menores creció notablemente en Argentina tras el colapso económico de 2001 y continúa siendo un gran problema a pesar de los esfuerzos para combatirlo.
- 193.000 niños menores de 14 años realizan actividades de distinto tipo tan sólo en la provincia de Buenos Aires – la más poblada – y en el norte del país.
- Un millón y medio de niños y adolescentes realizan tareas con o sin remuneración en todo el país.
- En 1998 los menores que trabajaban totalizaban 250.000, según Unicef, lo que implicaría un crecimiento del 600% en la última década, superior al de cualquier otro país latinoamericano.
- Es común que dejen de ir a clases al final de la primaria, porque los padres creen que ya poseen suficientes herramientas para trabajar.

México:

- El 12,5% de la población infantil mexicana trabaja.
- En números son 3,6 millones de niños entre los 5 y los 17 años.
- Cuatro de cada 10 niños que trabajan no tienen posibilidades de educación.
- La incidencia del trabajo infantil en la deserción escolar aumenta a medida que avanza la edad.
- De los niños entre 5 y 9 años, 5.000 trabajan y no asisten a la escuela.
- Entre los 10 y 13 años, 105.000 niños trabajan y no asisten a la escuela.
- Entre los de 14 y 17 años, 1,4 millones de niños trabajan y no asisten a la escuela.

Encuestas sobre Trabajo Infantil y Empleo, IPEC y OIT, 2008

1 el empleo hier: Beschäftigung
el menor *el menor de edad*
3 el colapso Zusammenbruch
14 la remuneración Vergütung
18 implicar *significar*
20 la década *diez años*
26 poseer *tener*
la herramienta Mittel
36 la incidencia *la influencia*
37 la deserción escolar Schulabbruch
38 avanzar voranschreiten
41 asistir a regelmäßig besuchen

¿? 1. Destaca los datos estadísticos del texto.
2. Resume la situación en México y Argentina.
3. Explica las consecuencias del trabajo infantil.
4. El trabajo infantil "perpetúa la pobreza y las desigualdades". Comenta esta afirmación.
5. Proponed medidas realmente útiles para erradicar el trabajo infantil.

B: Cuando el colegio es vida

Belinda trata de esconder un secreto que los demás propagan en voz baja. Saben que la vida de las niñas como ella no contempla muchas más opciones. Los camioneros cruzan la frontera de El Guasaule que une y separa a Nicaragua de Honduras, estacionan sus vehículos en los bordes sin arcén de la Panamericana y rellenan de plata los bolsillos de las niñas más miserables de Somotillo a cambio de placer. A sus 15 años, Belinda (éste no es su verdadero nombre) ya ha sufrido su primer aborto, pero eso ella no lo cuenta. Tampoco habla de los maltratos a los que su padre somete a su madre, ni confiesa de dónde saca el dinero con el que a veces se presenta en la escuela e invita a todas sus amigas. Ella, cuenta, tiene "un problema con los hombres", vende tortillas de maíz y estudia en el Centro Educativo San Ignacio de Loyola, adonde llegan los pequeños que son rechazados por las otras escuelas. Son niños empujados al mercado callejero para colocar algo en sus estómagos y los de su familia. La constitución de Nicaragua les concede el derecho a una educación gratuita, pero la falta de recursos para comprar uniformes y material escolar, así como sus obligaciones laborales les impiden mantener una asistencia regular a clase y acaban siendo expulsados. "La mayor parte de los chiquillos son hijos de madres abandonadas por el padre, viven en la extrema pobreza, sufren violencia familiar, abusos y hay muchos casos de niñas, hasta de nueve años, empujadas por sus madres a la prostitución como método de supervivencia", revela Mailing Lainez, la directora del centro que acoge a 185 alumnos. "Aquí acogemos a todos los que quieran venir. Los niños se matriculan a espaldas de sus padres. Los papás tienen la idea de que es una pérdida de tiempo, porque en la escuela lo que se dan son letras y con letras nadie come – dice Lainez–. Aquí, además de estudiar y darles de comer, [...] los niños conocen una realidad diferente, vislumbran una alternativa."

Cuando el colegio es vida. En: *ABC El semanal 829*, 14.09.2003, pp. 40-44

2 **propagar** verbreiten
4 **contemplar** *aquí: tener*
6 **el camionero** LKW-Fahrer
8 **estacionar** (am.) aparcar
9 **el borde** Rand
10 **el arcén** Standspur
11 **la plata** (am.) *el dinero*
13 **el aborto** Abtreibung
14 **el maltrato** Misshandlung
someter a unterziehen
confesar zugeben
18 **rechazar** zurückweisen
19 **empujar** schieben
callejero/-a ← *la calle*
21 **conceder** *dar*
el recurso Mittel
23 **laboral** *de trabajo*
la asistencia Teilnahme
regular regelmäßig
24 **expulsar** hinauswerfen
26 **el abuso** Missbrauch
27 **la supervivencia** ← *sobrevivir*
28 **acoger** aufnehmen
29 **matricularse** sich einschreiben
30 **a espaldas de** hinter dem Rücken von
la pérdida de tiempo Zeitverschwendung
33 **vislumbrar** erahnen

1. Explica qué hace Belinda para sobrevivir.
2. Describe brevemente el entorno de Belinda.
3. Explica por qué, según el texto, muchos niños pobres no van a la escuela.
4. Comenta sobre el trabajo y los objetivos del Centro Educativo San Ignacio de Loyola.
5. En parejas, preparad un juego de rol. Uno de vosotros es el padre o la madre de Belinda y el otro es Belinda. Belinda desea ir al colegio, pero sus padres no se lo permiten.

C: "Ahora me dedico a estudiar"

Cuando eras niño/-a, ¿participabas en las tareas de casa? ¿En cuáles?

Fanny tiene 10 años y vive en una zona rural de Tegucigalpa, la capital de Honduras.

Tenía 6 años cuando empecé a trabajar. Barría, trapeaba, fregaba. Vivo con mi mamá y mi abuela. Ellas también trabajaban. Mi mamá iba al ingenio o a cortar tomates. Mi hermana de tres años la ayudaba a mi abuela a barrer en la casa. Y yo comía en casa ajena, porque mami no tenía bastante comida.

Trabajaba en casa de otras personas. Ayudaba a una doña a hacer todo. Ella me pegaba. A mí no me trataban bien. Me pesaba mucho que me trataba mal. No me gustaba. Así que un día yo me salí y fui a ayudar a mami a cortar tomates y chiles. Mientras que trabajaba no iba a la escuela, pero a la noche mi mamá y mi abuela me enseñaban a leer con la ayuda de libros que tenían en casa.

Un día vinieron los de Repadeh a la casa y nos preguntaron si nosotros trabajábamos. Y cuando les dijimos que sí, nos contaron de su proyecto, y ahí yo empecé a ir a la escuela. Tenía ocho años. Yo me sentía feliz porque encontré una escuela donde me enseñaban todo. Fui pasando los grados, sacando buenas notas, y ahora estoy en tercer grado, gracias a Dios. Ya sé leer. Estoy contenta. [...]

Cuando sea más grande quiero ser licenciada y profesora. Mi mamá me dijo que puedo ser las dos cosas. En el futuro, quiero enseñarles a otros niños lo que yo he aprendido de chiquita.

Ahora me dedico a estudiar. En: *BBC Mundo.com*, 12.06.2008

0 **dedicarse a** sich widmen
3 **barrer** fegen
trapear putzen
fregar abwaschen
5 **el ingenio** *la finca azucarera*
6 **ajeno/-a** *de otros*
8 **la doña** *aquí: la señora*
9 **pegar** schlagen
11 **el chile** Pfefferschote
14 **Repadeh** *Red Paraguaya para el Desarrollo Humano*
20 **el / la licenciado/-a** Akademiker/-in

1. Escribe en forma de lista la acción del texto.
2. Enumera los trabajos que tenía que hacer Fanny.
3. ¿Y en Alemania? Infórmate en la Red sobre las leyes al respecto: ¿qué tipos de trabajo están permitidos a partir de qué edad? ¿Cuántas horas pueden trabajar por semana los menores de edad?
4. Imagina que eres Fanny a los 30 años de edad y escribes una carta a la organización Repadeh para agradecer lo que hicieron y para contarles sobre tu vida actual.

"Empecé a trabajar a los 6 años"

Antes de escuchar el texto, escribe una lista lo más larga posible de todas las profesiones que recuerdes.

Empecé a trabajar a los 6 años. En: *BBC Mundo.com*, 12.06.2008

1. Vas a escuchar a Ángel Bogarín, un paraguayo de 22 años, que nos cuenta su historia desde los 6 años, cuando empezó a trabajar para sobrevivir, hasta la actualidad. Dibuja su árbol genealógico.
2. Escucha de nuevo y elige la opción correcta: Ángel Bogarín empezó a trabajar a los 6 años porque: a. el mar destruyó todos los alimentos que tenían en el campo y su hermano mayor murió; b. su familia era del campo y ahí todos los niños trabajan; c. hubo una gran sequía. A este joven de 22 años le gustaría trabajar en un futuro para: a. una ONG; b. una iglesia; c. cualquiera que ayude a afrontar el trabajo infantil.
3. Apunta qué trabajos realizó Ángel a los 5, 7, 8 y 13 años.
4. Compara al narrador de esta historia con Belinda o Fanny.
5. Infórmate a través de Internet sobre la asociación que ayudó a Fanny y su familia, Repadeh, y la que ayudó a Ángel Bogarín, Dequeni. Elabora una ficha para cada una de ellas indicando nombre, actividades, proyectos de desarrollo, lugares de actuación y acciones humanitarias.
6. En grupos, informaos en Internet sobre una de estas ONGs en Latinoamérica y España. Elaborad fichas también para estas organizaciones:
   - Intermón Oxfam: http://www.intermonoxfam.org/
   - Cesal: http://www.cesal.org/
   - Educación sin fronteras: http://www.educacionsinfronteras.org/
   - UNICEF: http://www.unicef.org/spanish/
   - Comparte: http://www.comparte.org/
7. Imagina que eres Ángel Bogarín y escribes una carta a una ONG porque quieres hacer algo en contra del trabajo infantil. Detalla las causas por las que te gustaría trabajar para esa ONG y menciona la relación con tu experiencia personal.
8. Imagina que la ONG a la que has escrito quiere una entrevista contigo. En parejas, representadla en la clase.
9. Crea tu propia ONG. Piensa primero qué causas te parecen dignas de ser defendidas. Ponle un nombre y elabora tu ficha. Diseña un folleto sobre esta ONG y, después, preséntalo a tus compañeros.

5. La droga

María llena eres de gracia, de Joshua Marston

1. Mira estas fotos de la protagonista de la película "María llena eres de gracia" y elabora una ficha con el nombre, la edad, la nacionalidad, la profesión y la situación social de la protagonista, según tus hipótesis.

2. Imagina la trama de la película a partir de estas imágenes.

'Mulas': arriesgarlo todo por unos dólares más

Pinturas, biblias, zapatos de goma, botones, maletas de doble fondo, aparatos eléctricos, ropa, candelabros, lámparas, osos de peluche, cremas, bolígrafos, el CD de moda, el lomo de un libro, cinturones, calzones, imágenes religiosas son revisadas con cuidado por perros adiestrados de la Policía. La experiencia ha revelado que todas son susceptibles de llevar droga.

Pero cada vez es más frecuente el fenómeno de los correos humanos que aceptan llevar la droga dentro de su cuerpo y que tragan cápsulas con entre 400 y 600 gramos de cocaína o heroína, una opción que fue reflejada en la película *María llena eres de gracia*, que le valió a la joven colombiana Catalina Sandino ser nominada este año al Oscar. "Tardé casi ocho horas tragándolas: 56 cápsulas, no pude con las 100, cada una de ocho gramos. No podía tomar cítricos ni leche. Para el viaje me dieron una pastilla contra el vómito y otra para no ir al baño, un boleto, unos dólares y no más", cuenta Laura, una colombiana de 30 años detenida cuando salía con la droga en su estómago. Pero allí comienza una segunda etapa del drama: cobrar el dinero prometido. "Alguien me iba a contactar a mi llegada a Madrid, para pagarme 15.000 dólares. No vi ni cinco", señala con amargura Laura.

'Mulas': arriesgarlo todo por unos dólares más. En: *La Prensa.com.ni*, 11.05.2005

0 arriesgar aufs Spiel setzen
1 el fondo hier: Boden
2 el candelabro Kerzenständer
el oso de peluche Plüschteddy
3 el lomo Rücken
el calzón Unterwäsche
4 revisar überprüfen
adiestrar abrichten
5 revelar *mostrar*
susceptible hier: verdächtig
8 tragar schlucken
la cápsula Kapsel
14 el vómito Erbrechen
el boleto Flugticket
15 detener verhaften
19 la amargura Bitterkeit

1. Explica a qué se refiere la palabra 'mulas', cuál es el sentido original de la palabra y cuál es la relación entre ambos significados.
2. Al final, ¿recibe Laura los 15.000 dólares?
3. ¿Qué relación hay entre Laura y Catalina Sandino?
4. Explica qué tienen en común los objetos enumerados en el primer párrafo del texto.
5. Interpreta el título de este artículo.
6. Comenta por qué las 'mulas' lo arriesgan todo por unos dólares.
7. Imagina la vida de Laura antes de cometer el delito.
8. Discutid en clase cómo podría solucionarse el problema de las drogas en el mundo.
9. Discutid en clase el pro y el contra de los nuevos detectores automáticos que se instalarán en los aeropuertos.
10. En grupos, escribid una escena de teatro en la que se trate el tema de las 'mulas', y representadla en la clase.
11. Un amigo tuyo ha encontrado este artículo en Internet y le ha llamado la atención. Como no entiende bien el español, te pide hacer un resumen del artículo en alemán.

6. La violencia

Prepara la presentación de estos temas para luego discutirlo en la clase: ¿Crees que hay violencia en la sociedad donde vives? ¿Crees que ha aumentado en los últimos años? ¿Cuáles crees que pueden ser las causas de la violencia en tu sociedad?

Programa contra las armas en Costa Rica

Un plan para canjear juguetes bélicos por tradicionales en Costa Rica revela a las autoridades el sorprendente acceso que tienen los niños a las armas reales.

Estaba todo preparado para recoger pistolas de plástico, escopetas *made in China* y cuchillos de goma. A cambio había un arsenal de balones de fútbol, cuadernos y juguetes inofensivos.

Hubo algún discurso, presencia de autoridades, cooperantes internacionales y fotógrafos listos para dar cuenta del acto simbólico en Los Cuadros de Goicoechea, un problemático barrio en el norte de la capital costarricense, San José.

Pero los organizadores no contaban con lo previsible. Francisco, un escolar atraído por los juguetes nuevos, descubrió en un rincón de su casa algo que entregar a cambio: llegó con un puñado de balas verdaderas que dejó boquiabiertos a todos. [...] A sus 10 años, sabía más de armas que muchos de los organizadores del acto, enmarcado en la Semana Mundial contra la Violencia Armada.

Y no era el único. Otros compañeros suyos de la escuela llevaron cuchillos reales, armas comunes utilizadas en los crímenes que cada semana [llenan] los diarios, unas páginas cada vez más negras en un país donde el incremento de la violencia ya representa la mayor preocupación.

Unicef, el Programa de Naciones Unidas para el Desarrollo (PNUD) y el Gobierno costarricense se han propuesto hacer frente al problema desde la raíz.

Para ello han montado un programa de visitas a escuelas en barrios marginales donde los niños juegan con armas falsas y, cuando no las consiguen, se familiarizan con las de verdad, cuya existencia en Costa Rica crece tanto como el nerviosismo generalizado. “En este país, todo el mundo está armado”, reconoció hace seis meses el entonces Ministro de Seguridad, Fernando Berrocal.

Las intenciones del Gobierno van más allá de los juguetes. El Ministerio de Justicia anunció este año la intención de otorgar beneficios económicos a

Niños sin armas, en Costa Rica

- 1 canjear eintauschen
- el juguete ← *jugar*
- bélico/-a *de guerra*
- 2 las autoridades Behörden
- el acceso Zugang
- 4 recoger einsammeln
- la escopeta Gewehr
- 5 la goma Gummi
- el arsenal *gran cantidad*
- 6 inofensivo/-a unbedenklich
- 7 el cooperante Entwicklungshelfer
- 8 dar cuenta de mitteilen
- 10 costarricense *de Costa Rica*
- 11 contar con rechnen mit
- previsible vorhersehbar
- 12 atraer anlocken
- 13 el puñado Handvoll
- la bala Kugel
- 14 boquiabierto/-a *con la boca abierta*
- 19 el diario *el periódico*
- 20 el incremento Zuwachs
- 22 hacer frente a in Angriff nehmen
- 23 la raíz Wurzel
- 24 marginal Rand-
- 25 conseguir *aquí: encontrar*
- 26 familiarizarse *acostumbrarse*
- 35 otorgar *dar*
- el beneficio *la ventaja*

los ciudadanos que entreguen armas sin importar si están registradas o no. [...] Costa Rica, un país de 4,5 millones de habitantes, cuenta con 150.000 armas de fuego inscritas, pero se sospecha que circulan más de 300.000 en los túneles del mercado negro [...].

Álvaro Murillo: Las balas se limpian con alcohol. En: *El País*, 16.06.2008

36 entregar abgeben
38 inscrito/-a gemeldet
39 el mercado negro Schwarzmarkt

1. Resume el contenido del artículo.
2. Toma notas sobre los organizadores, el tipo de acto, el lugar, los objetivos y el resultado.
3. Recopila el vocabulario relacionado con el tema 'las armas / la violencia' y elabora un esquema para ordenarlo.
4. Con las notas que has tomado en el ejercicio 2, imagina que eres un reportero de televisión española enviado a Costa Rica y cuentas la noticia en directo.

Los desplazados

1. El documental que vas a escuchar trata de los desplazados. Explica el significado de esta palabra ayudándote de un diccionario y relaciona el título con la foto.
2. Describe la foto: ¿Quiénes son? ¿De dónde son? ¿Cuál es su situación? ¿Cuál crees que es la causa de su situación? ¿A dónde van?

Javier Corcuera: La voz de las piedras. En: Javier Bardem: *Invisibles*. Pinguin films y Reposado, 2007

1. Escucha por primera vez el texto y decide si las siguientes afirmaciones son verdaderas o no. Corrige las afirmaciones falsas.
   a. En Bolivia hay unas personas que son desplazadas.
   b. Las personas desplazadas son gente que vivía en la ciudad.
   c. Los campesinos fueron los que les obligaron a desplazarse.
   d. La causa del desplazamiento es la guerra.
   e. Los desplazados no pueden volver más al lugar donde antes vivían.
2. Escucha de nuevo y anota las situaciones violentas que han vivido estas personas.
3. Con las notas que has tomado en los ejercicios 1 y 2, resume el documental en alemán.

Mis muertos, tus muertos, nuestros muertos

¿Qué sientes cuando lees el título del texto? ¿Con qué ideas lo relacionas?

"Es que en Colombia no nos debemos aterrorizar por nada, aquí se están cometiendo desde hace varios años los crímenes más atroces de la humanidad. La destrucción de pueblos enteros con las masacres indiscriminadas de sus familias; el uso de las motosierras; el descuartizamiento sin piedad de las víctimas del narcotráfico y la guerrilla son apenas meros asomos de la cruda realidad que estamos padeciendo. ¿Qué decir de los niños de la guerra, que son arrancados de sus hogares y llevados a la fuerza para convertirlos contra su voluntad en criminales?".

En Colombia los ríos son las tumbas de los desfavorecidos de la guerra. Desde la violencia entre liberales y conservadores (siglos XIX y XX), ríos grandes y pequeños como el Magdalena, el Sinú, el San Jorge, el Cauca, el Atrato y el San Juan han venido arrastrando cadáveres flotando en el agua a merced de las aves rapaces llamadas gallinazos. A diferencia de las fosas de las últimas guerras europeas y españolas, donde los cuerpos se amontonaban como alimañas, en Colombia los grupos armados utilizan sus ríos como cementerios invisibles para evaporar sus víctimas.

Nuria Amat: Mis muertos, tus muertos, nuestros muertos. En: *El País*, 24.11.2008

1 aterrorizarse *tener miedo*
2 cometer begehen
atroz *cruel*
3 indiscriminado/-a wahllos
4 la motosierra Motorsäge
el descuartizamiento Zerstückelung
5 el narcotráfico Drogenhandel
mero/-a bloß
6 el asomo Andeutung
crudo/-a roh
padecer *sufrir*
7 arrancar herausreißen
8 la voluntad Wille
9 la tumba Grab
el / la desfavorecido/-a Benachteiligte/-r
12 flotar treiben
13 a merced de preisgegeben
el ave rapaz (f.) Greifvogel
14 la fosa (Massen-)Grab
15 amontonarse sich aufhäufen
la alimaña Vieh
16 evaporar *hacer desaparecer*

1. Determina brevemente el tema del que trata el texto.
2. Interpreta la frase "en Colombia no nos debemos aterrorizar por nada".
3. Explica la frase: "En Colombia los ríos son las tumbas de los desfavorecidos de la guerra."
4. Explica las diferencias que hay entre las palabras "las fosas" y "los cementerios". Analiza su relación con las guerras europeas y la guerra en Colombia.
5. Analiza el estilo de este artículo y determina cuál es su función.

Noticia de un secuestro

1. Vas a leer un extracto de una obra del escritor Gabriel García Márquez. Busca información sobre su biografía y sus obras.
2. ¿Por qué García Márquez escribe un texto literario sobre un secuestro ocurrido en la vida real en Colombia?

Lo más difícil para todos, sin duda, fue aprender a convivir con los guardianes. Los de Maruja y Beatriz eran cuatro jóvenes sin ninguna formación, brutales e inestables, que se turnaban de dos en dos cada doce horas,

0 el secuestro Entführung
1 el guardián Wächter
2 la formación Bildung
3 turnarse sich abwechseln

sentados en el piso y con las metralletas listas. Todos con camisetas de propaganda comercial, zapatos de tenis y pantalones cortos [...]. Uno de los dos que entraban a las seis de la mañana seguía durmiendo hasta las nueve mientras el otro vigilaba, pero casi siempre se quedaban dormidos los dos al mismo tiempo. Maruja y Beatriz habían pensado que si un comando de la policía asaltaba la casa a esa hora, los guardianes no tendrían tiempo de despertar.

La condición común [de los guardianes] era el fatalismo absoluto. Sabían que iban a morir jóvenes, lo aceptaban, y sólo les importaba vivir el momento. Las disculpas que se daban a sí mismos por su oficio abominable era ayudar a su familia, comprar buena ropa, tener motocicletas, y velar por la felicidad de la madre, que adoraban por encima de todo y por la cual estaban dispuestos a morir. Vivían aferrados al mismo Divino Niño y la misma María Auxiliadora de sus secuestrados. Les rezaban a diario para implorar su protección y su misericordia, con una devoción pervertida, pues les ofrecían [...] sacrificios para que los ayudaran en el éxito de sus crímenes.

Después de su devoción por los santos, tenían la del Rohypnol, un tranquilizante que les permitía cometer en la vida real las proezas del cine. “Mezclado con una cerveza uno entra en onda enseguida –explicaba un guardián–. Entonces le prestan a uno un buen fierro y se roba un carro para pasear. El gusto es la cara de terror con que le entregan a uno las llaves.” Todo lo demás lo odiaban: los políticos, el gobierno, el Estado, la justicia, la policía, la sociedad entera. La vida, decían, era una mierda.

Gabriel García Márquez, fragmento de la obra *Noticia de un secuestro.*

4 la metralleta Maschinengewehr
listo/-a *preparado/-a*
9 el comando Einheit
asaltar stürmen
13 el oficio Beruf
abominable *horrible*
14 velar por *cuidar*
15 adorar verehren
16 aferrarse sich klammern an
17 rezar beten
18 implorar *pedir*
la misericordia Erbarmen
la devoción Frömmigkeit
19 pervertido/-a verdorben
el sacrificio Opfer
21 el tranquilizante Beruhigungsmittel
22 la proeza Heldentat
23 entrar en onda high werden
24 el fierro Eisen(stange)
25 entregar aushändigen

1. Describe los efectos del “Rohypnol”.
2. Extrae del texto toda la información sobre los secuestrados y los secuestradores.
3. Utiliza este material para caracterizar a los secuestradores.
4. Comenta sobre el hecho de que se nombre la religión como parte de la vida, tanto de los secuestrados como de los secuestradores.
5. ¿Crees que Maruja y Beatriz siguen vivas en la actualidad? Justifica tu respuesta basándote en el texto.
6. Con la ayuda de los textos de las páginas 204-5 completa el esquema que has elaborado en el ejercicio 3 de la página 203.
7. Escribe un final de la historia que creas probable.
8. Imaginad entre todos una fecha, un lugar, un secuestrador, dos secuestrados. Una persona de la clase comienza la historia con una frase, según los datos de la historia imaginados en la clase. Los demás siguen la historia de uno en uno.
9. Imagina que eres un pintor famoso que lucha contra las injusticias de la sociedad en la que vive. Pinta un cuadro en el que trates los secuestros u otro de los problemas actuales en Hispanoamérica. Después, presenta el cuadro a tus compañeros como si estuvieras en una reunión de artistas y explica todo sobre la realización de tu cuadro. ¡Cuidado! Los demás compañeros habrán preparado una serie de preguntas para hacerte.

7. El medio ambiente

¿? 1. Describe la foto. ¿Cuál es el mensaje que quiere transmitirnos?

Helena López Martín 2010

2. Ahora describe la viñeta y explica el chiste.

3. Expresa tu opinión sobre si el cambio climático es un problema o no. Justifica tu respuesta.

No todo en los huracanes es destrucción

Los medios de comunicación hacen énfasis en el carácter destructivo de los huracanes. Las imágenes de los damnificados y de los gigantescos daños e intensas inundaciones cada vez que se presenta en escena un huracán, dan la vuelta al mundo, acompañadas de reportajes que, en el mejor de los casos, alarman a la población. Pero, ¿qué hay además de este lado siniestro de estos fenómenos meteorológicos, hay algún aporte al desarrollo de la vida del planeta, cumplen una función en el equilibrio de las fuerzas que gobiernan la Tierra?

[...] Generalmente les damos a los huracanes un sentido de desastre. Pero es justo ver el otro lado de la moneda. El principal aporte de agua que tiene México, por sus características topográficas y ubicación geográfica, es a través de estos fenómenos meteorológicos. Aunque se vinculan con desgracias, como pérdidas de vidas humanas y daños a la infraestructura de las zonas costeras, el aporte de aguas que generan a las regiones altas del país, con la recarga de presas y manantiales y el escurrimiento del agua de montaña a ríos y lagos, posibilitan la abundancia de vegetación y biodiversidad. El agua que proyectan puede ser transportada cientos de kilómetros tierra adentro, por lo que contribuyen a rellenar los depósitos de agua. Son los abastecedores de agua dulce de las zonas continentales de México. Entonces, como todo en la vida, los huracanes no tienen destinos completamente negros [...]; más bien, son fenómenos naturales de los que quizá no hemos sido capaces de aprovechar sus

1 hacer énfasis en *subrayar*
2 el damnificado Geschädigter
3 la inundación Überschwemmung
6 siniestro/-a unheilvoll
el aporte Beitrag
7 cumplir *tener*
10 la moneda hier: Medaille
11 la ubicación Lage
12 vincular verbinden
13 la desgracia Unglück
la infraestructura Infrastruktur
14 generar hervorbringen
15 la recarga Auffüllen
la presa Staudamm
el manantial *la fuente*
el escurrimiento Ablauf
16 la abundancia Vielfalt
17 proyectar schleudern
18 contribuir beitragen
rellenar wiederauffüllen
19 el depósito Vorrat
el abastecedor Lieferant

innumerables ventajas y potencialidades. La ciencia tal vez pueda brindar una alternativa. Se requiere del esfuerzo e imaginación de los investigadores de hoy y mañana.

José Luis Carrillo Aguado: Huracanes, tragedia con multielenco popular. En: *Periodistas en línea.org*, 15.08.2006

24 brindar *dar*
requerir *necesitar*
25 el esfuerzo Anstrengung

La Tierra llora

1. Explica cuál es el punto de vista del autor sobre los huracanes. Razona tu respuesta.
2. Describe la imagen y explica la cita que acompaña a ésta.
3. Compara la información del texto anterior con esta imagen y con la foto y la viñeta anteriores.
4. 'Supervivientes': Vas en el coche de camino a casa y, de repente, hay un huracán. Tu coche está a punto de hundirse en el agua torrentosa. Pasa un bote salvavidas con espacio para cuatro personas, pero sois seis quienes os queréis salvar. Tienes que convencer a los demás de que tu vida es muy valiosa. Personajes: una mujer embarazada, el presidente de un país importante, una modelo, un cantante famoso, un médico y una mujer de 90 años.

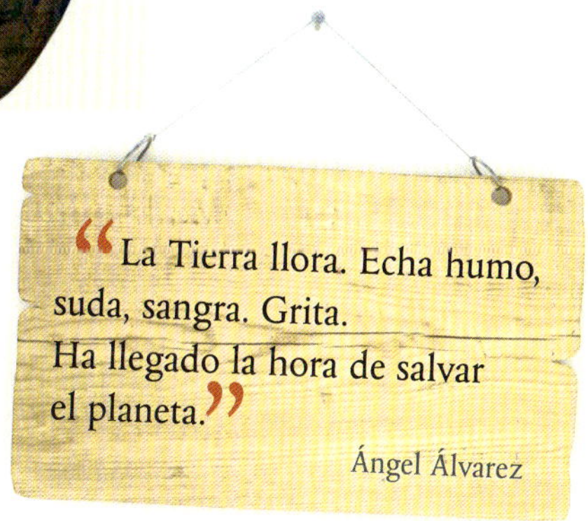

5. Discutid en clase: ¿Deberíamos considerar el cambio climático un problema? ¿Deberíamos buscar alguna solución urgentemente?

8. La población indígena

Países y fecha censal	Resultados censales		
	Población total	Población indígena	Porcentaje de población indígena
Bolivia (2001)	8 090 732	5 358 107	66,2
Brasil (2000)	169 872 856	734 127	0,4
Costa Rica (2000)	3 810 179	65 548	1,7
Chile (2002)	15 116 435	692 192	4,6
Ecuador (2001)	12 156 608	830 418	6,8
Guatemala (2002)	11 237 196	4 433 218	39,5
Honduras (2001)	6 076 885	440 313	7,2
México (2000)	97 071 867	7 618 990	7,9
Panamá (2000)	2 839 177	285 231	10,0
Paraguay (2002)	5 183 074	87 568	1,7

Fuente: Comisión Económica para América Latina y el Caribe (CEPAL), sobre la base de procesamientos especiales de los microdatos censales.

Fabiana Del Popolo y Ana María Oyarce: *América Latina, población indígena: perfil sociodemográfico en el marco de la CIPD y de las metas del milenio*, 2005

1. Mira las cifras de la estadística y coméntalas.
2. Explica las diferencias que hay entre los diferentes países basándote en lo que sabes sobre la historia de Latinoamérica.
3. ¿Por qué crees que se considera al grupo de los indígenas una minoría étnica? Analiza de qué forma el gráfico confirma o contradice este concepto.
4. ¿Crees que aunque a los indígenas se les considera una minoría étnica tienen los mismos derechos que el resto de la población latinoamericana? Justifica tu respuesta.

Justicia, Tierra y Libertad

Maná: Justicia, Tierra y Libertad. En: *Revolución de amor.* Warner Music, 2002

Busca en Internet la siguiente información sobre Maná, el grupo que canta la canción que vas a escuchar: el significado del nombre del grupo, el lugar de procedencia, los miembros del grupo, el tipo de música, los instrumentos y el tema de sus canciones, sus álbumes, conciertos, premios ...

1. Escucha la canción una primera vez y determina cuál es el tema.
2. Describe el ritmo de la canción y di si encaja con el tema. Justifica tu respuesta.
3. Indica si crees que el autor de la canción es feliz en la sociedad en la que vive.
4. En grupos, preparad un programa de radio en el que Maná es invitado y entrevistado. En la entrevista se habla de la información del grupo que has encontrado en Internet, y de "Justicia, Tierra y Libertad" como un ejemplo de sus canciones. Preguntad por qué ha escrito el texto, cuál es su significado, etc.
5. Imagina que acabas de escuchar la canción de Maná por primera vez y te ha gustado tanto que llamas a un/-a amigo/-a para contarle lo buena que es la canción y el tema tan bueno del que trata. Por desgracia, tu amigo/-a no coge el teléfono, pero como estás tan emocionado/-a, le dejas un mensaje en el contestador. Elabora ese mensaje.
6. La canción menciona a un tal Zapata. ¿Quién es este personaje? Infórmate en la Red.
7. "Estamos exigiendo todo el respeto al indio y a su dignidad". Averigua cuál es la relación entre Zapata y los indígenas.

'Caminantes'

1. Vas a leer un fragmento de un documental sobre el Ejército Zapatista de Liberación Nacional (EZLN) ¿Qué relación podría tener ese grupo con Zapata?
2. Busca información en Internet sobre el EZLN y comprueba tus hipótesis anteriores.

El Ejército Zapatista de Liberación Nacional (EZLN) inicia una marcha hacia la capital de México para exigir el cumplimiento de los compromisos adquiridos por el gobierno federal en febrero de 1996 en las mesas de diálogo de San Andrés. Entre ellos, un proyecto de ley que reconoce los derechos y la cultura de los pueblos indígenas. Ésta es la historia de una de las comunidades que recorren a su paso.

Un indígena: – Nosotros estamos, como quien dice, en una desigualdad muy muy grande, nosotros vemos que se necesita que nuestros gobiernos

0 el caminante ← *caminar*
2 el cumplimiento Einlösung
el compromiso *la promesa*
3 adquirir *aquí: recibir*
federal Bundes-
6 la comunidad *el pueblo*
recorrer durchwandern
a su paso *en su camino*

piensen en nuestra gente, que necesitamos que nos tomen en cuenta [...]. La tierra no se estira, no crece, y nosotros somos cada vez más ... 8 pesos para ir y para venir, y yo no tengo ningún sueldo. ¿Cómo voy a educar a mi hija? ¿Cómo la voy a educar?

La profesora de la escuela: – Sí se ve la pobreza en bastantes familias. La vemos nosotros en la alimentación porque aquí hay ocasiones en que vienen niños sin probar nada de alimento para poderlos mandar a la escuela. Así como hay niños que no vienen más a la escuela porque los mandan a trabajar porque ya no tienen sus familias para seguir comiendo, y eso ya es un problema dentro de la escuela. [...] En el mes de noviembre, ellos se van a la cosecha del maíz y en el tiempo de febrero, marzo, se ponen a sembrar las tierras [...].

Subcomandante Marcos: – Las niñas, en vez de estudiar, pues tienen que convertirse en mamás: desde los 6, 7 años ya están criando a sus hermanos más pequeños, o trabajar ya en el hogar, y trabajar ya en el hogar es una friega porque es ir por la leña, ir al cafetal, cocinar, levantarse de madrugada.

Otro indígena: – La gente de nuestra comunidad, pues, no encontrando otra alternativa, en nuestro país, de encontrar nuevas condiciones de vida o formas de vida, pues han tenido que continuar con la emigración. Hay una desintegración de la familia en este caso porque se van a los Estados Unidos, abandonan a las esposas, a sus hijos y se crean algunos problemas económicos muy fuertes porque tienen que pagar alrededor de unos 14.000, unos 15.000, pues a los coyotes, así les llaman a las gentes que se van a encargar de pasarlos a la frontera.

Fernando León de Aranoa: *Caminantes.* Pentagrama films y Plural, 2001

9 tomar en cuenta berücksichtigen
10 estirarse sich ausstrecken
el peso mexikan. Währung
19 la cosecha Ernte
20 ponerse a *empezar*
sembrar säen
22 convertirse en werden
criar großziehen
23 el hogar *la casa*
24 la friega *aquí: el trabajo duro*
la leña Feuerholz
el cafetal Kaffeeplantage
29 la desintegración Auflösung
33 encargarse de etw. übernehmen

1. ¿Qué hace el EZLN? ¿Con qué fin?
2. Relaciona. ¿Quién habla de qué problema?

a. primer indígena
b. profesora
c. subcomandante Marcos
d. segundo indígena

1. Separación de la familia
2. Problemas económicos
3. Ausencia de los niños en la escuela
4. La emigración de los padres de familia
5. Las niñas tienen que cuidar a sus hermanos
6. La marginación de los indígenas
7. Trabajo infantil

3. Según el primer párrafo de este texto y el análisis que has hecho de la canción anterior, compara los objetivos de Maná con los del grupo zapatista.
4. ¿Recuerdas las causas del trabajo infantil? Enumera las actividades que menciona el texto e indica, para cada una, por qué los niños tienen que hacerla.
5. ¿Qué crees que va a ocurrir cuando el EZLN llegue a la capital del país?
6. En grupos, imaginad que pertenecéis a un grupo político y pronto se van a celebrar las elecciones. Estáis a favor de los derechos indígenas y exigís el cumplimiento de las promesas de 1996. Inventad un nombre para vuestro partido político y diseñad un programa electoral con los puntos más importantes de vuestra campaña.

9. Tendencias actuales

El panorama político de hoy

Kirchner y Bachelet, los ejemplos más claros del aumento de la presencia de la mujer en la política latinoamericana

El giro hacia la izquierda

El Rey Juan Carlos a Chávez: "¿Por qué no te callas?"

Cuba cambia de poder: Fidel Castro cede el poder a su hermano Raúl

Evo Morales, el primer indígena elegido presidente en Bolivia

Helena López Martín, 2009

1. Elige uno de los dibujos y descríbelo.
2. Relaciona cada titular con una de las caricaturas y explica tu decisión.
3. Elige uno de los titulares y busca información en la Red. Después, preséntala en clase.
4. Comenta la selección de estos titulares. ¿Qué aspectos reflejan de las sociedades latinoamericanas actuales?

La economía latinoamericana de cara al futuro

América Latina lleva 5 años creciendo por encima del 4%. Este mayor crecimiento económico, con respecto al pasado, proviene, entre otros motivos, del incremento de precios de los productos primarios (petróleo, metales y alimentos) y de la entrada de divisas procedente de las remesas de los emigrantes. Se espera además que esta positiva coyuntura económica continúe en 2008, con un crecimiento estimado del PIB del 4,3%. Si este pronóstico se confirma, al final del 2008 la región habrá acumulado, en seis años (2003-2008), un aumento de la renta por habitante del 20,6%, equivalente a algo más del 3% anual, en lo que ya es el período de mayor crecimiento y el más prolongado desde 1980.

Este crecimiento económico ayudó a mejorar los indicadores laborales, dado que no sólo el desempleo decreció del 9,1% en el 2005 al 8% en el 2007, sino que también mejoró la calidad de los empleos. Un empleo que está creciendo más del 3% anual, lo cual contrasta mucho con lo que pasa en Asia. Por ahora no hay un problema de desempleo aunque la informalidad sigue siendo del 40 al 50% del mercado de trabajo.

La pobreza se ha reducido drásticamente en los últimos 5 años. Los indicadores de la indigencia, que es la pobreza extrema, han caído del 20% a 13,5% en cinco años. Ahora bien, sigue habiendo 73 millones de indigentes y unos 200 millones de pobres. La pobreza es el 35% de la población total en el 2007 y la indigencia es el 13,5%.

Se pueden tener dos visiones de América Latina dependiendo de con qué se la compara, con su historia o con el resto del mundo. La lectura final es que a América Latina le ha ido bien en estos últimos cinco años (2003-2007) respecto a su historia, aunque hay signos preocupantes del escenario internacional que pueden poner en riesgo lo que ha pasado en la región en estos últimos cinco años. Por tanto, el principal riesgo para el crecimiento económico en Latinoamérica y el Caribe este año sería una caída de los índices de crecimiento de EE. UU. y del mundo, lo cual reduciría la demanda externa, empeoraría los términos de comercio y reduciría el dinamismo de las remesas.

Rafael Pampillón: La economía de América Latina en 2008. En: *Economy Weblog*, 27.01.2008

2 el crecimiento ← *crecer*
provenir *venir de*
3 el incremento Zuwachs
4 las divisas Devisen
la remesa Geldsendung
5 la coyuntura Konjunktur
6 el PIB Bruttoinlandsprodukt
7 el pronóstico Prognose
acumular ansammeln
8 la renta Einkünfte
10 prolongado/-a *largo/-a*
11 el indicador Indikator
laboral *del trabajo*
12 el desempleo Arbeitslosigkeit
decrecer ↔ *crecer*
14 contrastar kontrastieren
16 la informalidad Schwarzarbeit
el mercado de trabajo Arbeitsmarkt
17 drástico/-a drastisch
26 poner en riesgo gefährden
30 la demanda externa Nachfrage aus dem Ausland
empeorar ← *peor*
31 el dinamismo Dynamik

1. Resume en pocas oraciones la información esencial del texto.
2. Según el autor, ¿a América Latina le ha ido bien o mal entre 2003 y 2007? ¿Comparado con qué?
3. Describe las causas y las consecuencias del desarrollo en ese período.
4. Infórmate en la Red si ha habido cambios en el crecimiento económico de Latinoamérica desde principios de 2008 a causa de la crisis mundial.
5. Compara la situación actual con los pronósticos de Pampillón.
6. Compara los efectos que tuvo la crisis de 2008/09 en América Latina con los que tuvo en Europa.

Vocabulario

Economía

las ganancias, ganar (verdienen)
el salario, los ingresos (Einkünfte)
las inversiones, invertir (investieren)
los impuestos (Steuern), cobrar impuestos

el PIB (Producto Interior Bruto)
la demanda externa / interna (Nachfrage)
el mercado interno / exterior

el mercado de trabajo (Arbeitsmarkt)
el desempleo, el subempleo (Unterbeschäftigung)

Pobreza y trabajo infantil

la marginalidad, marginar (ausgrenzen), marginado/-a
la pobreza, pobre
el hambre, hambriento/-a

el analfabetismo, el / la analfabeta
el alfabetismo, el alfabetizador, alfabetizar, alfabetizado/-a

el mercado negro
el tráfico de drogas, el narcotráfico, el / la traficante, traficar

la ONG (Organización no gubernamental)
UNICEF (Organización de las Naciones Unidas para la Infancia)

el trabajo infantil
el empleo de menores
la remuneración (Entlohnung), el trabajo no remunerado, remunerar
la asistencia a clase, asistir a la escuela
la deserción escolar (Schulabbruch)
la expulsión (de la escuela), expulsar (hinauswerfen)

Violencia

la guerrilla, el / la guerrillero/-a, la guerra
el asalto, el / la asaltante, el / la asaltado/-a, asaltar
las armas, el conflicto armado
la metralleta, ametrallar
el cuchillo, acuchillar
la escopeta, el revólver, el machete

la masacre (Massaker)
el crimen (Verbrechen), cometer un crimen, criminal
el terror, aterrorizarse, aterrorizado/-a (verängstigt)
morir(se), la muerte, el / la muerto/-a, mortal

el guardián (Bewacher), hacer guardia
la víctima (Opfer)

el captor, la captura, capturar (gefangen nehmen)
el secuestro (Entführung), secuestrar, el / la secuestrado/-a, el / la secuestrador/-a

Valores

el respeto, respetar, respetuoso/-a
la dignidad (Würde), dignarse, digno/-a

la justicia, juzgar, el juicio, justo/-a
la libertad, libre
la democracia, demócrata

el diálogo, dialogar
el acuerdo (Einigung), llegar a un acuerdo

8 Países de Hispanoamérica

1. Elige una imagen y descríbela detalladamente.
2. Entre todos, intentad relacionar cada imagen con un país o una zona de Hispanoamérica y argumentad vuestra opinión.
3. Comentad en clase los contrastes que existen en los diferentes ámbitos de vida de Hispanoamérica.

1. Perú

1.1 Sendas recorridas

Perú, corazón del Imperio Inca

1. ¿Qué sabes sobre la historia de Perú? ¿Puedes contar algún acontecimiento histórico importante?
2. ¿Conoces algún lugar o monumento característico?

1. Elige uno de estos cuatro temas y busca información en la Red. Luego, preséntala a tus compañeros.
   - Breve historia de Perú: del Imperio Inca (siglo XII) hasta 1533: http://es.wikipedia.org/wiki/Per%C3%BA#Antiguo_Per.C3.BA
   - Edificaciones y arquitectura incaicas: http://es.wikipedia.org/wiki/Imperio_Inca#Arquitectura
   - La ciudad de Cuzco: http://es.wikipedia.org/wiki/Cuzco_(ciudad)
   - Machu Picchu: http://es.wikipedia.org/wiki/Machu_Picchu
2. En grupos, diseñad un folleto turístico sobre Perú utilizando la información encontrada.
3. Imagina que estás en Perú de vacaciones y escribes a un/-a amigo/-a todo lo que has visto y aprendido sobre el país.
4. Imagina que eres un guía turístico y explicas a un grupo de turistas lo más importante sobre Perú.

Qapaq Ñan – Caminos Reales Incas

Los caminos incas conformaban el Qapaq Ñan, [una red de] más de 24.000 km de caminos reales construidos para caminantes y piaras de llamas con un ancho de tres hasta diez metros, con puentes fijos de piedra, en algunos casos, y en otros, con puentes colgantes [...]. Existían dos grandes vías troncales de comunicación: un gran camino para la costa del Tawantinsuyo y otro interandino, comunicados por muchos ramales o vías de enlace interiores. La red incaica de caminos comenzaba en [...] Colombia e iba hasta el valle central de Chile, incluyendo el noroeste argentino. Otra vía conducía por la costa de Tarapacá hasta el Río Maule, también en Chile. Otro de los caminos penetraba al Antisuyo, selva alta y baja [...]. Existían tres tipos de caminos de Machu Picchu a Cuzco. Uno de carácter religioso, en línea recta, por encima de los accidentes geográficos. Otro camino militar por lugares secretos, pero seguros. Y otro camino más llano [...] orientado al trabajo administrativo y económico. Para construir el imperio, los incas vislumbraron que, para unir y hacer una nación de grupos humanos tan heterogéneos, era indispensable articular la agreste geografía del Tawantinsuyo mediante una gigantesca red de comunicación que permitiera la integración y la eficiencia en tan amplio y complejo imperio.

Qapaq Ñan – Caminos Reales Incas. En: *Ceci's Travel,* 25.11.2008

1 la red Netz
2 el caminante ← *caminar*
la piara Herde
3 el ancho ← *ancho/-a*
4 colgante ← *colgar*
5 troncal *aquí: principal*
6 el Tawantinsuyo *el imperio inca*
interandino/-a *por entre los Andes*
el ramal Abzweigung
7 el enlace Verbindung
incaico/-a *de los incas*
8 el valle Tal
10 penetrar *entrar*
14 llano/-a eben
15 vislumbrar ahnen
16 indispensable unabdingbar
articular *unir*
17 agreste unwegsam

Machu Picchu

1. Describe la función que tenían los caminos del Perú prehispánico.
2. Explica cuál era el objetivo final que perseguía el Imperio Inca a través de la construcción de estos caminos.
3. Describe con tus palabras los tres caminos que iban de Machu Picchu a Cuzco.
4. Dibuja o copia un mapa aproximado de Latinoamérica. Marca en él los caminos descritos en el texto. Luego compara tus resultados con los de tus compañeros.

"El Qapaq Ñan es vida, es un camino de desarrollo"

Escucha esta entrevista a un indígena que ha andado los caminos reales incas para unir a las poblaciones de este territorio andino.

1. Elige la opción correcta.
   1. El objetivo de la caminata del entrevistado es:
      a. llevar información a los pueblos.
      b. intercambiar información entre los pueblos andinos.
      c. insertar a los pueblos indígenas en el desarrollo.
   2. Este indígena ha visto:
      a. la pérdida de la papa a causa de la gran cantidad de lluvia.
      b. la subida del precio de la papa.
      c. la pérdida de las costumbres ancestrales.
   3. El entrevistado se siente:
      a. consultor en turismo comunitario.
      b. peruano, chileno y ecuatoriano.
      c. un hombre de los Andes.
2. La persona entrevistada en la conferencia de prensa es un chasqui. Según la tarea que lleva a cabo éste, ¿cuál puede ser el significado de este término?
3. Busca la definición de la palabra chasqui en la Red y compárala con tus hipótesis.

El germen de la violencia

Investiga qué es Sendero Luminoso e infórmate sobre sus fines y sus acciones.

Guerrilleros terroristas

[...] Ellos llegaron al amanecer, cuando los expedicionarios estaban levantándose. Eran una cincuentena de hombres, mujeres, muchos jóvenes, algunos niños, la mayoría campesinos, pero también mestizos de ciudad. [...] Estaban pobremente armados, sólo tres o cuatro con Kalashnikovs; los demás, con escopetas, revólveres, carabinas de caza o simples machetes y garrotes. [...]

–No necesitan apuntarnos –dijo la señora d´Harcourt, adelantándose–. No estamos armados y tampoco vamos a escapar. ¿Puedo hablar con el jefe? Para explicarle qué hacemos aquí.

Nadie le contestó. No se escuchó orden alguna. [...] Les amarraron las manos a la espalda con pedazos de soga o tripa de animal.

–No somos sus enemigos, no somos políticos, no trabajamos para el gobierno sino para los peruanos– decía la señora d´Harcourt, alargando las manos para facilitar el trabajo de sus captores. [...]

La señora d´Harcourt se dirigió al que llevaba casaca de cuero y una bufanda al cuello, un hombre joven, con una barba crecida y unos ojos pardos, fríos y directos [...]. La escucharon sin interrumpirla, pero sin que sus caras denotaran el menor interés. [...]

–¿Me van a matar?– preguntó, sintiendo que, por primera vez, la voz se le quebraba.

El de la casaca de cuero la miró a los ojos, sin pestañear.

–Ésta es una guerra y usted es un peón del enemigo de clase –le explicó, mirándola con su mirada blanca, monologando con su voz sin matices–. Usted ni siquiera se da cuenta de que es un instrumento del imperialismo y del estado burgués. [...] Contra enemigos tan poderosos, no podemos tener contemplaciones. [...]

Mario Vargas Llosa, fragmento de la obra *Lituma en los Andes*.

1 el amanecer Dämmerung
el expedicionario ← *la expedición*
2 la cincuentena ← *cincuenta*
5 la escopeta Flinte
la carabina de caza Jagdgewehr
el machete Machete
6 el garrote Knüppel
7 apuntar zielen auf
10 amarrar fesseln
11 la soga Seil
la tripa Darm
13 alargar ← *largo/-a*
14 el captor ← *capturar*
15 la casaca de cuero Lederjacke
17 pardo/-a *marrón*
18 denotar *aquí: mostrar*
20 quebrar brechen
21 pestañear blinzeln
22 el peón Bauer (Schach), Handlanger
23 monologar ← *el monólogo*
sin matices *monótono/-a*
26 tener contemplaciones Rücksicht nehmen

1. Explica qué situación describe el texto. ¿Quiénes son los personajes?
2. ¿Cómo presenta el narrador al hombre de la casaca de cuero? Caracterízalo desde su punto de vista.
3. Fijándote, sobre todo, en el carácter y los fines de los secuestradores, compara este texto con el fragmento de *Noticia de un secuestro*, de Gabriel García Márquez (p. 204).
4. Explica la intención del autor.
5. Analiza qué realidad peruana se refleja en el texto.
6. Escribe el final de la historia que creas posible.
7. Construye tu propio diccionario de términos relacionados con la caracterización de personajes. Ayúdate con las palabras del texto e incluye también sus antónimos.

@ **8.** Busca información sobre la biografía de Vargas Llosa y sobre los temas que suele tratar en sus libros. ¿En qué otro ámbito, aparte de la literatura, es famoso Vargas Llosa?

La teta asustada, de Claudia Llosa

En parejas, haz un cuestionario a tu compañero/-a acerca de sus gustos sobre el cine, y después presenta los resultados al resto de la clase.

La película hispanoperuana *La teta asustada*, de la directora Claudia Llosa ha triunfado en la Berlinale, el festival de cine de Berlín, al llevarse el Oso de Oro a la mejor película. La película de la directora peruana también obtuvo ayer el premio de la crítica internacional del certamen.
La historia se centra en Fausta (Magaly Solier), una joven que cree sufrir de 'la teta asustada', una extraña enfermedad que transmite el miedo y el sufrimiento de madres a hijos a través de la leche materna, ya que su progenitora fue violada por terroristas en una época muy dura del Perú, en la década de 1980. Fausta guarda un secreto y vive al margen de un mundo, al cual, al morir su madre, ella deberá enfrentarse.

cf. 'La teta asustada' se lleva el Oso de Oro de la Berlinale. En: *El País.com*, 14.02.2009

2 el Oso de Oro Goldener Bär
4 obtener *recibir*
el certamen Wettbewerb
6 transmitir übertragen
7 materno/-a ← *la madre*
8 el / la progenitor/-a Elternteil
violar vergewaltigen
9 al margen de *fuera de*

¿? **1.** Cuenta la noticia del artículo en una frase.
@ **2.** Busca también información sobre la enfermedad que sufre la protagonista de la historia y anota sus síntomas. Después, compárala con los síntomas de la enfermedad de Chagas (p. 194).
3. En parejas, representad un diálogo en la taquilla del cine:
Espectador: quieres ver "La teta asustada" y prefieres un asiento en el fondo de la sala porque si no te mareas. Decides presentar una queja porque no quedan más butacas. Empiezas a discutir.
Vendedor: preguntas por el asiento preferido. Sólo hay una butaca en la primera fila. No puedes vender otra entrada. Intentas calmar al cliente.
4. Construye un mapa conceptual con palabras relacionadas con el mundo del cine.

1.2 Aspectos de la cultura peruana

Más vale tarde que nunca

1. Describe la foto.
2. Anota todas las ideas que te sugiere.
3. ¿Dirías que las ideas que te transmite la foto coinciden con la imagen que tienes de la sociedad hispanoamericana? Justifica tu opinión.

La impuntualidad peruana

–Nos vemos esta tarde, ¿no es cierto?
–A eso de las seis, hora peruana.
–Bueno, pues. Ahí nos vemos. Ciao.
–Nos vemos, compadrito.

Estos dos amigos peruanos se encontraron esa misma tarde, sobre las 7. En Perú comenzó una campaña contra la impuntualidad. Se acabó llegar al trabajo o a la escuela a 'la hora peruana'. El día 1 de marzo, coincidiendo con el comienzo del año escolar en Perú, un grupo de organizaciones sociales y políticas, llamadas El Acuerdo Nacional, puso en marcha esta campaña contra la impuntualidad. Según la organización, los peruanos son muy impuntuales, y por eso el país pierde energía y dinero.

En Lima, la capital, es habitual que los viernes, a partir del mediodía, los trabajadores se relajen y prolonguen el almuerzo, por lo que resulta casi imposible realizar cualquier gestión.

El problema es que, en general, 'ser impuntual' no está mal visto; al contrario, se considera un rasgo incluso simpático. Por eso, el jefe del Consejo de Ministros, Jorge del Castillo, señaló que el objetivo de esta campaña es "que en la ciudadanía en general, y no sólo entre los funcionarios públicos, se produzca un cambio de actitud mental para empezar a cumplir con las obligaciones".

Un caso extremo es el del ex-presidente peruano Alejandro Toledo, quien se hizo famoso por llegar tarde siempre a sus citas públicas. A veces llegaba con dos horas de retraso. Así, pues, ahora los peruanos distinguen entre 'hora peruana', que supone un retraso de entre media y una hora, y 'hora Cabana (lugar donde nació Toledo)' que quiere decir que el retraso será de dos horas aproximadamente.

5 sobre *aquí: aproximadamente a*
7 coincidir zeitgleich geschehen
8 escolar ← *la escuela*
9 poner en marcha *empezar*
13 prolongar *alargar*
14 la gestión Erledigung
15 mal visto/-a verpönt
18 la ciudadanía ← *los ciudadanos*
el funcionario Beamter
19 la actitud mental Einstellung
cumplir con gerecht werden

1. Explica por qué se ha hecho una campaña contra la impuntualidad en Perú.
2. ¿Es la impuntualidad un tema de preocupación en tu país? Comenta.
3. ¿Qué harías tú en las siguientes situaciones? ¿Y qué haría un peruano?
   a. Vas a la biblioteca; quieres coger un libro, pero la bibliotecaria no está y ha puesto un cartel en el que dice: "Vuelvo en 5 minutos". ¿Cuánto tiempo esperarías? ¿Y un peruano?
   b. Has quedado con un/-a amigo/-a a las cinco en la Plaza Mayor. Por el camino te encuentras con una persona a la que no has visto desde hace mucho tiempo. ¿Te paras y te quedas a hablar con esta persona aunque llegues tarde o le dices que tienes prisa y no te paras a hablar? ¿Y un peruano?
   c. Estás en la panadería del barrio. El vendedor está hablando con un cliente desde hace rato. Tienes prisa porque después de comer tienes clase en la uni y ya es bastante tarde. ¿Qué haces? ¿Esperas a que terminen de hablar tranquilamente? ¿Te pones de mal humor y discutes con el vendedor o te vas sin decir nada y sin haber comprado el pan?
4. En parejas, elegid una de las situaciones del ejercicio anterior. Haced un pequeño diálogo para luego representarlo.

"De la panza sale la danza"

> "La comida, así como todo cuanto rodeaba al antiguo peruano, era sentida a modo de algo viviente. Entre ella y el hombre se siente una afectuosa relación casi de persona a persona."
>
> Arturo Jiménez Borja

1. Explica la cita de Arturo Jiménez Borja.
2. ¿Qué visión del mundo parecen haber tenido los antiguos peruanos según la cita?

Breve historia de la cocina peruana

1. Ayudándote de un diccionario, realiza un mapa temático con las siguientes palabras:

   la cocina, las frutas, las verduras, los mariscos, el maíz, la papa, las leguminosas, las hierbas, los condimentos, la sal, el ají, el uchu, la preparación, consumir, el pescado, la dieta, la carne de pato, el cuy, tostar, la alpaca, la llama, pelar, la carne de lagarto, el venado, nutrirse, las sopas, guisar, procesar alimentos, salar, los granos, secar, el mote, la cerveza de maíz y de yuca

2. Las palabras del ejercicio anterior pertenecen a la cocina peruana. ¿Qué piensas de la comida de Perú? ¿Crees que es un tipo de dieta saludable? ¿Has probado algo típico de la gastronomía peruana?

La presencia de los diversos pisos altitudinales de la cordillera de los Andes en el Perú y su cercanía al ecuador geográfico permiten la existencia de una serie de microclimas y de especies, desde zonas de habituales nevadas hasta selvas tropicales, lo que permite el cultivo de frutas y verduras durante todo el año. Asimismo la corriente de Humboldt de aguas frías que corre por el Océano Pacífico frente a la costa peruana permite la existencia de una gran variedad de peces y mariscos.

Hasta la llegada de los españoles en 1532, los Andes centrales peruanos eran el más grande centro de cultivo de plantas del mundo antiguo, con especies nativas como el maíz, cuatro mil variedades de papa, frutas, leguminosas y una infinidad de hierbas aromáticas. Los principales condimentos eran hierbas aromáticas, sal y, sobre todo, el ají, considerado hoy un elemento fundamental de la cocina peruana. El Inca Garcilaso de la Vega en los *Comentarios Reales de los Incas* escribió al respecto: "Los de mi tierra son tan amigos del uchu, que no comerán sin él aunque no sea sino unas hierbas crudas". Era común la preparación de alimentos en forma deshidratada, para evitar su descomposición. Los antiguos peruanos consumían, además, grandes cantidades de pescados y mariscos [...] y complementaban su dieta con carne de pato, cuy [...], alpaca y llama.

1 el piso altitudinal Höhenstufe
2 la cercanía ← *cerca*
el ecuador Äquator
3 la especie Art
4 la nevada ← *nevar*
5 la corriente Strömung
11 las leguminosas Hülsenfrüchte
12 el ají, el uchu Chilischote
16 crudo/-a roh
17 deshidratado/-a getrocknet
la descomposición Zersetzung
19 complementar ergänzen
la dieta Ernährung
el cuy Meerschweinchen

En las sociedades de la costa norte, además, se consumía la carne de ciertos lagartos y de venado. En las de la selva oriental se nutrían de la multitud de especies que proporcionaba el Amazonas. Los antiguos peruanos preparaban chupes (sopas), guisaban y tenían formas de procesar alimentos: salaban el pescado, tostaban el maíz (obteniendo cancha salada, que es hasta hoy el 'piqueo' peruano más simple y popular) o pelaban sus granos y los secaban (obteniendo mote). [...] Asimismo se bebían diferentes formas de cerveza de maíz y de yuca.

Gastronomía peruana
En: *es.wikipedia.org*

21 el venado Rotwild
nutrirse *alimentarse*
22 proporcionar *dar*
24 obtener erhalten
25 el piqueo Snack
27 la yuca Maniok

Diferentes tipos de maíz

1. Busca en el texto qué productos ofrecen las tierras del Perú. Explica por qué.
2. Resume la información que da el texto sobre los siguientes puntos de la gastronomía precolombina peruana: los productos de la tierra, las especias, la preparación, la dieta y los animales que se consumían.
3. Explica la frase: "Los de mi tierra son tan amigos del uchu, que no comerán sin él aunque no sea sino unas hierbas crudas".
4. Fíjate en la foto que acompaña al texto. ¿Qué te llama la atención?
5. Establece una relación entre la cita de Jiménez Borja y el texto. ¿Coinciden, se complementan, se contradicen? Argumenta tu opinión.
6. Busca información en la Red sobre la gastronomía de un país del mundo. Compara ésta con la gastronomía peruana y haz una pequeña presentación en clase.
7. Haz un mapa conceptual de la cocina peruana apoyándote en los subtemas del ejercicio 2.
8. En parejas haced un juego de rol. Una persona es un campesino que vende los productos de su cosecha en el puesto de un mercado en Lima. El otro es un turista que está de visita en Perú y quiere cocinar como los nativos. El turista le pregunta al campesino sobre los productos y éste le informa sobre sus nombres y características, y le da algunas ideas sobre cómo prepararlos.
9. Formad cinco grupos. Consultad la página web: http://www.potato2008.org/es/recetas/index.html. Cada grupo elige una receta de una categoría diferente: sopas, ensaladas, platos principales, acompañamientos, dulces. Haced un programa de cocina en el que haya un presentador, un cocinero y un invitado famoso. El programa de hoy trata de recetas con patata. Imaginad el nombre del programa, el guión, el vestuario y la música.

La papa, tesoro enterrado

Dividid la clase en grupos: Cada grupo trabaja con un texto. Luego formad grupos mixtos en los que cada miembro transmite la información de su tema a los demás. Juntos, cread un calendario de actividades (las de los talleres de creación para cada grupo) y presentadlas en una Expo de la patata.

A: La historia de la papa

Según la mitología inca, el creador, Viracocha, sacó del lago Titicaca el sol, la luna y las estrellas. También creó la agricultura al enviar a sus dos hijos al mundo para que estudiaran y clasificaran las plantas que ahí crecían. Ellos enseñaron a la gente a sembrar y a usar los cultivos para que nunca les faltaran alimentos.

AIP: Legado andino. En: *Potato2008.org*

5 **sembrar** etw. aussähen

1. ¿Qué acontecimiento histórico describe este párrafo?
2. Ponle un título.
3. Averigua quién era Viracocha.
4. ¿Qué crees que sembraban los incas?

La historia de la papa comienza hace unos 8000 años, cerca del lago Titicaca, que está a 3800 metros sobre el nivel del mar, en la cordillera de los Andes. Ahí, según revela la investigación, las comunidades de cazadores y recolectores que habían poblado el sur del continente por lo menos 7.000 años antes, comenzaron a cultivar las plantas silvestres de la papa que se daban en abundancia en los alrededores del lago.

Los incas adoptaron y mejoraron los adelantos agrícolas de las culturas anteriores de las montañas, y dieron especial importancia a la producción de maíz. Pero la papa fue decisiva para la seguridad alimentaria de su imperio. En la vasta red de almacenes del Estado inca, la papa [...] fue uno de los principales artículos alimentarios, usado para alimentar a los oficiales, soldados y esclavos, así como reserva para casos de emergencia cuando se malograban las cosechas.

La invasión española, en 1532, puso fin a la civilización inca, pero no a la papa. Porque a lo largo de toda la historia andina, la papa, en todas sus formas, ha sido profundamente un 'alimento del pueblo', y ha desempeñado un papel central en la perspectiva andina del mundo (el tiempo, por ejemplo, se medía por el que era necesario para cocinar las papas) [...].

El cultivo de las papas sigue siendo la actividad más importante de la temporada agrícola cerca del lago Titicaca, donde la papa es denominada 'Mamá Jatha', o madre del crecimiento. La papa sigue siendo la semilla de la sociedad andina.

AIP: Legado andino. En: *Potato2008.org*

Patatas en el mercado

3 **revelar** *descubrir*
el cazador Jäger
4 **el recolector** Sammler
poblar besiedeln
5 **silvestre** wild
6 **la abundancia** Überfluss
7 **adoptar** übernehmen
el adelanto Fortschritt
9 **decisivo/-a** ← *decidir*
alimentario/-a ← *el alimento*
10 **la vasta red** engmaschiges Netz
el almacén Speicher
13 **malograrse** *perderse*
la cosecha Ernte
14 **poner fin a** *terminar con*
16 **desempeñar un papel** eine Rolle spielen
18 **medir** messen
23 **denominar** *nombrar*
24 **el crecimiento** ← *crecer*
25 **la semilla** Samenkorn

1. Realiza un mapa temático con la información del texto.
2. Busca información en la página web http://www.potato2008.org/es/lapapa/difusion.html sobre la historia de la patata a partir de la conquista española. ¿Cómo y cuándo llegó a Europa y cómo se hizo popular allí?
3. Haz una línea cronológica de la historia de la papa.
4. Fíjate en la foto que acompaña al texto. ¿Qué te llama la atención?
5. El texto nombra dos metáforas para referirse a la patata. Identifícalas y anota otras en relación con las funciones de la patata a lo largo de la Historia descritas en el texto.
6. Imagina que eres un descendiente de los incas de los Andes y trabajas para un museo. Elabora unas actividades para niños sobre la historia de la papa en los Andes en la época precolombina. Recuerda que los niños son muy inquietos. Debes hacer algo muy interactivo y ameno.

B: Oda a la papa

Papa, batata, patata ... Aunque los incas la llamaban 'papa', los españoles la llaman 'patata', por una posible confusión con otro tubérculo del Nuevo Mundo, el camote, o batata. Esta palabra se ha utilizado para las dos plantas durante, más o menos, un siglo. Actualmente en España se dice patata, menos en las Canarias donde se dice papa, como en Latinoamérica.

AIP: Difusión. En: *Potato2008.org*

1 la papa (am.) *la patata*
la batata, el camote Süßkartoffel
2 la confusión ← *confundir*
3 el tubérculo Knolle

PAPA,
te llamas
papa
y no patata,
no naciste castellana:
eres oscura
como
nuestra piel,
somos americanos,
papa,
somos indios.
[...]
Universal delicia,
no esperabas
mi canto,
porque eres sorda
y ciega
y enterrada.
Apenas
si hablas en el infierno
del aceite
o cantas
en las freiduras
de los puertos,
cerca de las guitarras,
silenciosa,
harina de la noche
subterránea,
tesoro interminable
de los pueblos.

Pablo Neruda: *Nuevas odas elementales.* Buenos Aires: Losada, 1956, p. 109

5 castellano/-a *español/-a*
13 la delicia Genuss
15 el canto ← *cantar*
16 sordo/-a taub
17 ciego/-a blind
20 el infierno ↔ *el cielo*
23 la freidura (am.) *la fritura*
27 la harina Mehl
28 subterráneo/-a *bajo tierra*
29 interminable ← *terminar*

Cosecha de la patata

1. Indica las referencias históricas, sociales y culturales del poema.
2. Explica el título "Oda a la papa".
3. Interpreta las siguientes metáforas: el infierno del aceite, las freiduras de los puertos, las guitarras, harina de la noche subterránea, tesoro interminable de los pueblos.
4. ¿Cuál crees que es el la intención del poeta?
5. Entre todos, haced una encuesta en clase: ¿Coméis papa habitualmente? ¿Por qué? ¿Cómo la cocináis? ¿Pensáis que es un producto saludable si lo coméis regularmente? ¿Conocéis algún remedio de la abuela para curar algo con papas? ¿Creéis que el consumo habitual de la papa tiene algún aspecto negativo?
6. Imagina que eres peruano, y, además, un poeta como Pablo Neruda, que hace poesía de las cosas más elementales, por ejemplo, de los vegetales. Elige un producto típico de tu tierra y utilízalo para hacer un poema corto. Practica su lectura porque luego lo tendrás que leer e interpretar con gestos en clase.

C: Luchando contra el hambre en el mundo

La papa es originaria de los Andes sudamericanos. Por eso fue oportuno que la iniciativa de celebrar un Año Internacional de la Papa procediera del Gobierno del Perú. En noviembre de 2005 la Organización de las Naciones Unidas para la Agricultura y la Alimentación (FAO) aprobó la propuesta del Perú de dirigir la atención del mundo hacia la importancia de la papa para la seguridad alimentaria y la reducción de la pobreza. Un mes después, la Asamblea General de las Naciones Unidas ratificó la resolución de la FAO y declaró 2008 Año Internacional de la Papa.

AIP: ¿Por qué la papa? En: *Potato2008.org*

1 originario/-a ← *el origen*
2 oportuno/-a angebracht
3 proceder de *venir de*
5 aprobar annehmen
la propuesta ← *proponer*
7 la reducción ← *reducir*
8 ratificar genehmigen
la resolución Entscheidung
9 declarar erklären

1. Explica cómo llegó a celebrarse en 2008 el Año Internacional de la Papa (AIP).
2. Discutid en grupo las razones por las que se celebra el AIP y qué consecuencias positivas puede tener.

La FAO celebra el Año Internacional de la Papa en colaboración con los gobiernos, el Centro Internacional de la Papa, el Programa de las Naciones Unidas para el Desarrollo, [...] organizaciones internacionales, ONG y el sector privado. El objetivo es la participación de toda la 'comunidad de la papa' – desde los agricultores hasta los científicos y los encargados de elaborar las políticas en actividades destinadas a promover la producción, la elaboración, el consumo, la comercialización y la exportación de la papa, así como la función de la agricultura para hacer frente a la malnutrición y el hambre, la pobreza, la escasez de agua, el cambio climático y otras cuestiones de interés mundial. El Año Internacional es el primer

5 encargado/-a de *responsable de*
6 destinado/-a a *para*
promover fördern
7 la elaboración Verarbeitung
8 hacer frente a *luchar contra*
la malnutrición Unterernährung
9 la escasez *la falta*

paso de un largo camino. A corto plazo, contribuirá a crear conciencia y a dar apoyo a actividades relacionadas con la papa. Al promover la creación de comités nacionales del Año Internacional de la Papa estimulará también, en todo el mundo, la formulación de programas de desarrollo de largo plazo basados en la papa. La papa está en primera línea en la lucha contra el hambre y la pobreza en el mundo.

AIP: ¿Por qué la papa? En: *Potato2008.org*

11 a corto / largo plazo kurz-/langfristig
contribuir a beitragen
la conciencia Bewusstsein
12 dar apoyo fördern
13 estimular anregen

1. ¿Qué evento trata el texto? ¿Quién lanzó la idea? ¿Dónde, cuándo y quién lo aprobó? ¿Cuáles son los objetivos principales? ¿Cuáles son los efectos a corto y a largo plazo? Representa tus respuestas en un mapa conceptual.
2. Explica la afirmación: "La papa está en primera línea en la lucha contra el hambre y la pobreza en el mundo."
3. ¿Qué opinas sobre el AIP 2008?
4. Formad cuatro grupos. Cada grupo elige un tema sobre la papa: su valor nutritivo, la producción mundial y regional, la distribución, la financiación. Investigad en http://www.potato2008.org y preparad una presentación en clase. Comentad también uno de los gráficos sobre vuestro tema.
5. Eres un concursante de un certamen de fotografía. El tema del concurso es "Papa madre". Saca una fotografía para presentarte al concurso y prepara una pequeña explicación de la foto, por si tus compañeros te eligen ganador.

1.3 El Perú de ayer en el Perú de hoy

Relato cashinahua

El cuento popular es en Perú una narración tradicional de transmisión oral que los ancianos cuentan a los niños alrededor del fuego. Los cuentos populares se dividen en tres subtipos: los cuentos de hadas o cuentos maravillosos, los cuentos de animales y los cuentos de costumbres. El relato cashinahua que vas a escuchar es una leyenda, narración tradicional que suele considerarse un género autónomo.

José Luis Jordana Laguna: *Leyendas amazónicas.* 1974

1 el relato, el cuento, la narración Erzählung
popular Volks-
la transmisión Überlieferung
2 el anciano *la persona mayor*
3 el cuento de hadas Märchen
6 el género Gattung

1. Escucha el cuento y resume la acción.
2. Pon un título al cuento.
3. El cuento presenta al hombre y a la naturaleza. Después de escucharlo una segunda vez, analiza la relación que hay entre ellos.
4. Escucha el cuento por tercera vez y anota todas las metáforas que aludan a la naturaleza y al hombre.
5. Escribe la moraleja o el mensaje final que nos transmite este cuento.
6. El título original es "La lluvia". ¿Para qué crees que fue creado el relato?
7. Este relato describe de una forma imaginaria algunos desastres naturales relacionados con el agua. Escribe un cuento en el que inventas una explicación mitológica para los huracanes.
8. El relato dice que éste es uno de los muchos cuentos que los ancianos narran. Nuestros abuelos también lo hacen. ¿Puedes contar uno de ellos?

Catalina y la unkuña mágica

Braddy Romero Ricalde: *Catalina y las alpacas* (2007)

Fíjate en la escena que muestra el dibujo e imagina en qué contexto podría aparecer.

Catalina se levantó muy temprano para llevar la merienda a su padre, que ya trabajaba la chacra. [...] Puso el mote en un p'uku con un pedazo de queso. Guardó el mate de cebada en un porongo de color verde. Buscó su lliklla para cargarlo todo en la espalda, pero no recordaba dónde la había puesto. Al no encontrar su lliklla, decidió que podía usar la lliklla que su abuela guardaba, olvidando la advertencia de no usarla. Acomodó la merienda en lo que ella creía era una lliklla, y se la ató a la espalda. Salió de casa cantando una canción. Su perro, Chaspur, la acompañaba como siempre.

Mientras caminaba, el q'epe se le hacía más pesado; hasta que no pudo más, y se sentó a descansar.

Jugaba haciendo dibujos en la tierra cuando empezó a sentir que algo estaba pasando en el paisaje, algo muy extraño, distinto. Se levantó y miró hacia todos lados. Se frotó los ojos con sus manos, miró al cielo, no podía entender lo que pasaba y exclamó ¡Atakau!

El cielo brillaba de manera sobrenatural, las nubes no se movían. La luz del sol era intensa, pero nada tenía sombra, incluso ella había perdido su sombra. Catalina corrió de miedo. [...] Corrió para poder escapar de ese lugar, pero era imposible, el paisaje se repetía, a cada paso, hasta que no pudo más, cayó al suelo y lloró. [...] Una voz suave habló de la nada:

– No llores Catalina, no tengas miedo.

Catalina levantó la cabeza para ver quién le hablaba, pero no encontró a nadie. Abrazó a Chaspur que aullaba de miedo.

–¿Quién eres? – preguntó Catalina. [...]

–Soy la Tierra. [...] Tú tienes algo que me pertenece. Si me lo devuelves te diré por dónde ir. Sólo tienes que extender tu unkuña sobre el suelo. [...]

–¿Qué es una unkuña? [...]

–Unkuña es el tejido que llevas como lliklla.

Catalina desató el atado que había hecho y lo extendió en el suelo. Estaba nerviosa y asustada, tenía ganas de llorar. Abrazó a Chaspur y vio que de la unkuña se desprendieron delicadamente cinco hermosas alpacas de color blanco que estaban dibujadas en el tejido y se fueron caminando. Catalina no podía creer lo que veía. La tierra le habló:

–Para que puedas volver a casa, sigue el camino de tierra roja. Llegarás a una qocha, ella te dirá qué tienes que hacer.

Catalina se fue, Chaspur iba tras de ella. [Al] llegar, la qocha le habló:

0 la unkuña (qu.) *manta grande para abrigarse*
2 la merienda hier: Mittagessen
la chacra *campo pequeño*
3 el mote *granos de maíz cocidos con sal*
el p'uku (qu.) Tontasse
el pedazo *el trozo*
4 la cebada ein Getreide
el porongo Gefäß
5 la lliklla (qu.) *manta pequeña*
9 la advertencia ← *advertir*
acomodar *aquí: poner*
11 atar binden
13 el q'epe (qu.) *atado que se lleva en la espalda*
17 frotar reiben
18 ¡atakau! (qu.) *expresión de miedo*
23 suave sanft
26 aullar jaulen
29 extender ausbreiten
31 el tejido *la tela*
32 desatar aufschnüren
el atado Bündel
34 desprenderse sich lösen
38 la qocha (qu.) *la laguna*

–Catalina, tú tienes algo que me pertenece. Muéstrame tu unkuña.

Catalina hizo lo que la qocha pidió y de la unkuña salieron cinco hanp'atus que saltaron a la qocha.

Luego, la qocha en agradecimiento le dijo lo que debía hacer:

–Sigue de frente por el camino de tierra amarilla. Llegarás a un lugar donde duermen las qaqas. ¡No las toques! Se molestan cuando las despiertan. Cuando atravieses el campo de piedras, debes buscar a Mallki. Él te dirá qué hacer.

Catalina caminó hasta llegar a la pampa de piedras. Quiso entrar pero chocó con una de ellas y todas despertaron. Le cerraron el camino diciendo:

–Nosotras también queremos que nos devuelvas lo que nos pertenece.

Catalina obedeció sin decir nada. Puso la unkuña en el suelo y de ella se desprendió el dibujo de un atoq, que se fue corriendo.

Las qaqas la dejaron pasar. Catalina siguió caminando hasta que oscureció. No podía ver ni sus manos, parecía que el mundo había desaparecido.

–¡Niña! –dijo una voz– ¡¿Qué haces aquí?!

–Busco a Mallki, pero ... no sé lo que es un Mallki.

–[...] Yo te diré lo que es Mallki, pero antes libera lo que tienes en tu unkuña.

Catalina sabía lo que tenía que hacer: extendió la unkuña sobre el suelo. [...] De la unkuña brotó una esfera plateada que se elevó al cielo, iluminando todo. La oscuridad se desvaneció. La noche volvió a hablar:

–Catalina, te diré lo que es un Mallki. Un Mallki es el espíritu de la sabiduría y tiene la forma de un árbol. Pero no lo encontrarás aquí, el Mallki sólo aparece en los sueños.

Catalina guardó entre sus brazos la unkuña. Se acomodó entre unos arbustos junto con Chaspur para dormir. En sus sueños apareció flotando en un río cristalino, hasta que llegó a la orilla, donde había un árbol gigante con muchas ramas y hojas [...].

–Usted se llama Mallki.

–Sí ... ¿[...] qué haces aquí?

–Me he perdido, quiero volver a mi casa.

–Pero si estás en casa. Parece que te has quedado dormida. Ya es tarde para que lleves la merienda a tu papá. Tienes que despertar, pero no olvides lo que viste. Pídele a tu abuela que te enseñe a tejer, para que puedas contar lo que hoy has visto. Tu memoria y la memoria de tu pueblo están guardadas en los tejidos.

El Mallki cubrió a Catalina con sus ramas, y ella despertó envuelta en la unkuña; Chaspur la miraba alegre moviendo la cola.

Braddy Romero Ricalde: *Catalina y la unkuña mágica*. Cusco: ACUPARI, 2007

41 el hanp'atu (qu.) *el sapo*
43 el agradecimiento ← *agradecer*
45 la qaqa (qu.) *la roca*
46 el mallki (qu.) *árbol grande*
48 la pampa Ebene
51 obedecer gehorchen
52 el atoq (qu.) *el zorro*
53 oscurecer ← *oscuro/-a*
59 brotar sprießen
elevarse *subir*
iluminar *dar luz*
60 desvanecerse *desaparecer*
62 la sabiduría Weisheit
64 el arbusto Strauch
66 la orilla Ufer
73 tejer weben

1. Resume esquemáticamente la acción del texto.
2. Analiza el significado metafórico de los elementos que aparecen en el sueño de Catalina. ¿Qué representan en conjunto?
3. Analiza la relación que hay entre el mundo natural y el mundo real. ¿Qué elemento del cuento une a ambos?

4. ¿Qué podría significar la escena en la que Catalina ya no tiene sombra? ¿Cuál es el significado de devolver algo a la naturaleza? ¿Y cuál el del despertar? Analiza estos aspectos.
5. El cuento contiene varias expresiones en quechua. Analiza su efecto.
6. "Catalina y la unkuña mágica" es un cuento que pertenece a la literatura moderna de Perú, pero que mezcla elementos de la literatura popular tradicional peruana y se inspira en la tradición oral. Compara los dos cuentos y analiza estos aspectos.
7. Comenta: ¿Cuál de los dos cuentos te ha gustado más? ¿Por qué?
8. "Catalina y la unkuña mágica" fue el cuento ganador del 1er Concurso Regional del Cuento Infantil de ACUPARI, la Asociación Cultural Peruano Alemana, en 2007. Infórmate en la Red sobre la organización y sus fines y especialmente sobre el proyecto "Catalina" (http://www.acupari.com/cuento_infantil_es.html): ¿Cómo, por qué y para quién se hizo el libro? ¿En qué idiomas se publicó? Presenta la información a tus compañeros y comentad en clase si os gustaría colaborar en ese proyecto.

Raíces profundas

Formad grupos. Cada grupo trabaja con una técnica.

A: La pintura

1. Describe el cuadro.
2. ¿Qué ideas te sugiere?
3. El cuadro se titula 'Inti Raymi'. Investiga en la Red de qué se trata y compara los resultados de tu búsqueda con tus hipótesis acerca de la escena presentada en el cuadro.

Consuelo Amat y León: *Inti Raymi*

Bajo el nombre de DEEP ROOTS (Raíces profundas), este 24 de junio [...] se inaugura la muestra colectiva de pinturas en la sede de la Embajada del Perú en Washington DC, que abre sus puertas para mostrar el arte peruano y compartirlo a nivel internacional. DEEP ROOTS congrega a notables artistas peruanos que expresan en sus obras la influencia de sus raíces ancestrales y se convierten en representantes auténticos del arte latinoamericano contemporáneo.

Participan en esta gran exposición Milner Cajahuaringa, Víctor Delfín, Ricardo Wiesse, Pedro Caballero, Lucy Angulo, Consuelo Amat y León, Maritza Danos, Fernando Pomalaza, Claudio Juárez, Pilar Martínez, Mario Villalva, Pablo Seminario y Eduardo Cochachín.

El proyecto cultural DEEP ROOTS fue iniciativa de Dora Espinoza, artista y fotógrafa peruana, radicada en New York [...]. Su principal objetivo es dar a conocer en los Estados Unidos obras peruanas de alto nivel estético y técnico, de artistas que tienen la convicción de ser parte de una extraordinaria cultura, que aportan en sus obras un mensaje de identidad, de arraigo a la cultura, de integración con la naturaleza y el cosmos [...].

Giuliana Flores: Artistas peruanos expondrán en Washington. En: *http://deartistas.com*, 19.06.2009

2 la muestra ← *mostrar*
3 la sede Sitz
la embajada Botschaft
5 congregar versammeln
notable bemerkenswert
6 ancestral der Vorfahren
7 contemporáneo/-a zeitgenössisch
12 la iniciativa Anregung
13 radicar *vivir*
15 la convicción Überzeugung
16 aportar einbringen
17 el arraigo Verwurzelung

¿? 1. ¿Sobre qué acontecimiento informa el artículo?
2. Nombra el objetivo del artículo.
3. Describe qué característica común tienen las obras que participan en esta muestra colectiva.

4. Organizad una exposición de las pinturas de este grupo de artistas. Cada miembro elige a un artista y, por medio de Internet, una obra suya que le cree una reacción fuerte. Prepara una ficha de información sobre el autor y la obra concreta.

B: La fotografía

1. Describe las fotografías.
2. Expresa los sentimientos que te provocan.
3. ¿Qué crees que quería expresar el respectivo fotógrafo en cada caso? Intenta clasificar las fotos según un estilo o enfoque.

Mariano Zuzunaga, *Zapatos que miran*

Javier Silva Meinel, *Pirañas*

María Cecilia Piazza, *Historias íntimas*

Luz María Bedoya, *Línea de Nazca*

La fotografía es en Perú el soporte que da mayor impulso al arte contemporáneo, según Menene Gras, comisaria de la exposición *Extensiones y metáforas de la fotografía contemporánea en Perú*, que se presenta en la Casa de América dentro del programa de PhotoEspaña. Ésa es la razón por la que los trabajos de los catorce fotógrafos seleccionados ofrecen tal variedad de perspectivas estilísticas y temáticas. [...]
En la muestra hay [varios] artistas que recurren a su entorno y a sí mismos en sus trabajos. Es el caso de Ana María McCarthy, María Cecilia Piazza, Sol Toledo y Miguel Coquis [...]. Menene Gras piensa que el interés por el paisaje en los fotógrafos peruanos llena el vacío de un cultivo de ese género en la pintura. "La tradición del paisaje en la fotografía peruana llena esa ausencia", explica. Las imágenes de Billy Hare, Luz María Bedoya y Juan Enrique Bedoya dan muestra de la potencia del desierto como terreno para la indagación estética. [Otros] fotógrafos muestran perspectivas distintas. Javier Silva despliega a través del retrato la magia y el teatro de las personas de distintas zonas de Perú. Mariano Zuzunaga opta por el minimalismo cargado de los objetos.

1 el soporte hier: Medium
dar impulso beleben
6 la variedad Vielfalt
7 la muestra ← *mostrar*
recurrir a zurückgreifen auf
el entorno Umfeld
10 el vacío Lücke
el cultivo hier: Ausübung
11 el género Gattung
12 la ausencia ↔ *la presencia*
13 el desierto Wüste
14 el terreno Gelände
la indagación Erforschung
15 desplegar entfalten
17 optar por hier: sich entscheiden für
el minimalismo Minimalismu
cargado/-a hier: aufgeladen

"El punto de partida de esta exposición", explica la comisaria catalana, "fue la constatación de que la fotografía era el soporte donde mejor se estaba desarrollando el espíritu experimental de los artistas plásticos peruanos".

Fietta Jarque: 14 fotógrafos peruanos muestran su obra en Madrid. En: *El País*, 22.06.1999

19 la constatación Feststellung

1. Enumera las cuatro tendencias o enfoques de las fotografías expuestas que menciona el artículo.
2. Busca en el texto los nombres de los fotógrafos cuyas obras has comentado y comprueba para cada foto cuál de sus rasgos subraya el artículo. Comenta si es uno de los aspectos que consideras más importantes.
3. Observa otra vez las fotos. Elige a un artista, estudia su estilo (buscándolo también a través de Internet) y piensa qué es lo esencial de sus fotos. Haz una foto imitando su estilo y presenta tu obra en clase.

C: La artesanía

1. Describe la imagen.
2. ¿Qué hacen las mujeres de la fotografía? ¿Qué tienen consigo? ¿Cómo crees que se fabrican estos productos? ¿Quién los fabrica?

En el mercado de artesanías

La artesanía peruana se encuentra entre las más variadas del mundo [...]. Su diversidad, colorido, creatividad y múltiple funcionalidad hacen de ella una actividad fundamental no sólo para la configuración de la identidad peruana sino también para la supervivencia de miles de familias y aún de pueblos enteros [...].

Pequeñas y grandes piezas que causan la admiración de propios y extraños, contienen siglos de historia cargados de formas y también símbolos prehispánicos que se funden y conviven con otros traídos por los españoles. Esa identidad múltiple y compleja es, quizá y paradójicamente, una de las razones de la marcada tendencia de la artesanía peruana al moderno 'arte ingenuo' [...].

La excelencia de los oficios artesanales en el Perú se manifiesta, por ejemplo, en la armonía de los diseños geométricos en los tejidos, la minuciosa representación de la vida campesina [...], el mestizaje cultural y el colorido de los retablos. Pero también en [...] la belleza de las piezas en oro y plata y las múltiples formas que toma el barro en la cerámica.

Estas obras son sólo algunas de las manifestaciones de un pueblo que se comunica principalmente a través del arte, utilizando para ello un lenguaje cuyas claves fundamentales son la abundancia, la fertilidad y la apuesta por el futuro.

César P. Ríos: Artesanías. En: *Visitperu.com*

1 la artesanía Handwerk
variado/-a vielfältig
2 la diversidad Vielfältigkeit
4 la configuración Bildung
la supervivencia ← *sobrevivir*
7 cargado/-a *lleno/-a*
8 fundirse *unirse*
9 complejo/-a komplex
10 marcado/-a *aquí: fuerte*
11 ingenuo/-a naiv
12 el oficio *la profesión*
manifestarse *mostrarse*
13 el tejido *la tela*
minucioso/-a *detallado/-a*
14 el mestizaje *la mezcla*
15 el retablo Altarbild
16 el barro Ton, Lehm
19 la clave *aquí: el rasgo*
la abundancia Üppigkeit
la fertilidad Fruchtbarkeit
la apuesta Einsatz

¿? 1. Describe cuáles son según el texto las funciones de la artesanía peruana.
2. Explica por qué se puede decir que la artesanía peruana mezcla culturas.
3. Enumera los oficios artesanales peruanos que nombra el texto.
4. Explica por qué "la abundancia, la fertilidad y la apuesta por el futuro" son las claves fundamentales del arte popular peruano.
@ 5. Infórmate en la Red sobre el "arte ingenuo" que nombra el texto y comprueba si sus características valen también para la artesanía peruana.

Herencias cantadas

El Día de los Muertos

El Día de los Muertos es una tradición muy especial que se celebra en muchos países de Hispanoamérica. La música y el arte, en general, ofrecen numerosas alusiones a esta tradición, como, por ejemplo, la canción "El Día de los Muertos" del grupo español *La pulquería*, de 2004. Fíjate en el vídeo oficial de su canción, por ejemplo en http://www.dalealplay.com/informaciondecontenido.php?con=194324

¿? 1. Mira el videoclip una primera vez y explica de qué trata .
2. Vuelve a mirar el videoclip y ordena los objetos según el orden de aparición: el rezo, el televisor, las flores, el cementerio, la iglesia, el niño, la niña, la calavera, el viejo, la vieja, la mujer, la guitarra, la cruz, la virgen, el vaso, el baile, las máscaras.
3. Observa el videoclip una vez más y analiza el significado del orden de la acción, de los personajes y de lo que hacen.
4. ¿Crees que el videoclip trata solamente del Día de los Muertos?
5. ¿Crees que es una celebración triste o alegre? ¿Por qué? Analiza las características y el significado de esta fiesta según los detalla el videoclip.
@ 6. En grupos, buscad la siguiente información en la Red sobre el Día de los Muertos en Perú y presentadla a vuestros compañeros: su origen (cultura, motivo, fecha y lugar), la celebración hoy (mezcla de culturas, motivo, fecha y lugar) y el modo de celebración (rituales, el altar, la gastronomía). Utilizad, por ejemplo, las siguientes páginas web:
   - http://www.viajeros.com/articulos/dia-de-los-muertos-como-se-celebra-en-america-latina
   - http://peruinka.blogspot.com/2008/11/msica-comida-y-cerveza-en-el-da-de-los.html
   - http://www.andina.com.pe/Espanol/Noticia.aspx?id=YPEA+XqJK8Q=
   - http://www.gastronomiaperu.com/recetas.de.cocina/receta.php?d=1472
7. ¿Hay alguna celebración similar al Día de los Muertos en tu país? ¿Conoces otra fiesta muy popular que tenga relación con ésta? ¿Se celebra de la misma forma que en Perú? ¿Es una fiesta alegre o triste? Justifica tu respuesta. Comenta las similitudes y diferencias entre ambas fiestas.
8. Diseña un folleto turístico sobre "El Día de los Muertos".
9. Redacta una definición para cada uno de los términos del ejercicio 2, tal como podrían aparecer en un artículo enciclopédico.
10. Haz un altar. Utiliza todos los elementos que están descritos en la web del ejercicio 6. Para hacer las calaveritas o el pan de muerto necesitas las recetas, que también están en una de las páginas de arriba.

Cruce de fronteras entre lo tradicional y lo moderno

La música es, cómo no, una proyección de lo que sucede en la realidad y de lo que ya pasó. Vive, late, siente, recuerda, experimenta. Y mezcla. Uno de los resultados de la incansable búsqueda que responde a la gloriosa necesidad de crear es un género musical que ya tiene nombre de pila: la fusión, también definida por los especialistas como el folclore de la globalización.

El Perú de hoy, tan rico en ritmo y sonoridad, no se ha mantenido al margen del compás de la vanguardia y ya tiene en compatriotas músicos brillantes y talentosos representantes que han sabido combinar magistralmente, al son del amor y la admiración que le tienen al terruño, cadencias propias de la música tradicional nacional con diversos géneros procedentes de otros tiempos y latitudes.

[Es] necesario subrayar el pionero trabajo de Miki González en el género, quien en los últimos años se ha dedicado a realizar importantes mezclas del folclore andino y la electrónica. "Café Inkaterra" (2004) fue uno de los discos con mayores ventas de ese año y del siguiente.

El jazz fusionado con diversos sonidos negros y andinos tampoco se ha quedado atrás [...]. Y si se habla de rock fusionado, tienen que cantarse los nombres de Uchpa (folclore andino) y, por supuesto, La Sarita [...] que además combina el rock con cadencias latinas [...]. "Hacemos esto porque somos parte de un proceso que vive todo el Perú , el de una visión nacional más inclusiva", dice su líder, Julio Pérez. Larga vida, pues, al melódico encuentro de las culturas.

Gabriela Machuca Castillo: Conozca las tendencias de la actual música peruana, mezcla de tiempos y estilos. En: *El Comercio.com.pe*, 28.07.2008

0 **el cruce** ← *cruzar*
1 **suceder** *pasar*
2 **latir** pochen
3 **incansable** unermüdlich
4 **el género** Gattung
el nombre de pila Rufname
5 **la fusión** *la mezcla*
7 **la sonoridad** Klangfülle
mantenerse al margen *quedarse fuera*
8 **el compás** Takt
la vanguardia Avantgarde
el compatriota *aquí: el compañero*
9 **magistral** *perfecto/-a*
10 **el son** *el ritmo*
el terruño Heimaterde
la cadencia *el ritmo*
12 **la latitud** *aquí: el lugar*
13 **pionero/-a** Pionier-
16 **la venta** ← *vender*
17 **fusionar** *mezclar*
18 **cantar** hier: rühmen
22 **inclusivo/-a** umfassend

1. Resume la noticia.
2. ¿Qué grupos de música menciona el texto? ¿Por qué los menciona?
3. Explica en qué sentido la expresión: "cruce de fronteras entre lo tradicional y lo moderno" puede ser considerada una síntesis de la música peruana actual.
4. En grupos, elegid uno de los tres artistas o grupos de música que nombra el texto. Buscad información en la Red sobre el significado del nombre del grupo o de uno de sus discos, el lugar de procedencia, los miembros del grupo, el tipo de música, los instrumentos, el tema de sus canciones, sus álbumes, conciertos, premios... Después, analizad una de sus canciones y escribid tareas sobre ésta para que los demás compañeros las hagan. Haced una presentación en clase con la información sobre el grupo y las tareas para analizar la canción.
5. En grupos, elaborad la letra de una canción que se preste para el mismo tipo de música que elegisteis y que tenga una temática similar. Si queréis, podéis inventar la música para vuestra canción, ensayarla y representarla.

2. Cuba

2.1 El largo lagarto verde

Vista satelital sobre Cuba

Un largo lagarto verde

Por el Mar de las Antillas
(que también Caribe llaman)
batida por olas duras
y ornada de espumas blandas,
bajo el sol que la persigue
y el viento que la rechaza,
cantando a lágrima viva
navega Cuba en su mapa:
un largo lagarto verde,
con ojos de piedra y agua.
Alta corona de azúcar
le tejen agudas cañas;
no por coronada libre,
sí de su corona esclava:
reina del manto hacia fuera,
del manto adentro, vasalla,
triste como la más triste,
navega Cuba en su mapa:
un largo lagarto verde,
con ojos de piedra y agua.
Junto a la orilla del mar,
tú que estás en fija guardia,
fíjate, guardián marino,
en la punta de las lanzas
y en el trueno de las olas
y en el grito de las llamas
y en el lagarto despierto
sacar las uñas del mapa:
un largo lagarto verde,
con ojos de piedra y agua.

Nicolás Guillén: Un largo lagarto verde. En: *Obra poética 1920-1972.* La Habana: Instituto Cubano del Libro, 1972

0 el lagarto Eidechse
3 batir schlagen
4 ornado/-a *decorado/-a*
la espuma Schaum
blando/-a *aquí: suave*
6 rechazar zurückweisen
11 la corona Krone
12 tejer weben
agudo/-a spitz, stechend
la caña Rohr, Halm
15 el manto Umhang
16 vasallo/-a Vasall, lehnspflichtig
22 fijo/-a *permanente*
la guardia Wache, Wacht
23 el guardián ← *la guardia*
25 el trueno Donner
26 la llama Flamme
28 la uña (Finger-)Nagel

1. Busca en el poema dónde se mencionan las siguientes afirmaciones y explica por qué lo piensas.
   a. El azúcar es muy importante.
   b. Hay montañas y lagos.
   c. La población es infeliz.
   d. Hay huracanes.
   e. Hay lluvias muy fuertes.
   f. Es una isla hermosa.
   g. Hace muchísimo calor.
   h. El mar Caribe es muy fuerte.
   i. Amenaza una rebelión.
   j. Depende de otros poderes.
2. Explica a quién se dirige Nicolás Guillén cuando dice "tú que estás en fija guardia, fíjate, guardián marino".
3. Analiza a qué se refiere Guillén con la expresión "reina del manto hacia fuera, del manto adentro, vasalla".
4. Escribe un texto breve que exprese a) la información concreta que da Nicolás Guillén sobre Cuba y b) lo que crees que significa este poema.
5. Haz una lectura interpretativa en voz alta.
6. Infórmate en Internet sobre Nicolás Guillén, su obra y sus circunstancias contemporáneas en Cuba.

Cuba en cifras

1. Vas a escuchar la presentación de una lista de datos estadísticos sobre Cuba. Apunta la mayor cantidad posible.
2. Compara estos datos estadísticos con los de otros países latinoamericanos y los de Alemania. Explica las similitudes y diferencias que encuentres.

2.2 Historia revolucionaria

1. Infórmate en la Red sobre el año 1898 y su importancia para Cuba y España.
2. Busca también información sobre la dictadura de Batista en Cuba.

Cuba ante la revolución

Desde que se independizara de España, la vida política de Cuba había estado condicionada por la relación que mantenía con Estados Unidos. Hasta 1933, en la constitución cubana existía una cláusula, conocida como la 'Enmienda Platt', que permitía la intervención norteamericana en la isla, "para proteger la vida, la libertad y los bienes" de los ciudadanos de ese país, residentes en Cuba.
Hacia 1952, las empresas norteamericanas controlaban el 47,4% de la producción azucarera, el 90% de la producción de electricidad y de las redes telefónicas, el 70% de las refinerías de petróleo, el 100% de la producción de níquel y el 25% de las casas comerciales, los hoteles y la industria de productos alimenticios.
La economía de Cuba dependía de las exportaciones de azúcar, cuya producción y comercialización estaba controlada por compañías extranjeras: Once empresas estadounidenses controlaban casi 1.200.000 hectáreas, que representaban el 47,4% de las tierras dedicadas al cultivo de caña de azúcar. [...]
En los primeros años de la década de 1950 se incrementaron las acusaciones de corrupción [contra el gobierno] y, ante las movilizaciones de protesta, un sector del ejército apoyado por compañías norteamericanas y empresarios cubanos, dio un golpe de Estado. El nuevo dictador fue Fulgencio Batista.
La dictadura sólo se sostuvo mediante una violenta represión. En poco tiempo, comenzó la resistencia, que unía en sus reivindicaciones la lucha contra las injusticias y desigualdades del orden social con los planteos de independencia económica y autonomía y, por lo tanto, contrarios a la injerencia de Estados Unidos en el país y en la región.

Portal Planeta Sedna: La Revolución Cubana En: *http://www.portalplanetasedna.com.ar/cubana.htm*

1 independizarse ← *la independencia*
2 condicionado/-a por ← *la condición*
3 la cláusula Klausel
5 los bienes Besitz, Güter
el/la ciudadano/-a Bürger/-in
6 residente *habitante*
8 azucarero/-a ← *el azúcar*
9 la refinería Raffinerie
11 alimenticio/-a ← *el alimento*
15 el cultivo Anbau
la caña de azúcar Zuckerrohr
17 incrementarse *aumentar, subir*
la acusación ← *acusar*
20 el/la empresario/-a ← *la empresa*
el golpe de Estado Staatsstreich
22 sostenerse *mantenerse*
mediante *por medio de*
23 la reivindicación Forderung
24 el planteo *la sugerencia*
26 la injerencia Einmischung

¿? 1. Explica la situación económica y política en la Cuba prerrevolucionaria.

2. Compara la situación de Cuba con la de las 'repúblicas bananeras' (mira en el capítulo 6, p. 175-176).

3. Un amigo tuyo se interesa mucho por Cuba y su historia. Mirando por Internet, le llamó la atención esta página web. Como la traducción automática le resultaba incomprensible, te pide que resumas las ideas esenciales del artículo en alemán.

La Revolución Cubana

Pintadas revolucionarias

En 1956, unos emigrantes cubanos organizaron desde México una expedición para ingresar clandestinamente en Cuba. A bordo de un pequeño barco de nombre 'Granma', desembarcaron en las playas de la Isla y se establecieron en Sierra Maestra, donde crearon un foco guerrillero. Con el tiempo, el grupo inicial terminó convirtiéndose en el 'ejército rebelde'.

Con el apoyo de amplios sectores de la población, en enero de 1959, tomaron La Habana, capital de Cuba. La lucha antidictatorial por el retorno a las formas democráticas de gobierno pronto se transformó en una verdadera revolución social.

Una vez en el poder, se adoptaron un conjunto de medidas que modificaron de raíz el orden social en Cuba. Para modificar las enormes desigualdades económicas que caracterizaban a la sociedad cubana, el gobierno revolucionario comenzó a aplicar la Reforma Agraria.

Los cambios en la economía fueron acompañados por reformas en otras áreas, que buscaban transformar a la sociedad cubana. En ese sentido, el gobierno estableció dos áreas de prioridad: la educación y la salud. Se iniciaron campañas masivas de alfabetización y se crearon nuevas escuelas y universidades. En cuanto a la salud, se implementó una red sanitaria para garantizar de forma gratuita la asistencia a toda la población, se crearon nuevos hospitales y clínicas, así como también institutos de investigaciones médicas.

La política económica llevada adelante por el gobierno revolucionario afectó, desde un primer momento, los intereses de Estados Unidos en Cuba. En 1960 el gobierno cubano nacionalizó todas las compañías estadounidenses de la isla, medida a la que Washington respondió con la imposición de un embargo comercial. En enero de 1961 se rompieron las relaciones diplomáticas entre ambos países y el 17 de abril 1.300 exiliados anticastristas, apoyados y entrenados por Estados Unidos, llevaron a cabo en el sur de Cuba el desembarco de Bahía de Cochinos.

Estados Unidos presionó a los demás países de América Latina y logró que expulsaran a Cuba de la Organización de Estados Americanos y rompieran relaciones con su gobierno. Cuba sólo logró mantener relaciones con México.

En 1965, por mediación de la Embajada de Suiza en Cuba, los gobiernos de ambos países acordaron permitir a los cubanos emigrar a Estados Unidos: más de 260.000 salieron del país antes de que el puente aéreo se diera por terminado de manera oficial en abril de 1973.

http://www.portalplanetasedna.com.ar/cubana.htm

3 **ingresar** *entrar*
clandestinamente *ilegalmente*
6 **desembarcar** an Land gehen
7 **establecerse** sich niederlassen
8 **el foco guerrillero** hier: Guerillanest
9 **inicial** ↔ *final*
10 **amplio/-a** *extenso, abundante*
11 **tomar** hier: einnehmen
el retorno *el regreso*
14 **el conjunto** Ensemble, Komplex
la medida Maßnahme
15 **de raíz** hier: grundlegend
17 **aplicar** hier: durchführen
21 **la alfabetización** Alphabetisierung
22 **implementar** *crear*
la red sanitaria Gesundheitswesen
23 **la asistencia** (medizinische) Betreuung
27 **afectar** betreffen
28 **nacionalizar** verstaatlichen
30 **la imposición** ← *imponer algo*
el embargo comercial Handelsembargo
32 **anticastrista** *contra la política de Castro*
llevar a cabo *realizar*
33 **la Bahía de Cochinos** Schweinebucht
34 **presionar** ← *la presión*
38 **por mediación** auf Vermittlung
la embajada Botschaft
39 **acordar** *ponerse de acuerdo*
40 **el puente aéreo** Luftbrücke

1. Explica con tus palabras cómo se desarrolló la Revolución cubana.
2. Nombra los logros de la Revolución cubana.
3. Resume cómo reaccionaron los EE. UU. ante estos acontecimientos.
4. Compara los logros que menciona este texto con los datos que has apuntado en la comprensión auditiva "Cuba en cifras".
5. Analiza las razones del comportamiento de los EE. UU. frente a Cuba.
6. Pese al embargo por parte de los EE. UU., el socialismo cubano ha sobrevivido hasta hoy en día. Explica qué hechos contribuyeron a esto.
7. Describe la pintada. Explica a qué piensas que se refieren sus imágenes y eslóganes.
8. Entre los logros de la Revolución cubana muchas veces se mencionan los éxitos de los deportistas de este país, entre ellos, por ejemplo, Javier Sotomayor y Ana Quirot. ¿Crees que tiene algo que ver con el régimen comunista? ¿Conoces otros países en los que también se fomente especialmente el deporte? Intenta explicar por qué Cuba presta tanta atención en la promoción de deportistas de alto nivel.
9. Infórmate en la Red sobre 'la crisis de los misiles' y sobre los acontecimientos en la Bahía de Cochinos y presenta los resultados de tu búsqueda en clase.

Dos líderes cubanos

Infórmate en la Red sobre la vida de Fidel Castro, Che Guevara, Camilo Cienfuegos y Huber Matos.

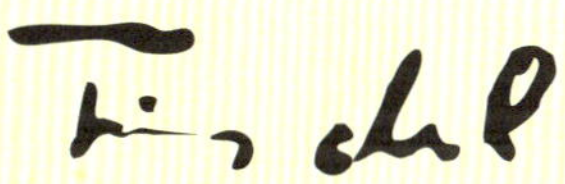

Año de la Agricultura, Habana

Me acuerdo en esta hora de muchas cosas, de cuando te conocí en casa de María Antonia, de cuando me propusiste venir, de toda la tensión de los preparativos.

Un día pasaron preguntando a quién se debía avisar en caso de muerte y la posibilidad real del hecho nos golpeó a todos. Después supimos que era cierto, que en una revolución se triunfa o se muere (si es verdadera). Muchos compañeros quedaron a lo largo del camino hacia la victoria.

Hoy todo tiene un tono menos dramático porque somos más maduros, pero el hecho se repite. Siento que he cumplido la parte de mi deber que me ataba a la Revolución cubana en su territorio y me despido de ti, de los compañeros, de tu pueblo que ya es mío.

Hago formal renuncia de mis cargos en la Dirección del Partido, de mi puesto de Ministro, de mi grado de Comandante, de mi condición de cubano. Nada legal me ata a Cuba, sólo lazos de otra clase que no se pueden romper como los nombramientos.

Haciendo un recuento de mi vida pasada creo haber trabajado con suficiente honradez y dedicación para consolidar el triunfo revolucionario. Mi única falta de alguna gravedad es no haber confiado más en ti desde los primeros momentos de la Sierra Maestra y no haber comprendido con suficiente celeridad tus cualidades de conductor y de revolucionario.

2 la tensión (An)spannung
3 los preparativos ← *preparar*
5 golpear a alg. hier: betroffen machen
6 triunfar *ganar*
8 maduro/-a reif
10 atar a *unir*
12 hacer renuncia de algo hier: niederlegen
el cargo *el puesto*
14 el lazo *el vínculo, la unión*
15 el nombramiento ← *nombrar*
16 el recuento *aquí: el balance*
17 la honradez ← *honrado/-a*
la dedicación ← *dedicarse a algo*
consolidar festigen
18 la gravedad ← *grave*
confiar en alg. ← *la confianza*
19 con celeridad *rápidamente*

He vivido días magníficos y sentí a tu lado el orgullo de pertenecer a nuestro pueblo en los días luminosos y tristes de la Crisis del Caribe. Pocas veces brilló más alto un estadista que en esos días, me enorgullezco también de haberte seguido sin vacilaciones, identificado con tu manera de pensar y de ver y apreciar los peligros y los principios.

[...] Tendría muchas cosas que decirte a ti y a nuestro pueblo, pero siento que son innecesarias, las palabras no pueden expresar lo que yo quisiera, y no vale la pena emborronar cuartillas.

Hasta la victoria siempre, ¡Patria o Muerte!
Te abraza con todo fervor revolucionario,

22 **luminoso/-a** strahlend
23 **el estadista** Staatsmann
enorgullecerse ← *orgulloso/-a*
24 **sin vacilaciones** ohne zu zögern
25 **apreciar** *estimar*
28 **emborronar** beklecksen
la cuartilla *la hoja pequeña*
30 **el fervor** Eifer, hier: Kraft

Granma Internacional Edición Digital, 08.10.2002. En: *http://www.granma.cu/che/carta.html*

1. Resume en una frase para qué escribe Che Guevara a Fidel Castro.
2. Che se va al Congo para organizar ahí una revolución. Pero, aparte de este proyecto, ¿cuáles son los otros motivos mencionados en la carta por los cuales abandona Cuba? ¿Cuáles no menciona, y por qué?
3. Analiza cómo presenta a Fidel Castro en esta carta. Teniendo en cuenta lo que has averiguado en Internet sobre la vida del Che, imagina por qué lo hace de esta forma.
4. Examina las peculiaridades estilísticas que caracterizan la carta.

El comandante cortado

Identifica a los comandantes de la Revolución Cubana. Basándote en lo que sabes sobre la vida de Fidel Castro, Camilo Cienfuegos y Huber Matos, intenta explicar por qué el negativo de esta foto de Luis Korda, que es una de las más famosas de la Revolución Cubana, fue cortado de esta forma antes de su publicación.

LA HABANA, Cuba – 8 de enero 2007. El Comandante Rebelde Huber Matos apareció hoy en la primera plana de los periódicos Granma y Tribuna de La Habana en un hecho inusual y evidentemente relacionado con los aires que corren en el país.

En las fotos de primera plana de los diarios Granma y Tribuna de La Habana, aparece la columna victoriosa que entró en La Habana el 8 de enero de 1959, encabezada por los comandantes rebeldes Fidel Castro, Camilo Cienfuegos y Huber Matos.

Aunque en ambas fotografías Huber aparece de espalda a la cámara, su sola presencia implica un cambio en la política de imágenes de los diarios cubanos. La foto más divulgada de la entrada de la columna rebelde

2 **la plana** *la página*
3 **inusual** ungewöhnlich
6 **la columna victoriosa** die siegreiche Kolonne
7 **encabezado/-a por** ← *la cabeza*
9 **de espalda a** mit dem Rücken zu
10 **implicar** *significar*
11 **divulgado/-a** *difundido/-a*

entrando en La Habana fue tomada por Luis Korda. En ella, la imagen de Huber estaba cortada del negativo original y solo aparecían Fidel Castro y Camilo Cienfuegos.
Según el analista político Osmar Laffita, las fotos aparecidas en ambos diarios cubanos pueden ser una sutil señal de reconciliación del actual grupo gobernante, toda vez que los considerados 'traidores a la revolución' pasan a un estatus de no existencia histórica. Por ello la reaparición de la imagen del Comandante Matos puede considerarse como el reconocimiento de su existencia.

Esta información ha sido transmitida por teléfono, ya que el gobierno de Cuba controla el acceso a Internet.

Aleaga Pesant: Huber Matos en la prensa cubana. En: *CubaNet*, 08.01.07

16 sutil subtil, fein
la reconciliación Aussöhnung
17 toda vez que *una vez que, después de que*
el / la traidor/-a ← *traicionar*

1. Explica por qué aquel día en los periódicos cubanos se publican fotos de la Revolución.
2. Resume con tus palabras qué exactamente llama la atención a la periodista en estas fotos.
3. Explica el uso de las palabras siguientes en el texto: "la no existencia histórica" y "el reconocimiento de su existencia".
4. Aclara por qué Osmar Laffita considera la aparición de Huber Matos en las fotos una "sutil señal de reconciliación".
5. Al leer la nota debajo del texto ¿qué tipo de plataforma piensas que es www.cubanet.org?
6. Estudia los textos del capítulo 'Historia revolucionaria' y elabora un diccionario temático sobre el tema 'Política'.

2.3 La Cuba de los cubanos

En la historia de Cuba tras la revolución se distinguen varias épocas o etapas:

De 1959 a principios de los años 60:	cambios revolucionarios
Años 60 / 70:	enfrentamientos en la Guerra Fría, Cuba forma parte del bloque socialista
De 1990 a finales del siglo:	período especial causado por el hundimiento del bloque socialista
Desde 2006:	Raúl Castro dirige el país

El período especial

La nada cotidiana

Total, que me despabilé con el buchito de café, me lavé los dientes, desayuné agua con azúcar prieto y la cuarta parte de los ochenta gramos del pan de ayer. He administrado muy bien el pan nuestro de cada día.

1 despabilarse *quitarse el sueño*
el buchito *la gota, el trago*
2 prieto/-a *negro/-a*

Cuando hay –¡si es que hay!– lo pico en cuatro: un pedazo en el almuerzo, otro en la comida, el tercero antes de acostarme, si no lo he compartido antes cuando tengo visita, y el cuarto es el destinado al desayuno. Después volví a lavarme los dientes. Tengo pasta dental gracias a una vecina que me la cambió por el picadillo de soya, porque yo sí es verdad que no ingiero eso, sabrá Dios con qué fabrican esa porquería verdosa y maloliente. Me han vuelto vegetariana a la fuerza, aunque tampoco hay vegetales.

Me vestí con el primer ropaje cómodo y fresco que encontré, recogí mi pelo, eché una última ojeada al espejo: me veía bien, como siempre lista para la batalla. En la sala, saqué la bicicleta de detrás del sofá, verifiqué que las llantas estuvieran bien de aire, me eché la mochila a la espalda, abrí la puerta y bajé los ocho pisos por la escalera con el vehículo chino de dos ruedas a cuestas; además de que el ascensor jamás funciona, tocaba apagón. Vencí los altos peldaños a oscuras y cuando llegué a la entrada del edificio podía exprimir el vestido para quitarle el sudor.

Ya estoy en la calle, pedaleando como cada mañana, pensando en las musarañas, en cualquier momento me aplasta un camión. Voy hacia la oficina. [...]

Pues en la oficina estoy hasta las dos de la tarde, porque ya en ningún lugar se trabaja hasta las cinco. Regreso pedaleando y pensando en lo de siempre: las musarañas. Llego a casa, no hay luz. Me meto a cocinar desde las tres, pero en lo que el gas va y viene me dan las ocho o las nueve de la noche. A esa hora si logro comer me puedo considerar una mujer realizada. La mayoría de las veces he comido a medianoche. En lo que la cazuela se eterniza en la hornilla me da tiempo de bañarme, cargar agua de la esquina, subir los ocho pisos con un cubo en cada mano en tres y hasta cuatro idas y venidas. Como riego tanta agua por los pasillos debo secar la escalera con una toalla vieja porque las frazadas de piso cuestan un dólar cincuenta en el diplomercado de la Setenta. A la hora que termino de cenar limpio la casa y antes de acostarme leo algo, o veo alguna película en vídeo, si para entonces han puesto la electricidad. Esto es lo que hago, más o menos, cada día de mi vida. [...]

Zoé Valdés: *La nada cotidiana.* Ediciones Emecé/Salamandra 1995/2001; Editorial Planeta 2010

Vista sobre los techos de La Habana

8 **el picadillo de soya** *carne picada con soja y sangre de cerdo*
9 **ingerir** hier: herunterbekommen
la porquería (fam.) Schweinefraß
verdoso/-a ← *verde*
10 **maloliente** *que huele mal*
11 **los vegetales** *aquí: la verdura*
12 **el ropaje** ← *la ropa*
13 **la ojeada** *la mirada*
14 **verificar** *controlar*
15 **las llantas** hier: Reifen
17 **a cuestas** *sobre las espaldas*
18 **el apagón** (am.) *el corte de electricidad*
los peldaños Treppenstufen
a oscuras *sin luz*
19 **exprimir** hier: auswringen
el sudor *la transpiración*
20 **pensar en las musarañas** in Gedanken woanders sein
21 **aplastar** zerquetschen
28 **realizado/-a** *aquí: satisfecho/-a*
29 **la cazuela** (Schmor)Topf
eternizarse ← *eterno/-a*
la hornilla Herd, Herdflamme
cargar *aquí: ir a buscar*
31 **regar** verschütten
32 **las frazadas de piso** Wischlappen
33 **el diplomercado** (am.) *tienda donde se paga con dólares*
la Setenta *calle en La Habana*

1. Decide si las afirmaciones son verdaderas o falsas. En este caso, corrígelas.
   a. Por la mañana Yocandra toma una taza de café y come un bocadillo con mantequilla y mermelada.
   b. Yocandra corta el pan en cuatro pedazos porque no tiene suficiente.
   c. Este día no le queda café a Yocandra porque una vecina se lo ha cambiado por pasta dental.
   d. Yocandra es vegetariana.
   e. Yocandra baja con la bicicleta por las escaleras porque no cabe en el ascensor.
   f. Como es muy deportista, cada día va en bici a su trabajo.
   g. Yocandra trabaja de secretaria.
   h. En el piso de Yocandra no hay agua corriente.
   i. Cena muy tarde porque, primero, ve alguna película en vídeo.
2. Haz una lista de todas las actividades cotidianas que hace Yocandra cada día.
3. Nombra los problemas cotidianos a los que Yocandra tiene que enfrentarse cada día.
4. Explica en qué radican los problemas que tiene Yocandra.
5. Analiza el estilo en el que el yo narrador cuenta su vida de todos los días. ¿Qué dice esta forma de contar las cosas sobre su carácter?
6. Analiza la imagen que acompaña al texto. ¿Qué puedes deducir sobre la vida de la gente en La Habana? Ponla en relación con el contenido del texto.
7. Describe la imagen que ves aquí. En La Habana se ven muchos coches como éstos, y no sólo entre los taxis. Comenta este hecho considerando también la información del texto.

Taxis en La Habana

El mercado negro

Para paliar la penuria y las insuficiencias del mercado estatal, los cubanos desarrollaron rápidamente un gran sentido para resolver sus problemas. Hombres, mujeres, niños, de todas las edades, de todo color, recorren las ciudades y los campos en su bicicleta a la que le han adosado una caja plástica que muchas veces contiene tesoros insospechados. Discretos, pero sin precauciones excesivas, van de puerta en puerta, toman nota de los pedidos de cada familia, proponen los productos que tienen en el almacén y revenden al detalle lo que desvían de los almacenes del estado. En el mercado negro se encuentra de todo. Artículos alimentarios, pero también pintura, alcohol, herramientas, piezas de repuesto, material de computación ... incluso hasta accesos piratas a Internet [...]. "El Estado nos convierte en ladrones", admite sin vergüenza

Pequeño mercado callejero en Santiago de Cuba

1 paliar lindern
la penuria Mangel
estatal *del Estado*
4 adosar *juntar*
5 insospechado/-a ← *sospechar*
6 las precauciones Vorsichtsmaßnahmen
7 el almacén Lager
8 desviar umleiten
10 la herramienta Werkzeug
11 la pieza de repuesto Ersatzteil
12 la computación (am.) Informatik
13 pirata *aquí: ilegal*
15 la vergüenza Scham

ninguna un carpintero que no puede obtener en el mercado en pesos los suministros que necesita para su trabajo. Como él, la mayoría de los cubanos, remunerados en pesos y por lo tanto imposibilitados de obtener mercancías que se venden únicamente en dólares, se pagan ellos mismos a su manera, y ésa es su forma de venganza.
Un trabajo es, ante todo, una posibilidad de aprovisionarse, primero directamente o desviando, y estableciendo después una red de comercialización y de intercambio. Un alto empleado de Havana Club contó el descubrimiento hecho por casualidad de un tráfico a la salida de una destilería. A un guardián le habían despertado sospecha los salideros de líquido en una bicicleta: pues bien, los obreros llenaban de alcohol todo el marco metálico de sus bicicletas. ¡Al parecer esos armazones pueden contener varios litros de ron! Los procedimientos no siempre son tan ingeniosos, aunque siempre tienen una nota de ingenio: un agujero hecho en el techo de una cervecería en La Habana, por donde se sacaban los barriles de cerveza, o camiones de productos alimentarios asaltados por bandidos en bicicleta. El gerente europeo de un gran hotel nos confió: “Estamos convencidos de que se llevan dinero gracias a una manipulación del sistema de computación: pero hasta ahora no hemos podido descubrir cómo lo hacen ...”.

Corinne Cumerlato y Denis Rousseau: El mercado negro. En: *La isla del doctor Castro.* Editions Stock, 2000, http://www.latinamericanstudies.org/cuba/mercado-negro.htm

16 el carpintero Tischler
17 los suministros hier: Material
18 remunerado/-a *pagado/-a*
imposibilitado/-a ← *posible*
19 la mercancía Ware
20 la venganza ← *vengar(se)*
21 aprovisionarse s. versorgen
23 Havana Club *la filial de ron cubano de Pernod-Ricard*
25 el guardián Wächter
la sospecha ← *sospechar*
los salideros ← *salir*
27 el armazón Gestell
28 el procedimiento Vorgehen
29 el ingenio Erfindungsgeist
el agujero Loch
30 la cervecería ← *la cerveza*
31 el barril Fass
asaltar überfallen
32 el / la gerente Manager
confiar anvertrauen

1. Explica lo que se entiende por 'mercado negro' en Cuba.
2. Resume con tus palabras por qué el carpintero utiliza el mercado negro para abastecerse.
3. Di tres ejemplos de lo que han inventado unos cubanos para aprovisionarse.
4. Analiza cuáles son las causas por las que tantos cubanos “se convierten en ladrones”.
5. “El mercado negro es una fuente de vida, un cordón umbilical” (afirmación de una cubana joven). Comenta esta afirmación.
6. En parejas, representad la escena cuando el guardián descubre al obrero que está llevando ron en el armazón de su bicicleta.
7. En parejas, imaginad la conversación entre un comerciante ambulante y su cliente en la puerta de su casa.

El mercado negro y el gobierno

Mercado negro cubano, afectado por medidas anticorrupción

Raúl Castro ha prometido reanimar la ineficiente economía de la isla

afectar beeinträchtigen
la medida Maßnahme

El 20 por ciento de los productos son robados durante la distribución a las tiendas estatales

Aumentó la vigilancia en las calles e inmediaciones de los mercados

Una ofensiva del presidente Raúl Castro contra la corrupción causa consternación entre los cubanos

estatal ← *el Estado*
la vigilancia Überwachung
las inmediaciones *alrededor de*

1. Di con tus palabras cómo reacciona el gobierno cubano ante el mercado negro en su país.
2. Explica por qué Raúl Castro se enfrenta al mercado libre.
3. Pensad en clase en posibles medidas para disminuir el comercio en el mercado negro y discutid cuáles podrían ser las más eficaces.
4. Basándoos en lo que sabéis de la política de los hermanos Castro, discutid cuáles de esas medidas adoptarían ellos y cuáles no. Explicad por qué.

¿Cuba libre?

¿Patria?

Tengo que pasar la avenida grande, tengo que pasarla antes de que pongan la luz roja ... Nada, no fui lo suficiente veloz con los pedales, tuve que parar de todas maneras ...

–¡Patria, Patria! Niña, ¿no me conoces?– Es aquella 'militonta' que en las escuelas al campo del preuniversitario me ponía las guardias los fines de semana para joderme y que yo no pudiera ir a los encuentros con los varones. No voy a mirarla, no la saludaré. Ahí viene, y el semáforo sin cambiar.

–Oye, Patria, ¿estás sorda? ¿No te acuerdas de mí?

–Es que me cambié el nombre. Ahora me llamo Yocandra.

La Militonta estudia de cabeza a pies mi indumentaria, su rostro se vuelve desconfiado, pregunta desafiante:

–¿Y eso por qué, tú? ¿No te sentías orgullosa de tu nombre?

Yo respondo viendo cómo la luz roja se pone amarilla y después verde, y la Militonta se ha apoyado en el manubrio de la bicicleta y amenazadora apuñala mis pupilas con las suyas, y yo contesto humildemente:

–Creo que no merezco ese nombre, no estoy a la altura. Era demasiado para mí ...

–¿Tú no te habrás vuelto 'gusana', de esas de los derechos humanos?

–Mira, yo sólo quería llamarme Yocandra, por amor ...

–¿Por amor a qué, a quién? Podías haber seguido con tu anterior nombre,

2 veloz *rápido/-a*
4 la militonta *apodo formado por militante y tonto*
5 las escuelas al campo *trabajo de 30 días de los estudiantes para ayudar en el campo*
el preuniversitario *escuela que prepara para la universidad*
6 joder a alg. (vul.) *molestar mucho*
7 el varón *el chico*
9 sordo/-a taub
11 la indumentaria *la ropa*
12 desconfiado/-a misstrauisch
desafiante herausfordernd
15 el manubrio Lenker
amenazador/-a ← *amenazar*
16 apuñalar erdolchen
humilde bescheiden, demütig
17 merecer algo *aquí: valer*
19 el / la gusano/-a hier: Exilant/-in

también por amor … Por si acaso, la próxima vez que nos veamos ni me saludes, ¿correcto? La cosa es requetedura … y tú sabes que yo trabajo en una firma francesa controlada por los 'segurosos'… se la pasan verificándome. No puedo arriesgar mi trabajo porque … ¡Ay, Patria! ¿Qué te pasa, por qué me empujas?

Te empujo porque no estoy para oír hablar mierdas, ya bastante tengo con las mías. Y te dejo tirada en el césped, pudriendo el verdor de los helechos, saco de oportunismo. Tú, la que en los años setenta delatabas a cualquiera que vieras hablando con un extranjero, porque según los estatutos cualquier extranjero era en potencia un enemigo. Por culpa tuya, cuántos estudiantes perdieron su carnet y hasta la escuela. Tú, puta de 'seguroso', ¡ahora trabajas en una corporación extranjera! Y no me llamo más Patria porque siempre odié ese nombre, porque en la primaria se burlaban de mí, porque en el fondo respeto profundamente el significado de esa palabra.

Zoé Valdés: *La nada cotidiana.* Ediciones Emecé/Salamandra 1995/2001; Editorial Planeta 2010

23 **requeteduro/-a** *durísimo/-a*
24 **el / la seguroso/-a** *miembro de la Seguridad del Estado*
verificar *aquí: controlar*
26 **empujar** stoßen
28 **el césped** Gras
pudrir verfaulen
el verdor ← *verde*
29 **los helechos** Farnkraut
el saco Sack
delatar *denunciar*
32 **el carnet** *aquí: documento de la Unión de Jóvenes Comunistas*
la puta Hure

1. Identifica a los dos personajes del fragmento y apunta las partes que a) dice Yocandra, b) piensa Yocandra y c) dice la Militonta. Añade también el tono o la manera en la que se expresan los dos personajes.
2. Explica quién era la Militonta antes y qué hace hoy.
3. Analiza los nombres de la Militonta y de Patria y explica por qué Patria cambió su nombre por Yocandra.
4. Analiza cómo se desarrolla el encuentro entre las dos mujeres. Para eso, básate en tus apuntes de los ejercicios 1, 2 y 3 y observa bien qué cambios hay en sus comportamientos.
5. Caracteriza la relación entre Yocandra y la Militonta.
6. Basándote en ambos extractos de la novela *La nada cotidiana* (ver p. 237), haz un retrato de Yocandra.
7. En parejas, inventad la misma conversación entre las dos mujeres, pero esta vez Yocandra dice en voz alta lo que en el original sólo está pensando. Imaginad también las reacciones de la Militonta y, si os parece necesario, un nuevo final.
8. En parejas, desarrollad un póster con ilustraciones para el aula de español que explique lo que fue el período especial en Cuba.
9. Infórmate en la Red sobre la vida y obra de Zoé Valdés.
10. Observa la bandera cubana y busca en la Red lo que significan los distintos elementos.
11. Averigua en Internet y la prensa actual qué cambios ha habido en Cuba desde 2006 (desde que Raúl Castro asume el cargo de presidente provisional) y 2008 (desde que es presidente de Cuba) hasta hoy en día. Fíjate, sobre todo, en
    a. las condiciones de vida de los cubanos,
    b. las relaciones internacionales del país, sobre todo con los EE. UU.,
    c. las libertades del pueblo.
12. Compara tus resultados del ejercicio 11 con la situación de la ex-RDA en los años 70 y en los años 1988/89. Coméntalo en clase.

Enigma del árbol

Carlos Varela: Enigma del árbol. En: *Monedas al aire*. Graffiti Music Records, 1992

¿? 1. Después de haber escuchado una vez la canción, cuenta lo que pasó en La Habana.
2. Escucha varias veces la canción y apunta quiénes llegan y cuáles son sus reacciones.
3. Elige las palabras que, según tu opinión, mejor expresan lo que simboliza el árbol y justifica tu selección:
ruptura, rebelión, lucha, provocación, castigo, peligro, poder, resistencia, recomienzo, naturaleza, defensa, control, protección, energía, fuerza, unión, reconciliación, libertad, sueño, esperanza
@ 4. Investiga en Internet la vida y la carrera musical de Carlos Varela.

Generación Y

Generación Y es un Blog inspirado en gente como yo, con nombres que comienzan o contienen una 'i griega'. Nacidos en la Cuba de los años 70 y los 80, marcados por las escuelas al campo, los muñequitos rusos, las salidas ilegales y la frustración. Así que invito especialmente a Yanisleidi, Yoandri, Yusimí, Yuniesky y otros que arrastran sus 'i griega' a que me lean y me escriban.

Tu porción de miedo

El temor te ha llegado por contagio, pues la verdad nunca sufriste un interrogatorio ni te asomaste a los paredones; jamás fuiste víctima de una purga o te arrojaron un huevo a la cara. Quizás ni siquiera te llamaron a contar. Tu desasosiego te llegó de oídas, por transferencia, a través de otros que sí han tenido motivos para intimidarse.
Un día hiciste las maletas y cruzaste al otro lado del Atlántico, empacando también la porción de miedo que te toca. Tus hijos nacieron bien lejos de esta Isla, pero, aún así, les administraste su correspondiente cucharada de aprensión. Puede ser que no hablen español, que no sepan localizar en el mapa el país de donde viene su padre, pero sí saben ubicar el miedo. Hasta ellos ha llegado la fulminante epidemia del temor, que no se cura.

Yoani Sánchez: Tu porción de miedo. En: *Generación Y*. www.desdecuba.com, 02.09.2008

3 el muñequito ruso Matroschka
5 arrastrar hier: mit sich schleppen
8 el contagio Ansteckung
9 el interrogatorio Verhör
asomarse a los paredones *ser testigo de un fusilamiento*
10 la purga polit. Säuberungsaktion
11 el desasosiego *la intranquilidad*
de oídas vom Hörensagen
12 intimidarse ← *tímido/-a*
15 administrar algo a alg. verabreichen
la cucharada Löffel
16 la aprensión *aquí: el temor*
18 fulminante blitzartig

¿? 1. Indica con tus palabras a quiénes invita Yoani Sánchez a leer su blog y escribir mensajes.
2. Basándote en lo leído, deduce dónde vive Yoani Sánchez. Justifica tu respuesta.
3. Explica lo que deduces del mensaje de Yoani Sánchez sobre las libertades de opinión y de prensa en Cuba.
4. Explica la última frase: "Hasta ellos ha llegado la fulminante epidemia del temor, que no se cura".
5. Busca información sobre la película alemana "La vida de los otros". Compara la situación del protagonista de la película con lo que escribe Yoani Sánchez.
6. Estudia los textos de los capítulos 'El período especial' y '¿Cuba libre?' y completa el diccionario temático que has elaborado en el ejercicio 6 de la página 237.

Raíces

Orishas: Vengo de donde hay un río …

Orishas: 537 Cuba. En: *A lo cubano.* EMI, 1999

1. Mira y escucha el videoclip "537 Cuba" de Orishas, por ejemplo en la página web de You Tube (http://www.youtube.com/watch?v=L2eV20UhkQk), y describe la historia que se cuenta por medio de las imágenes.
2. Apunta qué imágenes representan la vida cubana.
3. Intenta apuntar lo que entiendes de la letra de la canción y formula una hipótesis sobre su contenido.
4. Deduce cuál es la relación entre el hombre que recibe el videocasete y los músicos.
5. Analiza la forma en la que se representa Cuba.
6. Explica qué emociones se transmiten por las imágenes y el efecto que produce el estilo de música. ¿Cuál es el sentimiento que predomina?
7. Eres el cantante de la canción. Después de dos años en el extranjero has decidido volver a Cuba. Ahora hablas con el amigo con el que emigraste para comunicarle tu decisión. En parejas, interpretad la conversación teniendo en cuenta por un lado cómo se siente el cantante y por otro lado los motivos posibles por los que habían emigrado. Basaos para eso en lo que sabéis sobre la vida cotidiana en Cuba.
8. Investiga en la Red lo que significa el nombre del grupo Orishas.

Santería, religión afrocaribeña, cuyas raíces se encuentran en la cultura del pueblo yoruba de África Occidental, y que cuenta con muchos practicantes en Estados Unidos. La santería surgió en el siglo XIX entre los miembros de la comunidad yoruba que, pese a ser enviados a Cuba como esclavos, mantuvieron su cultura tradicional. La palabra española 'santos' se aplicó a los *orishas* (espíritus) yoruba, y fue este uso el que dio origen al término cubano empleado para referirse a la religión yoruba: santería. Es básicamente una religión africana, pero refleja la influencia de la cultura cubana, de gran tradición católica.

Enciclopedia Microsoft Encarta 1999

1 la raíz Wurzel
2 contar con *tener*
3 surgir *aparecer*
4 el miembro Mitglied
la comunidad Gemeinschaft
pese a *a pesar de*

Santería

El *oddú*, la predicción oficial de la santería para este año, resulta contradictorio. Sí, los creyentes están de suerte, porque cualquier acción que emprenden cuenta con el favor de los muertos, que este año se inclinan generosamente hacia los vivos. Pero, por otro lado, nada podrá darse por sentado porque los vivos tendrán dificultades para averiguar qué es lo que realmente desean. Felicia del Pino, por fortuna, sabe exactamente lo

1 la predicción Vorhersage
2 el / la creyente ← *creer*
3 emprender unternehmen
inclinarse sich neigen
4 dar por sentado für sicher halten

que quiere: un nuevo marido. Al menos a este respecto estará bendecida. En la segunda semana de enero Felicia va a visitar a un santero, famoso por la gracia que le ilumina y por su poder para interpretar las caracolas de la adivinación. Los dioses le hablan a través de las bocas de los cauris con voces claras, sin ambigüedades. El santero sumerge el dedo corazón en agua bendita y la esparce por el suelo para refrescar las caracolas. Comienza a rezar en yoruba, pidiendo la bendición de los orishas [...]. Luego, con los dieciséis cauris en la mano, toca la frente, las manos y las rodillas de Felicia. Los dioses le dirán lo que debe hacer.

El santero echa las caracolas una y otra vez, pero lo único que predicen son infortunios. Busca la ayuda de la *ota*, la piedra sagrada, y también de la muñeca de cabeza encogida, de la bola de cascarones de huevo pulverizados, y del *eggún*, la vértebra de la columna de una cabra. Pero la lectura no cambia.

“El agua no puede transportarse en una cesta” le dice el santero moviendo la cabeza. “Lo que deseas, hija, no lo puedes tener. Es la voluntad de los dioses.”

Instruye a Felicia para que ponga en práctica un ritual de limpieza que logre curarla de las malas influencias. Según él no tiene dificultad alguna: se unta un trozo de carne o un hueso de sopa con aceite de palma, luego se le rocía de ron, se cura con el humo de un puro y finalmente se mete dentro de una bolsa de papel, con la que ella deberá frotarse todo el cuerpo, de pies a cabeza.

“La bolsa absorberá ese diablo que tienes aferrado” le dice el santero. “Llévala hasta las puertas del cementerio y ahí la dejas. Cuando lo hayas hecho, regresa aquí para una limpieza final.”

Felicia tiene toda la intención de seguir los consejos del santero. Pero de camino a casa se enamora.

Cristina García: *Soñar en cubano,* 1992

Un hombre rezando a Chango, un dios de la santería.

7 **a este respecto** diesbezüglich
bendecir segnen
8 **el santero** hier: Priester
9 **la gracia** hier: Gnade
la caracola Seemuschel
10 **la adivinación** ← *adivinar*
el cauri Muschelart
11 **la ambigüedad** Zweideutigkeit
sumergir eintauchen
el dedo corazón Mittelfinger
12 **el agua bendita** Weihwasser
esparcir verspritzen
13 **rezar** beten
17 **el infortunio** Missgeschick
sagrado/-a heilig
18 **la muñeca de cabeza encogida** Puppe mit Schrumpfkopf
el cascarón Schale
19 **la vértebra de la columna** Wirbel
la cabra Ziege
21 **la cesta** Korb
24 **instruir** anweisen
poner en práctica *hacer*
26 **untar** einreiben
27 **rociar** besprühen
curar hier: behandeln
el humo Rauch
el puro Zigarre
28 **frotarse** sich einreiben
30 **aferrar** festhalten
31 **el cementerio** Friedhof

¿? 1. Aclara por qué resulta difícil entender la predicción de la santería.
2. Explica lo que desea Felicia del Pino, si ella, según el santero, lo puede conseguir y por qué no sigue sus consejos.
3. Describe las diferentes etapas del rito que realiza el santero.
4. Explica cómo Felicia del Pino puede liberarse de las malas influencias.
5. “El agua no puede transportarse en una cesta”. Explica lo que quiere decir el santero con esta afirmación.
6. Deduce qué actitud tiene la autora frente a lo que describe.
7. Explica qué elementos del ritual del santero aluden a la religión católica y cuáles son más bien de origen africano. Analiza también la imagen.
8. Los horóscopos son una forma de predicción también en nuestra cultura. Escribe un horóscopo para uno de tus compañeros de clase.

Vocabulario

Arte

el arte, las artes, el / la artista, artístico/-a
la muestra (Ausstellung), mostrar

la pintura, el / la pintor/-a, pintar
el retrato (Portrait), retratar
la artesanía, el / la artesano/-a, artesanal
la fotografía, el / la fotógrafo/-a, fotografiar
el / la escultor/-a (Bildhauer/-in), la escultura, esculpir
la talla, tallar (schnitzen), el taller (Werkstatt)

la diversidad, diversificar, diverso/-a
la variedad de perspectiva, variar, variado/-a

el tema, la temática, tematizar, temático/-a
el estilo, estilístico/-a
la subjetividad, subjetivo/-a
la indagación estética, indagar (hinterfragen)

Música

la música, el / la músico/-a, el género musical

la melodía, melódico/-a
la sonoridad (Klangfülle), el sonido (Klang), sonar, sonoro/-a
el ritmo, rítmico/-a
el son (Rhythmus), al son de
el compás, llevar el compás (den Takt schlagen)

el disco, la discografía
las ventas, vender

la danza, el / la danzante, danzar
el baile, el / la bailarín/-ina, bailar, bailable

la fusión, fusionar con, fusionado/-a
el folclore, folclórico/-a

Gastronomía

la cocina peruana, cocinar
la preparación, el preparativo, preparar
el cocido, la cocción, cocer (kochen), cocido/-a
el guiso, guisar (kochen), guisado/-a
hervir (aufkochen), hervido/-a
la freidura, la fritura, freír (braten), frito/-a
tostar (rösten), tostado/-a
secar (trocknen), seco/-a
el horno, al horno, hornear (backen)

el alimento, la alimentación, alimentarse, alimentario/-a, alimenticio/-a
la nutrición (Ernährung), el nutriente, nutrirse, nutrido/-a
la malnutrición (Mangelernährung), malnutrirse, malnutrido/-a
la comida, comer, comestible (essbar)
el consumo, consumir
la dieta (Ernährungsweise)

el condimento, la condimentación, condimentar (würzen)
las hierbas aromáticas (Kräuter)
la sal, salar, salado/-a

el cultivo (Anbau), cultivar
la siembra, el sembrado, sembrar (sähen)
el proceso, procesar (verarbeiten)
la deshidratación, deshidratar, deshidratado/-a (getrocknet)
la descomposición, descomponerse (verderben), descompuesto/-a

el pescado, el pez, el pescador, pescar
el marisco

la carne
la vaca, la ternera (Kalb), el cordero (Lamm), el cerdo, el venado (Wild)
el pollo, el ganso, la oca, el pavo (Pute), el pato (Ente)
la alpaca, la llama (Lama), el cuy (Meerschweinchen)
el lagarto (Eidechse)

la papa, la patata, la batata, el camote (Süßkartoffel)
las leguminosas, las legumbres (Hülsenfrüchte)
las verduras, los vegetales
la fruta, el fruto
la semilla

9 Migraciones

Realiza una encuesta a dos de tus compañeros de clase y pregunta lo siguiente:

1. ¿Qué es un emigrante?
2. Cita por orden los tres o cuatro países de los que piensas que llegan más emigrantes a España.
3. Dentro de España, ¿en qué Comunidades Autónomas crees que hay más extranjeros? ¿Por qué es así?
4. ¿En qué tipos de actividades trabaja la mayor parte de los extranjeros que viven en España?
5. ¿Cuáles piensas que son las dificultades mayores con las que se encuentran al llegar a España?
6. ¿Qué nivel de estudios crees que tienen?
7. ¿Conoces algún emigrante?
8. ¿Por qué piensas que abandonaron su país?
9. ¿Crees que los extranjeros que viven en España preferirían vivir en sus países de origen?

1. Emigrantes e inmigrantes en España

Clandestino

Solo voy con mi pena
Sola va mi condena
Correr es mi destino
Para burlar la ley
Perdido en el corazón
De la grande Babylon
Me dicen el clandestino
Por no llevar papel

Pa' una ciudad del norte
Yo me fui a trabajar
Mi vida la dejé
Entre Ceuta y Gibraltar
Soy una raya en el mar
Fantasma en la ciudad
Mi vida va prohibida
Dice la autoridad

Solo voy con mi pena
Sola va mi condena
Correr es mi destino
Por no llevar papel
Perdido en el corazón
De la grande Babylon
Me dicen el clandestino
Yo soy el quiebra ley

Mano Negra clandestina
Peruano clandestino
Africano clandestino
Marijuana ilegal

Solo voy con mi pena
Sola va mi condena
Correr es mi destino
Para burlar la ley
Perdido en el corazón
De la grande Babylon
Me dicen el clandestino
Por no llevar papel

Argelino clandestino
Nigeriano clandestino
Boliviano clandestino
Mano Negra ilegal

Manu Chao: Clandestino. En: *Clandestino*. Virgin Records, 1998

1 **la pena** Kummer
2 **la condena** Strafe, Verurteilung
4 **burlar** hintergehen
9 **pa'** *para*
13 **la raya** Linie, Rochen
16 **la autoridad** Behörde

1. Indica dónde transcurre la acción, quién es el / la protagonista y qué es lo que pasa.
2. Explica las siguientes expresiones: "burlar la ley", "no llevar papel", "Mi vida la dejé entre Ceuta y Gibraltar", "perdido en el corazón de la grande Babylon".

Inmigrantes en España

3. Fíjate en la voz de Manu Chao, en su forma de cantar y en el ritmo de la canción. Analiza su función concentrándote en los sentimientos que expresa y el mensaje de la canción.
4. Entre todos, observad la foto e imaginad dónde estarán haciendo cola los inmigrantes, y qué estarán esperando.
5. Cada uno elige uno de ellos y le inventa una biografía: ¿Cuánto tiempo lleva en España? ¿Cómo se siente? ¿Qué problemas tiene y cómo los piensa solucionar? En grupos de dos personas, ensayad una conversación entre vuestros personajes y representadla en clase.

Flujos migratorios

Al final de la Guerra Civil española de 1936-39 tuvo lugar un nuevo flujo de exiliados y deportados por razones políticas, que alcanzó la cifra de 600.000 personas, aunque más de la mitad pudieron retornar a España a los pocos años. Los países que recibieron a más españoles fueron Francia, Méjico y la Unión Soviética. De nuevo los conflictos políticos en el interior del estado español se saldaban con intensos procesos migratorios. Más adelante, entre 1950 y 1975, todavía emigraron a América algo más de 800.000 españoles, pero el principal flujo se orientó ahora hacia los países del centro de Europa, que se encontraban entonces en un proceso de reconstrucción económica después de la Segunda Guerra Mundial. Acudieron en torno a dos millones de trabajadores españoles, principalmente a Suiza, Alemania y Francia. Durante este período se produjo un importante proceso de desarrollo económico: el Producto Interior Bruto (PIB) se duplicó ampliamente y se redujeron las distancias con el resto de Europa (la renta per capita pasó del 58 % de la media de la UE-15 a cerca del 70 %).

El año en que murió Franco (1975) más de la mitad de la población residía en zonas urbanas, recibía un salario con derecho a prestaciones sociales y sanitarias y comenzaba a acceder masivamente a la enseñanza pública y a una variada oferta de bienes de consumo. La emigración exterior aportó, a través de las remesas, un apoyo sustancial a la financiación de este desarrollo (alrededor del 3 % del PIB y del 15 % de la formación de capital en los primeros años '70). A partir de 1973 se produce una inflexión en las migraciones internacionales de España, que deja de ser país de emigración y se convierte en país de creciente inmigración, que se acelera extraordinariamente en la última década. Según la División de Población de Naciones Unidas, España era en 2005 el décimo país del mundo por el número total de inmigrantes (personas nacidas en otro país); por delante se situaban sólo tres países de la Unión Europea (Alemania, Francia y Reino Unido) y el siguiente era Italia, en el puesto 16. Sin embargo, lo más llamativo de la serie estadística de Naciones Unidas es la progresión de la inmigración en España que se incrementó un 61 % entre 1995 y 2000 y un 194 % entre 2000 y 2005. En este último quinquenio España ha sido, después de Estados Unidos, el mayor receptor mundial de migrantes internacionales.

Carlos Pereda: *Dos claves para comprender las migraciones internacionales. El caso de España.* Colectivo IOE, mayo 2007

1 el flujo Fluss
2 deportar verbannen
3 retornar *volver*
6 saldar abschließen
8 orientarse *dirigirse*
10 la reconstrucción Wiederaufbau
11 acudir *ir a*
en torno a *aproximadamente*
14 duplicarse sich verdoppeln
15 la renta Einnahmen
17 residir *vivir*
18 el salario Gehalt
el derecho hier: Anspruch
la prestación Leistung
19 sanitario/-a Gesundheits-
acceder Zugang haben zu
masivo/-a umfassend
20 los bienes Güter
aportar beisteuern
21 la remesa Geldsendung
el apoyo *la ayuda*
sustancial wesentlich
23 la inflexión Wendung
25 acelerarse beschleunigen
26 la década *diez años*
31 llamativo/-a auffallend
la progresión Fortschreiten
33 el quinquenio *cinco años*
34 el receptor ← *recibir*

¿? 1. Busca los sinónimos en alemán de las expresiones "producto interior bruto (PIB)" y "renta per capita".
2. Realiza una tabla cronológica con las etapas migratorias en España distinguiendo entre emigración e inmigración.
3. Describe qué motivos provocan los dos fenómenos anteriores según el texto.

4. Observa bien el siguiente gráfico y analiza la procedencia de los extranjeros en España por continentes.
5. Trata de determinar las diferentes causas de emigración a España de los diferentes grupos de inmigrantes. Argumenta tu respuesta.
6. Fíjate en la imagen de Eneko y analiza qué se compara en ambas viñetas. Contrasta tus resultados con los de tus compañeros.
7. Explica qué significan los "medios de transporte" que se utilizan y argumenta tu respuesta.
8. Elabora una lista de los pueblos que han pasado por y se han instalado en las diferentes zonas de España a lo largo de la historia. Ayúdate para ello del texto de las páginas 95 y 96, así como de la Red.
9. Escribe una redacción poniéndote en la siguiente situación: Hacía mucho frío, era de noche y estabas en una patera intentando cruzar el estrecho, tenías miedo, no entendías lo que hablaban los hombres de la barca y empezaste a soñar ...

Extranjeros con certificado de registro o tarjeta de residencia. Principales nacionalidades. 31.12.2008

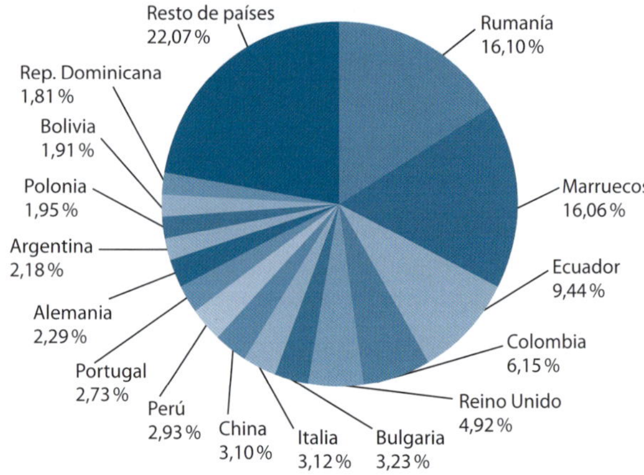

Ministerio de Trabajo e Inmigración, 2008

Eneko 2007

1.1 Exilio: españoles en México

"... con España presente en el recuerdo, con México presente en la esperanza ..."

En el capítulo 5 has estudiado la Guerra Civil española. Vuelve a esas páginas y busca las razones y los destinos del exilio español a partir de 1936.

Con estas palabras, del poema "Entre España y México", se despedía Pedro Garfias de la travesía que durante 18 días y a bordo del Sinaia, había llevado a más de 1.600 refugiados españoles del puerto francés de Sète hasta Veracruz. Fue la primera gran expedición que se benefició del ofrecimiento del gobierno mexicano presidido por Lázaro Cárdenas para acoger a los republicanos españoles y se ha convertido, para la memoria del exilio, en el símbolo del cobijo mexicano a los que perdieron la guerra. Cobijo material e intelectual que posibilitó a escritores, artistas, intelectuales, científicos y gente de los más diversos oficios, más que la

2 la travesía Überfahrt
a bordo an Bord
3 el / la refugiado/-a Flüchtling
4 beneficiarse Nutzen ziehen
5 el ofrecimiento ← *ofrecer*
6 acoger empfangen
7 el cobijo Unterschlupf
8 posibilitar ← *posible*
9 diverso/-a *diferente*

integración, la participación activa y constructiva en la vida cultural y económica del país de acogida. La cifra de republicanos españoles exiliados a México oscila entre los 20.000 y los 24.000. [...]

El gobierno de Lázaro Cárdenas fue especialmente activo en política internacional. Claramente posicionado en la lucha antifascista, protestó ante los foros internacionales por la invasión de Etiopía por Italia, recién estrenado su mandato, y contra la agresión alemana a Checoslovaquia en 1938. Respecto a la causa republicana en España, Cárdenas mantuvo en todo momento una actitud tenaz de defensa, apelando a la soberanía de los estados legalmente constituidos. México fue el único país de América Latina que protestó ante la Sociedad de Naciones por la intervención alemana e italiana en la Guerra de España.

Desde 1936, la embajada de México en España ejerce su derecho de asilo para españoles de ambos bandos en zonas de peligro. En 1937, se organiza la evacuación de 460 niños, en su mayoría huérfanos o alejados de sus familias por la guerra ("Los Niños de Morelia"), y se empieza a organizar el asilo de intelectuales y científicos.

En 1938 se crea la Casa de España en México (que se convertiría en El Colegio de México a partir de 1940), como centro de acogida, estudio y trabajo para los intelectuales españoles. Esta institución sirvió de plataforma para la integración de los exiliados en la vida cultural del país.

A partir de 1939 empieza la emigración en masa y la organización para instalar en México a la población que llega con la ayuda de las organizaciones republicanas SERE (Servicio de Evacuación de Republicanos Españoles), creada en Francia por el gobierno de Negrín y JARE (Junta de Auxilio a los Republicanos Españoles), creado en México por Indalecio Prieto. [...]

En el último año de su mandato [Cárdenas] dispuso la concesión de la ciudadanía mexicana a todos los refugiados que la solicitasen, lo que supuso un salto cualitativo en la situación de los exiliados españoles.

Texto de presentación del homenaje de la sociedad española a México y al presidente Cárdenas, Madrid, octubre de 2005

12 oscilar schwanken
14 posicionarse sich verorten
15 el foro Forum
16 estrenar *aquí: empezar*
el mandato Amtszeit
la agresión Angriff
17 respecto a bezüglich
18 tenaz beharrlich
apelar appellieren
19 constituir gründen
20 la intervención Einmischung
22 ejercer ausüben
24 la evacuación Evakuierung
huérfano/-a verwaist
32 en masa haufenweise
39 la concesión Erteilung
40 solicitar beantragen
41 el salto Sprung

Lázaro Cárdenas con niños de la guerra en México

¿? 1. Resume la información del texto.
2. Realiza una tabla cronológica con los puntos más importantes de la ayuda prestada por México a los refugiados españoles.
3. Describe la política internacional de Cárdenas.
4. Explica qué significa la frase "apelando a la soberanía de los estados legalmente constituidos".
5. Analiza la expresión "Esta institución sirvió de plataforma para la integración de los exiliados en la vida cultural del país".
6. Tu amigo alemán es un gran aficionado de México. Ha escuchado decir que en los años 30 hubo mucha inmigración española en México y te pregunta por qué. Resume el contenido del texto para él.

1.2 Migración económica: españoles en Alemania

Los datos

Completa el texto en tu cuaderno con las palabras siguientes:
cifras de emigración, origen, sectores, inmigración, migración, acuerdo, residentes, emigrantes, sexos, autoridades, mediterráneos, emigración asistida, destino, permisos de residencia

Política de ▬

La República Federal Alemana organiza la llegada de ▬ a través de la ▬, acordada con los países ▬ (España, Grecia, Italia, Portugal, Turquía, Yugoslavia). Por el ▬ hispano-alemán fueron contratados 377.561 españoles entre 1962 y 1977. Pero como sucede en Francia estas ▬ se quedan pequeñas si se comparan con los que realmente se asentaron en el país. Para el mismo periodo las ▬ alemanas constatan la residencia acumulada en su país de más de un millón de emigrantes españoles, y una media de 150.000 a 200.000 ▬, en los años de mayor volumen de emigración. Los ▬ se conceden después de dos años de permanencia en Alemania, y puede solicitarse la residencia definitiva a partir de cinco.

▬ de ocupación

El sector que proporciona más empleo es el secundario: un 40% trabajan en las industrias metálicas; un 30% en las químicas, de papel y textil; un 8% en la construcción. En el sector servicios trabajan el 22% restante. La diferencia de empleo entre ▬ no es muy importante, aunque es un poco mayor la dedicación al sector industrial de los varones (80%, frente al 74% de las mujeres), y al sector terciario de las mujeres.

▬ y ▬ de los emigrados

Los emigrados procedían en su mayoría de Andalucía (el 50%), de Galicia y Extremadura (entre ambas el 36%). En ocasiones era su segunda ▬, después de una primera estancia en Barcelona o Madrid. Se instalaron preferentemente en Renania-Westfalia (35,23%), Hessen (19,06) y Baden-Württemberg (18,33).

Cecilia Fleta: El éxodo de los 600.000. En: *El País*, 27.03.2005 (abreviado)

3 acordar vereinbaren
4 contratar anstellen
6 asentarse sich niederlassen
7 constatar feststellen
8 acumulado/-a gehäuft
10 conceder genehmigen
13 proporcionar bereitstellen
14 metálico/-a Metall
15 la construcción Bau(gewerbe)
17 la dedicación hier: Beschäftigung
el varón *el hombre*
18 el sector terciario Dienstleistungssektor

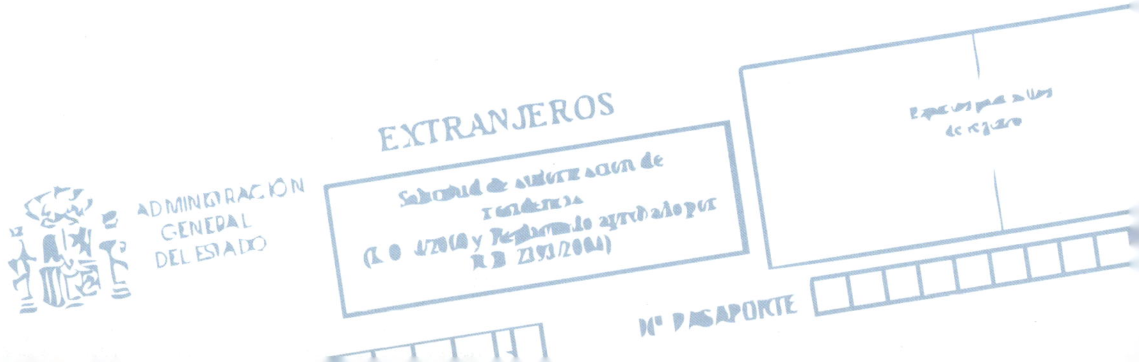

Las historias

Manuela Ferrero ganaba 500 pesetas al mes sirviendo en casa de unos señores alemanes en Madrid. Era 1960, tenía 21 años y las 500 pesetas no le daban para nada. "Unos amigos se fueron a trabajar a Alemania y allí me consiguieron un contrato para irme unos meses más tarde", recuerda hoy Manuela, natural de Ledesma (Salamanca) y residente en Remscheid (Alemania) desde hace 45 años.

"Te vas con mucha pena. Lo dejas todo. No sabes adónde vas", recuerda la soriana Marina Mittländer, de 64 años. Pero Alemania le gustó mucho. Era el 19 de marzo de 1962. Marina quería ayudar a sus padres a pagar las deudas. En Alemania la trataron muy bien. "A mí me fueron a esperar a la estación, y nos hablaron en castellano porque el jefe de la fábrica había vivido en Argentina. Nos dieron un ramo de claveles", añade.

Pero no todos los 2,3 millones de españoles que emigraron a Europa en esos años lo hicieron de manera regular. El régimen franquista quería dirigir la emigración en función de la economía española. Quiso evitar que se marchara la mano de obra cualificada porque la necesitaba para la industria patria, y en cambio propició el éxodo en las regiones más pobres. El régimen tampoco quería que salieran del país los disidentes políticos por miedo a que dieran mala imagen de España y se organizaran en el exterior. Por ello, Alemania, un país profundamente anticomunista, era una buena opción.

En 1973, año en que Alemania dejó de solicitar mano de obra a España, vivían en el país 185.000 trabajadores españoles. La colonia española ascendía entonces a 300.000 personas. Luego se redujo de forma continua hasta 1986, año en que quedaban unos 130.000. Desde entonces se mantiene estable.

Pero muchos no hablaban alemán. Manuela Ferrero reconoce que aún hoy no lo habla bien y no sabe leer ni escribir en alemán. Manuela se casó con un italiano y en casa inventaron "un idioma nuestro, mezcla de español, alemán e italiano". El caso de Marina Mittländer fue distinto. "No me dediqué completamente a trabajar pensando en el regreso, como hacían muchos", asegura. Marina se integró, se casó con un alemán, cuyo apellido adoptó, y se esforzó por aprender el idioma correctamente.

Marina vive hoy en Francfort y se siente bien integrada. No siente añoranza. A Manuela sí le gustaría volver, sobre todo para cuidar de sus padres, que viven aún en Ledesma. "Al principio sentí nostalgia. Pero no me puedo quejar: aquí me han acogido muy bien y no me han hecho echar en falta mi tierra".

Cecilia Fleta: El éxodo de los 600.000. En: *El País*, 27.03.2005 (abreviado)

1 **servir** hier: als Hausmädchen arbeiten
3 **no dar para nada** nicht ausreichen
5 **natural de** *nacido/-a en*
residente en wohnhaft in
8 **soriano/-a** *de Soria*
10 **las deudas** Schulden
12 **el ramo** Strauß
el clavel Nelke
16 **la mano de obra** Arbeitskraft
cualificado/-a gut ausgebildet
17 **la industria** Industrie
patria *aquí: de España*
propiciar fördern
el éxodo *la emigración*
18 **el disidente** Dissident
19 **dar mala imagen** ein schlechtes Bild vermitteln
22 **solicitar** anfordern
24 **ascender** sich belaufen auf
reducirse sinken
26 **estable** stabil
31 **el regreso** ← *regresar*
33 **esforzarse** sich bemühen
36 **la añoranza** Sehnsucht
38 **la nostalgia** Heimweh
39 **quejarse** sich beklagen
40 **echar en falta** vermissen

Trabajadores españoles en Alemania, en los años 60

1. Describe la situación vital de Manuela antes de abandonar España.
2. Nombra las razones que tenían Manuela y Marina para emigrar.
3. Compara las historias de Manuela y Marina y analiza aspectos como el conocimiento de la lengua alemana o su percepción de la integración en Alemania.
4. Explica las directrices de la política franquista de emigración.
5. La noche anterior a su viaje a Alemania, Manuela anota en su diario lo que piensa y siente. Redacta lo que pudo haber escrito.

La segunda generación

El periodista alemán Juan Moreno es en realidad español. Escribe en el *Süddeutsche Zeitung* una columna semanal de gran éxito por su estilo desenfadado, que contrasta con el sesudo tono de la prensa alemana, y las hilarantes anécdotas que cuenta sobre su familia: la idiosincrasia y cultura andaluzas vistas por una mentalidad ya totalmente alemana. Juan nació en Huércal-Overa (Almería) en 1972 y llegó a Alemania en 1973. Creció en Hanau (Hesse) y, aunque es bilingüe, su español no es tan bueno como su alemán, idioma en el que escribe y piensa. Acaba de publicar su primera novela en Alemania.

La segunda generación de emigrantes españoles que permanecieron en Alemania se ha integrado totalmente en la cultura alemana, muchos se han casado con alemanes y sus hijos pierden la lengua española. Otros volvieron con sus padres y no siempre hallaron el país soñado.

Cecilia Fleta: El éxodo de los 600.000. En: *El País*, 27.03.2005 (abreviado)

2 la columna Kolumne
desenfadado/-a heiter
3 contrastar ← *el contraste*
sesudo/-a vernünftig
hilarante lustig
4 la idiosincrasia Eigenart
10 permanecer *quedarse*

1. Describe con tus palabras cómo es el estilo de Juan Moreno como escritor.
2. Explica qué diferencia la segunda generación de la primera. Argumenta tu respuesta.
3. "Otros [hijos de emigrantes] volvieron con sus padres [al lugar de origen] y no siempre hallaron el país soñado." Comenta esta afirmación.
4. Discute con tus compañeros el grado de integración de las dos generaciones de otros grupos de inmigrantes.
5. La convivencia entre personas de dos generaciones diferentes puede dar lugar a una serie de conflictos. En grupos, imaginad una familia de padres españoles e hijos alemanes y elaborad un juego de rol en torno a un posible conflicto generacional. Representadlo en clase.
6. Para la clase de Historia, tu amigo alemán tiene que preparar una presentación sobre la inmigración en Alemania durante los años 60. Cuéntale lo que aprendiste en este subcapítulo.

1.3 Rompiendo estereotipos sobre la inmigración

¿Recuerdas la encuesta al principio del tema? Resume la opinión de los dos compañeros a los que has entrevistado y añade tu propia opinión sobre el fenómeno migratorio en España. ¿Y cómo es en Alemania? Destacad entre todos semejanzas y diferencias.

Un país para quedarse

David Reher es catedrático de Ciencias Políticas de la Universidad Complutense de Madrid e investigador principal de un macroestudio llevado a cabo entre 2006 y 2007 junto al Instituto Nacional de Estadística (INE). El estudio del INE tiene un objetivo declarado, admite Reher, quien es, él mismo, un inmigrante (nació en Estados Unidos, aunque ya tiene nacionalidad española): 'Romper estereotipos'

1. El 'efecto llamada'. Es la existencia de conocidos (familiares o amigos) que ya están instalados en el país de destino lo que más anima a emigrar. España, donde uno de cada diez habitantes es extranjero, no es una excepción.

2. El 81% de los entrevistados tiene previsto traerse a su familia. El caso más sangrante es el de las mujeres o parejas con hijos. Un 25% de los descendientes se tuvo que quedar en el país de origen, y su reagrupación es una prioridad.

3. ¿Durante cuánto tiempo mantienen los vínculos con el país de origen? Según la encuesta, más del 95% mantiene contactos, aunque sólo el 45% envía dinero u objetos. Y estos vínculos se pierden con el tiempo (entre los que llegaron antes de 1987, sólo el 60% mantiene contactos con su país y el 5% envía remesas).

4. Un 75% de las personas que han nacido fuera pero han decidido instalarse en España estaba trabajando antes de decidir cambiar de país. "No se trata de vagos, delincuentes o desempleados, para empezar porque estos grupos no podrían pagarse el viaje", indica Reher. ¿Y el otro 25%? "Probablemente, la mayoría sean hijos menores de edad, por lo que no podían estar trabajando antes", apunta el investigador. Relacionado con esto está el hecho de que sólo un 19% admite haberse endeudado para pagarse el viaje.

5. 'El mito de los desarrapados': "Pese a la desproporcionada atención que les prestan los medios de comunicación, el peso estadístico de los que llegan en frágiles embarcaciones (pateras, cayucos) es casi despreciable (representan menos del 1% del total)", indican los investigadores. La mayoría llega en avión, seguidos de los que usan la carretera.

6. Los inmigrantes tienen un nivel educativo similar al de la población española. Un 59% ha acabado los estudios de secundaria, y un 20% tiene una titulación superior. Reher admite que en estos datos hay un

1 el / la catedrático/-a Professor/-in
2 llevar a cabo durchführen
8 instalarse sich niederlassen
animar ermutigen
10 la excepción Ausnahme
11 tener previsto *planear*
12 sangrante *aquí: urgente*
13 el / la descendiente Nachkomme
la reagrupación Zusammenführung
15 el vínculo Bindung
19 la remesa Geldsendung
22 vago/-a faul
el delincuente Straftäter
25 apuntar *afirmar*
27 endeudarse sich verschulden
28 desarrapado/-a zerlumpt
pese a *a pesar de*
desproporcionado/-a unverhältnismäßig
29 el peso Gewicht
30 frágil zerbrechlich
la embarcación Boot

factor de distorsión por el peso de la población de países desarrollados, pero aun así destaca que la proporción de los latinoamericanos no andinos –sobre todo argentinos– [con titulación superior] es superior a la media española. Pero incluso en el grupo con peores cualificaciones (los africanos), el 75% tiene completada, al menos, la primaria.

7. La mitad de los inmigrantes trabaja por debajo de sus cualificaciones. "Está claro que en España hay un sentimiento negativo hacia los inmigrantes, pero éste es inferior porque pujan por los empleos más bajos", advierte Reher.

Beatriz Portinari / Emilio De Benito: Un país para quedarse. En: *El País,* 29.09.2008 (abreviado)

35 **la titulación superior** Diplom
36 **la distorsión** Verzerrung
43 **pujar** hier: anstreben

1. Explica la expresión "efecto llamada".
2. Describe qué son las remesas.
3. Explica en qué consiste el factor de distorsión al que se refiere Reher en el punto 6.
4. Escribe un título para cada uno de los siete estereotipos.
5. Explica la siguiente frase: "Está claro que en España hay un sentimiento negativo hacia los inmigrantes, pero éste es inferior porque pujan por los empleos más bajos".
6. Observa si las siguientes afirmaciones son verdaderas o falsas. Argumenta tu respuesta:
   a. La mayor parte de los inmigrantes llegan en patera.
   b. El nivel educativo de los inmigrantes es notablemente más bajo que el de la población española.
7. Compara estos datos con los resultados de la encuesta que has realizado al inicio del tema.
8. En el periódico lees el titular "Tíos con título universitario están reformando casas". Coméntalo, relacionándolo con la información del texto.

Tu vecino es científico, no camarero

- 600.000 inmigrantes viven en Madrid
- Casi la mitad, 280.000, son latinos.
- El 63% ha mejorado su situación laboral.

José Luis Sosa, 'El señor banderas'

La enorme bandera de España que ondea en la plaza de Colón ha sido fabricada por un inmigrante uruguayo, José Luis Sosa, de 49 años. De su fábrica de banderas, Sosa-Días, son también las que lucen la mayoría de hoteles, edificios públicos y embajadas. Es la empresa más grande de España en su especialidad y la tercera de Europa. En sus instalaciones de 7.400 metros cuadrados trabajan 90 personas de diferentes nacionalidades que confeccionan 286 tipos de banderas.

Su sueño antes de emigrar no tenía forma de bandera, tenía menos prosapia: montar una caravana para vender chorizos y hamburguesas. "No pude. Cuando emigras crees que será más fácil, pero hay que currárselo. Llegas y no eres nadie", señala. Todas las banderas de los Juegos Olímpicos de Barcelona se hicieron en su fábrica. Ahora se le conoce como 'El señor banderas'.

2 **ondear** flattern
5 **lucir** zur Schau stellen
6 **la embajada** Botschaft
7 **la instalación** Anlage
9 **confeccionar** anfertigen
10 **la prosapia** Adel
11 **montar** aufbauen
la caravana Anhänger
12 **currárselo** *trabajar duro*

Julián Fontalvo, la voz de los musicales

Freddy Mercury es colombiano. Por lo menos, el del musical *We will rock you* de la banda inglesa Queen que se presenta en el teatro Calderón. Rapado y tranquilo, Julián Fontalvo, de 29 años, hace tres temporadas que se transforma en el mítico rockero. Él recuerda el día de la selección. "Éramos casi 1.000 personas. Fue terrible. Estaba en Estados Unidos y lo aposté todo", comenta. Cuando fue elegido, admite, se puso a llorar.
En Colombia doblaba películas y documentales de naturaleza durante el día; por la noche era vocalista del grupo de rock Psico. Emigró en busca del sueño americano y encontró a una madrileña, con la que se casó. "Ella fue la primera que me habló de Madrid y del casting", recuerda. Lleva cuatro años en la ciudad y su voz ha sido fichada para varios proyectos, como el musical *Cruce de vías*, donde será protagonista.

19 **rapado/-a** kahlgeschoren
la temporada Spielzeit
20 **transformarse** sich verwandeln
la selección Auswahl
22 **apostar** setzen
23 **doblar** synchronisieren
24 **el vocalista** *el cantante*
28 **fichar** aufnehmen

Juanjo Robledo: Tu vecino es científico, no camarero. En: *El País,* 15.04.2008

Julián Fontalvo, Aldo González, Marisol Toapanta y José Luis Sosa

1. Enumera los países de origen de las cinco personas presentadas en el texto y en la comprensión auditiva.
2. Describe las actividades profesionales actuales de cada uno de los cinco entrevistados y compáralas con sus anteriores ocupaciones. ¿Dirías que han mejorado su situación profesional?
3. Describe cuál fue la razón o la motivación de cada uno de los cinco para emigrar a España.
4. Explica a qué se refiere el título de esta sección "Tu vecino es científico, no camarero" y argumenta tu respuesta.
5. Reflexiona sobre las causas de la alta presencia de inmigrantes latinos en España y compara tus conclusiones con las de tus compañeros.

1.4 Alemanes en España

Mallorca, la 'Florida' de los alemanes

A pocos metros de la Plaza Mayor, en pleno centro de la ciudad de Palma, frases como "Sprechen Sie Deutsch?" o "Vielen Dank" pueden oírse durante todo el año. Son los más de tres millones de turistas alemanes que visitan la isla y que comparten, además del gusto por el mar y el buen clima, la posibilidad del 'todo incluido' en el que no se deja afuera ni el ocio nocturno.

Sin embargo, a unos pocos kilómetros, en lugares como Deià, Pollença o Andratx, la presencia alemana adquiere un matiz diferente. Paralelamente existe un sector de propietarios alemanes que viven de manera temporal o permanente en distintos puntos de la isla mallorquina.
A principios de la década de los 90, el 80% de las inversiones inmobiliarias extranjeras era de origen alemán. El precio accesible del metro

1 **pleno/-a** voll, völlig
5 **nocturno/-a** ← *la noche*
7 **adquirir** bekommen
el matiz Nuance
10 **la década** *diez años*
la inversión Investition
11 **accesible** zugänglich

cuadrado para la economía de ese país, el clima cálido y la facilidad de comunicación que ofrecen las islas resultaron ser factores determinantes a la hora de decidir si quedarse o no [...].

Aquí, estos alemanes de clase alta continúan hablando su idioma, escuchando su música y preparando sus platos tradicionales; con la tranquilidad de que pueden recurrir a su propia red de servicios, en caso de tener algún tipo de problema. En este sentido, cuentan con médicos, veterinarios, abogados, fontaneros; todo tipo de comercios especializados; varias publicaciones realizadas en un perfecto alemán, entre las que se incluyen dos periódicos locales, e incluso una radio en donde se informan sobre las últimas novedades de su país.

En este contexto, los mallorquines pasan a ocupar un segundo o tercer puesto [...]. De ahí que quienes han vivido por generaciones en estas tierras se sientan, en cierto modo, intimidados por quienes sencillamente los ignoran. Aunque, claro está, en ningún caso es posible hacer generalizaciones.

Playa de Cala Ratjada, al noreste de Mallorca

Joan Salom, diseñador gráfico, señala: "Hubo un momento, antes de la llegada del Euro, donde sentimos que todo estaba en venta. En casi todas las casas había un letrero en el que se podía leer 'Zu verkaufen'. Esto tuvo consecuencias importantes: de pronto, muchos de los que vivimos en los pueblos nos encontramos que la vivienda ya no estaba a nuestro alcance. Nadie puede negar que la compra indiscriminada de entonces disparara los precios inmobiliarios de ahora".

Hoy, son muchas las alemanias que coexisten en el mismo archipiélago. A la de clase alta se suma la de los hijos que han nacido en Mallorca, algunos de ellos de un progenitor español, o quienes optan por vivir aquí de manera más modesta. Eso sí, todos comparten el mismo interés por los encantos de la isla.

Sandra Sotelo: Mallorca, la 'Florida' de los alemanes. En: *El Mundo.es*, 14.05.2007

12 **cálido/-a** *caliente*
13 **determinante** ausschlaggebend
a la hora de wenn es darum geht, zu
17 **recurrir a** zurückgreifen auf
la red Netzwerk
18 **contar con** *tener*
el veterinario Tierarzt
19 **el fontanero** Klempner
20 **incluirse** *aquí: estar*
25 **el puesto** Rang
28 **intimidado/-a** eingeschüchtert
31 **la generalización** Verallgemeinerung
33 **en venta** zu verkaufen
34 **el letrero** Schild
36 **estar al alcance** hier: bezahlbar sein
37 **negar** bestreiten
indiscriminado/-a wahllos
disparar in die Höhe treiben
39 **coexistir** nebeneinander bestehen
el archipiélago *las islas*
41 **el progenitor** *padre o madre*
optar por *decidir*
42 **modesto/-a** bescheiden
43 **el encanto** Reiz

1. Explica qué significa el 'todo incluido' al que se refiere el texto.
2. Enumera los factores que contribuyen a determinar la presencia de alemanes en la isla.
3. Describe con qué servicios propios cuentan los alemanes residentes en Mallorca.
4. Analiza el grado de integración que poseen los alemanes afincados en Mallorca y compáralo con el de diferentes grupos de inmigrantes en tu país.
5. Imagina que emigras a un país en el que no se habla alemán: primero piensa cuáles serían las razones por las que podrías decidir irte de tu país, después decide con quién irías, cómo y adónde.
6. Intenta imaginar cómo sería tu nueva vida: ¿de qué vivirías?, ¿qué harías para ganar amigos?, ¿qué tipo de problemas podrían surgir? Escribe un pequeño texto o visualiza tus primeras semanas como inmigrante mediante un cartel y preséntalo a tus compañeros. Si quieres, puedes dibujar las escenas clave.

2. Inmigración latina en Estados Unidos

En la frontera del sueño americano

"¿Algún patrullero disponible? ¿Alguno disponible? Aquí 558, localizado un grupo de más de 70 personas en el rancho Caballo Loco. ¡Varios se están escapando!". El helicóptero de la Border Patrol acaba de verlos y lo comunica por radio: son decenas de indocumentados que hace dos días cruzaron la frontera. Su sueño está a punto de acabar a 70 kilómetros al suroeste de Tucson. En la carretera 286 de Arizona, al volante de su Chevrolet Tahoe, el agente Jim Hawkins, de la Patrulla Fronteriza, escucha el mensaje. Todo acaba en minutos.

En silencio, sentados en la arena o en cuclillas, con sus mochilas, 94 hombres, mujeres y niños. Un agente les habla en aceptable español y les explica qué va a pasar ahora. Todo está en calma tras el aterrizaje del helicóptero, como si no hubiera pasado nada; nada extraordinario ha pasado, en realidad, para ninguno. Sólo para los ojos nuevos. "Ellos saben que estamos haciendo nuestro trabajo, y nosotros sabemos qué es lo que están haciendo ellos", dice Hawkins. Frustración en las miradas furtivas. Pocas palabras, y parecidas: mala suerte. Quizá a la próxima. "Ya sabemos que van a volver". El agente D. J., de origen mexicano, es tan joven como muchos de los detenidos. "Yo siempre les digo: si a la tercera no lo consiguen, déjenlo, pues. Si no tienen suerte, déjenlo ya". Diana es la hermana mayor de una familia de nueve. Son de Michoacán. ¿Volverán a intentarlo? Diana asiente con la cabeza. ¿Cuándo? Su gesto es ambiguo. ¿Mañana? Sí, vuelve a asentir, mañana.

José Manuel Calvo: En la frontera del sueño americano. En: *El País.com,* 02.04.2006 (abreviado)

1 **el patrullero** Patrouille
disponible verfügbar
localizar entdecken
2 **el rancho** Siedlung
3 **escapar** *huir*
4 **la decena** *diez*
indocumentado/-a ohne Ausweispapiere
5 **estar a punto de** *estar próximo a*
6 **al volante** am Steuer
7 **el agente** *aquí: el policía*
9 **en cuclillas** in der Hocke
10 **aceptable** annehmbar
11 **tras** *después de*
el aterrizaje Landung
16 **furtivo/-a** heimlich
18 **detener** festnehmen
a la tercera beim dritten Mal
19 **dejarlo** aufgeben
21 **asentir** zustimmen
22 **ambiguo/-a** mehrdeutig

Detención de inmigrantes en Rancho Caballo Loco. El que está agachado es el conductor del vehículo.

1. Describe qué ocurre en el primer párrafo del texto.
2. Comenta la siguiente frase: "Ellos saben que estamos haciendo nuestro trabajo, y nosotros sabemos qué es lo que están haciendo ellos".
3. Comenta las razones de muchos mexicanos para intentar cruzar la frontera una y otra vez.
4. Ya has intentado cruzar la frontera ilegalmente varias veces, has arriesgado tu vida más de una vez, y los guardias siempre te han vuelto a enviar a tu país. Tu hermano o hermana menor te habla de sus planes para emigrar clandestinamente e intentas convencerle de que no lo haga. En parejas, interpretad la escena.
5. Has logrado cruzar la frontera y les envías una carta a tus parientes en México contándoles la trayectoria y tus primeras semanas en los Estados Unidos. Escribe esa carta.

"Tengo fe en Dios, no me va a pasar nada"

1. Escucha estos dos relatos breves. Identifica a los hablantes y describe su situación. ¿Quién de ellos ha logrado instalarse en los EE. UU.?
2. Enumera los motivos para emigrar que menciona cada uno.
3. "Nosotros vamos a trabajar, no a robar [...] y a hacer un bien al país también." Discutid en clase.
4. Elige a uno de los hablantes. Trata de imaginar su edad, su familia y a qué se dedica profesionalmente, y escribe una redacción sobre su vida.

Los García y los Rodríguez se extienden por el mundo

La oficina del censo ha descubierto que en EE. UU. hay seis millones de apellidos, de los que 151.000 son llevados por cien o más estadounidenses. Hay cuatro millones de apellidos que sólo pertenecen a una persona. Por primera vez dos apellidos de origen hispano, García y Rodríguez, aparecen en la lista de los diez apellidos más comunes en Estados Unidos, según un estudio publicado por la Oficina del Censo de ese país, informa la BBC. Estos dos apellidos han conseguido desbancar del top 10 a nombres de claro origen anglosajón, una muestra más de la creciente influencia de la comunidad hispana en EE. UU. El apellido más utilizado en el país continúa siendo Smith, que es llevado por 2,3 millones de estadounidenses, al que siguen Johnson, Williams, Brown, Jones, Miller y Davis. En octava y novena posición aparecen García y Rodríguez, respectivamente, por delante de Wilson, que cierra la lista de los diez más comunes.

Los García y los Rodríguez se extienden por el mundo. En: *El País.com*, 19.11.2007

1 el censo Volkszählung
5 común verbreitet
7 desbancar verdrängen
8 anglosajón/-ona angelsächsisch
la muestra ← *mostrar*
creciente ← *crecer*
la influencia Einfluss
12 la posición Platz, Rang

1. Resume la información del texto con tus palabras.
2. Reflexiona sobre lo que significa que dos apellidos hispanos aparezcan en la lista de los diez apellidos más comunes en Estados Unidos.
3. Haz una lista con diez apellidos hispanos que conozcas y compárala con la de tus compañeros.

Inmigrantes hispanos piden derechos en EE. UU.

Las calles de más de un centenar de ciudades de EE. UU. se convirtieron este lunes en un clamor por los derechos de los inmigrantes hispanos, que exigen una reforma migratoria integral y denuncian la 'criminalización' por ley de los extranjeros indocumentados.
La movilización ciudadana, que algunos comparan ya con el movimiento de derechos civiles de los 60, arrancó el domingo con una manifestación que congregó a entre 350.000 y 500.000 ciudadanos en Dallas (Texas) y se extendió al día siguiente de costa a costa. [...]

1 el centenar *cien*
2 el clamor Rufe
3 integral ganzheitlich
4 indocumentado/-a ohne Ausweispapiere
6 arrancar *aquí: empezar*
7 congregar *juntar*
8 extenderse sich ausbreiten

"Queremos enviar un fuerte mensaje al Congreso y a la Administración Bush de que estamos hartos, porque trabajamos duro y no merecemos que nos traten como lo han hecho desde los atentados de 2001", aseguró a la cadena de televisión CNN Jaime Contreras, presidente de la Coalición Nacional de Inmigrantes, que coordina las protestas. "La mayoría de los inmigrantes vienen a EE. UU. en busca de un mejor futuro para sus hijos y eso no es ningún crimen", añadió.

La protesta se dirige contra el proyecto de ley del republicano James Sensenbrenner, aprobado por la Cámara de Representantes en diciembre y que convierte en criminales a los inmigrantes clandestinos y sanciona a quienes les proporcionen servicios sociales. [...]

Los activistas piden asimismo la reunificación de las familias y la protección de sus derechos laborales bajo consignas como "No somos criminales" y "Hoy marchamos, mañana votamos". De estos hechos se concluye, como señala *The New York Times*, que los millones de inmigrantes que se han mantenido en silencio durante los últimos años, en su mayoría hispanos, podrían estar emergiendo como una poderosa fuerza política.

Inmigrantes hispanos piden derechos con marchas multitudinarias en decenas de ciudades de EE. UU. En: *El Mundo.es*, 11.04.2006

10 harto/-a überdrüssig
merecer verdienen
11 tratar behandeln
13 la protesta Protest
17 aprobar genehmigen
18 convertir verwandeln
sancionar bestrafen
20 el / la activista Aktivist/-in
la reunificación Zusammenführung
21 la consigna Losung
25 emerger hervortreten
26 poderoso/-a ← *el poder*

Manifestación de inmigrantes hispanos en Washington, en 2006.

1. Explica qué significa la "criminalización por ley de los inmigrantes indocumentados".
2. Explica a qué atentados se refiere Contreras. Si no lo sabes, investiga en la Red.
3. Cuenta en qué sentido se sienten maltratados los manifestantes.
4. Describe qué derechos reivindican.
5. Comenta con tus compañeros en qué consistió el movimiento por los derechos civiles de los 60 en Estados Unidos y compáralo con el que describe el texto.
6. Opinad sobre el significado de la consigna "Hoy marchamos, mañana votamos".

"Es un fenómeno. Mucha gente quiere conseguir la ciudadanía, no como antes para conseguir los beneficios, sino porque quieren participar en el proceso político."

Anjenys González, directora ejecutiva de CASA, una organización civil que apoya a los inmigrantes en el proceso de hacerse ciudadanos

1. Explica a qué se refiere Anjenys González con "beneficios" y "participar en el proceso político".
2. Determina qué tópico sobre los inmigrantes contradice esta afirmación de González.
3. Debate con tus compañeros sobre el alcance del concepto de ciudadanía.

Latinos: votación récord y por Obama

Con 45 millones de personas, que representan el 15% de la población total del país, los hispanos son la minoría más grande y la que crece más rápido en Estados Unidos.

“Los hispanos, masivamente, han acudido a votar”, le dijo a BBC Mundo Luis Cerros, Director de Democracia USA, una de las principales organizaciones que promueven el voto de los hispanos en el país.

“Esta votación representa entre el 8 o 9% del total de los votos, que puede parecer poco como cifra global, pero es muy significativa donde la competencia ha sido más dura”, le explicó a BBC Mundo Eduardo Gamarra, de la firma de consultores Newlink, con sede en Miami.

De hecho, los analistas electorales coinciden en que parece haber sido esta mínima diferencia la que concedió la victoria a Barack Obama en Florida, uno de los estados con más de 20% de población hispana, y por el que los candidatos pelearon con dureza durante los últimos días de campaña.

”Los hispanos votaron por otra minoría, una minoría que les ha abierto muchas puertas. De modo que (después del triunfo de Obama) no hay que descartar que quizá un hispano llegará a la Casa Blanca”, dijo el analista Eduardo Gamarra.

José Baig: Latinos: votación récord y por Obama. En: *BBCmundo.com,* 05.11.2008

2 **la minoría** ⟺ *la mayoría*
4 **masivo/-a** massiv
acudir *ir*
6 **promover** fördern
8 **significativo/-a** ausschlaggebend
la competencia Konkurrenz
10 **el consultor** Berater
la sede (Firmen-)Sitz
11 **el analista** Analyst
coincidir en übereinstimmen
12 **conceder** *dar*
14 **pelear** kämpfen
la dureza ⟵ *duro/-a*
17 **descartar** ausschließen

1. Explica en qué sentido el voto de los hispanos fue decisivo para el resultado de las elecciones.
2. Explica la frase “Los hispanos votaron por otra minoría, una minoría que les ha abierto muchas puertas” . Argumenta tu respuesta.
3. Trabajad en parejas y buscad los estados federales estadounidenses donde hay más presencia hispana, determinando su número absoluto y el porcentaje que representa.

3. Educación en valores: inmigración y racismo

“... y todos parecen el mismo”

Forges, 05.10.2008

1. Describe qué nos muestra la viñeta, dónde sucede la escena y qué personajes nos presenta.
2. Analiza a qué se refiere el personaje que dice “Y todos parecen el mismo”. Argumenta tu respuesta y compárala con la de tus compañeros.
3. Entre todos, reflexionad sobre si habéis vivido alguna escena similar y cuál es el mensaje de Forges.

> “Racismo significa atribuir con falsedad características heredadas de personalidad o de conducta a los individuos de una apariencia física particular.”
>
> Anthony Giddens: *Sociología.* Madrid: Alianza Universidad Textos, 1994, p. 291

1 **atribuir** zuschreiben
2 **heredar** erben
la conducta Verhalten

¿? 1. Explica con tus propias palabras lo que es racismo, según Giddens.
2. Da un ejemplo de comportamiento racista que hayas vivido o que podría experimentarse en la vida diaria.
3. Selecciona dos o tres artículos de prensa que traten sobre la inmigración o los inmigrantes y analiza la relación entre migración y racismo. Debate con tus compañeros.
4. Traduce la definición de "racismo" al alemán, intentando ser breve y conciso. Entre todos, elegid la que os parezca más acertada. En clase, discutid si os convence el enfoque de Giddens. Si os parece preferible acentuar otros aspectos, modificad primero la versión alemana, luego la española, hasta encontrar una versión en la que todos coincidís.

Sobre el racismo en las aulas

Imaginemos un plató de televisión –no hace falta mucha imaginación para ello, lo podemos ver a diario–, en el que, con el tirón del título ¿Qué piensas de tus vecinos?, la persona invitada, consciente de su visibilidad mediática, responde a las preguntas del presentador:

“¿Te llevas bien con ellos?”.
“En general, sí”.
“¡Ah! y ¿sólo en general? ¿Alguno te fastidia en particular?”.
“Tanto como fastidiar ... a veces, sí”.
“Cuenta, cuenta”.
“Bueno, con esa gente ya se sabe”.
“¿Vienen de afuera?”
“Sí”.
“¿Qué les reprochas? ¿El ruido, la promiscuidad?”.
“El griterío que arman, no te dejan ni dormir”.
“Claro, sus fiestas”.
“Se lían a gritos hasta en la escalera”.
“Tienen muchos críos, ¿verdad?”.
“Más de la cuenta”.
Etcétera.

Traslademos ahora a un centro escolar en el que los alumnos de secundaria son invitados a marcar una crucecita indicativa de su apreciación positiva o negativa en una decena de casillas en las que se lee:

1 **el plató** Filmkulisse
2 **el tirón** Aufhänger
3 **consciente de** bewusst
la visibilidad mediática mediale Sichtbarkeit
7 **fastidiar** stören
9 **contar** erzählen
13 **reprochar** vorwerfen
la promiscuidad Durcheinander
14 **el griterío** Geschrei
armar verursachen
16 **liarse a gritos** laut streiten
17 **el crío** *el hijo*
18 **más de la cuenta** *demasiados/-as*
20 **trasladarse** sich versetzen
21 **la cruz** Kreuz
indicativo/-a ← *indicar*
la apreciación Wertschätzung
22 **la decena** *diez*
la casilla Kästchen

Gitanos, Marroquíes, Judíos, Europeos del Este, Africanos, Asiáticos, Latinoamericanos, Estadounidenses ..., y pongámonos en la piel de una muchacha o de un joven que, para valorar a una comunidad que tal vez desconocen, darán una respuesta basada, no ya en la experiencia propia de las aulas, sino en los prejuicios de la opinión ajena: "Esa gente no es como nosotros", "Tiene costumbres extrañas", "Viene de forma ilegal"... Cuanto han oído en casa, en la calle o en el metro se concreta de golpe ante la casilla en blanco.

Juan Goytisolo: Sobre el racismo en las aulas. En: *El País*, 17.08.2008

24 ponerse en la piel s. hineinversetzen
27 el aula Klassenraum
el prejuicio Vorurteil
ajeno/-a fremd
29 cuanto *aquí: lo que*
de golpe *de repente*
30 en blanco *vacío/-a*

¿? 1. Explica quién es "esa gente" a la que se refiere el texto y argumenta tu respuesta respaldándola con citas del texto.

2. De hecho, el texto de Goytisolo es una reacción a los resultados de una encuesta realizada por el Observatorio de Convivencia Escolar, organismo dependiente del Ministerio de Educación, en más de 300 centros escolares. Deduce los resultados que dio la encuesta.

3. Explica cómo, según Goytisolo, se formó la opinión de los jóvenes que luego manifestaron en la encuesta.

4. Comenta si estás de acuerdo con la afirmación de Goytisolo. Argumenta tu respuesta.

elroto@inicia.es

"El roto" 2006

¿? 1. Describe qué significa la afirmación de la viñeta.

2. Manifiesta tu opinón sobre la necesidad o no de una inmigración 'ordenada', y discute con tus compañeros al respecto.

3. ¿Qué harías si fueras político y tuvieras que decidir qué hacer con esta llegada masiva de inmigrantes indocumentados? Justifica tu respuesta.

Sin miedo

Había un niño en mi colegio que volvía todos los días a casa dándole patadas al balón. Así cruzaba la calle, así esperaba a que el semáforo se pusiera verde, y así nos iba esquivando a los otros niños, charlando entre los jadeos del esfuerzo. Aquel chaval no se iba directamente a casa, se quedaba en el parque y esperaba a que los otros chicos bajaran con la merienda para echar un partidillo. Su madre trabajaba, así que él pasaba el día en la calle. A mí la independencia de aquel chaval me daba entre pena y envidia; me provocaba intriga pensar cómo sería la vida si tu madre no estuviera siempre en casa. De cualquier forma, la libertad con la que nos movíamos los niños era extraordinaria. Recuerdo estar jugando en la puerta del bloque hasta las tantas. Pero en los años ochenta, poco a poco, los niños desaparecieron de la calle, y ya no digamos, los niños solitarios. El sonido de un chaval dando patadas a un balón dejó de oírse.

Ese insignificante hecho, en el fondo, cambió el mundo. Los niños empezaron a ir siempre con una chica a su lado, suramericana, africana, de la Europa del Este. La ciudad se pobló de canguros. Llegó a haber tantos canguros como niños. Los padres no concebíamos que un niño pudiera dar un paso sin una cuidadora. Pero resultó que las canguros inmigrantes tuvieron hijos o se los trajeron de sus países, y como las canguros no pueden permitirse el lujo de pagar canguros, el centro de la ciudad de pronto se ha poblado de niños libres: chinos, coreanos, suramericanos, marroquíes. Juegan al balón en cuanto tienen 20 metros cuadrados libres, los ves charlar en los bancos como hacíamos nosotros.

Christian y Mayra, por ejemplo, cruzan la ciudad todos los días para ir a la escuela. Se saben el mapa del metro de memoria. A veces, los sábados van a buscar a su madre al trabajo. Tienen doce y ocho años. Sus rasgos son ecuatorianos y su habla madrileña. Extienden su mapa suburbano antes de salir y acuerdan el recorrido. Los veo marchar de la mano, controlando cada paso, llegando a la hora prevista. Van solos al colegio, a hacer recados, a buscar a mamá a barrios lejanos. No tienen miedo, ni su madre ni ellos. Ahí los tienes, parece que van a comerse el mundo.

Elvira Lindo: Sin miedo. En: *El País,* 09.06.2004

1 **dar patadas** treten
2 **el semáforo** Ampel
3 **esquivar** ausweichen
4 **el jadeo** Keuchen
el esfuerzo Anstrengung
el chaval *el chico*
5 **la merienda** Mittagessen
6 **echar un partidillo** *jugar un partido*
8 **provocar** *causar*
la intriga Neugier
11 **el bloque** Wohnblock
12 **y no digamos** gar nicht zu reden von
14 **insignificante** unbedeutend
en el fondo im Grunde
16 **el / la canguro** Känguruh, Kindermädchen
17 **concebir** *imaginar*
18 **el paso** Schritt
la cuidadora Kindermädchen
20 **el lujo** Luxus
25 **de memoria** auswendig
26 **los rasgos** Äußeres
27 **extender** ausbreiten
suburbano *de la ciudad*
28 **el recorrido** *el camino*
29 **previsto/-a** vorgesehen
30 **el recado** Besorgung

1. Explica con tus palabras qué es un / una canguro y en qué se basa esa denominación.
2. Describe en qué consiste la paradoja de que las canguros inmigrantes tengan hijos a su vez.
3. Compara la forma de vida de los niños nativos con la de los niños de origen inmigrante en el texto.
4. ¿Te resulta familiar la realidad que describe Elvira Lindo? Comenta este aspecto.

Vocabulario

Migración

el flujo migratorio (Fluss)
el movimiento migratorio

la inmigración (Einwanderung), el / la inmigrante, inmigrar en
la emigración (Auswanderung), el / la emigrante, emigrar a
el / la extranjero/-a
la primera / segunda generación de inmigrantes

el país de origen, ser originario de
el país de procedencia (Herkunftsland), proceder de
provenir de (stammen aus), proveniente de

el país de destino, el destino (Ziel)
el país de acogida, acoger (aufnehmen)

Política migratoria

las autoridades (Behörden)
la embajada (Botschaft), el embajador
la política de inmigración
la ley de extranjería

la ciudadanía (Staatsbürgerschaft), la (doble) nacionalidad
la residencia, residente, el permiso de residencia (Aufenthaltsgenehmigung)
el permiso de trabajo (Arbeitserlaubnis), permitir
el documento de identidad, el DNI (Personalausweis)
la documentación, el visado, el / la indocumentado/-a
el / la sin papeles

Economía

la migración económica
el Producto Interior Bruto (PIB) (Bruttoinlandsprodukt)
la divisa, la remesa (Geldsendung)
el apoyo, apoyar (unterstützen)
la mano de obra (Arbeitskraft)
la cualificación, trabajar por debajo de sus cualificaciones

Exilio

el exilio, el / la exiliado/-a, exiliarse
el / la deportado/-a, deportar (deportieren)
la evacuación, evacuar (evakuieren)
el asilo, el derecho de asilo, solicitar asilo (Asyl beantragen)
el / la refugiado/-a, refugiarse (fliehen)

la frontera, cruzar la frontera ilegalmente, fronterizo/-a
emigrar clandestinamente, clandestino/-a (heimlich)

el retorno (Rückkehr), retornar
la vuelta, volver
la patria (Geburtsland)
la repatriación (Rückführung)
el / la apátrida (Staatenloser)

Inmigración y racismo

el prejuicio (Vorurteil), prejuzgar
el estereotipo, estereotipado/-a
el tópico, el cliché (Klischee)

el racismo, el / la racista, el comportamiento racista
la xenofobia (Fremdenfeindlichkeit), el / la xenófobo/-a

la discriminación, discriminar, discriminatorio/-a
la integración, integrarse, bien integrado/-a

10 Los medios

Atrapados en la Red

De tanto buscar ayer
en una dirección de Internet
un foro de forofos, de pelis de terror y de serie b
y ahí conocí a una mujer
que me escribió amor sólo en inglés.
Su nombre me sedujo
y el resto de su ser me lo imaginé.

Para qué quiero más si me da
lo que quiero tener tirirá.
Te di todo mi amor arroba punto com
y tú me has roba-, roba-, robado la razón.
Mándame un e-mail que te abriré mi buzón
y te abro un rinconcito en el archivo de mi corazón,
ohohoh de mi corazón.

Salimos sólo una vez
a navegar juntos por la Red,
saqué mi visa oro
y ella prometió que sería fiel.
Nunca tocaré su piel,
nunca podré estar donde esté,
cuando el amor es ciego
el corazón no miente a unos ojos que no ven.

Tam Tam Go!: Atrapados en la Red. En: *Nubes y claros.* Virgin Records, 1999

3 el foro Forum
el forofo Fan
la peli de serie b B-Movie
6 seducir verführen
7 el ser Wesen
11 la razón Verstand
12 el buzón Postkasten
13 el rincón Winkel
el archivo Datei
16 navegar surfen

1. Escucha la canción e indica cuál es el tema. Explica lo que has comprendido.
2. Anota todas las palabras cibernéticas.
3. Comentad en clase esta relación y opinad sobre su futuro.

1. Generación Internet

1.1 Los jóvenes e Internet

Javier Malonda, Tira Ecol, 25.03.2008

¿? 1. Resume la acción de la tira cómica.
2. Explica por qué Nano toma la pregunta de su amigo con tanta naturalidad y por qué se sorprende el otro amigo.

3. Expresa tu opinión sobre la información que Nano puso en su perfil de Facebook.
4. ¿Crees que Facebook atenta contra la intimidad?

"No miren mi Facebook"

La explosión de redes sociales en Internet como Facebook, MySpace y hi5 ha traído consigo la aparición de peligros que, a primera vista, muchos usuarios no pensaron que podrían existir.
Estos sitios ideales para mantenerse en contacto con viejas amistades o conseguir nuevas también están siendo aprovechados para invadir la privacidad de sus miembros, por ejemplo, potenciales empleadores que revisan el Internet para conseguir información que podría ser usada en contra de jóvenes que van a solicitar empleo.
Un informe del diario británico *The Times* señaló que uno de cada cinco empleadores utilizó redes como Facebook para verificar los antecedentes de candidatos a puestos de trabajo. El diario destacó que el 75% de los que recurrieron a esa fuente de información señalaron que su decisión de contratar o no a la persona estuvo influida justamente por esa consulta.
Ante tal situación, el Times informó que [...] organizaciones de beneficencia británicas, defensoras de los niños, decidieron presionar al gobierno británico para poner fin a la búsqueda [de 'basura digital'].

1 **la red social** soziales Netzwerk
2 **traer consigo** mit sich bringen
3 **el usuario** Benutzer
4 **el sitio** *el lugar*
5 **aprovechar** (aus)nutzen
invadir eindringen in
6 **la privacidad** Privatsphäre
el miembro Mitglied
8 **solicitar** beantragen
10 **verificar** überprüfen
el antecedente das Vorleben
11 **destacar** hervorheben
12 **recurrir** zurückgreifen
13 **contratar** einstellen
14 **la beneficencia** Wohltätigkeit
15 **el defensor** ← *defender*

"Cuando los jóvenes elaboran sus perfiles, no están pensando en una solicitud de trabajo o de universidad. Simplemente están pensando en sus amigos", señaló John Carr, secretario de la Coalición sobre Seguridad en Internet. "Los empleados o personal de admisión universitaria que hurgan en estos lugares están siendo entrometidos de una forma inapropiada. Es como leer el diario de alguien."

El tema de la invasión de privacidad por redes sociales en Internet ha venido cobrando mayor importancia en los últimos tiempos. El año pasado, por ejemplo, la firma de seguridad informática Sophos indicó que el 41% de los usuarios de Facebook revelaba información personal que posteriormente tenía el potencial de ser usada para cometer robos de identidad. Ante la variedad de amenazas, las propias redes sociales han introducido cambios a su contenido.

No miren mi Facebook. En: *BBCMundo.com*, 25.03.2008

17 el perfil Profil
20 hurgar herumschnüffeln
21 entrometerse sich einmischen
inapropiado/-a unpassend
23 la invasión ← *invadir*
24 cobrar hier: erhalten
26 revelar *mostrar*
28 la amenaza Bedrohung

1. Anota los peligros, según el texto, para los usuarios de Internet.
2. Explica la expresión "basura digital".
3. Analiza la conducta de los jóvenes, según el texto, frente a las redes sociales.
4. Explica las ventajas y beneficios que puede tener un empleador al conocer todos los antecedentes de sus empleados a través de la Red.
5. ¿Qué desventajas puede tener un empleado frente a su empleador si éste conoce todos sus antecedentes (laborales y privados)?
6. Da tu opinión sobre la afirmación del Sr. Carr: "hurgar en estos portales" es como "leer el diario privado de alguien".
7. ¿Tienes tú un perfil en alguna plataforma virtual? ¿Por qué (no) lo tienes? ¿Qué información pones o pondrías, y cuál no? ¿Cuáles de tus datos son visibles sólo para tus amigos, cuáles para todos los usuarios?
8. Investiga en la Red acerca del término 'robo de identidad': ¿En qué consiste, quién lo comete, cómo y por qué?

La intimidad al descubierto

1. Cada vez hay más actividades en línea que requieren más información personal. ¿Crees que redes como Facebook pueden generar algún riesgo para la privacidad de los usuarios?
2. Que los anunciantes conozcan los gustos de los consumidores, ¿es un beneficio o un riesgo?
3. ¿Hay una verdadera concienciación de los usuarios acerca del cuidado de la privacidad?

1. Ahora vas a escuchar a dos jóvenes que hablan sobre sus costumbres de uso del Internet. Escucha y decide si se hacen las siguientes afirmaciones.
   a. La privacidad es un derecho.
   b. Las redes sociales como Facebook no ofrecen herramientas para proteger la privacidad.
   c. Que los anunciantes conozcan el gusto de los consumidores no es un riesgo.
   d. Las nuevas generaciones comparten demasiada información personal en redes sociales.
2. Vuelve a escuchar el texto, toma nota de las ideas importantes y resume las respuestas.
3. Compara las respuestas de las personas entrevistadas con tu propia opinión.

La infancia en Internet

Según los datos del Ministerio de Educación, Política Social y Deporte en España,

- el 86% de los menores navega sin filtro.
- el 44% de los chavales se ha sentido acosado sexualmente en Internet.
- el 30% de los niños ha dado su teléfono a desconocidos.
- el 16% de los menores ha dado su dirección.
- el 14,5% se ha citado con un desconocido.
- el 83% de los jóvenes entre 14 y 22 está inscrito en una red social.

1. Describe y comenta la imagen, estableciendo una relación con los datos del texto.
2. Escribe una carta a los servidores de Internet pidiendo más seguridad para los niños y jóvenes en la Red, usando el condicional simple en expresiones que lo requieran.
3. La policía alemana tiene muchas campañas sobre los riesgos y peligros de Internet y de enseñanza para los padres. Investiga un poco y presenta las mejores campañas que encuentres.

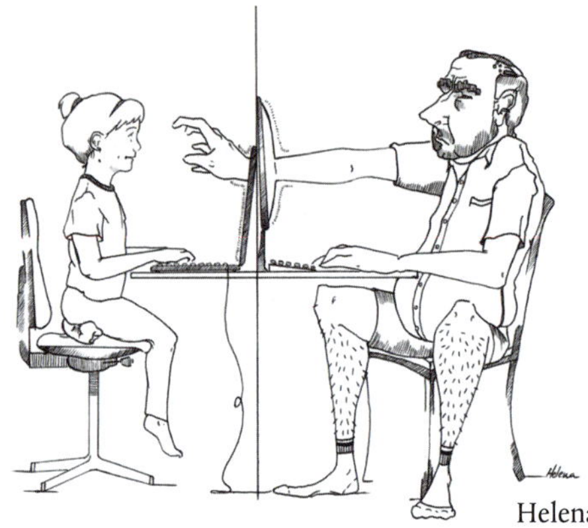

Helena López Martín
2009

Proyecto: Seguridad en la Red

1. Para proteger a los niños y jóvenes de acosos y otros peligros de la Red, queréis crear una red social sólo para niños. En grupos, pensad en un nombre simpático y haced una lista de lo que ofrecerá vuestra red social, a modo de publicidad.
2. A ningún mayor de 18 años se le deberá permitir crear una cuenta en vuestra red social. Discutid en clase qué posibilidades tenéis de comprobar la edad de la persona que solicita crear una cuenta.
3. Tenéis que pensar también en la posibilidad de que haya acosos u otros problemas entre los niños que usen vuestra red social. Discutid en clase cómo os convendría manejar esas situaciones y qué medios o formas de ayuda deberían existir para las víctimas de ciberacosos.
4. Ya que los padres no podrán crear una cuenta propia para vigilar a sus hijos en la Red, es probable que algunos estén preocupados. En grupos, redactad un texto en el que explicáis, para los padres de los niños, qué ofrece vuestra nueva red social, cómo funciona y cuáles son sus objetivos.
5. Dado que para la seguridad de los niños en la Red los padres cumplen un rol importante, sería conveniente que añadierais una lista de consejos con lo que pueden hacer ellos para proteger a sus hijos.
6. Averigua en la Red si ya existen redes sociales similares a la que habéis creado vosotros y cuáles son las diferencias. ¿Existen también en España?

1.2 Amores virtuales

Lee los siguientes títulos, todos ellos de artículos auténticos relacionados con el amor e Internet, e imagina sus contenidos. Toma notas de tus ideas, luego compáralas con las de tus compañeros.

a. Del amor platónico al amor virtual
b. Infidelidad virtual
c. ¿Hay trucos en las agencias matrimoniales de chicas del este?
d. La costumbre no es amor
e. Enamorados en la Red

Dios bendiga este noviazgo 'online'

Decenas de miles de creyentes buscan en 'webs' religiosas un cónyuge intachable desde el punto de vista de su fe. ¿Busca una esposa católica o judía, o un marido musulmán? Ahora puede hacerlo sin perder tiempo en alguna de las *webs* de contactos especializadas en distintas religiones. Estas páginas garantizan que todos los que [aspiren a ser] el posible hombre o mujer de sus sueños compartan sus mismos valores y creencias. [...]

Solteros del Ave María, [una página web católica con sede en Perú,] ofrece un espacio para que [...] los católicos "devotos y practicantes" [y] libres, puedan encontrarse y fundar una familia cristiana. El objetivo no debe ser conocer gente para ver si surge algo, sino que hay que estar dispuesto a invertir tiempo para encontrar un cónyuge de por vida. [...] Entre la página inglesa (creada en 1998) y la de habla hispana (en 2004) tienen unos 10.000 socios en más de 60 países, [más de 1.000 de ellos, en su mayoría españoles, en la página hispana.] Según sus datos, [ya ha habido] 347 bodas y 144 compromisos.

Sus normas son estrictas. Primera: no hay período de prueba gratis, como en otras *webs*, [...] sólo personas serias y devotas que quieran llegar al matrimonio. Segunda: nada de pasar revista a los socios para ver si te gustan antes de afiliarte. [...] Tercera regla: no quieren muchos socios, sino "de calidad", en contra de la contracepción y el aborto.

La cuota mensual de *Solteros del Ave María* es de 30 dólares; la de la página judía cupidojai.com, es de 12 dólares y la musulmana, singlemuslim.com, es gratuita.

Mónica C. Belaza: Dios bendiga este noviazgo 'online'. En: *El País*, 29.05.2007

1 **el creyente** Gläubiger (rel.)
el cónyuge Ehepartner
2 **intachable** makellos
la fe Glaube
5 **aspirar** anstreben
6 **la creencia** ← *creer*
9 **devoto** fromm
practicante praktizierend
10 **fundar** gründen
11 **surgir** sich ergeben
12 **invertir** investieren
16 **el compromiso** Verlobung
17 **el período de prueba** Probezeit
19 **pasar revista** *mirar*
20 **afiliarse** Mitglied werden
21 **la contracepción** Verhütung
el aborto Abtreibung
22 **la cuota** Beitrag

1. Describe lo que prometen estas páginas web.
2. Explica qué es, según *Solteros del Ave María*, "un cónyuge intachable".
3. Enumera, con tus palabras, las tres normas de *Solteros del Ave María*.
4. Esta *web* será un caso especial, pero las *webs* para encontrar pareja hoy día son un fenómeno común. ¿Cuáles conoces? ¿Sabes de alguien que tenga una cuenta allí? ¿Sabes si esa persona ya ha tenido citas con alguna persona y qué tal le fue?
5. ¿Por qué o por qué no acudirías a esas páginas web para encontrar pareja?

"Sí, quiero ... tu dinero"

Lee estas frases sacadas de Internet y coméntalas en clase.

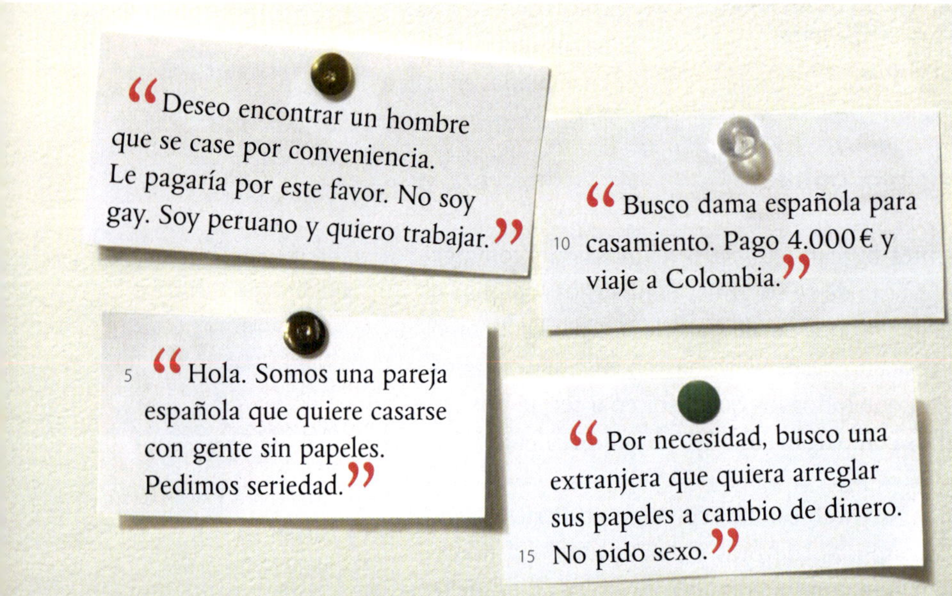

Las bodas de conveniencia se multiplican en España: Internet está [lleno] de anuncios como éstos. El interesado anota su dirección de *messenger* o un número de móvil y espera. A los pocos días habrá recibido docenas de ofertas. En los enlaces por conveniencia, uno de los contrayentes –el español– busca un sobresueldo fácil: puede ganar [...] entre 3.000 € y 12.000 €. El otro –el inmigrante– persigue una vía rápida para regularizar su situación en España: una vez consumado el matrimonio, obtiene el permiso de residencia y, al cabo de un año, la nacionalidad. Puro intercambio mercantil.

El fraude existe desde hace años. Pero la Red –inmediata, subterránea y anónima– lo ha multiplicado. [...] Según el jefe de Extranjería en Barcelona, "casarse sin amor [...] no es delito. Sí lo es, en cambio, una boda que va a favorecer la inmigración ilegal".

Jesús García: Sí, quiero ... tu dinero. En: *El País*, 11.10.2007

0 **Sí, quiero** Ja, ich will
2 **la conveniencia** Zweckmäßigkeit
5 **la pareja** Paar
7 **los papeles** gültige Dokumente
18 **la docena** ← *doce*
19 **la oferta** ← *ofrecer*
el enlace *el matrimonio*
el / la contrayente Eheschließende/-r
20 **el sobresueldo** Zuverdienst
21 **la vía** *el camino*
regularizar *legalizar*
22 **consumar** *aquí: firmar*
23 **la residencia** Aufenthalt
24 **mercantil** kaufmännisch
25 **el fraude** der Betrug
27 **el delito** Straftat

1. Describe los motivos de los enlaces por conveniencia y las ventajas para los dos contrayentes. ¿Hay también desventajas?
2. Explica qué te sugiere la expresión "boda de conveniencia".
3. "La Red – inmediata, subterránea y anónima – ha multiplicado el fraude." Comenta esta afirmación.
4. La pobreza de unos y el deseo de inmigrar en España de otros son una realidad social. Comenta sobre las posibilidades del gobierno español de impedir esos fraudes.

Amor por chat

1. Describe el cuadro de Magritte.
2. Establece una relación entre el motivo del cuadro y el amor que puede surgir en un chat.

Hombre –Hola ...
Mujer –He estado todo el día pensando en vos ...
H –Yo también.
M –Hace mucho que no lo pasaba tan bien: Quiero conocerte en persona.
H –A mí también me gustaría, pero los dos estamos casados. Va a ser difícil ...
M –Lo digo en serio, pensé que hacer algo estaría rebueno. Estoy enamorada, ¿y vos?
H –Creo que también.
M –Decididamente decime que me amás.
H –Estoy perdido de amor por vos. Me embrujaste. Ya no sé ni dónde tengo la cabeza; si arriba o abajo.
M –¡Ja, ja, ja! Me encanta que me digas esas cosas. Mi marido no tiene sentido del humor.
H –¡Qué tonto es tu marido, no sabe lo que tiene en casa! A mí me pasa lo mismo con mi mujer, es muy fría.
M –Quiero verte urgentemente, me excito mucho con vos. ¿Podés hoy a las 4?
H –A esa hora estoy trabajando.
M –¿No podés salir, alegando motivos de trabajo?
H –Apenas me dejan ir al baño.
M –¡Ja, ja, ja! Entonces, diles que te sentís descompuesto.
H –No puedo. Tiene que ser cuando salga, a las seis.
M –A las siete llega mi marido, y ya no puedo.
H –Dile que vas a visitar a una amiga.
M –¿Y qué me harías ... si nos vemos?
H –[...] Desde que te conocí no pienso en otra cosa que en tenerte entre mis brazos, y hacerte ...
M –¿Hacerme qué?
H –¡El amor!
M –¡Lo estoy deseando!
H –¡Y yo también! ¡Veámonos a las seis!

René Magritte, *Les amants* (1928)

2 vos *tú o (a/en) ti*
9 re- *muy*
12 embrujar verhexen
16 el sentido del humor Humor
23 alegar vorschieben
27 descompuesto/-a *aquí: mal*

1. Resume el contenido de la historia en una o dos oraciones.
2. Analiza la relación que tienen el hombre y la mujer. ¿En qué sentido podría decirse que su relación es a la vez más sincera y menos sincera que las relaciones no virtuales?
3. Comentad en clase si creéis que estas dos personas hubieran decidido serles infieles a sus parejas si no existiera la posibilidad del chat. Argumentad vuestras respuestas.
4. Inventa un final a esta historia, dándole un buen sentido y usando tu humor. Luego compáralo con el final verdadero.
5. Elabora un mapa conceptual en el que se vean las razones y los valores sociales que llevan a las personas hoy día a buscar pareja y/o amigos a través de Internet.
6. Éste es un texto argentino, por lo cual algunas formas verbales son diferentes de las que conoces. Búscalas y trata de comprenderlas. Luego reescribe esas oraciones en el español de España.

Mass media

De los medios de comunicación
en este mundo tan codificado
con internet y otras navegaciones
yo sigo prefiriendo
el viejo beso artesanal
que desde siempre comunica tanto

Mario Benedetti, c/o Guillermo Schavelzon & Asociados, Agencia Literaria, www.schavelzon.com

1. Analiza el sentido de las metáforas que encuentras.
2. Explica el mensaje del poema. ¿Qué quiere decir Benedetti?
3. Formula una respuesta al autor desde el punto de vista de una persona que tiene o intenta encontrar una relación por Internet.

2. Generación multimedia

La evolución de la audiencia general de los medios

Año	2003	2004	2005	2006	2007	2008	feb-mar 2009
Usuarios en % de la población de 14 o más años							
Diarios	39,7	41,1	41,1	41,8	41,3	42,1	41,6
Revistas	53,1	55,1	53,8	47,7	49,4	53,3	52,9
Radio	57,9	56,8	55,5	56,1	54,7	53,1	54,4
TV	90,7	89,6	88,9	88,6	88,7	88,5	88,5
Cine	9	8,9	7,1	6	5,3	4,2	4
Internet	13,6	16,8	19,7	22,2	26,2	29,9	31,7

www.aimc.es

1. Analiza la información estadística y forma frases como en los siguientes ejemplos:
   - En el año 2003, el 39,7% de la población española leía diarios.
   - En el año 2003 la población leía menos diarios que en el año 2008.
   - En el año 2004 la población leía tantos diarios como en el año 2005.
2. Infórmate en Internet sobre los datos más recientes del Estudio General de Medios de la Asociación para la Investigación de Medios de Comunicación (www.aimc.es) y actualiza la tabla.
3. Basándote en los datos encontrados, escribe un texto explicando la evolución del interés por los medios de comunicación en España.
4. Elabora un pequeño diccionario con términos y expresiones útiles para comentar datos estadísticos.

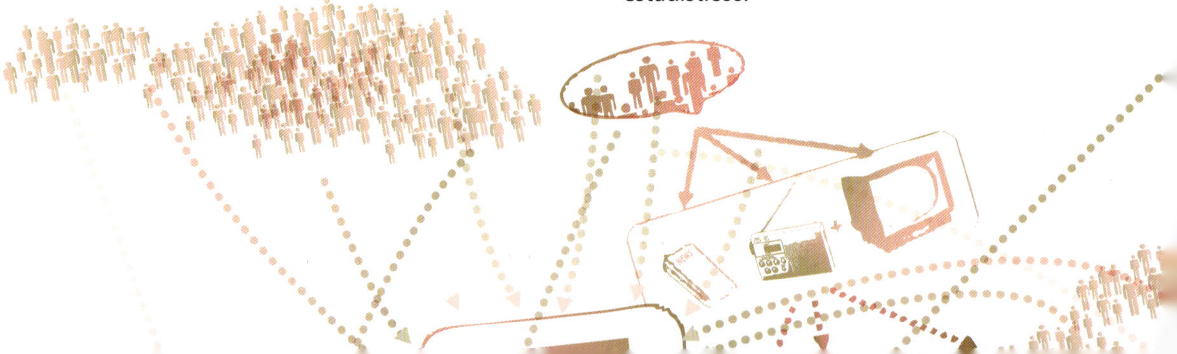

Internet es ya el medio de comunicación más usado en España

Según el estudio europeo de Mediascope, realizado [del 1 al 21 de septiembre del 2008] entre 9000 personas de Europa, 1000 de ellas españolas, el Internet se ha convertido ya en el medio más consumido en España, con 12,1 horas a la semana por internauta, algo más de un punto por encima de la televisión, cuyo consumo es de 11,7 horas por semana, un 11% menos que en 2004.
El consumo de radio es de 10,9 horas por semana, un 22% menos que en 2004, mientras que el de periódicos es de 4,4 horas por semana y el de revistas 3,6 horas.
Este estudio también se centra en el consumo simultáneo de medios. Así un 23% ve la televisión simultáneamente con Internet y un 21% escucha la radio. En el caso del público de televisión, un 15% utiliza Internet frente al televisor y un 14% reparte su atención con la prensa diaria.
Además, la encuesta concluye que mientras la televisión, la radio y la prensa tienen picos de consumo en determinadas franjas horarias, Internet tiene un consumo elevado, constante y heterogéneo en sus usos durante el periodo de tiempo más prolongado, de las 10 horas a las seis de la mañana.
El 32% de los encuestados españoles asegura 'sentirse perdido' sin la televisión, frente a un 27% de media entre los europeos, y en el caso de Internet esta cifra se reduce al 22% en España, frente al 35% en Europa.

Periodista Digital.com, 12.12.2008

15 **el pico de consumo** Verbrauchsspitze
la franja horaria bestimmte Uhrzeit

1. Divide el texto en tres partes: fuente, descripción, opinión y / o conclusión.
2. Explica por qué el porcentaje de la utilización de medios simultáneos es tan alto.
3. Indica por qué el 32% de los españoles se "sienten perdidos" sin la televisión.
4. Comenta el contenido del último párrafo.
5. En grupos, elaborad un cuestionario sobre las costumbres mediáticas y realizad la encuesta en clase.
6. Con los resultados de la encuesta, elaborad un gráfico de barras.
7. Eres un periodista de un periódico serio e informativo. Escribe un artículo sobre el comportamiento de la clase con respecto a los medios. Ten en cuenta también las posibles causas y los problemas que pueden surgir de vuestro comportamiento.

Proyecto: Radioescuela

Aunque inicialmente pueda parecerte complicado, organizar una emisora de radio en tu escuela es una tarea relativamente fácil: la clase se divide en tres grupos. Cada grupo consta de técnicos, periodistas y locutores. Primero, haced una lista con las responsabilidades de cada grupo. La clase completa será una emisora y entre todos se elegirá el nombre de la misma. Cada grupo se decidirá por un programa: de deporte, política, noticias, etc. La emisión se graba en clase y después se puede grabar un CD.

La generación 'pulgar'

La relación de la escuela con las nuevas tecnologías, la transformación que sufre el lenguaje y la capacidad de adaptación que tienen los teléfonos móviles para cada usuario han permitido que el celular penetre en la sociedad, especialmente en niños y jóvenes.
Dentro de las opciones de comunicación que ofrece el móvil está la del mensaje de texto, originando el concepto de 'generación pulgar' que involucra nuevos escenarios para la comunicación. En la entrevista para Educared Argentina, Luis Alberto Quevedo asegura que la generación del pulgar es un concepto muy interesante, porque más allá de la destreza de usar el pulgar para el envío de mensajes de texto, importa la forma en que se envían y el lenguaje que utilizan al escribirlos.
"El ciudadano actual tiene que manejar más de un lenguaje, si no se maneja el lenguaje digital cuesta mucho insertarse en el mundo. Creo que la escuela no puede renunciar a la enseñanza de la digitalización".
Además, el celular es mucho más que un aparato tecnológico, tiene un valor simbólico de carácter social y cultural. Los consumidores tienen la opción de apropiarse de los aparatos de acuerdo a sus necesidades y gustos, como el trabajo, el ocio y su red de amigos.
La sociedad vive en relación a los medios. Ahora [los celulares, tal como muchas otras] herramientas tecnológicas, pueden ser personalizados. Estos elementos lo vuelven propio y único, demuestran la autonomía, la identidad personal y la importancia para su dueño.
Tener o no tener celular es estar o no incluidos en las redes sociales, contactos, encuentros, mensajes, chistes, fotos, etc. El celular es un punto de la relación social, por lo que es importante analizar el uso que los niños les dan.
El celular trasciende las funciones básicas del teléfono, probablemente se le tenga que cambiar el nombre en un futuro debido a su complejidad por los diversos usos y significados que está adquiriendo para el mundo.

cf. *El teléfono móvil se está transformando en un medio de comunicación.* Educared.org.ar, 2007

0 el pulgar Daumen
2 la capacidad Fähigkeit
3 el celular (am.) *el móvil*
penetrar eindringen
6 involucrar einflechten
9 la destreza *la capacidad*
10 el envío ← *enviar*
12 el ciudadano Bürger
manejar hier: beherrschen
13 insertarse sich einfügen
14 renunciar verzichten
17 apropiarse de sich zu eigen machen
20 la herramienta Werkzeug
21 demostrar *mostrar*
22 el dueño Besitzer
26 trascender hinausgehen über
27 la complejidad Komplexität

1. Describe lo que significa el móvil para la sociedad de hoy, según el texto.
2. Según Quevedo, el uso del móvil les presenta a las escuelas un nuevo tema de desarrollo. ¿Cuál es éste?
3. Explica el concepto de los diferentes lenguajes que menciona Quevedo.
4. ¿Qué móvil sería el perfecto para ti, según tus gustos y actividades? ¿Qué color tendría? ¿Incluiría acceso a Internet, mp3, radio, cámara de fotos, etc?
5. Piensa en diferentes formas de 'personalizar' un móvil. ¿Cuál utilizas tú? ¿Por qué? ¿Crees que eso dice algo sobre ti?
6. En este momento el móvil más actual con múltiples funciones se llama Blackberry. ¿Qué nombre le pondrías tú para identificarlo?
7. Aportad ideas de cómo podría ser una clase de 'digitalización' en la escuela. Estructuradla y escribid qué puntos sería importantes tratar y explicar a la clase, qué vocabulario sería indispensable y qué medios se necesitarían para presentar todo.
8. Elabora un mapa conceptual sobre el tema 'la comunicación'. Piensa en los diferentes medios, en las formas de y las razones para comunicarse.

La evolución del hombre

Helena López Martín 2009

1. Observa el dibujo y descríbelo.
2. Comenta la imagen. ¿Cuál es el mensaje de la dibujante?
3. ¿Y el cuerpo? La postura del hombre en la viñeta permanece inalterada a lo largo de los milenios. Piensa cómo se desarrollará el cuerpo del hombre con el tiempo y con el uso de los diferentes medios. Desde tu punto de vista, ¿ha cambiado algo ya en el cuerpo del hombre por el uso de los medios?
4. Elabora una viñeta que represente el cambio del cuerpo del hombre que creas probable.

3. Generación sensacionalista

Telebasura

1. ¿Qué relaciones son posibles entre los medios públicos y la realidad? ¿De qué forma pueden influirse mutuamente? Haz una lista o un mapa conceptual y añade otros aspectos a medida que vayas tratándolos.
2. Entre las cadenas televisivas de España con mayor audiencia están Telecinco, La1, Antena 3 TV, Cuatro, La2 y LaSexta. Infórmate en la Red acerca de la programación de cada una, e infórmate también sobre las cadenas autonómicas y temáticas en España.

–¡...Tú eres periodista de chismes indecentes porque no puedes ser otra cosa, bonita! –se desgañita una famosilla ofendida–. ¡Eres una embustera y una liosa asquerosa, y tu revista no digamos! [...]

–¡Pues fue tu ex quien me contó lo de tu aborto, rica, y ya puedes negarlo las veces que quieras porque lo tengo grabado! [...]

–¡Calma, calma! –pide la moderadora–. Aquí el tema del asunto...

–¡[...] ¡¿Sabes qué te digo, guapa?! ¡Que si has llegado adonde [...] has llegado nos lo debes a nosotros los periodistas!

–¡Pero deja ya de insultar, tío, que no haces más que insultar! [...]

–¡Y de crisis marital nada, yo no estoy viviendo ninguna crisis marital!

–¡Se dice crisis matrimonial, no marital, Maribel, analfabeta, que eres una analfabeta ...!

–Señores telespectadores, la polémica está servida – anuncia la moderadora sin poder evitar una sonrisa profesional y golosa de triunfo. [...]

1 el chisme Klatsch
2 desgañitarse sich heiser schreien
el / la embustero/-a Betrüger/-in
3 el / la lioso/-a Streitsüchtige/-r
asqueroso/-a ekelhaft
4 el aborto Abtreibung
5 grabar aufzeichnen
9 insultar beschimpfen
13 el telespectador Zuschauer
la polémica está servida für Zündstoff ist gesorgt
14 goloso/-a gierig, genießerisch

–¡No me obligues a poner las bragas sobre la mesa, no me obligues, Cuqui ...! [...]

–¡¿Habéis oído eso?! [...] ¡Que estás en la tele de todos los españoles, guapa! [...]

–¡Pido la palabra, pido la palabra!

–¡Y a ti te digo, Carmenchu! ¡Como vuelvas a escribir que yo cobro por meterme en la cama con el conde te arreo una patada en los ovarios, fíjate!

–¡Te estabas morreando con él, Margaluz, te estabas morreando con él! ¡Lo vio España entera!

–¡Se acabó! ¡Yo a esta hija de su madre la sacudo ...!

–¡¿Pero tú quién te has creído que eres, rica?! ¡A mí no me vengas con amenazas porque ...!

–¡Como ven, la cosa se está animando! – corta la moderadora dirigiéndose a los televidentes con mirada cómplice.

–¡ ... porque ahora mismo te enseño modales [...]!

–¡Tú a mí me vas a enseñar una mierda!

–¡Después de la publicidad, por favor! – sonríe exultante la presentadora [...].

–Oiga, ¿quiere hacer el favor de bajar el volumen? –El cliente que hace el crucigrama levanta el brazo, bolígrafo en mano, y le hace una seña al barman–. Perdone, pero no hay quien lo aguante.

El barman, observando que los demás clientes están enganchados a la tele, bebiendo y masticando sus consumiciones con expresión bovina, sigue limpiando vasos y responde en tono desabrido:

–¿Qué pasa, hombre, no le gusta el programa?

El televisor está en una repisa lateral, sobre la cabeza del cliente, que no tiene más que levantar otra vez la mano para bajar el volumen. Lo hace mientras dice:

–¿Gustarme? Deberían prohibir esta mierda. [...]

El televidente más cercano a él se gira en su taburete y le mira furioso.

–Mierda para usted, amigo.

–Con usted no hablo.

–¡Miren el intelectual [ése]! ¡No le gusta! ¡Pues se aguanta o se larga!

–Lárguese usted.

El cliente baja del taburete y se acerca a él.

–Cuidado, Rafa –advierte su mujer–. Este hombre es un provocador.

–Bueno, a ver, tengamos la fiesta en paz – dice el barman.

–[...] Esto es un establecimiento público, y si hay tele, pues la miramos. ¡Qué pasa, estamos en nuestro derecho! [...]

15 **las bragas** Schlüpfer
20 **cobrar** Geld verlangen
21 **el conde** Graf
arrear einen verpassen
la patada Tritt
los ovarios Eierstöcke
23 **morrearse con** *aquí: besar*
25 **sacudir** schütteln
29 **el televidente** Zuschauer
cómplice komplizenhaft
30 **los modales** Manieren
32 **exultante** frohlockend
35 **la seña** Zeichen
37 **enganchado/-a** hier: aufmerksam
38 **masticar** kauen
la consumición *aquí: los alimentos*
bovino/-a Kuh-
39 **desabrido/-a** gelangweilt
41 **la repisa** Regal
lateral seitlich
45 **el taburete** Hocker
49 **aguantarse** aushalten
largarse sich davonmachen
53 **el provocador** Störenfried

Helena López Martín 2009

–¿Y qué pasa conmigo, señores? –sugiere el calvo hacedor de crucigramas–. ¿No tengo derecho a tomarme unos vinos tranquilamente y a pensar en mis cosas, sin tener que aguantar esta basura que a ustedes tanto les gusta?

–¡¿Y a usted qué le importa lo que a nosotros nos gusta?! –salta indignada la segunda esposa–. ¡¿Quién es usted para decirnos a nosotros que lo que nos gusta es una basura?! [...]

La discusión sube de tono, hasta que el hombre del crucigrama vuelve a levantar el brazo tranquilamente y apaga el televisor.

–¡Pero ¿qué hace usted, imbécil?! – exclama el primer marido [...] cuando ya su mujer se encara con el calvo y, súbitamente, le arrea en la cabeza con el bolso lanzándole insultos. La otra mujer hace lo propio con su bolso y el hombre se tambalea en su taburete cubriéndose con los brazos, los dos maridos también van a por él y las mujeres le insultan a voz en grito, presas de un furor histérico. Una de ellas le hace trizas el periódico y la otra se empeña en quitarle el bolígrafo. El barman sale del mostrador y consigue separarlos, pero [la pelea] no acaba hasta que el calvo se marcha, vapuleado pero sorprendiendo a todos con una reverencia. Ya me pareció a mí un poco raro, dice una de las señoras. Un subnormal, dice la otra, y vuelve a encender el televisor.

Juan Marsé: *Canciones de amor en el Lolita's Club*. Barcelona: Random House Mondadori, 2005, p. 173-179

59 **sugerir** hier: anmerken
calvo kahl
el hacedor ← *hacer*
61 **la basura** Mist, Müll
63 **indignado/-a** empört
68 **el/la imbécil** *el/la idiota*
69 **encararse con** sich gegenüberstellen
71 **tambalearse** taumeln
72 **a voz en grito** lautstark
73 **preso/-a de furor** wuterfüllt
hacer trizas zerfetzen
74 **empeñarse en** bestehen auf
76 **vapulear** verprügeln
la reverencia Verbeugung
77 **el/la subnormal** *el/la idiota*

1. Divide el texto en dos partes y elige un título para cada una.
2. Resume en unas pocas oraciones el contenido de cada una de las dos partes.
3. Enumera los temas de la discusión televisiva.
4. Los periodistas y las entrevistadas suelen dirigirse los unos a los otros con ciertos nombres o apodos. Busca esas expresiones en el texto y ordénalas temáticamente.
5. Indica qué te llama la atención en los apodos y las expresiones encontradas. Analiza el efecto de ese vocabulario.
6. Busca las diferentes expresiones con las que las dos parejas, por un lado, y el narrador, por otro, se refieren al hombre en el bar y caracterízalo.
7. La comunicación corporal puede también mostrar emociones, incluso de ofensa o provocación. Busca en el texto momentos en los que los protagonistas quieren decir algo con sus gestos. Describe qué sentimientos provocan en el otro.
8. Comenta en clase la reacción de las dos parejas en el bar. ¿Hasta qué punto su reacción te parece verosímil? ¿Cómo reaccionarías tú?
9. La descripción de Juan Marsé de la escena televisiva, aunque parezca satírica y en ocasiones exagerada, está muy cerca de la realidad televisiva española e hispanoamericana. Comenta en clase si por la televisión alemana pasan escenas similares y, si las hay, dónde están las diferencias.
10. Comenta en qué sentido la situación en el bar puede ser considerada un reflejo de la escena televisiva y justifica tu posición con citas del texto.
11. En grupos de cuatro, debatid si deberían prohibirse programas de televisión como el que describe Marsé. Los participantes del debate son el director de un canal televisivo, un empleado del ministerio de educación, una madre de dos hijos adolescentes y la moderadora de uno de los programas en cuestión. Cada uno debe pensar en los principales argumentos que va a utilizar en la reunión para defender su punto de vista. Después participad en la reunión y convenced a los otros de que tenéis razón.
12. Amplía tu vocabulario: haz una lista de todos los verbos del texto que puedan reemplazar a 'decir'. Completa la lista con otras expresiones que conozcas.

Prohibido el chisme

Busca las palabras 'chisme', 'farándula', 'insulto', 'cotilleo' y 'habladurías' en un diccionario y redacta breves definiciones.

En el municipio colombiano de Iconozo el chisme está prohibido. Así lo decretó por ley el alcalde Ignacio Jiménez Romero, quien dijo no tenerle "tanto miedo a los guerrilleros o a los paramilitares como a la lengua de los chismosos".
El alcalde argumentó su decisión en que el chisme y las habladurías "atentan contra la convivencia y la honra ciudadana". Según el alcalde de esta población, localizada en el sureño departamento del Tolima, se le hacen "cuentos" o chismes a todos y "de ellos no se salva ni la santa madre Iglesia."
El decreto municipal prohibe el chisme y señala penas de uno a cuatro años de cárcel y multas que llegan hasta los US$ 1.600.

Prohibido el chisme. En: *BBC Mundo.com*, 18.05.2005

2 **decretar** verordnen
4 **chismoso/-a** klatschsüchtig
10 **la multa** Bußgeld

1. Explica la posición del alcalde Romero de que el chisme „atenta contra la convivencia y la honra ciudadana". ¿Compartes su posición? Justifica tu opinión con ejemplos.
2. Discute en clase sobre las penas y las multas señaladas por el decreto municipal. Intenta pensar también en otros caminos viables.
3. En un anuncio publicitario para el mercado argentino, la marca Coca-Cola tematiza el frecuente uso de insultos en el mundo hispanohablante. Míralo en Internet y explica qué quiere decir: www.youtube.com → cocacola + Argentina + propaganda + insulto

Puro sensacionalismo

La prensa amarilla ha evolucionado: de las primeras planas del *Journal* de New York de 1895, pasando por el *Bild* alemán, hasta los diarios amarillistas peruanos como el *Chino* y *Ajá* o los bolivianos como *Extra* y *Gente*, el sensacionalismo ha permeado tanto a la prensa seria como a la televisión y la radio. [...] Frecuentemente, resulta difícil trazar una línea tajante entre el sensacionalismo y la prensa amarilla.
Esta prensa cumple una doble función: sirve tanto para ser comprada y consumida por sus lectores como para ser mirada en sus titulares. La práctica de ver los titulares es muy común; más del 50% de los consumidores prestan atención a los titulares, es más, durante el proceso electoral peruano del 2000 muchos titulares no tenían interiores, pues su objetivo era llegar al transeúnte [...]. Esto refleja la velocidad de la vida cotidiana, donde lo audiovisual tiene su imperio y toda la diagramación periodística está organizada para ser más vista que leída.

1 **la plana** *la página*
4 **permear** *influir*
5 **trazar** *dibujar*
6 **tajante** *claro/-a*
10 **el titular** Überschrift
11 **el interior** *aquí: el artículo*
12 **el transeúnte** Passant
cotidiano/-a alltäglich
13 **el imperio** Vorherrschaft
la diagramación hier: Planung

Esta prensa se ocupa muy poco de las noticias internacionales o de personajes de la realeza; más bien, [...] trata de personajes que de ninguna manera son los protagonistas de los diarios serios [...] y encuentran en esta prensa una representación distorsionada y banal. [...] Los lectores de esta prensa no son siempre los menos instruidos, ni los miembros de las clases sociales más bajas. [...] sino lectores de las clases medias. [...]
Los diarios amarillistas son fuente de entretenimiento, de satisfacción de sus necesidades de protagonismo y también de voyeurismo público. Los lectores siguen los siguientes parámetros para leer: el gusto por el entretenimiento extremo por encima de la veracidad; el gusto por los enfoques transgresores, es decir, sin reparar en aspectos éticos, morales o de valores [...]; la búsqueda de 'horizontalidad social', es decir de espacios, rostros y lenguajes similares a los suyos; y finalmente la preferencia por las narrativas de acción en desmedro de una actitud más analítica.

Sandro Macassi: La prensa amarilla en América Latina. En: *Chasqui.comunica.org*, 2002

16 **la realeza** Adel
18 **distorsionado/-a** verzerrt
19 **instruido/-a** gebildet
21 **el entretenimiento** Unterhaltung
22 **el voyeurismo** Voyeurismus
23 **el parámetro** Merkmal, Leitsatz
24 **la veracidad** Wahrheit
25 **transgresor/-a** *aquí: extremo/-a*
reparar *prestar atención a*
26 **el rostro** *la cara*
28 **el desmedro** Vernachlässigung

1. Indica, con tus palabras, los gustos y las preferencias de los lectores de la prensa amarilla.
2. Enumera los criterios de la prensa amarilla y qué medios utiliza para lograr sus objetivos.
3. Explica el fenómeno que se dio durante el proceso electoral peruano del 2000.
4. "Toda la diagramación periodística está organizada para ser más vista que leída." Analiza esta frase.
5. Comenta el deseo de los lectores de una "horizontalidad social", y nombra ejemplos de la actualidad alemana al respecto.
6. Eres un periodista que hasta ahora había trabajado en un diario serio. Por razones personales, cambias de trabajo y comienzas a trabajar en un periódico sensacionalista. Cámbiale el tono a los titulares siguientes:
   a. Microsoft y Google rivalizan por el mercado de los buscadores.
   b. El anuncio del funeral de Michael Jackson colapsa la Red.
   c. Movistar lanza 30 diseños para personalizar con una segunda piel el móvil.
   d. La biblia más antigua se vuelca a la Red.
   e. Sonda espacial 'Lunar Reconnaissance Orbiter' envía sus primeras fotos.
   f. Google Street View llega a Brasil.

Los periódicos más leídos en España en 2007/2008

	lectores	% de la población
20 minutos	2.368.000	7,6%
MARCA	2.302.000	6,8%
EL PAÍS	2.091.000	5,9%

	lectores	% de la población
Qué!	1.881.000	5,8%
metro	1.674.000	4,8%
EL MUNDO	1.438.000	4,7%
adn	815200	3,5%

@ 1. Investiga en la Red a qué tipo de prensa pertenecen estos diarios: a la prensa rosa, a la amarilla o a la informativa; a la prensa de pago o gratuita; a la prensa diaria, semanal o mensual.

2. Analiza qué objetivos y a qué público intentan alcanzar estos periódicos. ¿En qué se diferencian?

3. Investiga en la Red cuáles son los periódicos digitales más leídos en España. ¿Hay similitudes?

Primavera escalofriante

1. Analiza a través de qué métodos visuales y de expresión utilizados en estos recortes se manifiesta el sensacionalismo.

2. Los titulares de estos periódicos se refieren a un suceso que ocurrió en 1972, pero sigue siendo objeto de curiosidad general hasta el día de hoy. Mira las cabeceras e intenta contar tú la noticia llenando los espacios en blanco con tu imaginación.

@ 3. Infórmate en la Red, por ejemplo en www.viven.com.uy, sobre la verdadera historia del accidente y presenta en clase los datos más importantes.

El golpe con la realidad

El sensacionalismo satisface la curiosidad de los lectores o telespectadores, pero siempre está la otra cara de la moneda: las víctimas y las consecuencias que el sensacionalismo tiene sobre ellos. Lee este extracto del libro *La sociedad de la nieve* en el que Daniel Fernández, un superviviente del accidente, narra su primer contacto con la prensa.

Uno de los que vino, Néber Aráujo, un famoso periodista uruguayo, me pidió con muy buenos modos si podía hacer su programa televisivo en directo desde mi casa, y ya que todo se había descontrolado, lo acepté. Vino a casa y en los cortes nos poníamos a conversar de lo que hablaríamos

7 televisivo/-a *de televisión*
en directo live
9 el corte Schnitt

en el próximo bloque. En uno de los cortes, uno de los tantos periodistas que estaba escuchando estira el brazo con un télex, lo leo y mi padre, que estaba enfrente, mirando, repara en la expresión de mi rostro y me pide el papel. Cuando lo lee, agarra al periodista del cuello, fuera de sí, insultándolo, arrastrándolo fuera de casa. De inmediato me pongo de pie, lo detengo y le digo: "Papá, es verdad, nos alimentamos con los cuerpos".

Pablo Vierci, *La sociedad de la nieve.* Buenos Aires: Ed. Sudamericana, 2008

10 **el bloque** *aquí: la etapa*
11 **estirar** ausstrecken
el télex Schreiben
12 **reparar** *darse cuenta*
el rostro *la cara*
14 **arrastrar** schleifen

1. Resume el texto con tus palabras.
2. Imagina qué puede haber dicho el télex.
3. Juzga la reacción del padre al leerlo. Imagina lo que pensó y sintió en ese momento y comenta las posibles razones.
4. En grupos, redactad la entrevista que describe el texto incluyendo el momento en el que el joven lee el télex. Representad la escena en clase.

Versiones infundadas

Poco después el relato se complicó. Los propios sobrevivientes narraron que se habían alimentado con los cuerpos de sus amigos muertos. Parecía que, salvo ellos, que conocían el contexto, nadie estaba preparado para enfrentar y comprender semejante peripecia.
Los sobrevivientes – veintinueve tras el accidente, veintisiete al día siguiente, diecinueve después del alud y dieciséis definitivos – tuvieron que formar una comunidad regida por la incertidumbre y el espanto. Una experiencia extrema donde en una disputa contra la adversidad [...] regresaron al fondo de los tiempos, a estadios anteriores a toda civilización conocida, para comenzar del principio y aprender todo de nuevo, dejando por el camino a veintinueve compañeros, familiares y tripulantes.
¿Qué ocurrió, verdaderamente, en esa montaña?
En 1973, cuando comenzaron a trascender versiones infundadas de la tragedia, se los llegó a acusar de matarse entre ellos para comer, o se puso en duda que hubiera existido una avalancha el 29 de octubre, que dejó un saldo de ocho muertos. Los dieciséis sobrevivientes resolvieron contar, en forma mancomunada, la historia de los hechos. El libro *¡Viven!*, de Piers Paul Read, fue de cinco horas de grabación con cada uno, muy poco tiempo después de la tragedia. Escuchadas hoy, según ellos mismos confiesan, las grabaciones sorprenden por lo ingenuas, como si pertenecieran a jovencitos inexpertos, que debieron narrar una historia demasiado compleja cuando no habían terminado de comprender ni de procesar lo que había sucedido. Luego hubo dos relatos personales: *Después del día diez*, de Carlitos Páez, del año 2003, y *El milagro de los Andes*, de Nando Parrado, de 2006.

Pablo Vierci: *La sociedad de la nieve.* Buenos Aires: Ed. Sudamericana, 2008

0 **infundado/-a** unbestätigt
1 **complicar** verkomplizieren
el sobreviviente (am.) Überlebender
3 **salvo** *excepto*
4 **la peripecia** Schicksalswendung
6 **el alud** Lawine
7 **regir** herrschen
la incertidumbre Ungewissheit
el espanto Grauen
8 **la disputa** Kampf
la adversidad Widrigkeit
11 **el tripulante** Besatzungsmitglied
13 **trascender** sich ausbreiten
14 **acusar** (an)klagen
poner en duda *dudar*
15 **la avalancha** Lawine
16 **el saldo** Ergebnis
17 **mancomunado/-a** gemeinschaftlich
18 **la grabación** Aufzeichnung
19 **confesar** eingestehen
20 **ingenuo/-a** naiv
22 **procesar** verarbeiten

1. Explica a qué alude la frase "Los sobrevivientes [...] regresaron al fondo de los tiempos, a estadios anteriores a toda civilización conocida [...]."
2. Explica por qué los sobrevivientes se decidieron a contar su historia.
3. ¿Por qué piensas tú que esta historia sigue siendo interesante hoy en día?
4. Eres uno de los jóvenes que sobrevivieron el accidente y acabas de leer en el diario las acusaciones de las que habla el texto. Redacta una entrada en tu diario íntimo en la que expresas tus sentimientos después de leer el artículo.
5. Después de cada suceso trágico, después de cada crimen hay un inmenso interés público en conocer todos los detalles lo antes posible. Comenta en clase sobre las posibles causas de ese interés generalizado.
6. En grupos, comentad de qué manera los medios pueden influenciar los valores de una sociedad. Razonad hasta qué punto una tragedia como ésta puede cambiar algo en una persona no involucrada o incluso en la sociedad entera.

4. ¿Otra generación?

Tal vez fue un accidente ... pero

El 4 de noviembre una avioneta con ocho personas a bordo se estrella en una calle del centro de la Ciudad de México.

Molesta el sitio del accidente, justo en el centro de la Ciudad de México, como si hubiera la intención de que fuera totalmente evidente la destrucción y muerte de los tripulantes y pasajeros.
Molesta la hora tan oportuna en la que ocurrió el accidente. Cuando tantos ojos buscaban los medios para tener noticia de la elección en Estados Unidos, nos encontramos con la cobertura de la tragedia, nuevamente haciendo imposible no enterarse del hecho.
Molestan las versiones contradictorias: en una llamada en vivo transmitida en Televisa, el gobernador de San Luis Potosí Marcelo de los Santos Fraga afirmó que a la altura de Querétaro hubo un aviso de que el avión tenía problemas, versión que fue desmentida más tarde y eliminada de los medios; también en prensa y portales de Internet aparecieron notas que la nave ya había presentado fallas mecánicas anteriormente, de igual manera después fue desmentida esta versión.
Molesta la oportuna desaparición de Juan Camilo Mouriño, gris personaje cuestionado por su participación como promotor de la reforma petrolera y al mismo tiempo beneficiario (por las firmas de contratos de la empresa de su familia) de su relación con PEMEX [...].
Molesta la desproporcionada exaltación de la persona de Juan Camilo Mouriño tras su muerte, como si se tratara de un héroe nacional cuando fue un Secretario de Gobernación con muy pocos resultados; de hecho uno de los puntos más frágiles del gobierno federal. Molesta la exaltación por Mouriño y el silencio por el resto de las víctimas.

3 el sitio *el lugar*
4 evidente offensichtlich
6 oportuno/-a günstig
8 la cobertura Berichterstattung
10 contradictorio/-a widersprüchlich
en vivo live
12 a la altura de auf der Höhe von
13 desmentir dementieren
15 la nave *el avión*
la falla mecánica technischer Defekt
18 cuestionar in Frage stellen
el promotor Förderer
la reforma petrolera Erdölreform
19 el beneficiario Begünstigter
el contrato Vertrag
21 desproporcionado/-a verzerrt
la exaltación Verherrlichung
24 frágil *débil*

Molesta también la desaparición de José Luis Santiago Vasconcelos, funcionario amenazado de muerte por su trabajo contra el narcotráfico. Imposible no pensar si hubo manos del narco en la falla que haya originado que el avión se estrellara: ¿pudieron los enemigos del gobierno tener acceso directamente como para sabotear el vuelo? Peor aún, ¿pudieron los enemigos del gobierno realizar un atentado con ayuda del mismo gobierno?
Molesta la ligereza de las primeras hipótesis en el sentido de que el percance ocurrió por negligencia o impericia del piloto del avión [...]. ¿Es tan imprudente o irresponsable el gobierno federal para poner en personas tan cuestionables [...] las vidas de funcionarios de tanta importancia?
Molesta considerar la posibilidad de que el gobierno monte un evento con tantas muertes de por medio, si las personas presuntamente muertas nunca abordaron el avión y sea como medida de protección para sacar bien librado del juego político a un funcionario bastante cuestionado (como lo era Mouriño).
Tal vez fue un accidente, pero.

Óscar Huerta: Ni accidente, ni atentado: simplemente una gastritis del gobierno federal.
En: *Defecito.com*, 11.11.2008

26 el funcionario Beamter
27 el narcotráfico Drogenhandel
29 estrellarse abstürzen
30 sabotear sabotieren
33 la ligereza Leichtfertigkeit
el percance Zwischenfall
34 la negligencia Nachlässigkeit
la impericia Unwissenheit
35 imprudente unvorsichtig
irresponsable unverantwortlich
37 montar organisieren
38 presuntamente angeblich
39 abordar an Bord gehen

1. Explica por qué Huerta menciona las elecciones en EE. UU.
2. Indica quiénes fueron los dos políticos muertos en el accidente y qué cuenta Huerta sobre ellos.
3. Describe las dos noticias falsas sobre el accidente que se difundieron para luego ser desmentidas.
4. Analiza qué insinúa exactamente Huerta.
5. Expresa tu opinión sobre sus sospechas. ¿Cuáles de sus ideas te convencen, cuáles menos?
6. Expón tu opinión sobre la decisión de Huerta de publicar un artículo semejante.
7. Comenta en clase qué reacciones puede provocar un artículo semejante a nivel político y social; primero, suponiendo que Huerta tiene razón con sus sospechas y puede probarlo; después, suponiendo que sus teorías están infundadas.

"Una cosa es la crítica y otra la conspiración"

El presidente de Venezuela, Hugo Chávez, amenazó este domingo con tomar medidas drásticas de expropiación de tierras contra aquellos medios de comunicación que "atropellan la verdad e incitan a la guerra".
Durante su alocución semanal en el programa *Aló Presidente*, Chávez advirtió a los medios en manos privadas que "una cosa es la crítica, y otra la conspiración". "O eso se acaba o yo me dejo de llamar Hugo Rafael Chávez Frías", dijo.
"Hemos aguantado demasiado", afirmó el mandatario, agregando que algunos dueños de medios suponen que no se tomarán medidas drásticas por "miedo al escándalo internacional".

0 la conspiración Verschwörung
2 tomar medidas Maßnahmen ergreifen
drástico/-a drastisch
la expropiación Enteignung
3 atropellar überrollen
incitar anstiften
4 alocución Ansprache
8 el mandatario Amtsinhaber
10 el escándalo Skandal

"Se pueden llevar una sorpresita en cualquier momento. No se equivoquen, que están jugando con fuego", aseguró. Según medios locales, se trata de una advertencia al director del canal Globovisión, Alberto Federico Ravell, a quien Chávez ya culpó en reiteradas ocasiones de engañar al pueblo y de participar en conspiraciones.

La corresponsal de BBC Mundo en Caracas, Yolanda Valery, recordó que el canal de información 24 horas tiene una línea abierta de oposición y crítica.

Globovisión tiene abiertos otros expedientes ante la Comisión Nacional de Telecomunicaciones, Conatel. Si se le sanciona como reincidente, la pena podría suponer el cierre definitivo de la planta.

Globovisión podría convertirse en el segundo canal de televisión en salir del aire durante el gobierno del presidente Hugo Chávez.

Chávez, contra medios 'conspiradores'. En: *BBC Mundo.com*, 11.05.2009

19 **el expediente** Fall, Anklage
20 **sancionar** ahnden
reincidente rückfällig
21 **el cierre** ← *cerrar*
la planta Anlage, Unternehmen
22 **salir del aire** *aquí: cerrar*

El presidente de Venezuela, Hugo Chávez

1. Trabajad en parejas. Reunid información sobre el sistema político de Venezuela. Según vuestra investigación, ¿a qué y a quién se refiere Chávez con "... hemos aguantado demasiado" y "... se pueden llevar una sorpresita en cualquier momento."?
2. Explica con tus palabras a qué tipo de gobierno pertenece la forma de actuar de Chávez. ¿Por qué?
3. Busca frases en el texto que reflejen la forma de pensar del gobierno para con los medios.
4. Contrasta la información del texto con los derechos que un gobierno democrático le debe otorgar a una sociedad.
5. Perteneces a la dirección del canal televisivo de Globovisión. En una carta personal al Sr. Chávez, defiende tu postura frente a la información que tu canal ha divulgado.
6. ¿Conoces todos los derechos fundamentales? En grupos, preparad una pequeña enciclopedia de los quince derechos que os parezcan más importantes en una sociedad y redactad breves definiciones.

La manipulación de los medios

Vuelve al capítulo 5 de este libro y lee sobre lo sucedido el 11 de marzo de 2004 en Madrid. Haz un resumen.

Pasaban las horas y TVE insistía, incomprensiblemente, en culpar a ETA de la matanza del 11-M. [...] Los medios públicos dependientes del Gobierno (TVE, Radio Nacional y la agencia Efe) actuaron coordinados en la tragedia del 11-M. Ésta es la historia de una gran manipulación.
Jueves, 11. La noticia del atentado terrorista entra en tromba en todas las redacciones. La campaña electoral, la posibilidad de que sea ETA y el efecto en los resultados del domingo ponen en guardia a los responsables de los tres medios públicos. TVE inicia, a las 9.42 horas, un especial informativo. Ana Blanco y Josep Puigbó asumen, en el primer momento, la presentación del macroprograma. Sin embargo, el contenido de la

1 **TVE** *Televisión Española*
5 **entrar en tromba** hineinfließen
6 **la redacción** Redaktion
la campaña electoral Wahlkampagne
7 **poner en guardia** warnen
9 **asumir** etw. übernehmen
10 **macro** *grande*

información adquiere pronto un sesgo especial. Junto con imágenes de víctimas y testimonios de la matanza, introducen en cuentagotas las declaraciones políticas. Curiosamente, aquella misma mañana, ninguna de las que se emiten contradice el discurso que durante la campaña electoral ha mantenido el PP en contra del nacionalismo vasco [...]. No hay espacio para la intervención del ex-líder de Batasuna Arnaldo Otegui, que condena por primera vez un atentado terrorista y desvincula del mismo a ETA. Más contundente es el control de la información relacionada con la autoría de la masacre. En Efe, por ejemplo, el jefe de Informativos, Miguel Platón, impone el control previo de las noticias relacionadas con la investigación. El comité de empresa denuncia que, desde la mañana del 11-M, periodistas de la agencia sabían de la existencia de un teléfono móvil configurado en árabe, de la furgoneta hallada en Alcalá de Henares y de la posibilidad de que una de las víctimas fuera un terrorista. La información nunca llega a los abonados. Sí, en cambio, se distribuyen con celeridad las noticias que vinculaban a ETA con la matanza.

El Periódico, 21.03.2004, suplemento especial

11 **el sesgo** Verlauf
12 **la matanza** Blutbad
en cuentagotas tropfenweise
la declaración Äußerung
14 **emitir** ausstrahlen
16 **Batasuna** *brazo político de ETA*
17 **condenar** verurteilen
desvincular loslösen
18 **contundente** überzeugend
19 **la autoría** Urheberschaft
la masacre Blutbad
20 **previo/-a** vorherig
21 **el comité de empresa** Betriebsrat
23 **configurar** einstellen
la furgoneta Kastenwagen
hallar *encontrar*
25 **el abonado** hier: Zuschauer
26 **la celeridad** *la rapidez*

1. Describe lo que ocurrió durante las primeras horas después del atentado.
2. Indica quiénes fueron los responsables del atentado y cuáles fueron los indicios, conocidos desde el principio, que apuntaban hacia ellos.
3. Explica por qué le convenía al gobierno español de ese momento culpar a una organización, aunque había indicios que señalaban a otro grupo.
4. Aclara en qué sentido los tres medios públicos pueden ser "dependientes del Gobierno".
5. Argumenta qué tipos de problemas pueden surgir por la dependencia gubernamental de los medios públicos.
6. Comenta en clase si en tu país existen medios públicos verdaderamente independientes, y si es posible una prensa libre de toda influencia. Justifica tu posición con ejemplos.
7. Eres un periodista que ha descubierto un escándalo en el que está involucrada gran parte del gobierno de tu país. Has escrito un artículo para revelarlo, pero el diario para el que trabajas se niega a publicarlo y amenaza con despedirte. No sabes qué hacer. Anota los detalles más importantes del escándalo que has descubierto y después redacta un monólogo interior en el que describes tus sentimientos e intentas llegar a una decisión.
8. Ahora tú: según los artículos de esta sección, elige un título que corresponda a esta generación.

5. Generación publicidad

Ver da ganas

La publicidad es un espejo que refleja las diferencias en la mentalidad de cada cultura. La globalización nos muestra que ya existe en el ambiente publicitario una tendencia hacia la transculturalidad. A través de la publicidad se observan los cambios de las sociedades y, a la vez, se nos permite

3 **la transculturalidad** kulturraumübergreifendes Phänomen

juzgar la filosofía de las empresas, sus productos y la forma de llevarlos al mercado.

El mensaje publicitario se basa en despertar ansiedad, dando muy poca información sobre los productos en sí, y procede agresivamente. Quiere mostrarnos que estos productos, aún no adquiridos, harán de nuestra vida algo mejor, que será más variada, más cómoda, que tendremos más éxito, etc. Así logra influir no sólo en las modas, sino también en nuestros valores sociales y en nuestras pautas de comportamiento. Los jóvenes, que justo están desarrollando la personalidad, están expuestos a caer en esta influencia sugestiva más fácilmente.

Hacer un diseño publicitario significa mucho más que hacer un dibujo o una imagen o crear una fotografía. Para lograr un mensaje de forma efectiva, hay que conocer los diferentes recursos gráficos, tener buen gusto e imaginación, conocer las culturas y con sentido común combinar todo esto de forma correcta utilizando la originalidad.

Catalina Alba Marzorati

7 el mensaje publicitario Werbebotschaft
la ansiedad Sehnsucht
9 adquirir *comprar*
12 la pauta Maßstab
14 la influencia sugestiva Beeinflussung

1. Explica el término "transculturalidad" y su significado para el texto. Piensa también en las causas del fenómeno.
2. Elige un anuncio televisivo y otro anuncio impreso y comprueba si se encuentran en ellos los atributos que menciona el texto.
3. Razona si hay rasgos que unen a todos los anuncios impresos y a todos los televisivos y qué aspectos distinguen a unos de otros.
4. Observa los siguientes anuncios y analízalos según lo dicho en el texto. ¿Qué te llama la atención? Anota qué puntos de los que se nombran en el texto te ayudaron a reconocer el producto, la empresa o su objetivo.
5. ¿Piensas que son anuncios bien logrados, que cumplen su objetivo? ¿Por qué?
6. ¿En qué consiste la agresividad de la publicidad? Comenta en qué forma y con qué medios intenta influenciar la publicidad la forma de pensar y sentir de los consumidores.
7. Ponles un slogan a estos anuncios publicitarios.

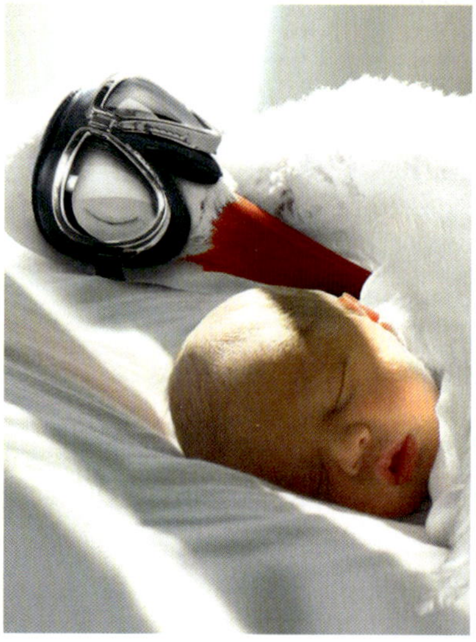

Texto e imagen

1. Observa este anuncio alemán y descríbelo. ¿Qué objetivo tiene la inclusión de palabras en español?
2. ¿Qué reacción produce en ti como espectador?
3. Mira el anuncio y piensa en el orden de estas tres palabras: texto, imagen, titular: "El orden de la lectura de un anuncio es el siguiente: primero ..., después ... y por último ... . Todos estos puntos son muy importantes para obtener un resultado final exitoso."
4. Observando los anuncios ya vistos, discutid si la publicidad os transmite información real sobre los productos.
5. ¿De qué forma intenta influenciar la publicidad vuestra forma de pensar y sentir?
6. Discutid si todos los anuncios intentan llegar al mismo tipo de público.
7. En grupos, elegid un anuncio alemán que os guste y comentad por qué lo habéis recordado. ¿Qué ha influido para que os guste? Debatid qué criterios tiene que cumplir la publicidad para tener éxito. Presentad los resultados en un cartel o mediante una ponencia.
8. En grupos, elegid un anuncio que no os guste y diseñad una nueva campaña publicitaria para ese producto, teniendo en cuenta los resultados del ejercicio 7.
9. Eres el encargado de márketing de una empresa. Hace unas semanas lanzasteis una campaña de publicidad muy costosa. Ahora te interesa comprobar si verdaderamente tuvo éxito. En grupos, elaborad diferentes estrategias.

Los niños y la publicidad

Joaquín Salvador Lavado (QUINO) Todo Mafalda - Editorial Lumen, 1992

1. Resume la acción de la historieta.
2. Explica el cambio de opinión de la madre.
3. Establece una relación entre este cómic y lo que ya sabes sobre los mecanismos de la publicidad. ¿Cuál es el mensaje de Quino?
4. Analiza el efecto que tiene la publicidad en la niña.
5. Comenta cómo reaccionan los niños pequeños frente a la publicidad y razona si ésta constituye un peligro para ellos.
6. Busca en Internet estos dos anuncios publicitarios, compáralos y debate en clase cinco minutos. ¿A través de qué medios tratan de influir en nuestra forma de actuar y pensar?
   - www.youtube.com → "los niños lo ven, los niños lo hacen"
   - www.youtube.com → "si tú lees, ellos leen"

Vocabulario

Los medios cibernéticos

el Internet, el portal de Internet, la dirección de Internet
la Red, navegar por la Red (surfen)
el contenido, contener
la descarga, descargar (herunterladen)
el enlace (Link), enlazar
el foro (Forum)

la red social (soziales Netzwerk)
el perfil, elaborar un perfil
el usuario, usar

el correo electrónico, el mensaje
el buzón (Mailbox)
el archivo (Datei), adjuntar un archivo

la tecnología, los avances tecnológicos (Fortschritt)
la digitalización, digitalizar, digital

el móvil, el celular (am.)
el mensaje de texto

Los medios tradicionales

los medios de comunicación

la televisión, el medio televisivo
la emisora, emitir (ausstrahlen), el canal
el programa televisivo
el programa de radio / radiofónico
el especial informativo (Sondersendung)
en vivo y en directo (live)
el / la locutor/-a, el / la moderador/-a,
el / la presentador/-a

el periódico, el diario, la prensa escrita
la noticia, el noticiero (Anzeiger)
el / la periodista, periodístico/-a
la redacción, el / la redactor/-a, redactar
el lector, leer, la lectura

La publicidad

el anuncio comercial (Werbespot), anunciar
el titular (Schlagzeile), el texto, la imagen
el mensaje publicitario
el diseño publicitario
la campaña publicitaria
la influencia, influir en, influenciar

el mercado, llevar un producto al mercado
el consumidor (Verbraucher), el consumo, consumir
el público

La política y las intrigas

el golpe de Estado
la conspiración, conspirar
la manipulación, manipular
la emboscada (Intrige)
sabotear
el escándalo, escandaloso/-a
la sanción, sancionar
(sanktionieren)

el gobierno, el gobernador,
gobernar (regieren)
las elecciones, la campaña electoral
el discurso, la declaración política
el mandatario (Amtsinhaber),
el mandato, mandar

El amor

el matrimonio, la boda
el marido, el esposo
la mujer, la esposa
la crisis matrimonial

casarse, estar / ser casado/-a, estar casado/-a con
dar el "sí, quiero" (Jawort geben)
la familia, fundar una familia (Familie gründen)

Las estrategias

A. Cómo trabajar con un texto

1. Textos narrativos

1.1 Características de un texto narrativo

La narración es un tipo de texto en el que se cuentan hechos reales o imaginarios. Para el análisis de los textos narrativos es necesario estudiar la historia y las acciones que la componen (el **argumento**), los **personajes** que las llevan a cabo, el **tiempo** y el **espacio** donde se desarrollan, cómo se ordenan todos estos elementos (la **estructura**) y desde qué **punto de vista** se cuentan.

El argumento

La mayor parte de los relatos presenta una **acción** principal y varias secundarias. Estas acciones se combinan entre sí, alternando su aparición y entrecruzando sus desarrollos para conformar el ritmo de la narración. Del tratamiento de la acción se deriva la tensión narrativa. Ésta puede provocar en el lector diversos estados emocionales (expectativa, incertidumbre, intriga, serenidad ...).

En una narración se distinguen la **estructura externa** y la **estructura interna**: La primera organiza el contenido de la historia en capítulos, partes, tratados, secuencias ...; la segunda depende del orden de los acontecimientos. Según éste, pueden darse diferentes estructuras narrativas:

- **Lineal o cronológica:** el orden del discurso sigue el orden de la historia.
- **In *media res:*** el relato empieza en medio de la narración. Se trata de un comienzo abrupto empleado para captar la atención del lector.
- **Ruptura temporal:**
  - *Flash-back* (retrospección o analepsis): el narrador traslada la acción al pasado.
  - *Flashforward* (anticipación o prolepsis): el narrador anticipa acciones.
- **Contrapunto:** varias historias se entrecruzan a lo largo de la narración.
- **Circular:** el texto se inicia y se acaba del mismo modo.

El narrador y el punto de vista

El narrador es creado por el autor para contar la historia. Se puede narrar una historia

- en **tercera persona**:
  - Narrador omnisciente (que todo lo sabe): su conocimiento de los hechos y de los sentimientos, sensaciones, intenciones y planes de los personajes es total.
  - Narrador observador: sólo cuenta lo que puede observar; de modo parecido a como lo hace una cámara de cine, el narrador muestra lo que ve.
- en **primera persona**:
  - Narrador protagonista: el narrador es también el protagonista (autobiografía real o ficticia).
  - Narrador personaje secundario: el narrador es un testigo que ha asistido al desarrollo de los hechos. A veces los testigos son varios (multiperspectivismo).
- en **segunda persona**: el narrador crea el efecto de estar contándose la historia a sí mismo o a un yo desdoblado, con lo que se produce un diálogo-monólogo.

Los personajes

Los personajes son el elemento fundamental de la narración, el hilo conductor de los hechos. Éstos se organizan, según su grado de participación en la historia, en personajes **principales**, **secundarios** y **comparsas**. El **protagonista** es el centro de la narración. Puede ser un individuo, varios o una colectividad. A veces, se le opone un **antagonista**. El secundario es un personaje que en la mayoría de las veces responde a un arquetipo. Los comparsas (o extras) son meros elementos presenciales.

Existen dos maneras de caracterizar a los personajes:

- **La caracterización directa** permite conocer a los personajes a partir de los datos que proporciona el narrador u otro personaje del relato.
- **La caracterización indirecta** permite deducir cómo son a través de sus pensamientos, comentarios, acciones, reacciones, gestos, etc.

En un relato, las voces de los personajes se dejan oír a través de los modelos de cita conocidos como estilo directo, estilo indirecto y estilo indirecto libre:

- **Estilo directo:** sirve para reproducir textualmente las palabras de un personaje.

- **Estilo indirecto:** en este caso se acomodan las palabras de alguien a una nueva situación comunicativa. La cita se introduce por una conjunción ("que", "si", "cuándo"...) y sufren cambios las formas pronominales, los deícticos de tiempo y espacio y el tiempo verbal.
- **Estilo indirecto libre:** el narrador en tercera persona recoge las palabras o pensamientos de los personajes como si fuera en estilo directo; pero, en este caso, las palabras se insertan sin el *verbum dicendi,* sin los nexos y sin las marcas tipográficas.

El tiempo

Cuando se analiza el tiempo hay que tener en cuenta esta distinción:

- **El tiempo externo o histórico:** es la época o momento en que se sitúa la narración.
- **El tiempo interno:** es el tiempo que duran los acontecimientos narrados en la historia.

El espacio

El espacio es el marco físico donde se sitúan los personajes y los ambientes geográficos y sociales en los que se desarrollan las acciones. Así habrá que distinguir entre espacios exteriores o abiertos e interiores o cerrados.

cf. Lengua castellana (1° bachillerato). Barcelona: Edebé, 1998

Practica:

Analiza el modo en que Elvira Lindo caracteriza a Manolito Gafotas, protagonista del texto "Manolito Gafotas: el arte de copiar", en la página 74 del capítulo 3. Refiérete asimismo al tipo de narrador.

1.2 ¿Cómo se analiza un texto narrativo?

Para llevar a cabo el análisis conviene establecer una serie de pasos:

1. **Lectura comprensiva del texto**
   La primera etapa consiste en realizar una lectura profunda que permita entender tanto el texto completo como cada una de las partes que lo forman. En esta fase será necesario utilizar diccionarios, gramáticas y otros libros de consulta.
2. **Análisis del contenido**
   Hay que analizar el **argumento**, el **tema** o idea central del texto y la **estructura**:
   - Para delimitar el **tema**: ¿Cuál es la idea básica del texto? ¿Cuál es el tema central?
   - Para encontrar el **argumento** se pregunta: ¿Qué ocurre? Encontrar el argumento significa seleccionar las acciones o acontecimientos esenciales y reducir su extensión conservando los detalles más importantes.
   - Para analizar la **estructura**: ¿Cómo organiza el autor lo que quiere decir en unidades coherentes relacionadas entre sí? El esquema estructural clásico es el de introducción, desarrollo, clímax y desenlace.
   - Para descubrir la **postura** del autor: ¿De qué forma interviene el autor en el texto?
3. **Análisis de la forma**
   En este apartado se debe analizar:
   - **El lenguaje literario:** se examina cómo y con qué intención usa el autor las diferentes figuras retóricas, relacionándolas en todo momento con el tema del texto.
   - La exposición de las **peculiaridades lingüísticas** del texto:
     - Plano fónico: se analizan las peculiaridades ortográficas, fonéticas y gráficas del texto que tengan valor expresivo.
     - Plano morfosintáctico: se presta atención a aspectos como los siguientes: acumulación de elementos de determinadas categorías gramaticales (sustantivos, adjetivos, etc.); uso con valor expresivo de diminutivos y aumentativos; predominio de determinadas estructuras oracionales ...
     - Plano semántico: se analiza el léxico utilizado por el autor.
4. **Análisis del punto de vista del autor**
   Se analiza el modo en que el autor interviene en el texto. Éste puede adoptar una postura objetiva o

subjetiva, realista o fantástica, seria o irónica, etc. Hay que analizar también desde dónde relata la historia (desde afuera, desde arriba, etc.), si aparece o no el narrador y qué punto de vista adopta.

5. **Análisis crítico (El texto como comunicación)**
   Cada lector hace "su propia lectura", según sus características personales y el contexto histórico social al que pertenece. Así pues, al analizar el texto como comunicación habrá que atender a los siguientes aspectos:

- Funciones del lenguaje que predominan en el texto: es la actitud del autor ante el lector: ¿Se dirige directamente a él?
- Reacción que la lectura provoca en nosotros como lectores: emoción, identificación, rechazo, etc.
- Intención comunicativa dominante en el texto: informativa, persuasiva, lúdica ...
- Posición del autor ante el sistema de valores de su época.

Practica:
Haz un análisis del lenguaje literario usado por Manuel Vicent en el texto "El Mediterráneo como mar interior" en las páginas 109 y 110 del capítulo 4. ¿Qué intención persigue el autor con este uso del lenguaje?

2. Textos dramáticos

Al analizar un texto dramático tenemos que tener en cuenta los siguientes aspectos:

El título
1. Sentido o significación: ¿literal o simbólico?
2. Relación con el contenido:
   - con el asunto: ¿con algún personaje? ¿con algún suceso de la acción? ¿con el ambiente de la obra? ¿con la realidad interna (psíquica) o con la realidad externa?
   - con el tema principal o con algún tema secundario
   - con algún sentimiento predominante

El asunto
¿Cuál es el asunto? ¿De qué trata la obra?

El argumento
Resumir los hechos que componen la intriga o trama manteniendo el orden de la acción dramática. Ésta, por lo general, sigue una línea de interés ascendente; exposición, nudo y desenlace.

El tema central
1. Resumirlo en una oración.
2. ¿El tema se desprende del asunto o se plantea explícitamente como teoría argumentada o tesis?
3. ¿Se plantea a partir de la acción dramática (un suceso) o de un estado de ánimo (experiencia interior) de algún personaje?

Los elementos de la obra teatral
1. **La trama o acción dramática:** ¿Se ajusta a las características indispensables de la acción dramática?
   - Dinamismo: ¿Mantiene el interés con una sucesión de hechos encadenados? ¿Es la acción escasa o lenta?
   - Verosimilitud: ¿Logra crear una verdad artística sin necesidad de reproducir la realidad? ¿Está cada suceso, ya sea ideal o real, lógicamente motivado?
   - Unidad: ¿Cuál es la trama principal? ¿Cuáles son las secundarias? ¿Están relacionadas entre sí? ¿Qué función tienen las tramas secundarias en el desarrollo de la principal?
2. **La naturaleza del conflicto:**
   - Externo: ¿Luchan los personajes entre sí o contra el ambiente?
   - Interno: ¿Luchan los personajes contra su propia alma?

Practica:
Lee el texto dramático "Niños robados" de las páginas 185 y 186 del capítulo 6 y analízalo en función de todos los elementos de este apartado que se puedan aplicar a este extracto dramático.

3. Textos informativos

3.1 Los textos informativos

Los textos informativos nos ponen en contacto con acontecimientos o procedimientos que se realizan en algún lugar, en algún momento, por determinadas personas (o leyes naturales) y bajo determinadas circunstancias. Este tipo de textos aparecen básicamente en los diarios y revistas. En general, los textos de esta clase de publicaciones no ofrecen dificultades, ya que las formas de expresión, el vocabulario y los contenidos son presentados de una manera sencilla, accesible y sin complicaciones.
Para analizar un texto informativo podemos tratar de responder a las seis preguntas informativas fundamentales:

- **¿Quién?** El sujeto de la información
- **¿Qué?** El hecho, lo que ha sucedido
- **¿Cómo?** La manera de producirse el hecho
- **¿Dónde?** El lugar donde se produjo el acontecimiento
- **¿Cuándo?** El factor tiempo (año, día, hora, minuto)
- **¿Por qué?** La causa, elemento fundamental que nos da la razón de lo que ha pasado

Los textos informativos se clasifican, según la intención que persiguen, en:

- **informativos** (informa): noticia, reportaje, publicidad, entrevista, encuesta, rueda de prensa, etc.
- **interpretativos** (interpreta y opina): artículo o comentario, editorial, columna, crítica, ensayo, etc.

Practica:
Lee el texto periodístico "La manipulación de los medios" en las páginas 286 y 287 del capítulo 10. Analiza el texto según las preguntas informativas y las categorías descritas en este apartado.

3.2 La publicidad

La publicidad es una técnica de comunicación usada por los medios de comunicación de masas *(mass media)* que persigue estimular al consumidor para que adquiera productos de una determinada marca. El alma de todo anuncio es una promesa de felicidad, éxito, belleza, juventud, libertad, poder, seguridad, etc.

1. Análisis objetivo de los mensajes publicitarios

El análisis objetivo proporciona una descripción detallada del anuncio. Se trata de responder a la pregunta: ¿Qué vemos? Los siguientes criterios nos pueden guiar en nuestro análisis:

- Identificación del medio donde aparece: tipo, nombre, fecha, destinatarios, precio, situación y extensión / duración
- Descripción del producto: características, destinatarios, precio
- Acción: modelo comunicativo, estructura narrativa, tratamiento (científico, humorístico, romántico, etc.)
- Descripción objetiva de las imágenes: objetos, personajes (y sus gestos), escenarios, etc.
- Características de las imágenes: complejidad, originalidad, etc.
- Aspectos sintácticos: centros de interés, tipo de planos, ritmo, movimientos, tiempo, etc.
- Elementos simples de las imágenes: puntos, líneas, formas, luces, colores, etc.
- Análisis del texto: contenido, tipo de letras, situación del texto, tiempo y personas verbales, registro lingüístico (poético, técnico, académico, popular, etc.), etc.

2. Análisis subjetivo de los mensajes publicitarios

El análisis subjetivo del anuncio presenta nuestra interpretación del mismo y depende de factores ajenos a él (condición social, edad, conflictos internos, etc. que tenga el individuo). Al realizar este análisis, tratamos de responder a la pregunta: ¿Qué nos sugiere la imagen? Los siguientes aspectos nos pueden guiar en esta tarea:

- Impacto: ¿gusta?, ¿qué es lo que gusta más (la idea o el tratamiento formal)?, ¿qué aspectos son los más impactantes?
- Presentación del producto: ¿qué cualidades se destacan, cuáles se omiten?, grado de veracidad, etc.
- Estrategia comunicativa y persuasiva: ¿pretende convencer razonablemente o seducir?, ¿el espectador participa por identificación o por proyección?
- Función del texto: ¿es la expresión básica del mensaje (es decir, es la imagen una mera ilustración), refuerza el texto el mensaje que transmite la imagen, hay una contradicción entre ambos, una comparación, etc.?
- Significado que se deriva de los elementos morfosintácticos: planos, color, luz, etc.
- Recursos estilísticos: metáforas, símbolos, etc.
- Público al que se dirige: sexo, nivel social y cultural, edad, ideología, etc.
- Valores que transmite: éxito, belleza, modernidad, etc.

Practica:

1. Lee el texto "El día de San Valentín" en la página 84 del capítulo 3. Identifica el tipo de artículo de que se trata y haz un análisis sobre la función del lenguaje y la intención del autor.
2. Mira el anuncio que acompaña el texto "Texto e imagen", en la página 289 del capítulo 10, y realiza un análisis de este tipo de publicidad de acuerdo a los criterios expuestos arriba. La información de las páginas 302 y 303 sobre el análisis de imágenes te puede ser de gran ayuda.

4. Poemas

4.1 ¿Qué es un poema?

Un poema es una composición literaria que pertenece al ámbito de la poesía. El texto puede estar desarrollado en verso o en prosa; en este último caso, se habla de prosa poética.
Entre los poemas, se considera que el género más subjetivo es la lírica, ya que el autor suele aparecer dentro del texto. El poeta casi siempre se sitúa en el presente y su modo de expresión más usual es el verso corto.

El poema lírico tiene como subgéneros principales el himno, la oda, la elegía y la sátira. Los dos primeros expresan sentimientos de alegría y celebración. En cambio, la elegía presenta sentimientos de lamento y tristeza. La sátira se basa en la burla y el desprecio respecto a aquello que aparece en contra de la moral social.

4.2 ¿Cómo se analiza un poema?

Hay varios enfoques para analizar poemas. Un primer acercamiento al poema consiste en buscar y encontrar sus elementos más obvios. Para llevar a cabo este análisis conviene establecer una serie de pasos:

1. **Lectura:** leer el poema y buscar las palabras no conocidas en el diccionario.
2. Encuadrar el poema dentro de su **contexto literario:**
   - ¿Quién lo escribió?
   - ¿Cuándo fue escrito?
   - ¿A qué movimiento literario pertenece?
   - ¿Cuáles son las características principales del movimiento?
   - ¿Hasta qué punto se cumplen estas características en el poema?
   - ¿Qué tipo de diálogo establece el poeta con otros poetas o poemas de su tiempo o anteriores?
3. **Análisis estilístico** (la versificación):
   - la categoría del poema (soneto, oda, romance, copla, etc.)
   - las estrofas
   - la métrica
   - la rima
   - el léxico (palabras claves, palabras sustantivales, adjetivales, etc.)
   - recursos estilísticos
4. **Medidas** de los versos y clasificación:
   - Número de sílabas de cada verso.
   - Acento: al contar las sílabas de cada verso hay que fijarse en la última sílaba. Si es aguda, se cuenta una sílaba más. Si es esdrújula se cuenta una sílaba menos.
   - Rima: rima asonante y rima consonante.
5. **Explicar** el poema estrofa por estrofa:
   - ¿Quién habla?
   - ¿A quién se dirige?
   - ¿Qué pasa en cada estrofa?
   - ¿Qué se repite?
   - ¿Cuál es el efecto?, etc.
6. El **contenido** y la **interpretación global** del asunto del poema.
7. **Relacionar** el asunto, la forma y las figuras:
   - ¿Qué relación hay entre el asunto y las figuras más importantes del poema?
   - ¿Qué relación hay entre la musicalidad particular (la métrica, el ritmo, la rima, etc.) del poema y el asunto?, etc.

4.3 Figuras literarias

A continuación tienes una lista de las figuras literarias más frecuentes:

Figuras fónicas

- **Aliteración:** es la reiteración o repetición de sonidos de palabras próximas. Ej: "con el ala aleve del leve abanico" (R. Darío).
- **Onomatopeya:** es la imitación de sonidos reales a través del lenguaje. Ej: *el tic tac del reloj, el ronroneo de un morrongo.*
- **Paronomasia:** es la proximidad en la frase de dos palabras fonéticamente parecidas. Ej: *No me ampara el paro.*

Figuras morfosintácticas

- **Anáfora:** es la repetición de una o más palabras al comienzo de una frase o de un verso. Ej: "Y eran una, / Y eran una, / Y eran una sola sombra larga, / Y eran una sola sombra larga" (J. A. Silva).
- **Elipsis:** es la supresión de elementos de la frase necesarios para la correcta construcción gramatical, pero no para la claridad de su sentido. Ej: *María va al teatro. Yo al cine.*
- **Hipérbaton:** es la alteración del orden normal de la frase. Ej: "gigante ola que el viento / riza y empuja en el mar, / y rueda y pasa y no sabe / qué playa buscando va." (G. A. Bécquer).
- **Paralelismo:** es la repetición de la misma construcción sintáctica. Ej: "La plaza tiene una torre, / la torre tiene un balcón, / el balcón tiene una dama, / la dama una blanca flor." (A. Machado).

Figuras semánticas

- **Símil:** es la relación de semejanza que se establece entre un término real y otro imaginario. Ej: *En la reunión parecíamos sardinas enlatadas* (= había demasiada gente).
- **Metáfora:** es la identificación de un objeto con el nombre que se aplica a otro, debido a una semejanza de forma, función, cualidad, característica, etc. Puede ser sencilla (el término real es la imagen) o pura (la imagen aparece en lugar del término real). Hay metáforas antropomórficas *(boca del río)*, animales *(lámpara araña, ratón de ordenador)*, etc.
- **Metonimia:** es la designación de un objeto con el nombre que se aplica a otro, debido a una relación de algún tipo existente entre ambas. Ej: *tomar un jerez / un rioja* (se designa el producto con el nombre del lugar), *Éste es un buen espada* (= un buen torero; se designa la profesión con un instrumento), *Me encanta leer a Goethe* (se designa el libro con el nombre del autor). Un tipo especial de metonimia es la sinécdoque, que consiste en tomar una parte por el todo o el todo por una parte. Ej: *Pásame la sal* (= el salero).
- **Paradoja:** es una expresión que encierra una aparente contradicción. Ej: "Nacer para vivir muriendo / Vivo sin vivir en mí / Y tan alta gloria espero / Que muero porque no muero." (Santa Teresa de Jesús).
- **Sinestesia:** es la asociación de sensaciones que proceden de distintos campos sensoriales. Ej: *colores chillones, voz cálida.*
- **Hipérbole:** consiste en una exageración de los términos, en el aumento o disminución desproporcionados de acciones, cualidades, etc. Ej: "yo que incansable corro y demente, / tras una sombra, tras la hija ardiente / de una visión." (G. A. Bécquer).
- **Personificación:** es la atribución de cualidades humanas a cosas o animales. Ej: "se apagó la guitarra apasionada / y me cercó el silencio / y huraňamente tornó el vivir a estancarse." (J. L. Borges).

Practica:

1. Lee el poema de Dámaso Alonso, "Hermanos" en la página 26 del capítulo 1 y analízalo de acuerdo a los pasos indicados aquí. Identifica el tipo de poema y la rima utilizada. Entre los recursos utilizados por Alonso destaca la repetición. Busca este recurso en el poema e interpreta su significado y la intención del autor al usarlo.
2. Mira el fragmento del poema de García Lorca "Preciosa y el aire" en la página 53 del capítulo 2. Analízalo igualmente, destacando especialmente el uso de figuras literarias de las que se vale Lorca (metáforas, personificaciones, aliteraciones, sinestesias). Explica con tus propias palabras el ambiente que Lorca consigue crear mediante el uso de esas figuras.

5. Películas

Una película es el resultado de la sucesión de una serie de escenas y secuencias convenientemente dirigidas, en las que la actuación de los actores, el sonido, la música o los efectos especiales desempeñan un papel relevante. Para entender una película, y disfrutarla al máximo, es conveniente saber cómo funciona: aspectos como la toma de la cámara, el ángulo de visión o el movimiento de la cámara sirven al director de la película para transmitir una idea o un punto de vista determinados, al igual que hace el autor en las obras literarias.

5.1 Términos cinematográficos especiales

la toma / el encuadre / el tiro de la cámara	Kameraeinstellung
el plano	Bildausschnitt
el plano general	Totale
el plano medio americano	Amerikanische Einstellung (Person bis zur Hüfte)
el plano medio corto	Großaufnahme
el plano detalle	Detailaufnahme
el ángulo de visión	Kameraperspektive
el plano picado / contrapicado	Vogelperspektive / Froschperspektive
el ángulo normal	Normalsicht
la cámara lenta	Zeitlupe
el movimiento de cámara	Kamerabewegung
la panorámica horizontal	Schwenk (von rechts nach links oder umgekehrt)
la panorámica vertical	vertikaler Schwenk (von oben nach unten oder umgekehrt)
el enfoque / enfocar / desenfocar	Schärfe / fokussieren / aufziehen (sich entfernen)
abrir de / fundir a negro	aufblenden / abblenden
abrir zoom / cerrar zoom	heranzoomen / zurückzoomen

Los tipos más importantes de plano, así como los ángulos de visión de la cámara, aparecen ilustrados en las siguientes imágenes:

Tipos de planos (Bildausschnitt)

el plano general (Totale)

el plano medio americano (Amerikanische Einstellung: Person bis zur Hüfte)

el plano medio corto (Großaufnahme)

el plano detalle (Detailaufnahme)

Ángulos de visión (Kameraperspektive)

el ángulo normal
(Normalsicht)

el plano picado
(Vogelperspektive)

el plano contrapicado
(Froschperspektive)

5.2 Para hablar sobre una película

Cuando analices una película, divídela en distintas escenas y concéntrate en un aspecto determinado de cada una de ellas. Toma nota de todos los elementos que consideres relevantes en cada escena: lo que ves, el movimiento de la cámara, el ángulo y otras cuestiones técnicas que te llamen la atención; mira también el efecto que el uso de los planos tiene en las escenas y de qué modo el sonido y la música (banda sonora) contribuyen a crear un efecto determinado. Las siguientes expresiones te ayudarán a dar forma a estas ideas.

para	introducir en la secuencia	se ve aquí	un plano
	dar una idea general de ...	vemos	música
	crear suspense / una atmósfera	se oye	luz
	aumentar la tensión	se puede ver	
	subrayar ...	se usa aquí	
	acentuar ...	tenemos aquí	
	expresar ...	hay aquí	
	comunicarle al espectador ...		

en el fondo en primer plano		se oye / se ve se encuentra(n)	
la cámara		se acerca / se aleja hace un movimiento enfoca a ...	rápidamente circular
la secuencia		contiene consiste en / consta de comienza con termina con tiene lugar en ...	una toma en la que ...
es	de día / de noche por la mañana / por la tarde	hay (mucha / poca)	luz
en esta toma en la primera / última toma	el plano	sirve para da la impresión de	expresar ... acentuar ... subrayar ...

cf. Einsatz von Filmen im Spanischunterricht, Claudia Mekus, 2007

Practica:
En el documental "Cartas a Nora", tratado en las páginas 194 a 196 del capítulo 7, no hay diálogos, sólo una voz en *off*, que lee cartas. Por esta razón, el movimiento de la cámara es especialmente importante. Mira las primeras escenas, en las que salen los títulos de crédito, y estudia los movimientos y ángulos de la cámara. Explica el efecto que estos enfoques tienen, así como la intención de Isabel Coixet, la directora. Mira todo el documental y explica asimismo el efecto de la banda sonora, es decir, la canción de Lhasa de Sela "Pa' llegar a tu lado", que se repite a lo largo del documental.

5.3 Para crear un *storyboard*

Storyboarding es la representación de las escenas del guión de una película en forma de bocetos o dibujos. Los bocetos recuerdan a un cómic, pero sin los 'bocadillos' (Sprechblasen). El director los utiliza para explicar a los miembros de su equipo cómo se imagina él la historia en forma de escenas.
Para crear un *storyboard* de una escena sigue los siguientes pasos:

1. Dibuja varias hojas en forma de *storyboard*.
2. Decide lo que quieres incluir en cada plano y qué tipo de plano sería conveniente para expresar una acción determinada.
3. Apunta debajo de cada recuadro lo que ocurre en cada plano, lo que dicen los personajes, el sonido y el tipo de música que se oye en ese momento.
4. Utiliza flechas para indicar el movimiento de la cámara y el de los personajes.

plano número 5 (medio americano)

música pop de fondo
empieza a bailar y va a la derecha
dice en voz alta: ¿Bailamos?

Practica:
Lee el extracto de la novela de Mario Vargas Llosa *Lituma en los Andes*, que aparece en la página 216 del capítulo 8, e intenta imaginar cómo lo transformarías en una escena de película. Después realiza un *storyboard* siguiendo las instrucciones de este apartado.

6. Fotos, imágenes, carteles, cuadros y viñetas

1. Mira	
Técnica utilizada (el color)	Se trata de / estamos viendo / es una foto / un cuadro / un cartel / una viñeta / una caricatura / una historieta ...
Título y autor	El fotógrafo / el pintor / el dibujante / el caricaturista ...
Época o contexto en el que se hizo	La obra está realizada durante la época de ... / pertenece a la época de / se realizó en el contexto de ...
2. Observa y describe	
¿Qué objetos o animales hay?	En primer plano / segundo plano / al fondo / en el centro / en medio ... Arriba / abajo / a la izquierda de / a la derecha de / junto a / al lado de / delante de / enfrente de / detrás de / sobre / debajo de / encima de ... Hay / vemos / se puede ver / se puede distinguir / se encuentra / aparece / se observa / apreciamos ...
¿Quién/-es? (edad, sexo, profesión)	Vemos a un hombre / a una mujer ...
¿Cómo es / son? (tamaño, color ...)	Es / son altos / bajos / un vagabundo ... Es / son de tamaño / de color ...
¿Cómo están colocados?	Están colocados en ... / Su cabeza / cuerpo / ... mira hacia ... Tienen una postura ... / Posan de forma que ...
¿Dónde?	Está/-n en ... La escena sucede en el interior / en el exterior (de) ...
¿Cuándo?	Se representa / tiene lugar al atardecer / al anochecer / por la noche / en primavera / en el año 1970 ...
¿Acciones?	Está/-n bailando / trabajando ...
¿Qué sentimientos expresan?	Está/-n tristes / alegres ... / Expresan sentimientos de tristeza / alegría ...
3. Analiza	
Lo gráfico: gestos o actitudes, símbolos, colores	La foto / imagen / cartel / cuadro / viñeta sugiere / refleja / simboliza / muestra ... A través de los gestos / las actitudes / la expresión del rostro de los personajes ... Al utilizar colores fríos / cálidos / vivos / apagados / opuestos ... el artista transmite / expresa / simboliza ...
¿Cuál es el tema? ¿Cuál es el mensaje que transmite? ¿Cuál es el objetivo de su creación?	El mensaje de la imagen es ... La imagen produce / origina / expresa ... El artista quiere representar / sugerir / señalar / mostrar / expresar / llamar la atención sobre / aludir a / criticar / provocar / denunciar ... El autor quiere destacar / enfatizar / acentuar / manifestar / poner de relieve que ...

¿Qué sentimientos produce? ¿Qué sugiere? ¿Qué opinas de la imagen? ¿Crees que el autor ha conseguido su objetivo?	La imagen me parece ... / (no) me gusta porque ... La encuentro ... porque ... La imagen me produce / me sugiere / me hace pensar en ... En mi opinión / opino que ...

El cartel

Observa y describe

- ¿Qué te llama primero la atención en el texto?
- Describe los distintos textos que aparecen en el cartel y comenta: ¿Cómo son? ¿Cuál es el tipo de letra? ¿Cuáles son los diferentes tamaños y colores de la letra? ¿Cuál es su posición en el texto?

Analiza

- Análisis del lenguaje del texto: Busca la repetición, la exageración, la hipérbole, la contraposición, la comparación, la metáfora, la rima y el sonido, el imperativo, la interrogación, el ponderativo ...
- ¿Qué signos lingüísticos y no lingüísticos se utilizan? ¿Por qué?
- Análisis del slogan o eslogan. Es una frase corta y sencilla que trata de resumir la idea principal.
- Análisis del logotipo, un distintivo formado por letras de una determinada grafía, que intenta representar una idea corporativa. ¿Qué significado crees que tiene?
- ¿Qué relación crees que se está estableciendo entre la imagen y el texto principal?
- Busca palabras relacionadas con: salud, belleza, seguridad, éxito, etc.
- Lee las palabras destacadas y formula una frase. ¿Qué significado le atribuyes?
- ¿Cuál es el mensaje final del texto?
- ¿Qué opinión personal te merece este cartel?

Practica:
Describe e interpreta las siguientes imágenes siguiendo las indicaciones de este apartado:
1. las fotografías de la página 57 del capítulo 2, de las páginas 217 y 228 del capítulo 8 y 248 del capítulo 9.
2. los cuadros *Guernica* de Picasso en la página 139 y el retrato de Franco, de Francisco Ribera, en la página 141 del capítulo 5.
3. el cartel publicitario de la página 20 del capítulo 1 y el cartel propagandístico de Josep Renau en la página 140 del capítulo 5.
4. la viñeta de Quino en la página 24 del capítulo 1 y la de Eneko en la página 250 del capítulo 9.

7. Mapas históricos

El mapa, como documento histórico, es un elemento fundamental para el estudio de múltiples temas, ya que permite acercarnos a la realidad histórica y visualizar el espacio en el que se desarrollan los acontecimientos o su evolución en el tiempo. Para comentar un mapa histórico hay que seguir los siguientes pasos:

1. Identificación del mapa

Para ello necesitaremos:
- Determinar el espacio físico. Nos podemos encontrar con diferentes tipos de mapas: político, físico, cultural, demográfico, económico ...
- Determinar el tiempo histórico, es decir, la fecha de los acontecimientos que se muestran en el mapa. Nos podemos encontrar con dos tipos de mapas:
  - Mapa de situación: muestra un acontecimiento en una época determinada.

- Mapa de evolución: refleja una situación en etapas diferentes.
- Identificar el contenido del mapa a través de los diferentes símbolos de la leyenda (puntos, flechas, líneas, colores, etc.).

2. Análisis del contenido del mapa

Desarrollar las ideas principales del tema que deben estar relacionadas con la representación gráfica del mapa. Las fases del comentario deben ser:

- Introducción: identificar claramente la información contenida en el mapa.
- Desarrollo: explicar el acontecimiento, con referencia a los antecedentes que llevaron a su configuración y las consecuencias que trajo.
- Conclusión: la valoración de su significación histórica.

Practica:
Siguiendo los pasos indicados aquí, identifica y analiza los mapas históricos que aparecen en la página 133 sobre la evolución de la Guerra Civil española, en el capítulo 5.

8. Información estadística

La información estadística puede ser enormemente útil para formarnos una idea de un tema determinado. Pero para poder usarla es necesario que sepas leer e interpretar esta información, así como describirla con tus propias palabras.

8.1 Tipos de gráficas

Los tipos de gráficas más habituales para representar la información estadística son las siguientes:

1. La tabla

Edad	Móvil €/mes	Cine €/mes
11-13	12	11
14-17	35	25
18-25	30	40

2. El gráfico de barras

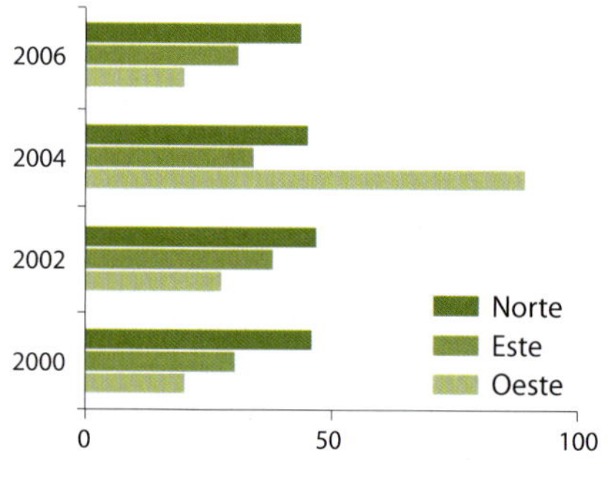

3. El gráfico de curvas

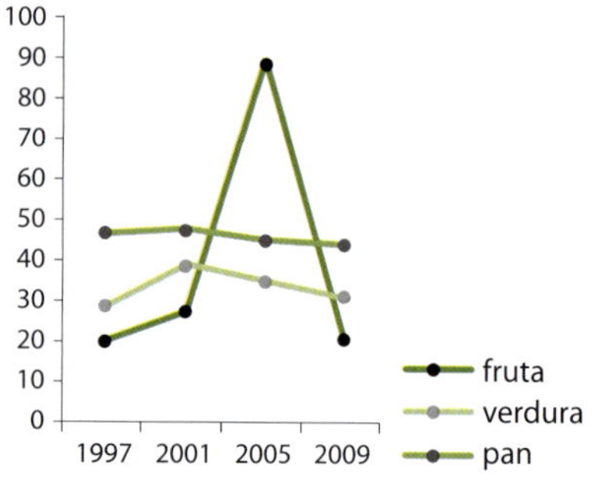

4. El diagrama circular

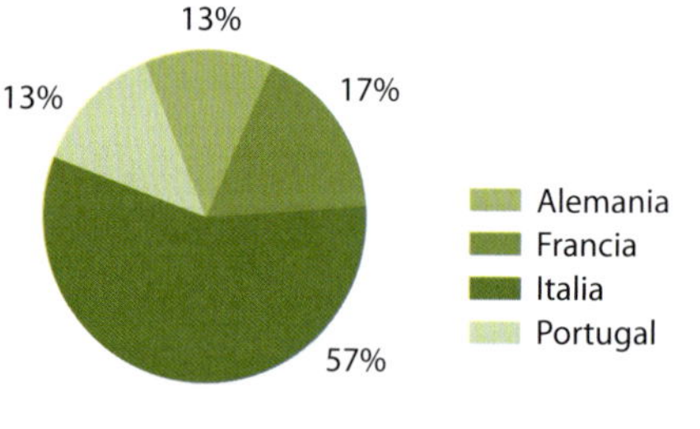

8.2 Expresiones útiles

porcentajes exactos	cantidades aproximadas	para hablar de un cambio	
un ... % (por ciento) el ... % (por ciento) el promedio de ... es de ... la media de ... es de ...	aproximadamente menos de ... unos / unas ... en torno a ... más de ... la mitad de ... (1/2) un tercio de ... (1/3) un cuarto de ... (1/4)	... ha(n) bajado ... ha(n) subido ... se ha(n) duplicado ... se ha(n) reducido ... se ha(n) convertido estos datos demuestran que ...	del / un ... al ... % (auf) en un ... % (um)

Practica:
1. Mira las gráficas de la página 69 sobre la juventud española en el capítulo 3. Identifica los tipos de gráficas usadas y coméntalas, usando las expresiones de la tabla.
2. Lee la información estadística sobre la población inmigrante en España en las páginas 45 y 46 del capítulo 2 y represéntala en forma de gráficas.

B. Cómo producir un texto

A la hora de producir un texto, debes intentar expresar tus pensamientos de la forma más clara posible. Tu objetivo debe ser guiar siempre al lector para que éste pueda seguir sin problemas en el texto escrito el flujo de tus pensamientos. En este sentido es de gran importancia que planifiques bien tu trabajo.

1. Escribir un resumen

Un resumen es una reproducción de las ideas esenciales de un texto. Para escribir un resumen, es conveniente que sigas los siguientes pasos:

La preparación
- Realiza una primera lectura del texto intentando encontrar la idea principal.
- Lee el texto de nuevo más detalladamente, divídelo en varias partes, según las ideas esenciales o subtemas de cada una de las partes, y apunta esas ideas de acuerdo al orden del texto.

La redacción
Una vez realizada la preparación, puedes comenzar a escribir el resumen. Para ello debes tener en cuenta algunos criterios:

- Comienza con un párrafo de introducción, en el que menciones los siguientes aspectos del texto:
  - ¿qué es? (título, género al que pertenece)
  - ¿dónde está? (en una revista, un periódico, una novela, etc.)
  - ¿dónde y cuándo? (fecha y lugar en el que ha sido escrito, si está disponible)
  - ¿quién lo ha escrito? (autor)
  - ¿cuál es el tema? (la idea principal)
- Utiliza conectores para unir las distintas partes de tu resumen: *primero, al principio, entonces, luego, al final, por último.*

- Muy importante: no copies del texto. Usa tus propias palabras. Para ello puedes ayudarte de un diccionario monolingüe en el que encontrarás sinónimos que te sirvan para la redacción.
- Escribe tu texto en presente, especialmente en el caso de textos literarios, y en tercera persona.
- No des tu opinión sobre el texto ni interpretes el contenido: se trata de un resumen, no de un comentario. Por esta razón debes usar un estilo neutro.
- No uses el estilo directo ni citas textuales.
- Sobre todo, recuerda que el resultado final debe ser mucho más corto que el texto original, por lo tanto, no des demasiados detalles.

La revisión final

Lee tu resumen de nuevo antes de darlo por acabado. Comprueba que has seguido todos los criterios aquí enumerados y trata de imaginar si este resumen ayudaría a obtener una idea general del texto a una persona que no haya leído el original.

Practica:

Haz un resumen del texto de Elvira Lindo sobre Manolito Gafotas en la página 74 del capítulo 3 y del artículo sobre el triunfo del cemento en las páginas 104 y 105 del capítulo 4.

2. Expresar tu opinión en un comentario

En un comentario personal debes expresar tu punto de vista sobre una cierta situación, acontecimiento, actitud, sobre otras opiniones o sobre el contenido de un texto. Para escribir tu opinión es conveniente que sigas tres pasos:

La planificación

La planificación del trabajo es un requisito previo para que puedas expresar tus ideas con claridad y contundencia.

- Recoge información relacionada con el tema en cuestión. Así te resultará más fácil formarte una opinión sobre el mismo.
- Si se trata de expresar tu opinión sobre un texto, léelo primero detalladamente y trata de encontrar en él todas las ideas que te sirvan para darle forma a tu opinión después.
- Haz un borrador con las ideas que ya tienes, estructurándolas en un orden lógico (introducción, parte principal, conclusión). Si es necesario, numera tus argumentos.

La redacción

- Comienza a redactar tu texto con una introducción que presente el tema del que vas a tratar y cómo lo vas a tratar.
- Usa conectores para estructurar las distintas partes del texto y para presentar tus argumentos:

introducción y estructuración	para empezar, en primer (segundo, tercer, ...) lugar, además, así como, por último, en último lugar, finalmente, para terminar
valoración de los argumentos	por un lado ..., por otro (lado), tenemos que considerar las ventajas y las desventajas de, argumentos a favor y / o en contra, tanto ... como
comparación	comparado con, en comparación con, se puede establecer una comparación con
contrastes	sin embargo, a pesar de, en contraste con, por el contrario, mientras (que)..., a diferencia de
establecer referencias	por lo que a ... respecta, respecto a, en cuanto a

dar ejemplos	por ejemplo, para ilustrar este punto, tal y como
expresar una opinión	creo que, en mi opinión, desde mi punto de vista, a mi modo de ver, (no) estoy (completamente) de acuerdo con, (no) estoy a favor de
conclusión	finalmente, en conclusión, en suma

- En el último párrafo escribe una conclusión, esto es, un resumen de tu propia opinión.

La revisión final

- Lee tu texto y asegúrate de que te has expresado con claridad.
- Revisa igualmente la ortografía y el vocabulario que has empleado.
- Dale tu texto a un compañero para que lo lea y comprueba si una lectura es suficiente, o si tu compañero tiene que leer el texto varias veces para entender realmente cuál es tu opinión sobre un asunto determinado. En este último caso, revisa la redacción.

Practica:
Lee el texto "Llegan las PAU" de las páginas 76 y 77 del capítulo 3 sobre las pruebas de acceso a la universidad. Escribe un texto en el que expreses tu opinión sobre este tema.

3. Escribir un texto creativo

Por "texto creativo" entendemos el tipo de texto en el que, sobre la base de un tema determinado, tienes que usar tu imaginación para:

- modificar un texto dado (inventar una continuación, cambiar el final, transformarlo en otro tipo de texto, asumir el papel de uno de los personajes, inventar diálogos, etc.).
- crear un texto completamente original a partir de un contexto tratado en clase.

Pero el hecho de que puedas usar tu imaginación no quiere decir que "todo valga", ya que hay ciertas reglas que debes tener en cuenta:

- debes respetar las convenciones del tipo de texto que escribes (diálogo, artículo de periódico, folleto informativo, anuncio, carta, etc.).
- puesto que tu texto se refiere al tema que estéis tratando en clase, el contenido debe ser coherente y creíble en el contexto de ese tema.
- al igual que en la redacción de cualquier tipo de texto, sigue las tres fases –planificación o preparación, redacción y revisión– a las que nos hemos referido arriba.

Practica:
Lee el texto "Las historias" de la página 253 del capítulo 9, en el que una emigrante española, Manuela Ferrero, relata su experiencia. La noche antes de emprender el viaje a Alemania, Manuela escribe en su diario cómo se siente. Escribe esa entrada (tarea 5, página 254).

4. Escribir una carta

La carta o correo electrónico (e-mail) es una comunicación escrita que se envía a una persona para dar a conocer algo. Una carta consta normalmente de las siguientes partes: el **encabezamiento** (la fecha, nombre y dirección del remitente, es decir, quien envía la carta, nombre y dirección del destinatario, en el caso de cartas formales), el **cuerpo** (saludo y desarrollo de la carta) y la **finalización** o despedida.
Tanto la carta como el correo electrónico pueden ser **formales** o **informales**.

4.1 La carta formal

Alicante, 20 de julio de 2009

Elena Fernández de la Mota
C/ Alfonso el Sabio, 25, 2 A
03012 Alicante
Tel.: 965 123 456
E-mail: cof@ejemplo.com

D. Enrique Iglesias Fuentes
Jefe del Departamento de Personal
Garzón y Asociados
Plaza Mayor, 2
28030 Madrid

Estimado Señor Iglesias:

He terminado recientemente mis estudios de Derecho en la Universidad de Alicante y me dirijo a ustedes con el propósito de ofrecerles mis servicios.

Durante mi periodo de formación he realizado varias prácticas en el ámbito que su empresa desarrolla.

Debido a esta experiencia, y a otra serie de cursos de formación que figuran en el currículo adjunto, creo que podría ser considerada de interés para su empresa.

Con la esperanza de recibir pronto noticias suyas, se despide de usted muy atentamente,

Elena Fernández de la Mota (Firma)

4.2 La carta informal

Querida Lidia:

¿Qué tal estás?

Muchas gracias por la invitación a tu fiesta de cumpleaños. ¡Me ha hecho mucha ilusión! Por supuesto que voy. Y seguro que lo vamos a pasar fenomenal. Sólo espero que haga buen tiempo.

Me alegro mucho de que hayas invitado también a Alejandro: hace un montón de tiempo que no lo he visto. Me acuerdo de cuando en clase se sentaba a mi lado y todas estabais celosas, por lo guapo que es. ¡Qué tiempos aquellos ...!

Bueno, avísame si quieres que lleve algo, alguna bebida o un postre, lo que sea.

Muchos recuerdos a tus padres de mi parte y hasta muy pronto.

Un besazo,

Julia

Expresiones útiles

	carta informal	carta formal
saludo	Hola Querido/-a	Estimado Sr., Estimada Sra. Estimados señoras y señores Distinguido Sr., Distinguida Sra.
comienzo	¿Qué tal?	Por la presente Me dirijo a usted Me gustaría Quisiera
despedida	Escríbeme No te olvides de escribirme	Quedo a su entera disposición En espera de sus noticias Agradezco de antemano
saludo final	Besos Saludos Recuerdos a Un fuerte abrazo	Atentamente Cordialmente Le/-s saluda muy atentamente

4.3 El currículum vitae

Cuando solicitas un puesto de trabajo es habitual enviar a la empresa o institución correspondientes una solicitud. Normalmente, ésta consta de dos partes: un currículum vitae (normalmente abreviado como CV) y una carta de presentación.
Aquí tienes un esquema de las distintas partes del CV:

Datos personales	Nombre y apellidos Fecha y lugar de nacimiento Nacionalidad Estado civil Dirección Teléfono Fax E-mail	
Formación escolar y universitaria Fecha	Estudios • Estudios primarios obligatorios (6 años) • Estudios secundarios obligatorios (4 años) • Bachillerato (2 años) o Formación Profesional (2 años) • Carrera universitaria: diplomatura (3 años) licenciatura (5 años)	Centro / Lugar
Experiencia profesional Fecha	Función	Empresa / Lugar
Idiomas	Excelente / perfecto dominio de ..., buen nivel / nivel intermedio de ..., conocimientos / nociones básicas en ... hablado y / o escrito	
Otros datos de interés	conocimientos de los programas ..., cursillos realizados ..., etc.	
Fecha y firma		

4.4 La carta de presentación

Para escribir la carta de presentación puedes guiarte por el modelo de carta formal presentado arriba. Algunos aspectos adicionales que pueden ser útiles son los siguientes:

- **La referencia.** Si se contesta a un anuncio aparecido en prensa, antes del saludo al destinatario hay que indicar la referencia que mencionen en el anuncio.
- La primera frase del **cuerpo principal** de la carta es fundamental para causar una buena impresión. El primer párrafo es el más importante, ya que a través de él conseguirás o no captar la atención del lector. Por ello es aconsejable escribir aquí con resolución y firmeza (por ejemplo, con frases cortas y directas en primera persona).
- Si la carta es una respuesta a **un anuncio**, debes referirte a él, a la publicación en la que lo has leído y a la fecha de aparición. Si se trata de una **solicitud espontánea**, ofrece tus servicios e indica por qué te interesa la oferta.
- El objetivo del **segundo párrafo** es destacar los puntos fuertes del currículum, ya sea de formación

o de experiencia laboral. Por esta razón es conveniente destacar el hecho de que cumples todos los requisitos, y que eres el candidato idóneo para el puesto que solicitas.

- En el **siguiente párrafo** puedes dirigir la atención del lector al currículum y referirte a la posibilidad de concertar una entrevista.
- Para **finalizar** utiliza una de las fórmulas tradicionales de despedida que aparecen en el recuadro de arriba. Si en el mismo sobre incluyes algún otro documento, indícalo al final de la carta, debajo de la firma, con las expresiones "adjunto" o "anexo".

Practica:

1. Busca en la dirección electrónica www.oficinaempleo.com un puesto de trabajo que te parezca interesante. A continuación, escribe tu currículum vitae según el esquema de arriba y redacta una carta de presentación.
2. En las páginas 100 y 101 del capítulo 4 tienes información sobre el modo en que los valencianos viven sus fiestas mayores, las Fallas. Después de trabajar los textos, escríbele a un amigo un correo electrónico en el que le cuentes lo que has visto en Valencia y cómo lo has pasado.

C. La mediación

En el día a día de nuestro uso de una lengua extranjera nos vemos con frecuencia en situaciones en las que tenemos que actuar de 'intermediarios' entre personas que no hablan una de las dos lenguas, o en las que tenemos que reproducir el contenido de un texto que hemos leído o una información que hemos oído en una de las dos lenguas. Esta actividad se llama 'mediación'.
Para practicarla es conveniente que tengas en cuenta algunos aspectos:

- No es necesario que lo traduzcas o reproduzcas todo. Concéntrate en los contenidos más relevantes. Si se trata de una conversación, reproduce el contenido de lo que diga cada uno de los participantes después de su intervención; si se trata de un texto escrito o de un texto oral, toma notas y estructura la información.
- Si no sabes cómo se dice en español una palabra o expresión determinada, descríbela con otras palabras que sí conozcas o pídele al hablante en español que te explique qué significa esa expresión. En la mayoría de los casos, la situación o el contexto te ayudarán a clarificar el significado de lo que se dice.
- Cuando actúes de mediador/-a entre personas, utiliza el estilo indirecto, es decir, comienza tus frases con expresiones como "... dice que ...", "... pregunta si ...", "... quiere saber ..."

Practica:

Lee el texto de las páginas 108 y 109 del capítulo 4 sobre la forma de vida de los valencianos. Después, realizad en grupos la tarea 8 de la página 109, en la que tenéis que mediar entre un amigo alemán y un grupo de valencianos, porque vuestro coche, aparcado en una calle, tiene la salida bloqueada por otro coche aparcado en doble fila.

En otras ocasiones tienes que traducir textos con más exactitud, en la mayoría de los casos de la lengua extranjera al alemán. Los siguientes puntos te pueden ayudar a la hora de realizar una traducción:

- Lee el texto del todo para obtener una idea general del contenido.
- Realiza una primera versión de la traducción, es decir, un borrador. Recuerda que debes traducir frases o expresiones, y no palabra por palabra. Si hay partes difíciles, déjalas en blanco y continúa. Después puedes volver a intentar traducirlas.
- El uso del diccionario te será de gran ayuda.
- Revisa la traducción hasta que tengas la impresión de que el texto en alemán suena natural, fluido y no forzado. Si es posible, léele el texto a alguien para asegurarte de que suena bien.

Practica:
Teniendo en cuenta las sugerencias indicadas arriba, traduce al alemán el texto de Josep Vicent Marqués "Hijos encantadores", en las páginas 69 y 70 del capítulo 3.

D. La expresión oral

1. La discusión y el debate

¿Qué es un debate?

El debate es una discusión estructurada, con sus reglas de juego que deben ser respetadas por todos los participantes.

Debatir es una de las posibilidades de aumentar nuestros conocimientos sobre un tema y para desarrollar nuestro pensamiento lógico y crítico. Además, saber debatir bien influye en nuestras relaciones con los demás. En un debate, dos personas, o dos grupos, o toda la clase mantienen distintos puntos de vista sobre un tema. Tanto en lo que se refiere a los argumentos intercambiados como a las formas en las que se desarrolla el debate, éste debería ser enriquecedor para todos.

Normalmente, a través del debate se quiere convencer al otro o a la audiencia. Pero tampoco es ninguna vergüenza reconocer que los otros tenían los mejores argumentos, o la razón, o la posición más ética.

Condiciones previas de un debate

Un debate puede tener su origen en una noticia, un artículo, un incidente, una fotografía interesantes ... La formulación del tema, en forma de pregunta o de declaración, debe ser corta, precisa, interesante. Antes de poder comenzar a debatir hay que

- prepararse, informarse (las declaraciones deben apoyarse en pruebas para ser creíbles).
- reunir y ordenar lo que se sabe.
- buscar su propia posición.
- intentar anticipar los posibles argumentos y contraargumentos de la posición contraria. Así se pueden ver los defectos de la propia argumentación y corregirlos.

Estructuración del debate

En una **introducción**, un moderador imparcial formula el tema sobre el que se va a debatir, presenta a los participantes, explica el origen de este debate y dice las reglas que todos deben respetar (véase más abajo).

Seguidamente, en la **exposición**, cada participante, o los portavoces de los grupos, exponen brevemente su posición.

Después empieza la **discusión**, que es la parte principal del debate. En ella los participantes van exponiendo sus argumentos. Para que el debate funcione y el auditorio pueda seguir con atención, se deberán observar algunas reglas:

- Respetar los turnos de uso de la palabra y la duración fijados por el moderador.
- No interrumpir (hazte apuntes si temes olvidar algo importante).
- Escuchar con atención los argumentos del otro lado. Si no estás seguro de haber comprendido

bien algo, pregunta para evitar malentendidos e interpretaciones equivocadas.
- Respetar a los otros participantes del debate y sus opiniones.
- Ser objetivo y no apartarse del tema.
- Esforzarse por claridad y un buen tono.
- No sólo lo que se dice es importante, sino también cómo se dice (volumen, velocidad, articulación clara, entonación, dinamismo, modulación de la voz, gestos).

Los participantes presentan la **conclusión** a la que les ha llevado el intercambio de opiniones.
El moderador cierra el debate con un **resumen** y un comentario personal, si lo considera oportuno, y se despide.

Evaluación
El auditorio puede evaluar el debate, analizando los siguientes aspectos:
- ¿Los participantes estaban bien preparados? (Véase lo dicho en Condiciones previas)
- ¿Los participantes han respetado las normas fijadas por el moderador?
- ¿Cuál ha sido el nivel de la argumentación? ¿Se ha dicho lo esencial?
- ¿Se ha conseguido mantener el interés del auditorio a lo largo de todo el debate? ¿A qué ha sido debido? ¿Por qué (no) se ha conseguido?

Vocabulario útil:

para decir su opinión:
la posición
la opinión
el punto de vista
la convicción
pienso / opino / yo diría que
estoy convencido de que
según mi opinión / mi convicción
estoy seguro/-a de que
me parece que

para intentar persuadir / convencer:
¿Quién duda que + subj.?
todo el mundo sabe que
es la pura verdad que
no vas a negar que

para protestar:
perdona que te corrija, pero ...
lamento tener que corregirte / llevarte la contraria / contradecirte
debo contradecirte
te estás contradiciendo
estás en contradicción con
yo no he dicho en ningún momento que
me parece que estás generalizando /simplificando (demasiado)
ahora te has pasado

para pedir precisión:
¿Te he comprendido bien? ¿Has dicho que ...?
¿Acabas de decir que ...?
¿Qué quieres decir con ...?
¿Qué significa para ti ...?
¿Qué significado le das al término ...?

para precisar / corregirse:
no me has entendido, lo que quería decir es que / intentaba decir que / lo que intentaba decir es que
es decir
o sea que
para ser más exacto
en efecto
así es

de concesión:
estoy de acuerdo contigo en que
admito que
reconozco que
en lo que se refiera a / en cuanto a / referente a / al respecto de / respecto a / en lo concerniente a / con relación a / en relación a
hay una parte de verdad en eso
si bien es verdad que

Practica:
Después de trabajar en clase los textos del capítulo 2 sobre los toros, realizad un debate en clase sobre este tema. Los distintos grupos representan las opiniones de los toreros, de los dueños de las plazas de toros, de los aficionados taurinos y de las asociaciones protectoras de animales.

2. La presentación

Lo que tengo que tener claro antes de empezar con la redacción:

- ¿Cuál es la información que quiero transmitir?
- ¿Cómo voy a estructurar mi conferencia?
- ¿Con qué ejemplos e ilustraciones puedo ilustrar lo que quiero decir y cómo puedo utilizar este material?
- ¿Cómo voy a empezar? A menudo es una buena idea empezar por una pregunta, una pequeña historia, un hecho interesante o una imagen que se refiere a mi tema.
- ¿Mis ejemplos son importantes e ilustrativos para mi auditorio?
- ¿Cómo puedo concluir mi presentación?
- ¿Cómo consigo que la gente me haga preguntas?
- Para saber cuánto tiempo va a durar mi presentación, debo hacerla antes en voz alta.

Hacer una buena presentación oral es un arte que conlleva mucha responsabilidad ante tu auditorio. Tu obligación es comunicar el contenido de tu tema de una forma concisa. Recuerda que una presentación debe ser clara y dinámica, pero ten en cuenta que los medios empleados deben estar al servicio del tema y no del espectáculo.

Lo que debo tener en cuenta durante mi presentación:

- Utilizar una estructura sencilla y lógica.
- Utilizar tarjetas / apuntes / frases clave para no perder el hilo de mi argumentación, pero no leer mi presentación.
- Utilizar recursos visuales (transparencias, papeles, Powerpoint, mapas, etc.).
- Hacer asequible mi tema utilizando muchos ejemplos.
- Tener en cuenta los conocimientos de la lengua de mi auditorio.
- Explicar las nuevas palabras imprescindibles.
- Dar tiempo a mi auditorio para hacer preguntas durante la presentación.
- Mi voz y mi forma de hablar son importantes: el volumen, la rapidez, la claridad, la pronunciación, la entonación.
- Mi relación con el auditorio es importante. El contacto visual me ayuda a mantener su atención y a observar sus reacciones.

Hoy en día una presentación hecha con Powerpoint gana muchísimo. Si no lo dominas todavía, pide ayuda a un compañero. No es nada difícil.

Practica:
Elige uno de los temas tratados en clase que te haya gustado por alguna razón especial. Concéntrate en un aspecto relacionado con este tema y prepara una presentación para tus compañeros siguiendo las sugerencias expuestas aquí.

E. El vocabulario

En esta estrategia te ofrecemos algunas técnicas y consejos para facilitarte el aprendizaje y memorización del vocabulario de una lengua extranjera, en este caso del español.
Tienes que saber que existen varias clases de vocabulario o léxico:

- **el léxico pasivo:** palabras que ya conoces y entiendes cuando las escuchas, pero que, por alguna razón, no utilizas.
- **el léxico activo:** palabras que usas normalmente tanto de forma oral como escrita.
- **el léxico asociativo o deducible:** palabras que quizás nunca has visto u oído, pero las comprendes porque asocias su forma con la de otras palabras conocidas y deduces su significado. Es lo que puede ocurrir, por ejemplo, con palabras como "dictadura" o "tiranía".
- **el léxico frecuente:** las palabras que más utilizas, tanto al hablar como al escribir.
- **el léxico disponible:** las palabras que te vienen a la mente cuando oyes un determinado campo léxico, como puede ser "medios de transporte" o "el cuerpo humano".

1. Cómo memorizar el vocabulario

Para aprender las palabras, no es necesario buscarlas en el diccionario y repetirlas varias veces. Tampoco es una buena forma intentar aprenderlas de forma aislada. Muchos expertos han demostrado que para aprender léxico hay otros métodos mucho más válidos. A continuación, te mostramos algunos que te ayudarán:

- **No intentes aprender palabras aisladas.** Te será mucho más fácil si las relacionas con otras conocidas o si las aprendes en un contexto. Por ejemplo:

No aprendas solamente ...	Deberías aprender ...
– las ganas = die Lust	– Tengo ganas de ir al cine.
– dejar de + inf. = aufhören etw. zu tun	– Dejé de fumar hace dos semanas.
– aunque + subj.= selbst wenn	– Ana ama su trabajo y va a la oficina aunque esté enferma.
– según = nach, laut, gemäß	– Según las noticias, mañana lloverá.
– a pesar de = trotzdem	– A pesar de todo, ella lo quiere intentar.

- Aprende los sustantivos **siempre con artículo** y también las irregularidades. Por ejemplo:
  - el tema, el problema, la moto, la foto, la imagen
  - el agua limpia, el aula pequeña
  - el rey – los reyes (*no reys*), el lápiz – los lápices (*no lápizes*), el carácter – los caracteres (*no carácteres*), etc.
- Aprende los **diferentes significados** de las palabras polisémicas (con varios significados). Por ejemplo *pasar* (—> un examen = bestehen; —> por tu casa = vorbeikommen; —> ¿Qué pasa aquí? = geschehen), *la clase* (la clase de Matemáticas = Unterricht; ésta es mi clase = Klassenzimmer; ¿Qué clase de persona es? = Art; su familia es de clase alta = Schicht; viajo en primera clase = Klasse), etc.
- Aprende las palabras **relacionándolas con su familia semántica**. Por ejemplo: *el estudio* —> estudiar, el/la estudiante, estudioso/-a, etc.; *el frutero* —> la fruta, el fruto, la frutería, frutal, etc.
- Aprovecha los **extranjerismos** para ampliar tu léxico. Ten en cuenta que hay muchas palabras similares en otras lenguas que conoces, ¡pero debes tener cuidado especialmente con la ortografía! Por ejemplo: la *música* (ingl.: music, fr.: musique, al.: Musik), *diferente* (ingl.: different, fr.: différent), el *libro* (fr.: livre, port.: livro).
  En este sentido, tienes que prestar atención a los 'falsos amigos'. Son palabras cuya forma es similar en varias lenguas, mientras que su significado es diferente. Por ejemplo: *constipado/-a* = erkältet

(fr.: constipé = verstopft), la *librería* = Buchhandlung (ingl.: library = Bibliothek), *atender* = beachten (fr.: attendre = warten, ingl.: to attend = besuchen, it.: attendere = warten), la *grosería* = Schimpfwort (ingl.: grocery = Lebensmittelgeschäft, fr.: grosserie = Silbergeschirr).

- Aprende las palabras nuevas relacionándolas con **sinónimos y antónimos** que ya conoces. Por ejemplo: *veloz* (= rápido/-a, súbito/-a; ≠ lento/-a, despacio), *solicitar* (= pedir, reclamar).
- **Asocia las palabras** con algo que te ayude a recordarlas (una imagen, un ruido, un olor, algo que te resulte familiar, etc.).
- Aprende los **verbos con preposición** agrupándolos según la preposición que lleven. Por ejemplo:
  - Verbos con A: acostumbrarse, aprender, empezar, renunciar, dedicarse ...
  - Verbos con DE: acordarse, alegrarse, olvidarse, encargarse, enterarse ...
  - Verbos con EN: pensar, insistir, tener interés ...
  - Verbos con CON: soñar, casarse, quedar ...
  - Verbos con POR: interesarse, optar, luchar ...
- Aprende los **prefijos y sufijos** más importantes para formar palabras derivadas. Te mostramos algunos que deberías aprender:

Prefijos

ante-	(= antes de, delante de; p. ej.: el antepasado, anteponer)
a-/anti-	(= negación, contrario a algo; p. ej.: ateo/-a, antiguerra)
bi-	(= dos; p. ej.: bilingüe, bipolar, bisexual)
co-/con-/com-	(= unión, participación; p. ej.: el coautor, convivir, compartir)
contra	(= contra algo; p. ej.: el contraataque, la contraposición)
de-/des-/di-/dis-	(= negación, contrario a algo; p. ej.: el desamor, desatar, dispar)
en-/em-	(= interioridad; p. ej.: envejecer, empapelar)
ex-	(= anterior, pasado; p. ej.: el ex-jefe)
i-/in-/im-	(= negación, contrario a algo; p. ej.: ilógico/-a, intolerable, imposible)
pre-	(= antes de; p. ej.: el presentimiento, el prepago, prenatal)
pos-/post-	(= después de, tras; p. ej.: la posguerra, el posparto)
re-	(= repetición; p. ej.: releer, revisar)
sub-	(= debajo de, de menos categoría o importancia; p. ej.: el subsuelo, subterráneo/-a, el subdirector)
sobre-	(= encima de, superioridad; p. ej.: la sobrecarga, sobresaliente)
super-	(= aumentativo, superioridad; p. ej.: superfamoso/-a, el superhéroe, el supermercado)
trans-/tras-	(= a través de; p. ej.: el transatlántico, transparente, traspasar)

Sufijos ...

... de sustantivos

-anza	(= cualidad; p. ej.: la esperanza)
-ción/-sión	(¡f.! = acción; p. ej.: la construcción, la constitución, la decisión)
-dad/-tad	(¡f.! = cualidad; p. ej.: la bondad, la libertad)
-(a/e/i)+dor	(= 'el / lo que hace la acción', lugar; p. ej.: el proveedor, el calentador, el comedor, el recibidor)
-dora/-adora	(= electrodomésticos; p. ej.: la lavadora, la secadora, la freidora)
-era	(= lugar que contiene algo; p. ej.: la cafetera, la bombonera)
-ería	(= lugar donde se vende algo; p. ej.: la pescadería, la heladería)
-ero/-a	(= profesiones; p. ej.: el / la cartero/-a, el / la pastelero/-a)
-illo/ito	(= diminutivo; p. ej.: el veranillo, la niñita)
-ismo	(= cualidad, deporte; p. ej.: el oportunismo, el atletismo, el ciclismo)
-ista	(= profesiones; p. ej.: el / la dentista, el / la taxista, el / la especialista)
-ística	(= ciencia o técnica; p. ej.: la estilística, la lingüística)

-(a/i)+miento	(= acción, lugar; p. ej.: el pensamiento, el sentimiento, el ayuntamiento)
-(a/e/ie)+nte	(¡m. y f.! = 'el que hace la acción'; p. ej.: el / lacantante, el / lapresidente, el / laescribiente)
-(a/e/i)+torio	(= lugar; p. ej.: el sanatorio, el dormitorio, el escritorio)

... de adjetivos

-al	(= cualidad; p. ej.: constitucional, nacional, normal)
-ano/-a	(= gentilicios, ideologías; p. ej.: americano/-a, republicano/-a)
-(a/i)+ble	(= indica 'posibilidad de'; p. ej.: deseable, creíble)
-(a/e/i)+dero/-a	(= cualidad; p. ej.: venidero/-a, duradero/-a)
-(a/i)+do/-a	(= cualidad; p. ej.: anaranjado/-a, dolorido/-a)
-dor/-dora	(= cualidades personales; p. ej.: trabajador/-a, fumador/-a)
-és/-esa	(= gentilicios; p. ej.: irlandés/-esa, inglés/-esa)
-(a/ie)+nte	(= cualidad; p. ej.: pensante, dependiente)
-ol/-ola	(= gentilicios; p. ej.: español/-ola)
-oso/-a	(= cualidad personal; p. ej.: sospechoso/-a, cariñoso/-a)
-(a/i)+tivo/-a	(= cualidad; p. ej.: comparativo/-a, perceptivo/-a)

Al conocer estos prefijos y sufijos, podrás deducir fácilmente el significado de muchas palabras españolas nuevas, por ejemplo:

in-toler-able

in-: prefijo con sentido negativo
toler-: raíz de 'tolerar' (el infinitivo menos -ar/-er/-ir), muy similar al alemán
-able: sufijo de adjetivo que significa 'posibilidad de'.

¿Qué crees ahora que significa esta palabra?

- Algo que te puede ayudar a refrescar, ordenar, memorizar, y ampliar tu vocabulario son los **'mapas mentales' o 'conceptuales'**. Estas redes de palabras te muestran las relaciones entre diferentes ideas en torno a un campo léxico o un tema determinado. Un primer paso para hacer un mapa mental es el **'asociograma'**, también llamado **'lluvia' o 'torbellino de ideas'**. En él, apuntas en una lista todo lo que se te ocurra cuando piensas en una palabra. Ese sería tu léxico disponible. Luego, el 'mapa conceptual' organiza mejor y de forma más amplia todos los subtemas relacionados con esa palabra con la que quieres trabajar. En realidad, un mapa mental puede ser infinito ... Mira este ejemplo:

Asociograma de 'El cuerpo humano':
los órganos externos / internos, el corazón, los pulmones, el ojo, la boca, la piel, los riñones, las orejas, las enfermedades, la gripe, el constipado, la fiebre, los sentidos, la vista, el oído, el tacto, el olfato, el gusto, el deporte, la natación, el senderismo, el fútbol, el tenis, la ropa, las zapatillas de deporte, los zapatos, el jersey, los vaqueros, ...

Mapa conceptual de 'El cuerpo humano':

Practica:
Después de tratar en clase el tema de la Semana Santa en España del capítulo 2, elabora un mapa conceptual sobre el significado de esta fiesta y sus repercusiones de tipo económico, religioso, político, turístico, de seguridad, etc. (tarea 7, página 42).

2. Cómo utilizar un diccionario

El diccionario es una herramienta muy útil para aprender vocabulario, pero ¿sabes utilizarlo correctamente?, ¿conoces todos los servicios que te puede ofrecer? Vamos a intentar aclararte alguna cosa:
Existen diccionarios de muchos tipos (etimológicos, científicos, técnicos, de sinónimos y antónimos, etc.), pero, de momento, los que a ti te interesan más son los monolingües –los diccionarios de la lengua española– y los bilingües, con la traducción al alemán.

El diccionario bilingüe

Aunque para ti sea más cómodo y rápido usar siempre el bilingüe, a veces no es muy aconsejable porque normalmente aparecen varias posibilidades para traducir esa palabra y tienes que tener en cuenta el contexto si no quieres decir algo erróneo.

El diccionario monolingüe

Como ya tienes un nivel medio de español, te aconsejamos que utilices siempre un monolingüe por varias razones:

- la explicación en español te ofrece el significado exacto de esa palabra, la aprendes en un contexto (no como en el bilingüe) y así evitas errores.
- leyendo las definiciones aprendes, a la vez, más vocabulario y te ayuda a redactar.
- te suele dar información más completa que un bilingüe: transcripción fonética, origen etimológico, sinónimos y antónimos, locuciones o expresiones idiomáticas en las que se encuentra la palabra, etc.
- te dice a qué nivel o estilo pertenecen las diferentes acepciones (coloquial, vulgar, culto ...).
- te ofrece en el anexo material sobre la lengua que te puede ser muy útil: explicaciones de la pronunciación, esquemas gramaticales, reglas ortográficas, etc.

A modo de ejemplo, aquí tienes una entrada de un diccionario monolingüe:

Pa-dre [páđre] *s/m.* (del lat. pater -tris). **1.** Varón o macho que ha engendrado. **2.** Tratamiento que utiliza el hijo para dirigirse a su padre: Vamos a ver, padre, ¿qué puedo hacer yo?. **3.** Denominación para Dios utilizada por los cristianos (Nota: esta acepción suele escribirse con mayúscula). **4.** Sacerdote cristiano o monje. **5.** Autor de una obra de ingenio, inventor de otra cosa cualquiera [...]. // *adj. coloq.* Muy grande o intenso: una fiesta padre, un lío padre // *adj. coloq. Méx.* Estupendo: Tu vestido está muy padre // *loc. adj. coloq.* "de padre y muy señor mío": de gran intensidad y magnitud // *loc. adv. coloq.* "Sin padre ni madre, ni perro que me ladre": para manifestar la total independencia o desamparo de alguien // *loc. interj. coloq.* "¡Tu padre!": para expresar irritación o enfado.

Para un mejor uso del diccionario te aconsejamos ...

- Hojear el diccionario desde el principio hasta el final para conocer bien todo lo que te ofrece.
- Consultar las indicaturas de uso y las listas de símbolos y abreviaturas que utiliza, que se encuentran en el anexo.
- Cuando encuentres la palabra que buscas, leer todas las definiciones porque puede que la que buscas no esté en el primer lugar.
- Si no encuentras la palabra deseada, consultar otras de la misma familia. Ten en cuenta que en los diccionarios normalmente sólo están las entradas de los verbos en infinitivo, o no aparecen todas las palabras compuestas o derivadas con prefijos. En este caso, te ayudará la lista de prefijos y sufijos de esta estrategia.

Bildnachweis

Agencia EFE, Madrid: 149, 251; akg-images, Berlin: 16, 128; Monika Albert / pixelio.de: 221; Nuria Alcalde Mato: 11, 38, 40, 41, 45, 65, 101 (2); Ángel Álvarez: 207; Artothek, Weilheim: 139, 273; Arty / pixelio.de: 217; Associated Press, Frankfurt a. M.: 156, 245; José Manuel Calvo, www.elpais.es, © El País S.L. Prisacom S.A.: 259 (2); Pipe Caparrós, www.andaluciaimagen.com: 43; Cáritas España: 48; Cinetext, Frankfurt a. M.: 200 (3); dido-ob / pixelio.de: 11, 213, 239 (2); DIZ Süddeutscher Verlag Bilderdienst / AP, München: 175; dpa Picture Alliance, Frankfurt a. M.: 65, 79, 127 (2), 184, 189, 190, 238, 247, 248, 261, 286; España. Ministerio de Cultura. Archivo General de la Administración, Fonda Junta Delegada de Defensa de Madrid, caja F/04043, fotografía 53602: 135; fischliloewe / pixelio.de: 106; Fundación Logroño Turismo, www.logroturismo.org: 111 (4), 118 (2), 120, 121, 123; Fundación Secretariado Gitano: 57; Paco García Paredes: 158; Leona Giddey: 242; Björn Göttlicher: 104 (2); HB-Verlag, Miquel Gonzáles, Ostfildern: 213; Eva-Maria Hammer: 229; Historia bachillerato: 138, 143; Historia de España, Bd. 29: 145; Michaela Silvia Hoffmann: 11 (3), 28, 65 (3), 92, 100, 103, 106 (2), 109, 127 (3), 141 (5); Horizonte Historia: 147; Claudia Huldi / pixelio.de: 213; ideen.manufaktur, Dortmund: 5 (2), 6 (2), 7 (2), 8 (2), 9 (2), 10, 11, 12, 14, 19, 31 (2), 37, 52, 56, 65, 89, 91 (3), 99, 111 (2), 112, 113, 115, 122, 127, 128, 133, 161, 173, 177, 189, 193, 194, 203, 213, 215, 247, 252, 254, 264, 267 (2), 270, 274, 284; Interfoto, München: 163; iStockphoto: Umschlag (2), 11, 18, 20, 21 (6), 23, 26, 29, 32, 34, 37 (8), 47, 51 (3), 60 (3), 63, 71, 77, 79, 81, 85 (7), 86, 91, 100, 102, 113, 127, 132, 138, 167, 171, 182 (2), 185, 195 (2), 207, 210 (5), 213, 219 (2), 221, 222, 223, 235, 236, 240 (2), 241 (3), 247, 261, 263, 272, 282 (8), 308, 309; jynus / wikimedia.com: 112, 125; Günter Kämper, www.laborinfo.de: 161; Dorothea Lange: 128; Latin American Studies: 232; Anders Måreby: 39; Master76 /pixelio.de: 213; Ministerio de Igualdad, Gobierno de España: 37, 61 (2); Museo de América, Madrid: 168 (2); Mutxamel / wikimedia.com: 95; Mvllez / wikimedia.com: 141; Birgit Oberhausen: 234; www.old-picture.com: 178; Steffi Pelz / pixelio.de: 92 (2); José Manuel Pérez / wikimedia.com: 92; José Pérez Soriano / wikimedia.com: 94; Preußischer Kulturbesitz, Berlin: 174; qayyaq / pixelio.de: 213; Rako23 / pixelio.de: 258; Random-HH / pixelio.de: 65; rebel / pixelio.de: 215; Braddy Romero Ricalde / ACUPARI, Cusco: 225; Charles Russell Collection: 128; Alberto Salguero / wikimedia.com: 96; SanchoPanzaXXI / wikimedia.com: 112; Sean Sprague, © SpraguePhoto.com: 189; Reiner Sturm / pixelio.de: 65, 124; tiff.any, Berlin: 171; ullstein bild / dpa: 253; Unicef Costa Rica: 202; Urcomunicacion / wikimedia.com: 65 (2); Verlagsarchiv: Umschlag, 13, 20, 21 (2), 37, 65, 76, 97, 98, 102, 132, 133, 134, 136 (4), 138, 140, 141 (2), 147, 153, 157, 158, 174, 183, 194; Miguel Vieira: 213; Martin Vicanek: 92, 103 (2), 107, 110, 299 (2), 300 (5); Olivia Vicanek Martínez: 301; Nina Wagner: 11 (2), 189 (3), 198, 220; Helmut Wegmann / pixelio.de: 213; Zerep11 / wikimedia.com: 141

Der Verlag hat sich in allen Fällen bemüht, den jeweiligen Urheber ausfindig zu machen. Sollte trotz aller entsprechenden Bemühungen ein Irrtum unterlaufen sein, bitten wir darum, sich mit dem Verlag in Verbindung zu setzen, damit eventuelle Korrekturen vorgenommen werden können.

OCÉANO ATLÁNTICO
OCÉANO PACÍFICO
Mar de los Sargazos
Golfo de México
Mar Caribe
Grandes Antillas
Pequeñas Antillas
Bahamas
Grandes Llanuras
Montañas Rocosas
Montes Apalaches
ESTADOS UNIDOS
MÉXICO
Sierra Madre Occidental
Sierra Madre Oriental
Baja California
Golfo de California
CUBA
LA HABANA
SANTO DOMINGO
Port-au-Prince
Kingston
GUATEMALA
HONDURAS
Tegucigalpa
NICARAGUA
Managua
COSTA RICA
San José
PANAMÁ
Panamá
COLOMBIA
BOGOTÁ
VENEZUELA
CARACAS
GUYANA
Georgetown
SURINAM
Paramaribo
Guayana Francesa
Cayenne
Macizo de las Guayanas
ECUADOR
QUITO
GUAYAQUIL
TRINIDAD Y TOBAGO
Port of Spain
MANAUS
BELÉM
São Luís
FORTALEZA
VANCOUVER
SEATTLE
PORTLAND
SAN FRANCISCO
SACRAMENTO
LOS ANGELES
SAN DIEGO
SALT LAKE CITY
DENVER
PHOENIX
KANSAS CITY
MINNEAPOLIS
CHICAGO
DETROIT
TORONTO
MONTREAL
BOSTON
NUEVA YORK
FILADELFIA
WASHINGTON
HOUSTON
DALLAS
SAN ANTONIO
NEW ORLEANS
ATLANTA
MIAMI
MONTERREY
GUADALAJARA
CIUDAD DE MÉXICO
Islas Galápagos
Islas Bermuda (R.U.)
1 Antigua y Barbuda
2 Bahamas
3 Barbados
4 Belice
5 Dominica
6 República Dominicana
7 Grenada
8 Guatemala
9 Haití
10 Jamaica
11 Sant Christopher Nevis
12 Santa Lucía
13 San Vicente y Las Granadas
14 El Salvador